Ökologie und
soziale Arbeit

Wolf Rainer Wendt

Ökologie und soziale Arbeit

Ferdinand Enke Verlag Stuttgart 1982

Professor Dr. Wolf Rainer Wendt, Dipl.-Psych.
Leiter des Ausbildungsbereichs Sozialwesen der
Berufsakademie Stuttgart, Postfach 240, 7000 Stuttgart 1

CIP-Kurztitelaufnahme der Deutschen Bibliothek

Wendt, Wolf Rainer:
Ökologie und soziale Arbeit / Wolf Rainer
Wendt. – Stuttgart : Enke, 1982.
  (Enke-Sozialwissenschaften)
  ISBN 3-432-92451-8

Alle Rechte, insbesondere das Recht der Vervielfältigung sowie der Übersetzung, vorbehalten.
Kein Teil des Werkes darf in irgendeiner Form (durch Photokopie, Mikrofilm oder ein anderes
Verfahren) ohne schriftliche Genehmigung des Verlages reproduziert oder unter Verwendung
elektronischer Systeme verarbeitet, vervielfältigt oder verbreitet werden.

© 1982 Ferdinand Enke Verlag, POB 1304, 7000 Stuttgart 1 – Printed in Germany

Schrift: 10 Punkt Times, System Linotype 2/3
Satz und Druck: Vereinigte Druckereibetriebe Laupp & Göbel, Tübingen

Inhalt

Einführung 1

Die Ökonomik des sozialen Lebens. 9
Die Kategorie Oikos 10
Die Ordnung der Verteilung 17
Exkurs über Interessen und Bedürfnisse 22
Bewirtschaftung der sozialen Wohlfahrt 29
Die Alternative der dualen Ökonomie 34

Innere Ökonomie: Das wilde Selbst? 47
Die individuell erste unter der zweiten Natur 47
Unbeherrschtes im Arbeitsleben 52
Mythisches Leben – die Thematik der Selbsterhaltung 59
Durchführung des Alltagslebens 66
Selbst und Welt in Arbeit 69

Von der Bioökologie zur sozialen Morphologie 78
Nischen im Ökosystem 79
Umweltbeziehungen des Menschen 87
Klassische Humanökologie 92
Das Ebenenproblem der Sozialökologie 96

Subsistenz und Lebensqualität 104
Selbstversorgung: das Problem der Grundbedürfnisse 105
Melioration – der Sprung von der Quantität in die Qualität 112
Wohlfahrt als Chance 118

Kulturökologie: die innere Beziehung 123
Die Form Kultur 124
Die kollektive Konstitution des Wertsystems 129
Soziokulturelle Arbeit 135

Umwelt und Verhalten: ökologische Konzepte in Psychologie und Medizin 142
Umwelt als Kontext 142
Ansätze der medizinischen Ökologie 149
Gesundheit und Bewältigungsverhalten 154

Das therapeutische Milieu als Gehäuse der Gemeinschaft 164
Die Kur im Refugium 165
Der Korpus der Gemeinschaft 173

Aspekte politischer Ökologie in der sozialen Arbeit 186
Staatstätigkeit und Gemeinwesenarbeit. 188
Mikropolitik, verwickelt in soziale Arbeit 193
Sozialpolitik von oben und unten 200

Ökologische Aufgaben der Sozialarbeit. 211
Der Einsatz der Professionellen. 211
Individualisierung: die Kontingenz der Gemeinschaft 218
Melioration und Haushalten 226

Literatur 239

Namenregister 261

Sachregister. 268

Einführung

Der Vorgang, in einer Gesellschaft an den Lebensverhältnissen ihrer Angehörigen Anstoß zu nehmen und etwas mit dem Ziel zu tun, diese Verhältnisse zu bessern, wird, sofern er sich nicht in einzelnen Akten der Hilfe erschöpft, sondern, von der Gesellschaft als notwendige Aufgabe wahrgenommen, in ihr als ständiges Bemühen in Erscheinung tritt, *soziale Arbeit* genannt. In diesem weiten, aus der Praxis zu rechtfertigenden Begriff sucht die vorliegende Studie sie zu verstehen. Die Untersuchung will selbst zu dem diskursiven Geschehen der sozialen Arbeit gerechnet werden, einem Prozeß, der politische Aktionen, konkrete Interventions- und Hilfepraxis, öffentliche Diskussionen und theoretisches Reflektieren gleichermaßen umfaßt. Das Streben nach menschengerechter Daseinsgestaltung und nach Bewältigung an ihr hindernder Umstände kommt vermittelt in den verschiedensten Formen vor. Ich beschränke mich also nicht auf die Berufstätigkeit des Sozialarbeiters und Sozialpädagogen, vielmehr soll der Rahmen, in den seine Tätigkeit hier gestellt wird, zur Bestimmung ihrer Funktion und Vorgehensweise beitragen.

Der sozialen Arbeit in der Gesellschaft korrespondiert heute die *ökologische* Sorge um den Zustand des Lebens überhaupt und um die Chancen menschlicher Gemeinschaft. Genus humanum conservandum est: diese Aufgabe im Detail und an allen Partikeln dessen wahrzunehmen, was zur Situation von Menschen zählt, lehrt uns ein geschärftes Umweltbewußtsein auch in Hinsicht auf soziale Zusammenhänge. Ökologisch bedacht werden müssen sämtliche Bereiche, in denen die Gesellschaft sich produziert und damit für die Existenz des Einzelnen Bedingungen herstellt. Die Beschäftigung mit ihnen und mit ihren Alternativen ist eine Voraussetzung sozialer Arbeit. Institutionell organisiert und professionell nimmt sie sich des Elends von Menschen in vielfältiger und gezielter Weise an, aber sie kommt derart organisiert und berufsmäßig ausgebildet nur zustande und findet öffentliche Förderung, weil ihr ein differenziertes Bewußtsein des von der Gesellschaft und ihrer Produktionsweise verantworteten Elends ebenso vorausgeht wie die mit diesem Bewußtsein entwickelte Anforderung und Möglichkeit, an ihm und den sozialen Problemen in concreto zu *arbeiten*, sie durch Arbeit zu begrenzen, zu korrigieren, wenn nicht aufzulösen. Ökotheoretisch kann man sagen: Seitdem die Gesellschaft sozial an sich arbeitet, leistet sie sich u. a. Sozialarbeit – planmäßige soziale Fürsorge, soziale Beratung, Pädagogik und Behandlung und Entwicklung des Gemeinwesens. Die berufliche Sozialpädagogik und die Tätigkeit der sozialen Dienste werden von einer umfänglicheren Bewegung getragen, einem sich selbst unterhaltenden und seine Besonderungen objektiv legitimierenden Prozeß.

Ich bin auf das Thema „Ökologie und soziale Arbeit" aus ziemlich partikulären Gründen gekommen. Wer mit praktischer Sozialpädagogik (der Berufstätigkeit)[1] und der Ausbildung von Studenten in diesem Metier befaßt ist, erfährt den Mangel an übergreifenden Konzepten – mit der Folge unsicheren Selbstverständnisses –, das Fehlen eines Bezugsrahmens, sofern er sich nicht präformierten gesellschaftspolitischen Orientierungen verschreibt oder mit positivistischen Auffassungen des eigenen Tuns zufrieden ist. Es gibt genug Feststellungen darüber, wie Sozialarbeit objektiv *funktioniert* und wozu sie dient oder dienen kann; aber solche Erklärungen befriedigen in der Paxis nicht. Man wird kaum Sozialarbeiter, um bei der Reproduktion von Arbeitskraft (soweit noch nötig) mitzuwirken, man setzt sich nicht der baren Dienstleistung wegen für Behinderte ein, und um die gesellschaftlichen Verhältnisse praktisch zu ändern, gar umzuwälzen, ist die Arbeit mit alten Menschen, Alkoholkranken oder Nichtseßhaften auch nicht gerade erfolgversprechend. Die individuelle Motivation als bloß subjektive, ja sie als naive Einfalt zu vernachlässigen, läßt sich indes ebensowenig vertreten. Die Ernsthaftigkeit und Hingabe, mit der soziale Arbeit betrieben wird, auch an dem Akteur betrieben wird, verlangt eine Anerkennung ihrer Beweggründe. Andererseits vermag die gute Absicht zur Caritas, die Liebestätigkeit aus welchem Anlaß immer, ihren Standpunkt und ihre Zielsetzung unter den komplizierten Bedingungen und in der Vielfalt der sozialen Arbeit nicht hinreichend festzumachen ohne ein ausholendes Verständnis des Umfeldes und derjenigen Verhältnisse, aus denen die sozialen Probleme erwachsen und unter denen mit ihnen umgegangen werden muß.

Weil der Gegenstand der sozialen Arbeit komplexes menschliches Leben in dessen alltagspraktischen Zusammenhängen ist, erscheinen die Beiträge der einzelnen Fachwissenschaften, die sich auf bestimmte Seiten dieser Daseinsweise eingerichtet haben, zu seiner theoretischen Bewältigung nicht ausreichend. Die Soziologie, die Psychologie, die Medizin und andere Disziplinen tragen ihre jeweiligen Aspekte zum Verständnis des Menschen und sozialer Probleme bei, jedoch sind ihre Erklärungsangebote, für sich genommen und im angestammten Bezugsrahmen, für die Sozialarbeit nicht zugeschnitten. Sie hat es mit ganzheitlichen Lebenssituationen, mit existentiellen Schwierigkeiten und sich fortsetzenden Lebensgeschichten und weiteren gesellschaftlichen Kontexten zu tun. Im Umgang damit ist das Defizit an ,,Zusammenhangswissen" zu beklagen, an ordnenden Kategorien und an durchgängigen Perspektiven. So wertvoll und hilfreich das fachliche Wissen und die Theoriebildung in den einzelnen Disziplinen für die soziale Arbeit sein mögen, bloß *additiv* genommen, vermehren sie erst einmal die Kompliziertheit ihres Gegenstandes. Es mangelt an regulativen Begriffen, von denen die Theorieteile sowie der Bereich und der Inhalt der gemeinten Tätigkeit durchdrungen werden. Die synthetische Leistung, fachlich Analysiertes auf Nenner zu bringen, erscheint auch deshalb erforderlich, weil Sozialpädagogik eine Arbeit ,,im Feld" bedeutet und somit eine ausgebildete aktive Umweltbeziehung und ,,kulturelle" Tätigkeit darstellt. Zu ihr gehört eine generelle Wohlfahrtspflege, und sie läßt sich nicht einzelheitlich aus den Aufgaben, die sie im Detail erfüllt, herleiten.

Wenn der Sozialpädagoge eine Familie aufsucht, um deren gegenwärtige Lebenssituation und das eine oder andere anstehende Problem zu besprechen, wenn mit einer Gruppe von Jugendlichen eine Freizeitveranstaltung durchgeführt wird, mit Gefährdeten oder mit psychisch Kranken ambulant Kontakte anzuknüpfen sind, wenn Erzieher mit Kindern im Heim den Tag verbringen, dann kommt die soziale Arbeit demjenigen, der sie leistet, in einem Lebensfeld voll von konkreten Bezügen, im Horizont von Kontexten und insgesamt in einem lebensweltlichen Rahmen zu Gesicht, in welchem er praktisch handelnd und reflektierend die Sonderung in physische (materielle), soziale, kulturelle und psychische Aspekte nicht wahrnimmt und sie füglich als naturwissenschaftliche, soziologische und psychologische Reduktionen und Vereinseitigungen abweisen muß. Die Humanwissenschaften sind aber inzwischen von sich aus bestrebt, die Verhältnisse, die sie sich angelegen sein lassen, in ihrem mehrdimensionalen Zusammenhang und ihrer Wechselwirkung zu studieren. Der ökologische Zugang stellt sich überall im Fortschritt der Erkenntnis ein und nicht nur wegen der Aufmerksamkeit, welche Umweltfragen heute auf sich ziehen. Man sucht nach einem *interdisziplinären* Verständnis, nach einer Zusammenschau und gegenseitige Ergänzung der Forschungsergebnisse. Andererseits setzt ein solche Synopsis synthetische Verfahren schon voraus. So etabliert sich das ökologische Denkmuster zunehmend als eine Grund- und Leitwissenschaft (nicht zu verwechseln mit einer ihr gänzlich entgegengesetzten rationalistischen Einheitswissenschaft), und die Theorie der sozialen Arbeit profitiert in dem Bestreben, ihr Handlungsfeld und ihren Vorgang eingebunden in gesellschaftliche Prozesse zu verstehen, unmittelbar von ihr wie indirekt dadurch, daß die ökologische Sichtweise die Beiträge der Einzelwissenschaften in (der Anschauung von) dem bezeichneten Lebensraum unterzubringen gestattet.

Von *Moos* („The Human Context", 1976) sind sieben Trends benannt worden, die seiner Ansicht nach das gesteigerte Interesse an den Mensch-Umwelt-Beziehungen in den einzelnen Wissenschaften und deren neuerdings sozialökologische Perspektive bezeugen. Den ersten Trend könne man in der Geschichtsschreibung ausmachen, wo versucht worden sei, den Aufstieg und Fall ganzer Zivilisationen zu erklären. Der zweite komme in der Entwicklung der Ökologie als biologischer Disziplin und dem damit verbundenen Hervortreten der Humanökologie und der Kulturökologie zum Ausdruck. Mit ihnen verbinden sich ökologische Konzeptionen in der Anthropologie, der Soziologie und der medizinischen Epidemiologie. Der dritte Trend, der Gedanke, daß Umweltfaktoren Gesundheit und Krankheit beeinflussen, hat bereits eine lange Tradition. *Moos* erblickt einen vierten Trend in der Organisationsforschung seit Beginn der industriellen Revolution und dem Aufkommen der Bürokratie. Fünftens breiteten sich in der Psychologie und in der Psychiatrie umweltbezogene Konzepte aus. Sechstens bemühe sich die Architektur theoretisch und praktisch um ein dem menschlichen Verhalten und seinen Bedingungen gerechtes Bauen. Der siebte Trend könne in dem Interesse an der Erhaltung der menschlichen Umwelt allgemein und in dem Interesse daran gesehen werden, was man „Qualität des Lebens" genannt hat. – Die Aufzählung ist gewiß unvollständig. Es ließe sich ihrer formalen Beiträge wegen noch die Linguistik anführen, die uns lehrt, was *Kontextabhängigkeit* bedeutet. Weniger als ich den Gebrauch eines Wortes oder den Sinn einer Formulierung verstehen kann außerhalb des Sprachsystems, in dem kommuniziert wird, begreift man menschliches Verhalten und Leben überhaupt ohne den vieldimensionalen Kontext, in dem es selbst ein transitorisches, durch metabolisches Aufrechterhalten von Beziehungen vorhandenes Ereignis ist.

Etwas ökologisch betrachten, heißt es in seinem gesamten Kontext fassen, dem es angehört. Dieses „Hineingehören" läßt die Dichotomie, die in der Mensch-Umwelt-Beziehung mitgedacht wird, verschwinden. Schon deshalb reicht das ökologische Denken weit über den Sonderfall der Umweltproblematik hinaus, wie sie heute diskutiert wird. Es ist durchaus möglich, eine soziale Ökologie sensu strictu zu schreiben, ohne ein einziges Mal das Wort „Umwelt" zu gebrauchen. Umso häufiger macht sie Anleihen bei der Systemtheorie. Der Oikos, von dem im ersten Abschnitt des Buches die Rede sein wird, besitzt eine Struktur und Organisation, welche den durchgreifenden ökologischen Zusammenhang erhält, in dem Menschen leben. Sie müssen sich dieses Zusammenhanges nicht bewußt sein, denn in ihrer Lebenswelt[2] erscheint er symbolisch vermittelt, und schon dadurch ist er handlungsleitend wirksam. Nun hat *Habermas* erst kürzlich (1981) auf die „Paradigmenkonkurrenz" von systemischer Integration und lebensweltlicher Handlungsorientierung bei der Theoriekonstruktion hingewiesen.[3] Der Oikos indes bzw. seine Ökonomik meint eine *Praxis*, in der die Einheit sozialen Lebens und des Systems, wie man wirtschaftet, hergestellt, erfahren – und auch zerrissen wird. Wir beschäftigen uns deshalb im ersten Kapitel mit der Beziehung der sozialen Integration auf die materielle Reproduktion. Die Beziehung ist selber keineswegs funktional und wird durch die Lebenstätigkeit in der Gesellschaft, also nicht allein durch Produktion und Konsumtion, sondern auch kommunikativ beeinflußt.[4] Die ökologische Bewegung läßt sich als Teil der sozialen Arbeit begreifen, durch die man die Weisen der materiellen Reproduktion zu ändern sucht. Die These ist, daß gerade unter *ökonomischen* Gesichtspunkten Produktion, Konsumption und Kommunikation in der modernen Gesellschaft nachteilig eingerichtet sind, wenn man diese Sphären nicht getrennt voneinander und in einer Ökonomie je für sich auffaßt, sondern sie in ihrer Wechselwirkung erkennt. Schädlich ist die Ausbeutung der Umwelt – aber auch die parallele Kolonisation des sozialen Lebens.

Daß es zumindest der Möglichkeit nach anders geht, und wie sich eine soziale Ökonomie lebensweltlich regulieren läßt, dafür liefert die Ethnologie viele Anregungen. Sie lehrt uns, gewissermaßen *sub specie naturae* zu betrachten, was unter hiesigen zivilisatorischen Bedingungen unüberschaubar vielgestaltig auseinander liegt, wenngleich oder gerade weil das exotische Volksleben und die „primitive" soziale Organisation nicht wenig komplex und kulturell durchaus entwickelt sind. Die Daseinsökonomie der Wilden unterrichtet über Alternativen zur uns geläufigen ,,Durchführung" (ethnomethodologisch gesprochen) des sozialen Lebens. Außerdem liefern die Anthropologen genügend Anschauungsmaterial, wie das Verhalten der Angehörigen einer Gesellschaft in den Kontext der ganzen sozioökonomisch regulierten Lebensweise eingebettet ist und in ihm seinen Sinn hat. Das gilt auch in unserer Kultur für das gewöhnliche wie für das problematische und auffallende Verhalten. Die Klienten der professionellen sozialen (medizinischen, psychotherapeutischen, pastoralen) Arbeit sind mit ihren Helfern hintergrund- und kontextverbunden wie die Menschen einer weniger entwickelten Zivilisation mit ihren Schamanen im Ritus des alltäglichen Stammeslebens. Es muß des weiteren in der psychodynamischen Beziehung zu den Beweggründen seiner Teilnehmer gesehen werden. Die ökologischen Rahmenbedingungen im Industrialismus und die normale Lebensweise passen – außer in der Phantasie – nicht zu den Antrieben und Wünschen der Individuen. Der psychosoziale Haushalt, in welchen ihre persönliche Entwicklung sich einrichten und in dem sie sich betreiben läßt, ist Gegenstand des zweiten Teils des Buches. Sozialpädagogik, die dem einzelnen Menschen gerecht werden sill, und die Arbeit für naturgemäße Lebensverhältnisse haben seine *innere Ökonomie* zu berücksichtigen.

Im topischen Blickwinkel ortet Ökologie die Lebenserscheinungen in einem Raum von Beziehungen, wobei unsere Wissenschaft in dem Moment, da sie sich der sozialen Angelegenheiten annimmt, nicht mehr darüber hinweg kann, daß sie selbst zu ihnen zählt, auch gerechnet werden will, und in dem bezeichneten Raum untergebracht ist. Was theoretisch ein Problem sein mag, gereicht dem ökologischen Ansatz praktisch zu einer eigentümlichen Selbstrechtfertigung. Er befaßt sich mit offenen, dynamischen Zuständen von hoher Komplexität; zugleich meldet sich in dem veranstalteten ökologischen Denken ein Bedürfnis nach Geschlossenheit (nach Übersicht, Fertigwerden, Übereinstimmung), das in die transzendentalen Voraussetzungen unseres Vorstellens und Fühlens reicht: Es verlöre sich sonst alles. Die tatsächliche Unübersehbarkeit der Zusammenhänge ist nachgerade ein zusätzlicher Grund für das begreifende Subjekt, haushälterisch mit ihnen umzugehen. Der *biologischen* Theorie, deren Beschäftigung mit Ökosystemen und Anregung zur Humanökologie Thema des dritten Kapitels ist, gelingt es inzwischen, auch die kognitive Produktion unserer Weltorientierung als autopoietische Leistung *(Maturana/Varela)* systemisch hochorganisierten Lebens zu rekonstruieren.

Die folgenden Abschnitte behandeln nach der klassischen Humanökologie in verschiedenen Disziplinen diskutierte ökologische Fragestellungen und Denkmodelle. Selbst wenn man mit ihrer Konzeptualisierung erst angefangen hat, tragen sie zu einer alternativen Orientierung im Feld der sozialen Arbeit bei oder eröffnen einen neuen Zugang zu Teilbereichen von ihr, die bislang wenig Licht abbekommen haben. Die diversen Ansätze hier zu nennen, dazu bewog mich außerdem die Überlegung, daß im sozialen Raum mit *einer*

Deutung oder Theorie der Lebenstätigkeit und ihren komplexen Bedingungen unmöglich beizukommen ist, da die Explikation zu ihnen in einem – von der Deutung nicht zu bezeichnenden – Innenverhältnis steht. Es müsse deshalb die Zulassung *mehrerer* Erklärungen für einen Sachverhalt nicht nur erlaubt, sondern in der Humanökologie für erforderlich gehalten werden: Von der Ethnologie her hat *Devereux* (1978) dargelegt, ,,daß es beim Studium des Menschen (und nicht allein hier) nicht nur möglich, sondern unerläßlich ist, ein bereits auf eine Weise erklärtes Verhalten auch auf eine andere Weise zu erklären – d. h. im Rahmen eines anderen Bezugssystems" (1978, S. 11). Damit wird der Tendenz in der Lebenstätigkeit, mit etwas ,,fertig zu werden" und dessen fortdauernde Polyvalenz zu ignorieren, welcher Tendenz ja Denken dienlich ist, auf der Metaebene der Wissenschaft entgegengewirkt. Auf ihr erscheint der Horizont, den eine Erklärung eröffnet, als deren immanente Grenze. ,,Tatsächlich ist ein nur auf eine Weise erklärtes menschliches Phänomen gleichsam gar nicht erklärt, – und das auch und gerade, wenn es durch die erste Erklärung und in dem ihr eigentümlichen Bezugsrahmen vollkommen verstehbar, kontrollierbar und voraussehbar geworden ist" (*Devereux* 1978, S. 22).[5] Die einleuchtende verdeckt – in einer Art Unschärferelation – die entgegengesetzte Erklärung. Ökologische Gerechtigkeit gebietet, die vorkommenden Theorien mit ihren jeweiligen Bezugsrahmen einander auszusetzen. Insoweit gehe ich synkretistisch vor.

Überall in den Sozialwissenschaften versucht man, die elementaristische und reduktionistische Denkweise aufzugeben, die ihrem Gegenstand so wenig gerecht wird. Soziale Situationen sind stets vielseitig, komplex, beziehungsreich. Was im einzelnen sich an ihnen finden läßt, trägt zum Verständnis des Ganzen dadurch bei, daß wir es in geeigneter Weise ,,zusammendenken". Das ökologische Vorgehen ist *assoziativ* statt dissoziativ (*Müller* 1979, S. 252). Jedoch gibt man die gewohnte Methode in ihrer einfachen Logik ungern auf. Wir dürfen sie mit *Schaefer* (1978) die *,,exklusive Denkweise"* nennen. Er stellt ihr ein ,,biologisches Denken" gegenüber: die *,,inklusive Denkweise"*. Gemeint ist eine rücksichtvolle Kombinatorik, welche das Bedachte in dem vorgefundenen Zusammenhang zu halten, seinen Bestand in einer ,,science of connectedness" (*Jantsch* 1976, S. 8) zu versammeln und nachzuvollziehen sowie flexibel den Prozessen zu folgen sucht, in denen er existiert. Man sollte, meint *Schaefer*, in den Kategorien ,,sowohl – als auch" und ,,hier das eine – dort gleichzeitig das andere" denken. Der Kontext einer Sache muß gegenwärtig bleiben, die lebendigen Bezüge, das örtliche und zeitliche Eingebundensein, der gewöhnliche alltägliche Rahmen, in dem ein soziales Faktum vorkommt. Um es kreist der Begriff im Durchgang durch die fachspezifischen Gesichtspunkte, welche den Tatbestand konstellierende reale Beziehungen abbilden. Zu ihrer Integration zieht der ökologische Ansatz in den Sozialwissenschaften den Evolutionismus, eine genetische und historische Betrachtung heran. Die menschliche Welt wird nur prozessual verständlich, ebenso das Interesse an Veränderung in ihr.

Der Prozeß bildet einen Raum für Handlungen aus, die sich an in ihm bereits vorhandene Aktivitäten anschließen. Der Beitrag der Ökologie zur Theorie der sozialen Arbeit besteht nun weniger darin, daß erstere die Verbindung der Probleme und Schwierigkeiten von Menschen mit den Verhältnissen in ihrer (sozialen) Umwelt zu demonstrieren gestattet. Die Ökologie ermöglicht vor allem, den gesellschaftlichen Handlungsraum, in dem die Akteure mit ihren Beweggründen sich treffen, als konstitutiv für die sozialen Erscheinungen in ihm anzusehen und mit Blick auf ihren Haushalt zu beurteilen. Indem etwa Sozialpolitik in diesem Raum gestaltend Einfluß nimmt, räumt sie mittelbar der Sozialarbeit Bedingungen ihrer Ausübung ein. Da öffentliche Meinung, ihrerseits aus vielen Quellen gespeist, die Aufmerksamkeit auf einen Bereich sozialer Tatbestände richtet (und derweilen von einem anderen abzieht), im übrigen in den stillen Konsens übergeht, der in vielen Lebensfragen herrscht, muß sich das gezielte Handeln von Sozialpädagogen mit je schon bearbeiteten und in Arbeit befindlichen Verhältnissen im Gemeinwesen auseinandersetzen. Dieser Abhängigkeit wegen widmet sich professioneller Sozialarbeit erst der letzte Teil des Buches – nach Erörterung makro- und mikropolitischer Aktivität und des weiten Feldes der Selbsthilfe, zu der das berufliche Handeln des Helfers zwar beitragen – sie arrangieren, interpretieren und animieren – kann, für die sie aber nur übergangsweise und im Grenzfall einspringt. Da es die Absicht des Autors ist, zunächst den ökologischen Ansatz und seinen theoretischen Rahmen im Hinblick auf sozialarbeiterisches Handeln zu entwickeln, kommen einzelne Strategien und konkrete Vorhaben der Sozialarbeit hier kaum zur Sprache. Jedoch zieht die ökologische Orientierung mit ihren ethischen Implikationen allein schon Anweisungen für den praktischen Einsatz nach sich.

Auf den Oikos unserer Lebenswelt bezogen und in einer historisch-gesellschaftlichen Situation gefordert, legt ökologische Verantwortung den Gedanken der *Zentripetalität* sozialer Arbeit nahe. Der Leser darf ihn hinter den Ausführungen in allen Abschnitten des Buches vermuten. Der neuzeitlichen Ökonomie, verbunden mit dem Zuwachs an Kenntnissen besonders in den Naturwissenschaften, auch an technischem Können und allgemein an ausgreifender Umweltbeherrschung wohnt eine Tendenz fort von Übereinstimmung des Menschen mit sich selbst inne. Er beharrt in der Art und Weise, wie das gesellschaftliche Leben organisiert und er Irritationen ausgesetzt ist, zu wenig auf seiner Natur (der nicht weniger wandlungsfähigen, wenn man sie behauptet). Gewiß hat die *zentrifugale* Bewegung in der Aneignung auch der entferntesten Ressourcen, in den Entdeckungen, Erfindungen und ihren Folgen einen Teil der Menschheit in vielerlei Hinsicht reich gemacht. Der entgrenzende Fortschritt, dem sich die Gesellschaft (noch immer) verschrieben hat, leert indes die engere Welt, und Sinn und Bedeutung verflüchtigen sich. Die ökologische Gegenbewegung unternimmt es, zu sammeln und zu erhalten, was sie im „Garten des Menschlichen" (*Weizsäcker* 1977) findet. Zentripetal ausgerichtet, achten wir auf ein Grundbefinden – auf Gemeinschaft, persönliche und kulturelle Identität, eigenaktive (physische, seelische und soziale) Lebensbewältigung, den ausgewogenen Haushalt, Bestandsgerechtgkeit. In der Wendung des Blickes und neu gewonnener Einstellung erkennen wir retrospektiv, daß u. a. die soziale Arbeit schon immer seit ihren Anfängen im industriellen Zeitalter der zentrifugalen Auflösung in praktiziertem mitmenschlichen Beistand entgegenzuwirken und mit pädagogischen Anstrengungen eine Evolution „nach innen" zu betreiben suchte.

Der Autor hofft, mit dem Hinweis auf einige durchgängige Leitmotive Verständnis für die Polyphonie und die semantische Inkonsistenz zu erlangen, die in der Ausführung des Themas nicht zu vermeiden war. Es schien unangebracht, beim Stand und bei der Spielbreite des ökologischen Denkens die vorgefundene Vielstimmigkeit mehr als kompositorisch erforderlich zu verringern. Man wird an ihm weiterarbeiten müssen.

Anmerkungen

1 Ich gebrauche die Bezeichnung „Sozialpädagogik" bei einer gewissen Akzentverschiebung als mit dem Terminus (berufliche) „Sozialarbeit" gleichbedeutend. Die Berufsbezeichnung ist in der Bundesrepublik nicht einheitlich; sie wird kontrovers diskutiert.

2 Zur Vieldeutigkeit des Begriffes Lebenswelt sei auf *Bergmann* (1981) verwiesen. Ich gebrauche den Begriff hier in dem Sinn, wie die Welt individuell oder gruppenspezifisch als je eigene und darin als soziokulturell überformte Erfahrungswelt gegeben ist (vgl. *Bergmann* 1981, S. 69).

3 *Habermas* erörtert die Paradigmakonkurrenz zwischen Handlungs- und Systemtheorie bei *Parsons*. Es sei zu unterscheiden zwischen „Mechanismen der sozialen, an Handlungsorientierungen ansetzenden, und einer systemischen, durch Handlungsorientierungen auf Handlungsfolgen hindurchgreifenden Integration. Im einen Fall werden die Handlungen der Aktoren durch eine Abstimmung von Handlungsorientierungen, die den Beteiligten präsent ist, im anderen Fall durch eine funktionale Vernetzung von Handlungsfolgen koordiniert, wobei diese latent bleiben, d. h. über den Orientierungshorizont der Beteiligten hinausreichen kann" (1981, S. 29). *Habermas* konstatiert das Fehlen eines „metatheoretischen Rahmens von hinreichender Komplexität", um System und Lebenswelt in einem Konzept integrieren zu können (S. 30).

4 Man kann die Lebenstätigkeit von Menschen und Gruppen in der Gesellschaft drei Typen zuordnen: der Produktion, der Konsumtion und der Kommunikation. Zur Produktion gehören die berufliche und außerberufliche gegenständliche Arbeit, die geleistet wird, einschließlich der geistigen Produktion und des generativen Verhaltens (der Zeugung und Aufzucht von Nachkommen); zur Kosumtion zählen „die Befriedigung der materiellen und geistigen Bedürfnisse, der Konsumtion von Kultur, Wissen, geistigen Werten usw.", zur Kommunikation die Weisen des Zusammenwirkens von Menschen (*Schorochowa* 1980, S. 29). In Abgrenzung von anderen Begriffsbestimmungen sei hier unter Kommunikation also die spezifische menschliche Interaktion verstanden, in der dialogisch die soziale und kulturelle Gemeinsamkeit hergestellt und unterhalten wird.

5 Es geht hier um objektiv richtiges und nicht bloß um subjektives, vermeintliches Verstehen. Die Richtigkeit einer Erklärung hängt an ihrer Einseitigkeit. Sie aufgeben hat aber durchaus nicht Unverständnis zur Folge. Während bei bloßer *Summierung* verschiedener (richtiger) Erklärungen dieser Effekt wohl eintritt, trägt es zur Erhellung eines Phänomens bei, wenn die Erklärungen in einem komplementären Verhältnis zueinander bestehen bleiben. *Devereux* spricht sich betont gegen eine bloß additive, synthetische Interdisziplinarität aus. Seine Ethnopsychoanalyse will er als „*pluri*disziplinär" aufgefaßt wissen (1978, S. 12).

Die Ökonomik des sozialen Lebens

Weder die materielle Armut vieler Menschen noch die Ungleichheit unter ihnen – welches Ausmaß beide auch annahmen – sind historisch allein der Anlaß gewesen, mit der sozialen Arbeit zu beginnen, wie wir sie heute verstehen. Sie wurzelt vielmehr in Veränderungen, die das Heraufziehen der Industriegesellschaft mit sich brachte, und sie hat vorderhand diejenigen sozialen Probleme zum Gegenstand, die nach Art und Umfang den modernen Zeiten und ihren zivilisatorischen Bedingungen, insonderheit den wirtschaftlichen, anzulasten sind. Darüber herrscht in der Literatur Einigkeit (vgl. *Wilensky/Lebeaux* 1976, S. 13ff.). „Sozialarbeit als Systemproblem entsteht erst in der bürgerlichen Gesellschaft" (*Barabas* 1976, S. 379). Sozialpädagogik bezeichnet in der bekannten Definition *Mollenhauers* „denjenigen Bereich der Erziehungswirklichkeit, der im Zusammenhang der industriellen Entwicklung als ein System gesellschaftlicher Eingliederungshilfen notwendig geworden ist, sich erweitert und differenziert hat" (1976, S. 13).

Der Terminus „soziale *Arbeit*" kann die gemeinten gesellschaftlichen Bestrebungen und Maßnahmen dadurch kennzeichnen, daß er komplementär zur Industriosität die Anstrengungen wie auch die Leistungen betont, ihrer Begleitumstände Herr zu werden. Im Grunde wurde diese Tätigkeit ebenso freigesetzt und produktiv, wie die Arbeit in Handel und Gewerbe frei und ergiebig wurde. Zwischen der fleißigen Betätigung hier und der ihr folgenden fleißigen Betätigung dort besteht eine vielschichtige Beziehung, die auseinandergelegt als *moralische* – Wohltätigkeit beruhigt das schlechte Gewissen der rücksichtslosen Verdiener – und *polizeiliche* – die vielen Notleidenden stellen eine Bedrohung von Ordnung und Sitte dar –, als *rationale* (da man durch Arbeit und Geschick zu etwas kommt, sollen Arbeit und Erziehung die Armen aufhelfen) und als *aufklärerische* Beziehung – der allgemeine Fortschritt hat sich als humanitärer gerade auch in der Fürsorge für die Bedürftigen zu erweisen – nur unzureichend charakterisiert ist. Jedenfalls entspringt soziale Arbeit *der Möglichkeit nach* aus der spezifischen Leistungsbereitschaft und Leistungsfähigkeit der bürgerlichen Gesellschaft als einer kapitalistischen. Sie erzeugt den *Habitus* (*Bourdieu*) der sozialen Interventions- und Hilfepraxis. Es sind zunächst Projektemacher, Unternehmer, Reformer und Belletristen, die sich des Zustandes der Verarmten und Ausgestoßenen annehmen. Ihr Verwertungsinteresse versteht, über die bloße Zurichtung von Menschen hinaus an die Nutzung ihrer Arbeitskraft (in Zucht- und Spinnhäusern) die Zwecke der öffentlichen Ordnung, der Bildung und moralische Intentionen anzuschließen. Sich mit den sozialen Zuständen *praktisch* zu beschäftigen, war Teil einer differenzierten Tüchtigkeit, die selber in Arbeit war und Bestätigung suchte.[1] Sie erhielt Gelegenheit, die Kontraproduktivität der herrschenden Verhältnisse zu parieren, denn das wirtschaftliche Wachstum hatte von Anfang an *unsoziale* Auswirkungen, zerstörte in seiner Rücksichtslosigkeit soziale Zusammenhänge und ein geordnetes Leben.

Die *soziale Frage* stellte sich bekanntlich, als die sozioökonomischen Veränderungen im Frühkapitalismus die Lebensverhältnisse breiter Bevölkerungsshichten in Mitleidenschaft zogen und insbesondere die überkommenen Strukturen der häuslichen, agricolen und handwerklichen Gemeinschaften ruinierten. Die sozialpädagogischen Antworten, welche die soziale Frage im 19. Jahrhundert fand, fielen – bei allen unterschiedlichen Intentionen (*Mollenhauer* 1959, S. 7) – zumeist konservativ aus: man trachtete danach, die alten gemeinschaftlichen und „gesitteten" Lebensweisen zu erhalten oder wiederherzustellen und sah in ihnen allein das Heil für die Masse der einfachen Menschen. In der restaurativen Funktion erschöpften sich jene Konzepte aber nicht. An sie wieder anzuknüpfen, erscheint heute, da die ökonomischen und technologischen Projekte, die sich in der Zwischenzeit in den Vordergrund gedrängt hatten, nicht mehr überzeugen, gerechtfertigt. Die sozialen Fragen stellen sich neu.

Die Kategorie Oikos

Als Leitbegriff für einen geordneten Lebenszusammenhang konnte den Romantikern idealtypisch das *Haus* (oikos), die damals längst in Auflösung begriffene soziale und ökonomische Grundeinheit, dienen. *Riehl*, der Volkskundler, schreibt 1855 in sentimentalischer Rückwendung: „Die moderne Zeit kennt leider fast nur noch die ‚Familie', nicht mehr das ‚Haus', den freundlichen, gemütlichen Begriff des ganzen Hauses, welches nicht bloß die natürlichen Familienmitglieder, sondern auch alle jene freiwilligen Genossen und Mitarbeiter der Familie in sich schließt, die man vor alters mit dem Worte ‚Ingesinde' umfaßte" (*Riehl* 1939, S. 202). Im „ganzen Haus" haben wir das alteuropäische Muster gemeinschaftlichen Lebens vor uns. Darauf beziehen sich später *Tönnies* (1979, S. 21 ff.) und *Weber*, der es vor allem als *ökonomische Versorgungsgemeinschaft* (1976, S. 212 ff.) und als Herrschaftsgebilde (1976, S. 580 ff.) betrachtet. Die Hausgemeinschaft ist ihm „urwüchsige Grundlage der Pietät und Autorität" (1976, S. 214). wirtschaftlich wie sozial stellt sie diejenige Formation dar, in der die soziale Arbeit „an sich" (im Sinne *Hegels*) vorhanden, unentfaltet einbeschlossen war – und deshalb weder als Prozeß der Auseinandersetzung „für sich" auftreten noch begrifflich erscheinen konnte.

Die sozialgeschichtliche Forschung hat seit *Riehl* viel Detailwissen über die vormoderne Hausgemeinschaft gesammelt und läßt heute eine nüchterne Beurteilung der societas domestica innerhalb der ständischen Ordnung zu. Die soziale Situation der Menschen, die zum Haus zählen, ist einmal dadurch ausgezeichnet, daß sie sehr eng zusammenwohnen (vgl. *Laslett* 1972, der die „*coresident domestic group*" als leitenden Begriff verwendet, und *Flandrin* 1978, S. 13 ff.). Es gibt keinen abgetrennten privaten Lebensraum. Psychosoziale Isolation von den anderen kann kaum eintreten, weil die koresidierenden Angehörigen des Hauses von morgens bis abends in gemeinsamen Aktivitäten verbunden sind: der Haushalt ist zugleich die betriebliche Wirtschaft auf dem Lande ebenso wie in der Stadt. Die organische Arbeitsteilung bestätigte alltäglich, wie sehr die Beteiligten aufeinander angewiesen waren und zusammengehörten. Bis in die beginnende Neuzeit übernahm das ganze Haus die soziale Versorgung und Vorsorge, die Versicherung und die für erforderlich gehaltene Fürsorge für alle seine Angehörigen, ggf. unterstützt durch die Dorfgemeinschaft oder die Zunft.

Menschlicher Entfremdung beugte der Charakter der Arbeit in der Wirtschaftsweise des Hauses vor. *Marx* hat das in seinen Begriffen so ausgedrückt (1974b, S. 28): Unter dem gemeinsamen Dach – wo ,,der weibliche Teil der Familie spann, der männliche webte, sage zum Selbstbedarf der Familie" – gab es eine ,,naturwüchsige Teilung der Arbeit", und der Familienzusammenhang ,,drückte dem Produkt der Arbeit seinen eigentümlichen gesellschaftlichen Stempel auf". Hier in der gemeinschaftlichen Arbeit in den Formen, wie man sie auch ,,an der Schwelle der Geschichte aller Kulturvölker" finde, ,,ist der gesellschaftliche Charakter der Arbeit offenbar nicht dadurch vermittelt, daß die Arbeit des einzelnen die abstrakte Form eines allgemeinen Äquivalents annimmt. Es ist das der Produktion vorausgesetzte Gemeinwesen, das die Arbeit des einzelnen verhindert, Privatarbeit und sein Produkt Privatprodukt zu sein, die einzelne Arbeit vielmehr unmittelbar als Funktion eines Gliedes des Gesellschaftsorganismus erscheinen läßt" (1974b, S. 28f.). Ein soziales Apriori wird angesprochen, dessen konstitutiver Charakter nicht dadurch geschmälert wird, daß es von feudalen Strukturen abhängt.

Der Rückgang in die voragrarische Lebensweise, den *Marx* über das Haus vollzieht, ist auch ein Rückgang in eine ganz andere Regulation von Produktion, Konsumtion und Kommunikation in der Einheit des sozialen Lebens. Ich möchte das Haus und seine Gemeinschaft durchaus nicht als dessen prototypische Form vorstellen. Die Genese der sozialen Arbeit hat aber die häusliche Ordnung und durch sie vertretene sozialökologische Muster – bzw. deren Ausbleiben und Negation in der Realität – zum (kontextsetzenden) Hintergrund. Hinter diesen Typus der Lebensorganisation will sie nicht zurück. *In der Richtung* ist der Ausweg in die Welt der Jäger und Sammler dem Weg der sozialen Behandlung und Therapie genau entgegengesetzt. Der ,,stumme Zwang" der modernen Wirtschaftsweise, an den soziale Arbeit in ihren Diensten gekoppelt ist, versperrt eine Wendung retour. Dabei böte die Regression, betrachtet man das Leben von Naturvölkern, manche Vorteile. Es kennt in seiner ,,punktuellen Ökonomie" (*Meillassoux* 1978) entgegen verbreiteter Meinung kaum Armut, häufiger subjektiv empfundenen Wohlstand. Für die Alternativen heute eine Entdeckung, mit der sich ihnen das ethnologische Studium empfiehlt. *Sahlins* hat eindrucksvoll dargestellt, wie die paläolithische Subsistenzwirtschaft ,,bei einem niedrigen Bedürfnisniveau" gedeihen konnte und kann (1978, S. 154ff.). Aber sie muß sich auf die ,,Intaktheit" der Natur verlassen und vermag nur solange auf Ordnungen und Strukturen des Hauses zu verzichten, wie die natürliche Umgebung für Alimentation sorgt.

Jedenfalls gehört zur alten Ökonomie, ob nun schon so eingerichtet oder nicht, der gemeinschaftliche Charakter der Arbeit. *Goodfellow* hat darauf hingewiesen, daß das *aktive Wirtschaftssubjekt* hier immer die Gruppe ist, auch wenn ein einzelner für sie Entscheidungen trifft (1974, S. 61). Dieser soziale Bezug steht vor der Klammer selbst des reinen kaufmännischen Kalküls (*in* der er allerdings vergessen ist). *Goodfellow* „betrachtet jede ökonomische Entscheidung als das Ereignis des Lebens in Gruppen, wenn diese Entscheidung naturgemäß auch entweder von bestimmten Individuen oder von einer ausführenden Autorität ausgedrückt wird, die sich zur Gruppe verhält, wie der Vater zum Bantuhaushalt" (1974, S. 61). Die Exekutive im Haushalt leugnet nicht dessen sozialen Charakter, im Gegenteil. Dabei war der mittelalterliche *oikos* durch eine patriarchalische Lebensform gekennzeichnet, mit Knechtschaft verbunden und zumeist konzentriert auf die mühselige Sicherung der materiellen Subsistenz. Auf dem Lande war man nicht nur durch die feudale Dienstbarkeit an die Scholle gefesselt; in den Städten gab es den Zunftzwang. Den sozialen Wohltaten des ganzen Hauses waren also enge Grenzen gezogen. Die Sicherheit, die es bot, blieb notdürftig, – und seine „Geborgenheit war ein Gehäuse der Hörigkeit und nicht der Freiheit", wie *Dahrendorf* im Anschluß an *Weber* formuliert (1979, S. 67). Den festen *Bindungen* stand ein Mangel an *Wahlmöglichkeiten* gegenüber; somit mußten, in *Dahrendorfs* Begriffen ausgedrückt, die *Lebenschancen* der einzelnen Menschen gering bleiben (1979, S. 52).

Man ist aber leicht in der Gefahr, das vormoderne Gebundensein aus der Perspektive eines von ihr freien Bewußtseins zu betrachten, also den „kontextuellen Fehler" zu machen, es aus dem Zusammenhang einer Lebenspraxis zu lösen, in der es Teil des *medialen* Charakters des ganzen Hauses ist, einer unausweichlich und selbstverständlich geordneten Struktur. Dies Dasein ist ganz und gar „bewirtschaftet". Professionelle Sozialarbeit heute bemüht sich zumeist vergeblich, eine solche Regulation zu bewerkstelligen, um Verhalten zu modifizieren. Sozialpädagogik kann mit ihren Diensten und Einrichtungen die (wohltuende wie zwingende) Gemeinschaft nicht voll ersetzen, welche Menschen durch Zugehörigkeit erfahren. Sicherheit in ihr, Vertrauen und menschliche Nähe zählen wesentlich zum Unterhalt des Lebens; jeder einzelne verlangt danach, sie – durchaus kostenaufwendig – vermittelt zu bekommen. Wieviel er dafür einsetzt, weiß man u. a. aus arbeitspsychologischen Studien.

Die Elemente der persönlichen *Lebensweise* lassen sich nicht einmal aus der individuellen *Arbeitsweise* entfernen. In der sozialökonomischen Struktur des ganzen Hauses haben beide einen einheitlichen Modus, in dem die eine sich mit der anderen verträgt und dem die instrumentelle Vernunft des Wirtschaftens zusammen beikommen muß in ihrem alten Sinne von „*administratio rerum*". Seinerzeit war der Umgang mit den Mitteln des Lebens, ihre

Produktion und ihr Verbrauch nicht zu trennen von der geregelten, normierten Kommunikation der beteiligten Menschen, die Rationalität des Wirtschaftens hatte sich noch nicht abgesetzt von dem sozialen und seelischen Bedürfnissen bzw. von deren akzeptierten Ausdruck im Gemeinwesen. Die wirtschaftliche Ordnung war ineins die soziale Ordnung. „Ökonomie" bezeichnete den Haushalt und das haushälterische Regiment.[2] – Das deutsche Wort *Wirtschaft* wurde zuerst gebraucht, um die Tätigkeit des *Wirtes* zu bezeichnen, wie er sein Amt, Verwalter des Hauswesens zu sein, ausübt. Der Wirt ist, wenn wir auch hier nach der Grundbedeutung des Wortes sehen, der „Pfleger"[3] – als Hausherr dazu berufen, die allgemeine Wohlfahrt des Hauses und die persönliche seiner Angehörigen kustodial und fürsorglich zu bewerkstelligen. Deshalb obliegt ihm eine *Aufsicht*, das „Wächteramt", um das auch durchzusetzen, was er für notwendig und wohltuend hält.

Um sie dem heutigen Verständnis von „Wirtschaften", der in der Praxis und in der Wissenschaft herrschenden Ökonomie, sozial und ökologisch entgegenhalten zu können, erscheint es angebracht, bei den vormodernen Auffassungen etwas zu verweilen. *Oikonomia* war bei den Griechen eine „Hütekunst", durch die das geordnete Leben in der Gemeinschaft erhalten wird. „Der οἰκονόμος ist Ordner der Welt seines ihm zugewiesenen Raumes und seiner ihm zugewiesenen Zeit" (*Wagner* 1969, S. 168). Im engeren Kreis des Hauswesens geschieht im wesentlichen das, was im größeren Rahmen in einem einfachen Begriff die *Politik* ist, die sachwaltende Geschicklichkeit in der Führung eines (noch überschaubaren) Staatswesens, wie es die griechische *polis* war. Die haus- und Ordnung haltende Tätigkeit darin, die politische somit, ist die ökonomische Tätigkeit. Ausgehend von einem solchen Verständnis, hat zu Anbeginn des Industriezeitalters der *Kameralismus* (s. u.) daraus noch ein System der inneren Verwaltung des Staatskörpers gemacht. Die Dienlichkeit der Teile in Rücksicht auf das Ganze und dessen Wohlergehen zu erreichen oder zu erhalten, ist die ökonomische, d. h. haushälterische Aufgabe. Heute können wir sie – bei dem Bedeutungswandel des Wortes „wirtschaften" – als die schlechthin *ökologische* bezeichnen.

Die Versorgungsgemeinschaft in „nicht-kumulativen Gesellschaften" (*Lefèbvre*) ist um ihren (allseitigen) Unterhalt und nur in dessen Rahmen an Erwerb interessiert. Sie betreibt eine „Eigenwirtschaft", wie *Weber* ihre Autarkie bezeichnet (1976, S. 231), die keineswegs auf Nutzenmaximierung ausgerichtet ist. *Weber* reserviert übrigens in Anschluß an *Rodbertus* den Begriff „Oikos" – „im technischen Sinne" – für die antiken Großhaushalte, deren „Leitmotiv nicht kapitalistischer *Gelderwerb*, sondern organisierte naturale *Deckung des Bedarfs des Herrn* ist" (1976, S. 230). Was darüber hinausgeht, ist „überflüssige Erwerbskunst", hatte *Aristoteles* bereits in seiner klassischen Analyse des Verhältnisses von „Hausverwaltungskunst" und „Erwerbskunst" festgestellt (Politik, 1258 a 15). Der Haushalt hat zu produzieren und bereitzustellen, was gebraucht wird. Er dient der Autarkie des Lebens; Gewinnstreben ist mit ihm nicht vereinbar. Daß es und eine darauf zielende Wirtschaftsweise der *Natur des Menschen* ungemäß sei (Politik, 1257 a 4), diese Feststellung meint *Polanyi,* wenn er die Unterscheidung zwischen eigentlicher Haushaltsführung und Gelderwerb den „prophetischsten Hinweis" nennt, „der jemals im Bereich der Sozialwissenschaften gegeben wurde" (1977, S. 78). Die Hausverwaltung kennt die Grenze, – sie wird von der sozialen Funktion des Wirtschaftens bestimmt. Für *Aristoteles* gehört ganz konsequent die unnatürliche Erwerbskunst der Kaufleute[4] nicht zur Ökonomie – sondern in die *Chrematistik,* die Lehre vom Handel.

Die Zweckrationalität des Wirtschaftens hatte sich der Lebensweise der Menschen unterzuordnen, nicht umgekehrt. Und so war es denn bis in die beginnende Neuzeit kein beherrschender Aspekt des Daseins (*Heilbroner* 1972, S. 46). Uns hingegen ist die zentrale Bedeutung von Arbeiten und Wirtschaften (können) in der Lebensführung zu selbstverständlich, als daß die (Wieder-)Entdeckung der sozialökonomischen Spezifität dieses Zustandes nicht wissenschaftlichen Rang beanspruchen dürfte: „Die neuere historische und anthropologische Forschung brachte die große Erkenntnis, daß die wirtschaftliche Tätigkeit des Menschen in der Regel in seine Sozialbeziehungen eingebettet ist. Sein Tun gilt nicht der Sicherung seines individuellen Interesses an materiellem Besitz, sondern der Sicherung seines gesellschaftlichen Ranges, seiner gesellschaftlichen Ansprüche und seiner gesellschaftlichen Wertvorstellungen. Er schätzt materielle Güter nur insoweit, als sie diesem Zweck dienen" (*Polanyi* 1977, S. 68).

Auch die Erwerbstätigkeit der Menschen in der „kumulativen Gesellschaft" (*Levèbvre*) folgt sozialen Motiven. Da sich diese Tätigkeit aber aus der gemeinschaftlichen Versorgung gelöst hat, vermag die vermehrte Produktion, die unermüdliche Arbeit, gewöhnlich das Interesse an Kommunikation nicht zu befriedigen: jene hält eher vom menschlichen Umgang ab, entfremdet von den sozialen Bezügen, anstatt sie herzustellen. Ganz anderes berichten die Ethnologen von Gesellschaften, welche die kapitalistische Marktwirtschaft nicht kennen bzw. deren Mechanismen durch die Einordnung des Erwerbs und der Verteilung von Gütern in das soziale Regelsystem hemmen. In ihnen tauscht und handelt man primär aus Gründen der Kommunikation. Ein berühmtes Beispiel ist neben dem *Potlatch* der Kwakiutl der von *Malinowski* (1979) beschriebene Ringtausch bei den Trobriandern, das *Kula,* ein „ständiges Geben und Nehmen", welches das gesamte Stammesleben durchdringt (1979, S. 207f.). *Mauss* spricht mit Bezug auf die Lebenstüchtigkeit in diesen Kulturen von „totalen" gesellschaftlichen Erscheinungen („faits sociaux totaux"), die zugleich religiöser, moralischer, rechtlicher, wirtschaftlicher und ästhetischer Art sind (1968, S. 176). In seinen Untersuchungen über die „Gabe" als obligatorischer Transaktion in einfachen vorindustriellen Gesellschaften findet *Mauss,* daß dort „alles – Nahrungsmittel, Frauen, Kinder, Güter, Talismane, Grund und Boden, Arbeit, Dienstleistungen, Priesterämter und Ränge – Gegenstand der Übergabe und der Rückgabe ist" (1968, S. 39).

Solcher Austausch entbehrt der Rechenhaftigkeit des modernen Handels. *Mauss* weist darauf hin, daß es außerhalb der personalen Kommunikation über Güter zunächst nur zwischen Kollektiven vertraglich abgemachten Handel gibt (1968, S. 21). Zwischen Menschen einer Gemeinschaft ist das Geben und Nehmen, die Gabe in Erwartung einer Gegengabe, ursprünglich eine Verbindung, die zugleich Ausdruck der *Bindung* ist oder, wie *König* in Erläuterung zu *Mauss* schreibt, ,,das reinste Symbol dieser Gegenseitigkeit" (*König* 1978, S. 276). Traditionelle Gesellschaften legen mehr Wert auf die Beziehungen zwischen Menschen als auf die zwischen Menschen und Dingen (*Dumont*, 1977, S. 5), welche Versachlichung, wenn sie erst einmal vorherrscht, alle Beziehungen verdinglicht.

Der ethnologische Ausblick gestattet, die Vielseitigkeit der sozialökonomischen Tätigkeit auch im alteuropäischen Haushalt in ihrer allgemeineren Bedeutung wahrzunehmen, welche – kulturübergreifend – sich in der Absicht der modernen Sozialarbeit wiederfindet, zur Ganzheit einer sinnvollen Lebensweise und zur Vereinheitlichung ihrer Momente beizutragen. Das Haushalten war eine Kunst der alle Lebensbereiche, soweit sie sich entfalten konnten, betreffenden Fürsorge und Verwaltung. Während heute die soziale Arbeit materielle und personale, gesundheitliche, psychologische, pädagogische und andere Hilfen inhaltlich und methodisch voneinander getrennt vorfindet und um ihre Vermittlung bemüht sein muß, berühren sie sich im ganzen Haus sowohl im Handlungsvollzug wie im Kenntnissystem. Bis in die Zeit der Aufklärung umfaßte die *Ökonomik* ,,als Lehre vom Oikos ... die Gesamtheit der menschlichen Beziehungen und Tätigkeiten im Hause, das Verhältnis von Mann und Frau, Eltern und Kindern, Hausherrn und Gesinde (Sklaven) und die Erfüllung der in Haus- und Landwirtschaft gestellten Aufgaben" (*Brunner* 1956, S. 35 f.). Die Verwaltung all dieser Angelegenheiten wurde ermöglicht durch eine Praxis und paßte zu ihr, in der ein unmittelbarer sinnlicher Umgang sowohl mit der Natur wie der Menschen untereinander – mag der Sinn auch borniert gewesen sein – im überschaubaren Alltag vorherrschte und er einesteils traditional geregelt war, andererseits aber seiner Naturwüchsigkeit unbefragt überlassen blieb.

Die Ökonomik hatte sozial den Mangel an Aus- und Absonderung (Segregation) im Leben wie in den Kenntnissen zur Voraussetzung. Das Hauswesen ließ Vermögende und Unvermögende, Gesunde und Kranke, Gebrechliche beisammen und stieß, da Vernunft und ,,Unvernunft" noch sinnlich vereinbar waren, auch ,,Irre" nicht aus (vgl. *Dörner* 1969). Gefühle durften offen ausgetragen, und das Triebleben mußte nicht sonderlich gebändigt werden (vgl. *Elias* 1978). Produktion und Reproduktion hingen, wenigstens im bäuerlichen Haushalt, eng zusammen. Im Hinblick auf spätere pädagogische Anstrengung bemerkenswert ist die Tatsache, daß eine separate *Kindheit* nicht wahrgenommen wurde (*Ariès* 1975) und deshalb auf ein System der Erziehung – wenngleich nicht auf Unterweisung – verzichtet werden konnte. Die Wirtschafts- und Lebensweise erlaubte eine ,,mitvollziehende Sozialisation" (*Krovoza* 1976), – deren Ermöglichung (und Vermeidung) bis heute eine Crux des Unterrichts und der Sozialpädagogik darstellt.[5]

Die Lehre von der rechten Verwaltung des Hauses nimmt die Kunst des erziehlichen Umgangs mit dem Wissen um sittlichen, heilsamen, nützlichen, religiös gerechtfertigten oder technisch geschickten Umgang in eins. In dieser kuriosen Eintracht erscheint die alteuropäische Ökonomik – so *Brunner* – aus unserer Perspektive „als ein Komplex von Lehren, die der Ethik, der Soziologie, der Pädagogik, der Medizin, den verschiedenen Techniken der Haus- und Landwirtschaft angehören" (1956, S. 36). Es ist hier beieinander, was seither wissenschaftlich und professionell voneinander sehr entfernt betrieben wird (jedoch im Studium der Sozialpädagogik Fach für Fach vorzukommen pflegt). Soziale Arbeit, die an der Bewältigung problematisch gewordenen Alltagslebens interessiert ist, findet in den Sammlungen der „Hausväterliteratur" des 17. und 18. Jahrhunderts, angefangen mit „Oeconomia oder Hausbuch M. Johannis Coleri" von 1593, pastorale Muster, wenn auch die Komplexität von heute sich auf keine Weise mehr auf solche Kompendien reduziert vorstellen läßt.

Es erstaunt die Breite dessen, was alles zum (agrarischen) Hauswesen gehörig betrachtet wird. Beispielsweise handeln das 2. und 3. Buch der „Georgica curiosa" *Wolf Helmhard von Hohbergs* (1682) vom Umgang des „Hausvaters" mit Frau, Kindern und Gesinde, von der Arbeitsverteilung in der Haus- und Landwirtschaft, von gesunder Lebensweise, von der Erziehung der Kinder, von den Küchenarbeiten und befassen sich ausführlich mit der Hausmedizin (*Brunner* 1949, S. 239). Die „Oeconomia" ist für *Hohberg* „nichts anderes als die weise Vorsichtigkeit, eine Hauswirtschaft beglückt anzustellen, zu führen und zu erhalten" (1949, S. 241). Die praktischen Belange binden das dazu nötige unterschiedliche Wissen zusammen, ungeachtet der fachdisziplinären Behandlung, der es je für sich zugeführt werden kann. Der Praktiker möchte nachschlagen und nützliche Hinweise erhalten.

Es ist das gleiche Bedürfnis, das in der ökologischen Bewegung unserer Tage die Sammlung von althergebrachten oder neuen Erfahrungen veranlaßt, welche zur (naturgemäßen) Bewältigung des Alltagslebens beizutragen versprechen. Darum ähnelt die Synoptik von „Mother Earth News" oder von Traktaten der Landkommunen der inhaltlichen Gliederung der Hausväterliteratur, und die Bildungsabsicht der letzteren erscheint im Impetus der Alternativen wieder. Wie man es anstellt, ohne Industrieprodukte auszukommen, sich gesund zu ernähren, die Seinen auf die einfache und sanfte Art medizinisch oder psychotherapeutisch zu versorgen, ist eine Pragmatik, die mit demselben Pathos auftreten kann, in der *Hohberg* in der Vorrede zur „Georgica curiosa" seine Ökonomik ankündigt: „Nulla enim professio amplior quam oeconomia, quae fundamentum et origo omnium statuum. Ja ist gleichsam ein Ocean, in welchen von allen Fakultäten und Wissenschaften die Canales, Ströme, Bäche von sich selbst einfließen und von dannen wieder in ihre Ursprünge dort und da perpetua quasi periclosi von einem in das andere sich einleiten und austeilen" (*Brunner* 1949, S. 279).

Unserem humanökologischen Verständnis sozialer Arbeit gilt die alte Ökonomik als ein Muster geschlossener lebenspraktischer Orientierung in ländlichen Verhältnissen. Auch wenn es in der Realität weder so säuberlich noch so idyllisch vorgekommen sein dürfte wie in den Hausbüchern beschrieben, ist es doch grundsätzlich darauf eingerichtet, die Funktionen im Detail zu erfüllen, in welchen eine Gesellschaft institutionell ihren Mitgliedern dienlich ist. Die Ökonomik leistet sozusagen per saldo im Hauswesen die soziale Arbeit[6] – im Sinne *Durkheims* (1977): vor ihrer Teilung, nach der sie dann eigens eingerichtet und noch dazu parzelliert als freie und berufliche Tätigkeit in Erscheinung tritt. Die Funktionen, die ihr vorher integriert und nachher lose zufallen, sind in der Zusammenstellung von *Lowy* (1973, S. 7): die Daseinsvorsorge, die Verteilung von Gütern und Eigentum, die Aufrechterhaltung einer gerechten Ordnung, die Sicherstellung von gesellschaftlicher Kontinuität und Sozialisation, die Schaffung sozialer Integration durch Partizipation.

Makrosozial ist die ökonomisch wichtigste dieser Funktionen zweifellos die *Verteilungsfunktion*. Sie verdient, hervorgehoben zu werden, weil sie Gegenstand der neueren Wohlfahrtsökonomik in der Theorie und der Sozialpolitik in der Praxis ist. Solange wir unter Wirtschaft in einem substantiellen Sinne (*Polanyi*) vor allem die Nutzung vorhandener Ressourcen bzw. die Steuerung ihres Einsatzes in einem relativ geschlossenen Lebensraum verstehen (und nicht in erster Linie den Einsatz von Waren auf dem freien Markt und in freier Konkurrenz), darf sie sozial genannt werden, soweit sie Arbeit und Konsum gerecht zuteilt. Mikrosozial wird der Inhalt der Verteilung durch Kommunikation, nämlich durch die persönliche Zuwendung und individuelle Fürsorge sozusagen nur ergänzt in der geschickten Weise, welche die Hausväterliteratur zu vermitteln trachtete.

Die Ordnung der Verteilung

Vickers (1974) unterscheidet drei Verteilungssysteme, die in der Sozialgeschichte teils nacheinander, teils parallel aufzutreten pflegen. Das *primäre Verteilungssystem* leistet die Aufteilung der Mittel zum Leben auf Grund von *Zugehörigkeit*. Typischerweise geschieht diese Verteilung im Familienverband. *Vickers* nennt die Erwartungen, welche Menschen diesbezüglich auf Grund ihrer gemeinsamen Zugehörigkeit hegen, ,,moralische" Erwartungen. Es müssen nicht artikulierte Vorstellungen davon sein, ,,was gerecht, billig oder ,erforderlich' sei.". Jedenfalls bestimmen solche Erwartungen ,,die Ausmaße des primären Verteilungssystems und das Verteilerschema in seinem Innern" (1974, S. 20). Die traditionalen Muster solcher Verteilung konnten einmal *moralische Ökonomie* (vgl. *Thompson* 1980) heißen und in ihrer ökologischen Sinnhaftigkeit von den Betroffenen gegen die neue politische Ökonomie und ihre – etwa im Laissez-faire der Preisgestaltung unverantwortliche, nämlich den ,,gerechten Preis" mißachtende – Praxis vorgebracht werden.

Die neue Ökonomie setzt sich für die Freiheiten ein, die das *sekundäre Verteilungssystem* der industriellen Diversifikation erlaubt. Die Verteilung erfolgt hier nach Eigentum und „Funktion", worunter *Vickers* „Unternehmen", „Amt" und „Arbeit" versteht (1974, S. 22). „Der Vollständigkeit halber wollen wir als Werkzeuge der Einkommensverteilung noch Raub und Mildtätigkeit nennen – den Raub für alle, die von irgendeiner Art Erpressung leben, die Mildtätigkeit für die freiwillige Einkommensumverteilung jenseits der Grenzen primärer Verteilungssysteme. Eigentum, Raub, Mildtätigkeit, Unternehmen, Amt und Arbeit – diese sechs Arten von Ansprüchen umfassen wie mir scheint alle Wege, auf denen Primärgruppen je ihren Anteil an der Erzeugung des wachsenden Produktionssystems gefordert haben" (a.a.O.). Die Marktwirtschaft hat dieses sekundäre Verteilungssystem ungemein entfaltet. Es dürfte deutlich sein, daß man sich bereits in einem sozialen und ökologischen Interesse über ihre Transaktionen erhoben haben muß, wenn ihre Wege derart übersichtlich (was nicht heißt präzise) beschrieben werden.

Die ständige Wirksamkeit dieses Interesses am Gemeinwohl – wie immer das Interesse auch vermittelt sein mag – zeigt sich darin, daß ein *tertiäres Verteilungssystem* kompensatorisch in dem Maße ausgebildet wird, in dem das sekundäre gedeiht als auch Schaden anrichtet. „Wie die öffentliche Gewalt auch organisiert ist, allenthalben hat sie einen wachsenden Teil des Volkseinkommens an sich gezogen, und setzt ihn durch politische Entscheidungen für Gemeinschaftszwecke ein... Ein Teil kommt gleichmäßig allen zugute (Straßen), andere nach Bedarf (Gesundheitsfürsorge), wieder andere nur den Armen (Sozialfürsorge). Ein Teil wird bar ausbezahlt (Familienbeihilfen), ein anderer besteht in Sachleistungen (Müllabfuhr)" (1974, S. 25). Die redistributive Tätigkeit des Staates und der Gebietskörperschaften hat für *Vickers* ihren Grund in „moralischen Erwägungen, die auf der gemeinsamen Zugehörigkeit zu einer politischen Gesellschaft beruhen" (1974, S. 26). Wohlgemerkt: die Mildtätigkeit gehört nicht hierher. Das tertiäre System hat eine innere Beziehung zum primären Verteilungssystem: es ist der große öffentliche Haushalt, – den man mißversteht, wenn man ihn *neben* dem sekundären System auftreten sieht und ihn praktisch um der (vermeintlichen) wohlfahrtsökonomischen Effektivität willen an es anpaßt. Dies geschieht erkennbar, wenn von öffentlichen Dienstleistungen gesprochen wird und damit die Bürger zu konsumierenden Kunden gemacht werden, welche die Angebote des öffentlichen Unternehmens in Anspruch nehmen.

Der große wohlorganisierte Haushalt: das war die leitende Idee der *Kameralisten* des (17. und) 18. Jahrhunderts. Bei ihnen erscheint zum letzten Male ein ganzheitliches Verständnis von Ökonomik im alten Sinne. Die Kameralisten suchten dem absolutistisch regierten Staat, konkret den deutschen Territorialstaaten, eine Administration einzurichten, welche durch rationales Wirtschaften auf allen Gebieten zu Nutz und Frommen des Ganzen und nicht zuletzt dem Fürstenwohl dienlich ist. Sie legitimierten das alte Regime, indem sie es auf ihre Weise aufklärten: sie zogen die neuen ökonomischen Vorstellungen ihrer Zeit insbesondere zur Reichtumsvermehrung heran und vermittelten jene in den überkommenen Begriff von Ökonomik, der es erlaubte, die sich ausdehnende Wirtschafts- und Staatstätigkeit umfassend einzubinden. „Ökonomie als Lehre vom Haus und Lehre von der Wirtschaft war gleichzeitig Lehre von der Herrschaft" (*Brückner* 1977, S. 54). Schon in der Hausväterliteratur wird die Vorstellung vom guten Hausvater auf den Fürsten und sein Regiment übertragen. Die frühen Kameralisten sind in Beziehung zu dieser Literatur zu sehen (*Dittrich* 1974, S. 32). Später bestimmt der Merkantilismus die fachliche Ausrichtung.

Die Kameralwissenschaft entwickelte für das öffentliche Regiment das System einer ökonomischen Politik (*Brückner* 1977, S. 55): sie brachte alle inneren Angelegenheiten des Staates in einer systematischen und haushälterischen Verwaltung unter. Als allgemeiner Begriff für diese Administration bot sich die „*Policey*" an – Summe und Gestalt der ordnenden öffentlichen Tätigkeit, welche in der Literatur der Kameralisten ebensowohl den produktiven, wie den konsumtiven und den kommunikativen Bereich der Lebenstätigkeit der Bürger und ihrer Unternehmungen abdeckt. „Der Begriff der ‚Policey' als ‚rechte Ordnung' der einzelnen Lebenskreise und -tätigkeiten, aus deren Beachtung die umfassendere Ordnung des Gemeinwesens erwächst, gibt den Spielraum der Überlegungen an, den diese Schriften abschreiten. Es geht ihnen allen um die Stabilisierung der ... Sozialordnung" (*Brückner* 1977, S. 9). Der absolutistische Ordnungsstaat wußte sich – ebenso aufgeklärt wie selbstgerecht – für die Wohlfahrt aller Untertanen zuständig, und die Kameralisten erläuterten ihm, wie diese Wohlfahrt mit der Wohlfahrt des Ganzen in ein rationales Verhältnis zu bringen war. Das Ganze konnte ihnen nur ineins die Gesellschaft und der Staat sein: die Staatsräson verschmilzt hier mit der *Sozialpolitik* (*Rosen* 1977a, S. 98).

Die zweckrationale Vereinheitlichung und Differenzierung staatlichen Handelns, wie es die Kameralisten beschreiben, erscheint zugleich sehr modern in der Systematik des Vorgehens und in der Prüfung der Effizienz und andererseits platonisch totalitär in der Verordnung des „*gemeinen Besten*". Nach beiden Seiten begründen sie das Selbstverständnis des preußisch-deutschen Beamtentums (und nachgeordnet jedweder Sozialverwaltung). Die Topoi kameralistischen Denkens beherrschen aber auch die Praxis zentralistischer Staatstätigkeit im „realen Sozialismus" (wider Willen), der doch theoretisch mit ihm so gut wie nichts zu tun haben will.[7] Die Kameralwissenschaft verbindet die politische mit der wirtschaftlichen und der sozialen Verwaltung. *Justi* etwa versteht unter „Policey" die politische Wissenschaft von der „innerlichen Verfassung des Staats, wodurch die Wohlfarth der einzeln Familien mit dem allgemeinen Besten in Verbindung und Zusammenhang gebracht wird" (1760, S. 6).[8] Um in der Gesellschaft eine solche funktionierende Ordnung herzustellen und den „allgemeinen Endzweck ihrer gemeinschaftlichen Glückseeligkeit" zu erreichen, bedürfe es allseitiger Vorkehrungen, Dienste und Einrichtungen, über die *Justi* in aller Breite räsoniert. „Die Policey ist demnach eine Wissenschaft, die innerlichen Verfassungen des Staates solchergestalt einzurichten, daß die Wohlfahrt der einzeln Familien mit dem allgemeinen Besten beständig in einer genauen Verbindung und Zusammenhang sich befindet" (1760, S. 4). Darum rechnet er nicht bloß die öffentliche Ordnung oder z. B. das Armenwesen zum Aufgabenbereich der praktizierten „Policey", sondern „im weitläuftigen Verstande" auch die ganze „Commercienwissenschaft, die Stadt und Landoeconomie, die Verwaltung der Bergwerke, das Forstwesen und dergleichen mehr" (1760, S. 6).

Bereits *Seckendorff* hatte in seinem „Teutschen Fürstenstaat" (1656) des einfachen Zieles der Bevölkerungs- und Vermögensmehrung wegen Vorschläge für ein öffentliches Gesundheitswesen (s. später die „medicinische Policey" *Franks* 1779), für die Pflege des Ehestandes, zur Lebensmittelüberwachung, zur Reinhaltung von Wasser und Luft, zur Einrichtung von Waisen- ebenso wie von Zuchthäusern, zur Erziehung und (für ausreichend „ehrliche Ergötzlichkeiten") zur soziokulturellen Arbeit gemacht, wie wir heute sagen würden. Die rationale Sozialtechnik, die hier ein Vorspiel im Begriff geschrieben bekam, muß natürlich wie das rationale Wirtschaften überhaupt über kurz oder lang den engen kameralen Begründungszusammenhang von öffentlichem und individuellem Wohl, von Herrschaft und Wirtschaft sprengen. Das kommerzielle Interesse löst ihn – etwa bei *Sonnenfels* – auf.[9]

Bis hierhin war wenigstens im Anspruch die Weise des Wirtschaftens und des sozialen Haushaltens in eine ökologische Berücksichtigung des Ganzen der für wesentlich erachteten Bezüge gebunden – und durch eben sie eingeschränkt. Ohne den Prozeß des Übergangs von der Natural- zur Warenwirtschaft, von den traditionellen Produktions- und Verteilungsweisen, von der Nutzung der Allmende zur Agrarindustrie, von der zünftlerischen Beschränkung zur Entfaltung von Gewerbefleiß und Erwerbsstreben, der eigentlichen Industrie, zur im Geld- und Handelsverkehr beschleunigten Güterbewegung, die Bedingungen im „Treibhaus des Kolonialsystems" und die Aneignungsweisen der „ursprünglichen Akkumulation", die *Marx* beschrieben hat, hier nachzeichnen zu wollen: Die sich in der erfolgreichsten aller Revolutionen, der industriellen, ausprägenden und behauptenden Prinzipien – des zweckrationalen Kalküls, der freien und vollständigen Konkurrenz, des sachlichen und messenden Herangehens an die natürlichen wie die sozialen Verhältnisse in der Theorie, und in der Praxis die prinzipiellen Reduktion des Menschen auf seine Arbeitskraft wie die Reduktion der umgebenden Natur auf ihre Brauchbarkeit – betreffen alle Lebensbereiche und müssen uns daher in ihren Folgen beschäftigen.

Immerhin haben „*les économistes*", also *Quesnay* und die anderen Physiokraten, Haushaltsregeln für die staatlich organisierte Gemeinschaft im Auge gehabt, als sie für die Freiheit von Produktion und Wettbewerb eintraten und dazu die Devise vom Laissez-faire ausgaben. Es ist eine durchaus ökologische Vorstellung, das Eigeninteresse ökonomisch denkender Menschen mit dem Gemeinwohl auf der Grundlage einer natürlichen Ordnung (ordre naturel) und den sich ausdehnenden Wirtschaftskreislauf mit der Beteiligung vieler einzelner daran in Einklang zu finden. *Quesnay,* der Mediziner, konnte noch über moralische Ökonomie und einen ,,Essai physique sur l'économie animale" (1736) schreiben. Obzwar die neue politische Ökonomie die *besondere* wirtschaftliche Sphäre zu ihrem Gegenstand machte, schloß sie den ökonomischen Umgang mit den Subsistenzmitteln doch ganz in den Rahmen der nationalen Staatstätigkeit ein (die nur der Eigentätigkeit der Klassen Raum gewähren sollte). Wirtschaft erscheint im wesentlichen als ein Stoffwechsel im Staatskörper. Im zentralistisch regierten Gemeinwesen ihrer Zeit konnten die Physiokraten den, wie *Marx* ihn ansah, verdienstvollen Versuch machen, ,,den ganzen Produktionsprozeß des Kapitals als *Reproduktionsprozeß* darzustellen" (1977, S. 319). Nur hielt sich dieser Prozeß real nicht an die Maximen des ,,ordre naturel"; er schuf sich sein eigenes positives Recht.

Daß sich Wirtschaft über Marktmechanismen selbst regelt und nicht auf die Qualität ihrer Naturbeziehung und auf ihre gesellschaftlichen Funktion Rücksicht zu nehmen braucht, hat die folgende klassische ökonomische Lehre im einzelnen dargelegt. Immerhin legitimiert *Smith* die entfesselte Selbstbewegung von Kapital und Warenverkehr noch mit einer ,,natürlichen Neigung des Menschen, zu handeln und Dinge gegeneinander auszutauschen" (*Smith* 1974, S. 16). Tausch in Verbindung mit den Vorteilen der industriellen Arbeitsteilung[10] garantiert ihm den quantitativ ausweisbaren Erfolg freigesetzter Produktivkraft. Der einzelne Mensch lebt fortan weitgehend von Gütern, ,,die andere erzeugen und die er im Tausch gegen die überschüssigen Produkte seiner Arbeit erhält. So lebt eigentlich jeder vom Tausch, oder er wird in gewissem Sinne ein Kaufmann, und das Gemeinwesen entwickelt sich letztlich zu einer kommerziellen Gesellschaft" (*Smith* 1974, S. 22f.). Die klassische Nationalökonomie konstatiert den Wandel von einer Versorgungswirtschaft zu einer Erwerbswirtschaft, in welcher der rationale Kalkül der Nutzenmaximierung regiert. Aus der allgemeinen Hauswirtschaft wird eine allgemeine Handelswirtschaft (*Tönnies* 1979, S. 46). Der Markt löst mit der Herstellung von Warenbeziehungen den Erfahrungszusammenhang nach und nach auf, in dem Dinge und Sachverhalte und auch menschliches Verhalten ihren gewöhnlichen Wert und Sinn hatten. *Marx* hat diesen Prozeß der Enteignung, der zugleich die Dynamik des Fortschritts (in der Aneignung) in Gang hielt, umfassend analysiert. Die Erfahrung lehrte später, daß nach Aufhebung der Selbstgenügsamkeit im Orientierungsrahmen des ganzen Hauses und der lokalen Gemeinschaft die Formation der ,,acquisitive society" (*Tawney* 1920) einen prinzipiell unbegrenzten Versorgungsbedarf entwickelt. Käufliche Güter und Verrichtungen bieten keinen zulänglichen Ersatz für die in der neuen Produktionsweise hintangestellte soziale Versorgung. Auf ihre Kosten ging bereits die ,,ursprüngliche Akkumulation", die das Leben des einfachen Volkes in vorher nicht gekanntem Ausmaße zerrüttete. Von andauernder Wirkung war weniger die unmittelbare Verarmung als die Destruktion des hergebrachten Unterstützungssystems, der Lebensgewohnheiten und Sozialisationsmuster. Daß aus wirtschaftlichen Gründen der

Dorfgemeinschaft das Gemeindeland enteignet und in den Städten der Zunftzwang aufgehoben wurde, zerstörte ökologische Strukturen, deren Bedeutung erst nach und nach zu erkennen war.

Die Natur des Lebens selbst schien betroffen von den veränderten Umständen, – sie versagte und sie behauptete sich in der „großen Transformation" (*Polanyi*). Überall wurden Einrichtungen erforderlich, um die Menge der Entwurzelten und Verwahrlosten unterzubringen. „In den Objekten von Polizei, Strafjustiz und -vollzug, Psychiatrie und Fürsorge rebelliert Sinnlichkeit gegen die Vergewaltigung durch bürgerliche Rationalität und industrielle Produktionsdisziplin" (*Krovoza* 1976, S. 140). Soziale Arbeit geht jedoch in den (rationalen und durchaus industriemäßigen) Praktiken, diese Widerspenstigkeit zu bewältigen, zunächst ebensowenig vonstatten wie in den Versuchen, die Armenversorgung an der „unsichtbaren Hand" des Marktes vorbei zu dirigieren.[11] Erst der Disput, wie zu verfahren ist, die Anerkennung einerseits der Anforderungen der Industrie (des Arbeitsmarktes) und die neue Wertschätzung der ihnen widerstrebenden Natur andererseits, die Auseinandersetzung über beide seit *Rousseau* und eine danach experimentierende und also von Anfang an widersprüchliche Praxis (wie immer ihr die Widersprüche ideologisch verbrämt und verschleiert waren) dürfte im Rückblick den Beginn sozialer Arbeit markieren. In der entstandenen schwierigen Lage laboriert sie am einzelnen Menschen um der Gesellschaft und an der Gesellschaft um des einzelnen Menschen willen, also bestimmt von spezifischen sozialen Zielsetzungen im Gemeinwesen, die nun in einer eigenen Begrifflichkeit diskursfähig geworden sind.

Exkurs über Interessen und Bedürfnisse

Die sozioökonomische Transformation ging mit einer Verwandlung desjenigen Verständnisses einher, in dem Produktion, Konsumtion und Kommunikation auf den Menschen bezogen, festgemacht in den Beweggründen wirtschaftender Subjekte, erscheinen. Wegen ihrer legitimatorischen Funktion wähle ich die Begriffe *Interesse*, *Bedürfnis* und *Wert* aus, um die gemeinten Veränderungen zu charakterisieren. In ihnen verdeutlichen sich Handlungsorientierungen, die auch in einer ökologischen Intention und für jede Form bewußter Lebensführung thematisiert werden müssen. Alle drei gewannen ihre heutige Bedeutung erst im 18. und beginnenden 19. Jahrhundert – und zwar als Platzhalter von Sinn, wo zuvor sinnlicher Deutlichkeit und fragloser Handlungsorientierung wegen nichts zu interpretieren war.

Die Bedeutungsgeschichte des Wortes *Interesse* führt zurück ins Römische Recht, wo es den (ausstehenden und einklagbaren) Vorteil oder die Entschädigung bezeichnete. Es bedeutete in der Geldwirtschaft eine gegen den Staat oder gegen andere gerichtete private (id quod privatim interest) oder eine öffentliche Forderung (id quod rei publicae interest).[12] Allmählich wird daraus ein Begriff für privaten Vorteil oder öffentlichen Nutzen. Wenn auch lange Zeit mit dem Eigeninteresse kritisch die Egozentrik gegenüber dem öffentlichen Wohl in Rede steht, schließlich setzt sich die positive Wendung des ,,wohlverstandenen Eigeninteresses" durch, um in dieser Bedeutung bei *Smith* zur Triebfeder der privatwirtschaftlichen Tätigkeit zu werden, die er in Übereinstimmung mit dem ökonomischen Gesamtinteresse sieht. *Mauss* (1968, S. 172) datiert den ,,Triumph des Begriffs des individuellen Interesses" nach *Mandeville* und seiner ,,Bienenfabel", deren Untertitel ihre Moral zusammenfaßt: ,,Private Vices, Publick Benefits". Das Interesse ist produktiv geworden.

In dem Maße, wie Individuen einerseits und die Gesellschaft andererseits gegeneinander in ihren autonomen Ansprüchen anerkannt werden, spricht man ihnen Interesen zu. Sie erscheinen als Bedingungen gesellschaftlichen Handelns, so *Ferber*, ,,mit dem Rückzug aus Gesellschaftsverbänden, die umfassende Ansprüche an ihre Glieder stellen, vermittels vertraglicher Begrenzung der gegenseitigen Verpflichtungen; diese macht die subjektive Vorteilsabwägung zum bewußten Gestaltungsprinzip gesellschaftlicher Beziehungen" (1977, S. 239). Dabei wird der *Grund* der partikularen Ansprüche in einem Interesse vermutet, das letztlich immer *natürlich* sein soll. Die (physische, soziale, rechtlich-moralische) ,,Natur" als einheitlicher Grund hat sich gerade aus dem Selbstverständis der Handelnden zurückgezogen; man beruft sich (ersatzweise) umso mehr auf einzelne Interessen. Ihr Fundierungsauftrag zeigt sich darin, daß sie breiter empfunden werden als die punktuellen Ziele, die man verfolgt.[13]

Nachdem die Kategorie des Interesses praktisch geworden ist, bietet sie sich für die ganze Beziehung des Individuums zu seiner Umwelt an: *im* Interesse wird sie Stück für Stück (in einzelnen ,,claims" gewissermaßen) einvernommen. Der Begriff gewinnt zudem eine ästhetische Note in der Orientierung auf das ,,Interessante" und die psychologische Bedeutung der Interessiertheit, die das sich selbst bestimmende Subjekt zur Erklärung seines nicht mehr gewöhnlichen, vielmehr ungeregelten Handelns braucht – eine Erklärung aus dem Hang seiner Natur oder aus Prinzipien (wie *Kant* das praktische Interesse begrifflich doppelt einsetzt). Die gewonnene individuelle und soziale Freiheit verlangt, daß man einander Interessen zugesteht, die nicht einfach Präferenzen sind, sondern eine begründete Einordnung des Verhaltens erlauben.

Allgemein gibt der Verlust an Verbundensein genug Anlaß und Gelegenheit, daß nun von Interessen oft und vielseitig die Rede ist: sie stellen Verbindungen her, die nicht mehr selbstverständlich und sichtbar sind, aber behauptet bzw. legitimiert werden müssen.[14] Die Subjekte vergewissern sich über ihre Beziehungen zu den Objekten, und ebenso frei und beweglich, wie diese gehandelt werden, zerfallen jene mit sich selber. Notgedrungen müssen wir zwischen *objektiven* und *subjektiven* Interessen unterscheiden. Bezogen auf ein Individuum fallen sie höchstens teilweise zusammen. Nicht nur die subjektiven, sondern auch die objektiven sind, wie *Marx* gezeigt hat, gesellschaftlich vermittelte. Andererseits erscheinen sie konstitutiv in der gesellschaftlichen Realität, indem sie von einzelnen Menschen und von gesellschaftlichen Gruppen vertreten werden. Den unterschiedlichen Interessen lassen sich, bezogen auf das, was allgemein menschengerecht ist, einheitlich gemeinsame Dispositionen und Handlungserfordernisse gegenüberstellen – die allerdings erst einmal in subjekthafter Wahrnehmung diskursiv ausgemacht werden müssen – ohne daß sie deshalb invariant, noch überhaupt abschließend bestimmbar sind. Das ökologische Interesse beinhaltet anfangs nur generelle Orientierungen; es muß also an ihm gearbeitet werden. Hier ist die Sache, wenn es sich um eine menschliche Angelegenheit handelt, mit dem Interesse eins, und es verändert und entwickelt sie.

Die zweite Kategorie, unter der sowohl die ökonomische als auch die soziale Überlegung, was zum Wohle der einzelnen Menschen und des gesellschaftlichen Ganzen zu tun ist, ihren Gegenstand zu begreifen pflegt, ist das *Bedürfnis*. Lange war die Dürftigkeit der Existenz (aber auch der Reichtum als standesgemäße Erscheinungsform) eine Erfahrung, in der man zwar allerlei Begierden, aber keine gesonderten, emanzipierten Bedürfnisse als Ausweis seiner individuellen Lebensweise wahrnam. Der deutschen Sprache fehlte ein sächlicher Ausdruck dafür: sie gebrauchte ,,die Bedürfnis" allgemein für ,,Notdurft" oder ,,Armut", und was man für seinen Unterhalt nötig hatte (necessitas), war ein *Bedarf* (vgl. zur Begriffsgeschichte *Müller*, 1971 u. 1978). Darin bezieht sich der Mensch auf seine Umwelt, die etwas bietet oder doch haben sollte, was seiner dringenden Bedürfnis abhilft. Ihre Unmittelbarkeit und die elementare Sorge sind dem späteren Zustand nicht gleich, in dem das Subjekt forschend bei sich findet, was ihm zuträglich und seinem Leben angemessen erscheint.

Im Verlauf des 18. Jahrhunderts, mit der Aufklärung und der wirtschaftlichen Entwicklung, differenzierte sich der alte Sprachgebrauch.[15] ,,Bedürfnis" kommt allmählich – jetzt sächlich und gerne im Plural – in Verwendung, um Ansprüche zu legitimieren, die dem Lebensstandard gelten, wobei deren Begründung schließlich mit der psychologischen Erklärung zusammenfällt, also nur noch subjektiv verlangt wird. Bedürfnisse erscheinen als innere Momente der Tätigkeitsregulation, – die natürlich den Möglichkeiten folgt, welche sich im (wirtschaftlichen und kulturellen) Leben bieten. Der Fortschritt der Produktion erlaubt und erfordert den Genuß. Einesteils geht ,,der Luxus in die Repräsentationskosten des Kapitals ein" (*Marx* 1979, S. 620). Andererseits kaschiert das ,,unglückliche Bewußtsein" des freien Unternehmers und später des freien Arbeiters mit seiner Selbstbestimmung, eben entsprechende Bedürfnisse zu haben, seine amorphe Abhängigkeit, den Verbraucherstatus des Subjekts, in welchem er nicht Herr der Verhältnisse – der Produktions-, Konsumtions- und Kommunikationsverhältnisse –, sondern ihnen botmäßig ist.[16]

Im sozialökonomischen Rahmen treten Bedürfnisse in der Auseinandersetzung von Individuum und Gesellschaft zutage: Bedarf wird ausgehandelt, zugeschrieben und im jeweils Besonderen begründet. *Hegel* hat diesen Prozeß hellsichtig im „System der Bedürfnisse" aufgefaßt. die konkrete Person entfaltet sich (subjektiv und scheinbar) in ihren Bedürfnissen; diese vervielfältigen sich „durch *Zerlegung* und *Unterscheidung* des konkreten Bedürfnisses in einzelne Teile und Seiten, welche verschiedene *partikularisierte*, damit *abstraktere* Bedürfnisse werden" (§ 190 Rechtsphilosophie), – ebenso die Mittel und Weisen ihrer Befriedigung (§ 191). Darin kann sich der Mensch frei (wählend und wählerisch) verhalten. Es ist aber eine *formelle* Freiheit, in der sich mit den Bedürfnissen die Abhängigkeit vermehrt: „Die Richtung des gesellschaftlichen Zustandes auf die unbestimmte Vervielfältigung und Spezifizierung der Bedürfnisse, Mittel und Genüsse, welche... keine Grenzen hat, – der *Luxus* ist eine ebenso unendliche Vermehrung der Abhängigkeit und Noth" (§ 195). *Hegel* spricht hier in begrifflicher Allgemeinheit aus, was der Vorwurf der alternativen Bewegung gegen das sozialökonomische System der Industriegesellschaft ist. Die partikularisierte Befriedigung entfaltet das Bedürfnis, hilft ihm aber nicht ab.

Bedürfnisse sind die behaupteten Triebfedern der Konsumtion. Es wird nicht mehr zwischen Notdurft und Lebenskomfort, zwischen dringenden und disponiblen Bedürfnissen unterschieden. Die Volkswirtschaftslehre erhebt zum Postulat, daß Bedürfnisse im Prinzip unbegrenzt, hingegen die Mittel, sie zu befriedigen, knapp sind. Eine solche Überzeugung hat unabsehbare Folgen. Die Konsumgesellschaft lebt psychodynamisch mit einer Inflation der Bedürfnisse; sie entwertet zugleich und fortwährend die Mittel und erzeugt Knappheit. Das Ergebnis ist eine ständige „relative Verarmung" und – in Wechselwirkung damit – psychosoziales Elend. Die „Grundhaltung des Habens" ersetzt die „Grundhaltung des Seins" (*Fromm* 1976)[17] auf eine verzehrende Weise. Bereits *Rousseau* hielt das „ungekünstelte Leben" des nichtzivilisierten Menschen „mit sehr eingeschränkten Bedürfnissen" dagegen (1755, S. 235), und heute findet die Ethnologie und die Paläoanthropologie genügend Belege dafür, daß der Umgang mit den Mitteln eher die Bedürfnisse zu beeinflussen vermag, wenn nicht zu beherrschen pflegt, als umgekehrt. In einer Formulierung von *Sahlins* zur Steinzeitökonomie: beim Jäger und Sammler sind „die Bedürfnisse knapp; und im Verhältnis dazu hat er Mittel übergenug" (1978, S. 167). Aber der Naturmensch unterläßt es tunlichst, deren Nutzen zu maximieren.

Wenn unter Wirtschaften die vernünftige Disposition über knappe Güter zu verstehen ist und die wirtschaftenden Subjekte frei handelnde, zweckrational disponierende Individuen sind, dann bleibt zur Bestimmung des Gebrauchswerts der Güter, soweit er das rohe Subsistenzerfordernis übersteigt und nicht zur Produktion gut ist, nur der Rückgang in die Beweggründe der Individuen übrig, welche die Güter konsumieren, – und da spiegelt sich die Warenwelt in einzelnen Bedürfnissen. In ihnen prägen sich Konsummuster für alle Bereiche des Lebens aus; die Bedürfnisse „bilden" sich an den bereitgehaltenen Waren (vgl. *Scherhorn* 1959, S. 86) und somit auch an den in ihnen vorgefundenen Tauschwertverhältnissen. Die Fundierung mißglückt. Die in der Wirtschaftslehre beliebte Definition „Das Gefühl eines Mangels, verbunden mit dem Streben, ihn zu beseitigen, heißt ein Bedürfnis; in der Abhilfe eines solchen Mangels besteht die Befriedigung des Bedürfnisses"[18] gehört durch die weniger introspektive Bemerkung ergänzt: „Nicht das *Bedürfnis* als das zu stillende Gefühl, sondern nur der konkrete *Bedarf* als das Verlangen nach einem bestimmten Objekt ist ... als Mangelerscheinung zu interpretieren" (*Scherhorn* 1959, S. 64). Das allgemeine Angebot tritt im einzelnen bestimmend auf; es ist die Bedingung der konkreten Nachfrage; das Bedürfnis stellt sich als die – verführte – Orientierung auf es ein.

Wenn wir die Funktion der Bedürfnisse in der sozialen Ökonomik richtig sehen, dürfen wir uns aber nicht bei ihrer konsumstiftenden Rolle allein aufhalten, sondern müssen gleichzeitig ihr unmittelbares Verhältnis zur menschlichen Produktion und Kommunikation sehen. Die Forderung vieler humanistischer und sozialistischer Denker, daß man die Bedürfnisse des Menschen zu *steigern*, zu entfalten und zu veredeln habe, daß er reich an ihnen und den rohen Zustand der Bedürfnislosigkeit in jeder Hinsicht verlassen müsse, unterstellt, daß die Bedürfnisse auf anderes als auf entfremdende konsumistische Befriedigung aus sein können und in der „Grundhaltung des Seins" das menschliche Verlangen – das *eine* Bedürfnis – in verschiedener Gestalt interpretieren. In ihnen kann „das Bedürfnis des ‚Menschen als Menschen' zum Bedürfnis" werden (*Marx* 1953, S. 245), so daß – wie *Marx* fortfährt – „an die Stelle des nationalökonomischen *Reichtums* und *Elends* der *reiche Mensch* und das reiche *menschliche* Bedürfnis tritt. Der reiche Mensch ist zugleich der einer Totalität der menschlichen Lebensäußerung *bedürftige* Mensch. Der Mensch, in dem seine eigene Verwirklichung, als innere Notwendigkeit, als Not existiert" (1953, S. 246). Dies Bedürfnis legt Zeugnis ab für die Arbeit, die an ihm selber geleistet wird, nicht umgekehrt.

So formuliert, ist das ökonomistische Mißverständnis kaum noch möglich, irgendeine *Zufuhr von außen* könnte den Bedürfnissen wirklich abhelfen. In der freien *Äußerung* ist die Befriedigung zu suchen, und *Marx* setzt später dem Ziel „Jeder nach seinen Fähigkeiten, jedem nach seinen Bedürfnissen!" die Situation voraus, daß die Arbeit nicht mehr „nur Mittel zum Leben, sondern selbst das erste Lebensbedürfnis geworden" ist (1955, S. 24f.). Vorläufig steht dem das verkehrte Verhältnis von Notwendigkeit und Bedürfnis entgegen: erstere ist außer mir, und in mir das andere, in dem ich gerade nicht notwendigerweise hervorkomme (sondern erkennbar zufällig in dem, was ich gerade brauche). Allein in der Sicherung der physischen Subsistenz fallen Notwendigkeit und Bedürfnis zusammen. Darüber hinaus legen sie sich in – wie man sagt – „objektiven" und „subjektiven" Bedürfnissen aus, wobei die herrschende Ökonomie beansprucht, die objektiven (*needs*) zu befriedigen, während sie sich werbend und gauklerisch auf die subjektiven (*wants*) einläßt.[19] Eine Wirtschaftsweise hingegen, welche die Bedürfnisse der beteiligten Subjekte haushälterisch wahrnimmt, muß von deren Anforderungen (*needs*) ausgehen, sie zu bestimmen und zu erarbeiten suchen, – wobei, richtig verstanden, die Arbeit und die Bestimmung zusammenfallen. Denn eine Gemeinschaft mündiger Wirtschaftssubjekte klärt in ihrer produktiven Tätigkeit zugleich das Mögliche (Herstellbare) und das Notwendige (zur eigenen Reproduktion Erforderliche) auf. Die Arbeit ist die umfassende Vermittlung, in die ich mich einbringe und in der ich mich gewinne, der kommunikative Prozeß, in dem Menschen zugleich mit der äußeren und mit ihrer eigenen Natur umgehen.

Die Beschäftigung mit der Kategorie des Bedürfnisses ist für die soziale Arbeit insofern von allgemeiner Bedeutung, als alle einzelnen Menschen oder die gesellschaftlichen Gruppen, mit denen sie sich befaßt, subjektive Bedürfnisse äußern, beraten und behandelt werden und gezielte Hilfe haben wollen, während andererseits die Helfer das objektiv Notwendige tun und die wirklich erforderliche Hilfe geben sollen.[20] D. h. die soziale Arbeit muß die Vermittlung der letzteren in jene Wünsche und Erwartungen objektiv leisten; sie kann sie in der Regel nicht der Klientel überlassen, die eben nicht Subjekt, Herr ihrer Lage ist. Aber die Arbeit der Helfer besteht auch darin, die Kommunikation mit denen, welche Hilfe gebrauchen, so zu gestalten, daß die Bedürftigen sich an der genannten Vermittlung selbst aktiv beteiligen. Es ist eine wesentliche Seite der sozialen Arbeit, herauszufinden, wie sie selbst eingerichtet sein muß, um diesen Prozeß zu unterhalten. Die soziale Arbeit ist ein Bedürfnis, das in ihrer Ausübung bereits eine Befriedigung finden kann.

Es dürfte deutlich geworden sein, daß im Begriff des Bedürfnisses nicht bloß die konsumtive Funktion der Lebenstätigkeit ausgesprochen ist, sondern auch die (nicht vorhandene, aber sich als Desiderat meldende und sich vermittelnde) Einheit von Produktion und Reproduktion menschlichen Lebens. Es wird Erfahrung, rückgreifend in die Verfassung der individuellen Menschen, gebraucht zur Rechtfertigung dessen, was man tut, weil am Tun unmittelbar sinnlich nicht mehr erkennbar ist, inwiefern es gilt. Die sich auflösende Einheit der *communio* erfordert einen zunehmenden Begründungsaufwand: auf Seiten des Subjekts läßt sich eine Rechtfertigung in den Bedürfnissen finden. Die aus ihrer Einbindung entlassene und sich inhaltlich ausweitende *Kommunikation*, das freie Spiel, sich auf eines und alles mögliche zu beziehen, erlaubt indes auch eine neue, nämlich freie intersubjektive Einschätzung der Dinge und Sachverhalte. Die Kategorie, welche für die Auszeichnung in Verwendung kommt, die das interessierte Subjekt (seinen Bedürfnissen folgend) den Gegenständen zugutehält, ist der Begriff des *Wertes*. Da sie die Beliebigkeit, in der im Leben das eine gegen das andere austauschbar scheint und sich verliert, aufheben, bringen und halten die Werte die existentiellen Beziehungen in der Lebenswelt überzeugend in Ordnung.

Hier soll ,,Wert" in seiner Funktion, einer Beziehung Substanz zu verleihen, betrachtet und er also in einer besonderen Hinsicht aufgefaßt werden, welche in der wirtschaftswissenschaftlichen und in der philosophischen Beschäftigung mit dem Begriff gewöhnlich nicht in Rede steht, sich aber in der sozialen Arbeit aufdrängt und welche auch verständlich macht, warum er so vielsinnig in Gebrauch ist. Wortgeschichtlich kommt „Wert" zuerst im Sinne von „Preis" (Kaufsumme) als Substantivierung des Adjektivs „wert" vor und wenig später in den Bedeutungen „Geltung", „(Wert-)Schätzung" und „Bedeutung".[21] Die Vorgängigkeit des ökonomischen Sinnes ist bezeichnend: in der Verallgemeinerung des neuzeitlichen Nützlichkeitsdenkens werden alle Gegenstände, mit denen sich ein Subjekt beschäftigt, *eingeschätzt*. Die Universalität des Tauschwertverhältnisses, anders als die Gebundenheit des Gebrauchswerts an praktische Umstände, ist der reale Erfahrungshintergrund, auf dem die Wertdiskussion im 19. Jahrhundert sich ausbreitet. Gerade wegen der Beliebigkeit subjektiver Einstellungen, der Vielfalt von Interessen und Bedürfnissen und der Unterschiede des Geschmacks verleiht die Behauptung von Werten einen idealiter festen Halt. So wird der Verlust an ökologischer Einbindung durch Wertorientierung wettgemacht.

Der freisinnige Umgang mit Werten vertritt das Aufsuchen des – ein für allemal – „Guten" (bonum) ebenso wie das vormalige Festhalten an „Gütern". *Kaufmann* (1970) hat darauf hingewiesen, daß parallel zur „,Aufwertung' des Wertbegriffs ... eine ,Abwertung' des Güterbegriffs" läuft. Das sinnlich wahrnehmbar Wirkliche, das vormals werthaft „gut" und auch sonstwie bedeutungsvoll sein konnte, wird auf wertfreie Faktizität reduziert (1970, S. 186).[22] Der vormoderne Mensch ist von „Werten" in einem objektiven Sinn umgeben (und wir sind es hinter unserer fortgeschrittenen Erkenntnis immer noch), die ihm quasi als abgesättigte Bedürfnisse eine „Hintergrundserfüllung" (*Gehlen*) seines Daseins verschaffen. Er geht kaum abschätzig mit den Gegebenheiten um: Wert als „Maßstab" ist noch ungetrennt vom Wert als „Gut"[23], welches vorgefunden, erlebt und nur mit anderen Gütern verglichen, aber nicht an einem abstrakten, idealen Maßstab *gemessen* zu werden braucht. Die eigens wertende (ökonomische, soziale, ästhetische, moralische) Beziehung, in der selektiert, bewußt gewählt wird, kommt als gesonderte nicht vor. Aber es ist in der Tat ein das neuzeitliche Subjekt auszeichnender Gewinn, daß es sich wertend auf Sachverhalte und Dinge diskursiv beziehen kann. Die Wertbeziehung erscheint als die ökonomisch und geistig errungene Freiheit des Menschen, seiner mehr und mehr selbstverantworteten und weniger vorstrukturierten *Kommunikation* die materiale Geltung (die Behauptung einer besonderen, inhaltlich qualifizierten Beziehung[24]) zu verschaffen, in welcher er als unfreier zuvor objektiv beansprucht wurde.

Werte geben den Grund meiner Beziehungen an; wertend begründe ich meine Wahl, denn ein Wert ist – in der bekannten Definition von *Kluckhohn* – „eine Auffassung vom Wünschenswerten".[25] Dabei bin ich frei vom Kalkül des Preises wie des Nutzens. Ich lasse das mir Begegnende gelten, in der „Würde" seines Soseins auf mich wirken und bin darin selbst in der ausgezeichneten Verfassung, daß mir Wertvolles begegnet und von mir wahrgenommen wird – meine Werthaftigkeit und menschliche Würde beziehungsvoll vielseitig bestätigend. Die eigene ist zusammen mit der Würde der Gegenstände und Sachverhalte im *Werthorizont* unbedingt gegeben. Deshalb suchen wir ihn für uns selbst und in der gesellschaftlichen Diskussion zu erhalten. Die Wertproblematik, die Forderung nach Werterziehung und die Beschäftigung mit Wertfragen allgemein werden umso dringlicher, je mehr die Erfahrung von Zufall und Willkür, der Austauschbarkeit von Lebensmöglichkeiten und -verhältnissen sich verbreitet. Wertbezogen bin ich im Inbegriff meines „Vermögens", das ich einfach „hinnehmen" kann und für das ich mich nicht erst kompetent machen muß (bzw. je schon kompetent bin), – das mir also auch zukommt, wenn ich sonst mannigfach behindert sein mag. Objektiv begegnet mir in den Werten, was ich (vom Leben) habe. Werte *erfüllen* meine Lebenswelt; im ganzen machen Wertbeziehungen unser „Haus des Seins" (*Heidegger*) aus. Daß dieser sinnvolle Lebenskreis verlangt wird, verhält sich komplementär zur Erfahrung der Unbehaustheit moderner Existenz und bedeutet keine Sehnsucht nach den engen Gehäusen normativer Verpflichtungen und Gebote. Es ist nur der humane Anspruch auf (geschätzte) Sinnlichkeit, Sinn und Bedeutung.

Bewirtschaftung der sozialen Wohlfahrt

Unter dem Thema der sozialen Ökonomik haben wir die Ordnung der vorindustriellen menschlichen Beziehungen behandelt und auf ihre industriöse wie merkantile Entfaltung und Zerrüttung hingewiesen. Die Gestaltung von *Beziehungen* (der verborgenen komplexen „Produktionsverhältnisse" im Alltag) ist es auch, in der die Wandlungen sich vollziehen und vollziehen lassen, die zu einer ökologisch-ökonomischen Neuorientierung führen. Die Evolution der Interessen, der Bedürfnisse und der Wertvorstellungen bringt uns in den gesellschaftlichen wie individuellen Intentionen über die industriell-kapitalistischen (und auch industriell-realsozialistischen) Verhältnisse ebenso hinaus, wie diese Evolution (affektiv, kognitiv und konativ, mit *Kluckhohn* gesprochen) ihr Promoter gewesen ist. Insbesondere in der Kategorie des Wertes ist der Ansatz deutlich, der Ökonomisierung des Daseins, der „Wert" seine Bedeutung verdankt, zugleich zu entraten. Die bürgerliche Kultur der Werte war ja nicht nur ein Komplement zur Nüchternheit des *homo oeconomicus* in der Vermarktung und im Erwerb von Waren und zur abstrakten Allgemeinheit, auf die Arbeit sich reduzierte (*Marx*), sie war auch mehr als ein Absehen von seinem ausbeuterischen Umgang mit den Ressourcen von Natur und Mensch. Die idealistische Wertlehre bis hin zu *Schelers* „materialer Wertethik" hat immer das Erfordernis und die Möglichkeit eines anderen Umgangs mit der Wirklichkeit und dem Leben behauptet.

Es geht in der Wertbeziehung um eine *Qualifizierung der Kommunikation*, ebensowohl was die Betrachtung und den Gebrauch der Dinge in der Praxis wie das Verhältnis von Mensch zu Mensch und die Lebenstätigkeit allgemein betrifft. Das eine hängt mit dem anderen zusammen: Über die gegenständliche Beschäftigung tauschen wir uns intersubjektiv aus; den Umgang untereinander gestalten wir wertend durch Auswahl von Gegenständen, Tätigkeiten und Begegnungen; die Präferenzen, in denen wir kulturell übereinkommen und uns individuell unterscheiden, bestimmen den Inhalt und den Umfang der jeweiligen Lebenstätigkeit, und auch in der persönlichen und gemeinsamen Einschätzung, wie wir sie insgesamt einrichten wollen, müssen wir uns auf Werte beziehen, die das Gefüge der Geltung hierarchisch beherrschen, wobei sie wiederum auf gesellschaftlichen Beweggründen ruhen.

Die Ökonomie, die sich von alldem freigemacht hat, läßt sich in der wertenden Diskussion, in welchen Weisen zu leben ist, – freilich vorerst nur im Diskurs von Sozialwirten – in den humanen Kosmos ein- und anthropologischen Ansprüchen unterordnen. Jede Wertbeziehung ist eine partikuläre Rückstellung in den größeren Zusammenhang des organisch und sinnvoll Ganzen. Von ihm her bestimmt sich, ob und welchen Wert ein Tun oder Lassen hat, und nicht aus einer reduzierten zweckrationalen Beziehung, in der allenfalls Interessen und Bedürfnisse ihre (verkappte) Rolle spielen. Werte regulieren *beziehungsreich*; über sie läßt sich soziales wie ökonomisches Handeln in ein System von Präferenzen integrieren, das der Einschätzung der Beteiligten entsprechend geordnet werden kann. Darunter fällt auch der materielle Reichtum der Gesellschaft oder einzelner, welchen ihre Ökonomie verwaltet und vermehrt: es kommt darauf an, was angehäufte oder zum Verbrauch bestimmte Güter gelten und in welcher Beziehung sie wichtig sind.

Das anthropologische Gebot, die Wirtschaftsweise als Teil bzw. als eine Seite der gesellschaftlichen Tätigkeit anzusehen, wird auch in deren Auflösung im industriellen Zeitalter gewissermaßen dadurch erfüllt, indem es die Anschauung und den Begriff u. a. von Werten hervorbringt und diese den bloßen Nützlichkeitserwägungen gegenüberstellt. Schließlich überzeugt auch die losgelöste, ökonomistische Auffassung von Wirtschaften nicht mehr, daß sie nämlich Dispositionen über knappe Güter in einer Zweck-Mittel-Beziehung sei. Diesem formalen Begriff stellt *Polanyi* einen *substantiellen* gegenüber. Sachlich-materiell bedeutet Wirtschaft „ein in Einrichtungen gefaßter Prozeß gegenseitiger Einwirkungen von Mensch und Umgebung, sofern dieser Prozeß der materiellen Bedürfnisbefriedigung dient" (1979, S. 215). So verstanden, ist Wirtschaften ein sozialer Prozeß, der in konkreten Transaktionen abläuft, bzw. derjenige Teil des gesamten Sozialsystems, der durch Austausch charakterisiert ist (*Boulding* 1973, S. 109) und an Verpflichtungen gebunden werden kann, die sich aus der „Einrichtung" oder aus ökologischer Verantwortung ergeben. Der eingerichtete Prozeß bedarf der Doktrin der Knappheit nicht (es ist eine Doktrin, denn kein Mangel ist von vornherein vorhanden), welche der Unersättlichkeit Vorschub leistet und selbst die soziale Arbeit dazu bringt, sich als Dienstleistung, die einem Mangel abhilft, darzustellen.

Für den einzelnen Menschen (dem Adressaten sozialer Arbeit) ist Wirtschaften eine notwendige Seite seiner Lebenstätigkeit, und sie soll auch die anderen Seiten – ökonomisch – in Ordnung halten. Diese Regulierung geschieht über die Einheit von Produktion, Konsumtion und Kommunikation. Wenn davon eine sich auf Kosten der anderen differenziert – z. B. der menschliche Umgang zugunsten der Arbeitsproduktivität eingeschränkt werden muß –, kommt es u. a. zu psychosozialen Störungen. Umso gewichtiger ist das sozialökonomische Faktum, daß allgemein durch die marktwirtschaftliche und industrielle Dynamik seit dem 18. und 19. Jahrhundert das (produzierende) Unternehmen, der Betrieb, und der (nur noch konsumierende) Haushalt durchgreifend voneinander entfernt wurden und seitdem strukturelle Kommunikationsprobleme aufwerfen. Gesamtwirtschaftlich bedeutet diese Entwicklung, daß wesentliche (soziale) Bereiche und Leistungen, die in der alten Ökonomik – welche jetzt zur isolierten Hauswirtschaftslehre verkümmert – zur wirtschaftlichen Tätigkeit zählten, volkswirtschaftlich nicht mehr berücksichtigt oder nur am Rande wahrgenommen werden.

Die Selbstversorgung in Haushalten ist zunehmend eingeschränkt worden; hingegen konnte sich ein Markt für Dienstleistungen aller Art entwickeln. Die Kreislauftheorie, welche den Wirtschaftsprozeß als einen Interaktionsprozeß von Unternehmungen und privaten Haushalten versteht (vgl. *Steiger* 1979, S. 121 ff.), beschränkt ihn auf die Erwerbswirtschaft und klammert die übrige, nicht auf dem Markt erscheinende und ihren Gesetzen nicht unterworfene Wirtschaftstätigkeit aus. Die anerkannt ökonomischen Vorgänge dagegen werden zunehmend abstrakt, in ihrer monetären Bewertung entsinnlicht und zu einem Geflecht von scheinbar nur noch untereinander abhängenden Bewegungen. Schon deshalb braucht man zu ihrer (sozialen) Auffassung die gesellschaftlich und individuell vorgebrachten Interessen, Bedürfnisse und Werte. Sie richten mit ihrem Einsatz die zerfallene Einheit von sozialer und ökonomischer Versorgung in einem ständigen Prozeß des Aushandelns, der Abstimmung und der Legitimation wieder ein.

In der sozialen Arbeit, welche der eingetretenen Zerrüttung entgegen überall, aber im kleinen und zuerst an den besonders augenfälligen Wunden sanitär wirken soll, setzt nun leicht das Mißverständnis ein, daß die selbstherrliche Ökonomie, die man in den ihr zugehörigen Verhältnissen die kapitalistische nennt, die Ursache des Elends und der Miseren sei, welche sie antrifft. Zu recht tritt einer solchen Auffassung die andere gegenüber, welche die höchst positiven qualitativen Veränderungen des Lebens in der Gesellschaft herausstellt, die der industrielle, marktwirtschaftlich organisierte Fortschritt mit sich gebracht hat. Der erarbeitete Wohlstand ist unbestreitbar, und daß man auf ihn nicht verzichten will, erweisen nachgerade auch die Ansprüche, mit denen seine und der Marktwirtschaft Kritiker bei der Verteilung des Kuchens stets zur Stelle sind. Aber sowenig die Apologeten der bürgerlichen Ökonomie mit dem Faktum fertig werden, daß das wirtschaftliche Wachstum und die Erhöhung des Volkseinkommens zugleich soziale Probleme und psychische Schwierigkeiten produziert und nicht etwa abbaut, sosehr ignorieren ihre Gegner die positive soziale und soziokulturelle Produktivität dieser Wirtschaftsweise, zu deren (erstrittenen) Leistungen gerade auch die soziale Versorgung gehört, die nirgendwo so ausgebaut ist wie in der fortgeschrittenen Industriegesellschaft.

Vereinfachende Gegenüberstellungen haben hier wenig Erklärungswert. In der ökologischen Betrachtung müssen die sozialen und ökonomischen Seiten der gesellschaftlichen Tätigkeit auch dann ungetrennt begriffen werden, wenn ihre Fragmentierung fortgeschritten ist. Sie gehören ins Ganze des Prozesses organisierter Lebenstätigkeit. Selbst für die abgehobene Wirtschaftstheorie macht es sich bemerkbar, insofern sie nämlich die externen Einflüsse und die sozialen Kosten einseitiger Ökonomie nicht lange ignorieren kann. Während der *homo oeconomicus* der reinen Lehre als völlig rational vorgehender Kunstmensch ohne Psyche und ohne soziale Rücksichten alles vernachlässigen kann, was in seiner Rechnungsführung nicht in Erscheinung tritt, sind real, und allmählich jedem Bürger begreiflich, die steigenden Folgekosten zu berücksichtigen, die wirtschaftliches Wachstum mit sich bringt. In der *welfare economics* sind sie bedacht worden.[26] *Kapp* („Social Costs of Private Enterprise", 1950) kommt das Verdienst zu, das Problem der *Sozialkosten* eingehend behandelt zu haben, – das sind die „direkten und indirekten Verluste, die Drittpersonen oder die Allgemeinheit als Folge einer uneingeschränkten wirtschaftlichen Tätigkeit zu tragen haben. Die Sozialkosten können in Schädigungen der menschlichen Gesundheit, in der Vernichtung oder Verminderung von Eigentumswerten und der vorzeitigen Erschöpfung von Naturschätzen zum Ausdruck kommen" (1979, S. 10). Dabei ist es eine interessante Frage, inwieweit soziale Arbeit zu diesen Kosten gerechnet werden muß. Nur aus der engen Sicht der Erwerbswirtschaft erscheint sie durchweg als zusätzlicher, zur Bewältigung von Folgen erforderlicher Aufwand. Insofern sie aber Kommunikationsverhältnisse verbessert, aufklärt und emanzipiert und dabei eine soziale Produktivität bewirkt oder unterhält, erhöht sie das „soziale Nettoprodukt" (*Pigou*) aus wohlfahrtsökonomischer Sicht.

Kapp[27] hat den Zusammenhang seiner Kritik mit der späteren Umweltdebatte hergestellt (1979, S. IXff.), indem er auf symptomatische Störungen in der sozialen wie der physischen Umwelt hinweist, die dem einzelnen Menschen und der ganzen Gesellschaft teuer zu stehen kommen. Die Nichtberücksichtigung der Sozialkosten – und zudem der Umweltschäden durch wirtschaftliche Maßnahmen – ist für *Kapp* ein Argument gegen den ökonomischen Sachverstand allgemein.[28] Es sind jedoch nicht allein negativ zu Buche schlagende Kosten, welche herkömmlich gar nicht oder ungenügend berücksichtigt werden, sondern andererseits auch positive, ertragreiche Faktoren des Wirtschaftslebens, die man nicht einkalkuliert. Hier sind die außerhalb der Erwerbswirtschaft bleibenden Leistungen zu nennen: die Hausfrauenarbeit, die Produktion für den Eigenbedarf und die Selbstversorgung, unentgeltlich erbrachte Leistungen in der nachbarschaftlichen und sonstigen freitätigen sozialen Hilfe oder ehrenamtlichen Arbeit (*Steiger* 1979, S. 117). Dabei ist insbesondere die häusliche Arbeit der Frau und anderer nichterwerbstätiger Familienangehöriger immer der stützende Hintergrund industrieller Produktion geblieben. Die Reproduktion der Arbeitskraft wird im täglichen Rückzug in den Schoß der Familie gewährleistet. Die Hausfrauentätigkeit sichert, ohne daß sie eine monetäre Bewertung erfährt, die Befriedigung gerade derjenigen sozioökonomischen Bedürfnisse, die im Erwerbsleben zu kurz kommen, und sie schafft Voraussetzungen für den Kreislauf von Konsum und Produktion, der den ökonomischen Prozeß zumal in seiner hochentwickelten Form unterhält. Erst in letzter Zeit findet die degradierte und volkswirtschaftlich unterschlagene „*Schattenarbeit*" (*Illich*) der Frauen als Haus- und *Beziehungsarbeit* – diese verstanden als kommunikative Aufarbeitung von Problemen und als Befriedigung von sozialen Bedürfnissen, eben als Beziehungspflege, sowie als familiäre Erziehungstätigkeit – mehr Beachtung. Ihr Gewicht läßt sich z. B. in der Jugend- und Sozialhilfe ermessen, wenn sie ausfällt und die Kindererziehung und die Hausarbeit sehr kostspielig durch spezielle Dienste und Einrichtungen übernommen werden müssen. Es gibt darum Versuche, nicht zuletzt in der Frauenbewegung, die monetäre Bewertung der genannten Tätigkeitsbereiche durchzusetzen, Hausarbeit somit zu einer Erwerbs- und Berufstätigkeit zu machen. Wie verständlich diese Bestrebungen auch sind, sie folgen doch nur dem herkömmlichen ökonomischen Schema.[29]

Wenn die frühe und in nichtindustriellen Gesellschaften gewohnte Ökonomik von der sozialen und an die Umweltbedingungen gebundenen Verfassung des Gemeinschaftslebens ausgehend in ihm die wirtschaftliche Tätigkeit organisiert, letztere erst in einem besonderen historischen Prozeß der Aufladung (Akkumulation) und sich verbreitenden Differenzierung den Grund für ihre selbständige Behandlung legt, so ist in diesem in der Draufsicht dialektischen Vorgang durchaus (als Negation der Negation) eine Aufhebung zu denken, in der die soziale wie ökologische Determination auf höherem Niveau wieder vorherrscht. Zwar wird die vergangene Versorgungswirtschaft des „eigenwirtschaftlichen Zeitalters" (*Sombart*) nicht wiederkehren, aber die Erwerbswirtschaft zehrt von ihren fortbestehenden Funktionen und braucht ihren Rahmen, wie er noch in der abstrakten Vorstellung von einer „allgemeinen Wohlfahrt" (*Pigou*) vorkommt. Nachdem der ökonomische Zusammenhang von Güterproduktion und einerseits Umweltbelastungen wie andererseits sozialen Anforderungen nicht mehr zu übersehen ist, denkt man vielerorts nach, wie die sozioökonomische Tätigkeit in ein natürliches Gleichgewicht übergeführt werden kann. Erfaßt man sie als Stoffwechsel von Mensch und Natur, dann muß die Wirtschaft notwendigerweise (auch bei Steigerung ihres Niveaus) als zyklischer Prozeß der Versorgung gedacht werden, in dem die Güterproduktion bloß ein Sonderfall der Reproduktion, einer entfalteten Lebensbehauptung ist. Der Primat der Subsistenz und Reproduktion vor der materiellen Produktion ist vor allem von heuristischem Wert, wenn von sozialer Ökonomik die Rede ist.

Das ökologische Denken findet in der Biologie und Physik von Austauschvorgängen Muster vor, um menschen- und umweltgerechte Möglichkeiten einer postindustriellen Wirtschaftsweise zu begreifen. Erwähnt sei hier der

Ansatz der *„Bioökonomie"* (*Georgescu-Roegen*), welcher die wirtschaftlichen Prozesse in das natürliche System einordnet, das ihr Reservoir und ihre naturgesetzliche Grenze ist (*Uhlig* 1978, S. 305 ff.). Statt die wirtschaftlichen Entscheidungen nach dem Kriterium des Gewinns oder der Macht einzurichten, müsse das bioökonomische Ziel gesteckt werden, grundlegende menschliche Bedürfnisse zu befriedigen; zur herkömmlich verstandenen wirtschaftlichen Effizienz müsse das Prinzip der „Entropieeffizienz" (der möglichst geringen Entropieerhöhung bzw. der Anhäufung negativer Entropie[30] kommen und an die Stelle des Prinzips der Nutzenmaximierung das der „Minimierung des Bedauerns (der Folgen der Einzelentscheidungen)" treten (1978, S. 314). „Zu bedauern" sind Aufwendungen, die als öffentliche Leistungen dem bloßen Funktionieren des Wirtschaftssystems dienen – wie Verwaltungs-, Sicherungs- und Prestigeausgaben, Aufwendungen, die durch die Komplikation des Wirtschaftens entstehen, z. B. Bodenspekulation oder Verkehrsmaßnahmen, Transport, Reklame, ebenso die sozialen Folgekosten, unnötiger Verschleiß usw.[31]

Bioökonomisch hat das Gleichgewicht des Bestehenden Vorrang vor (ungenügend bedachten) einseitigen Verbesserungen. Die Herstellung und Unterhaltung von Beziehungen etwa rechtfertigt einen wirtschaftlichen Einsatz, denn sie realisiert – auf das Ganze gesehen – wirkliche Gemeinschaft in der Dichte von Kommunikation. Sie bedeutet des weiteren einen höheren Ordnungsgrad des Zusammenlebens, ist also entropieeffizient, und sie erfüllt ein grundlegendes menschliches Bedürfnis nach Kontakt und nach personalem Austausch. Mit neuen Beziehungen wird außerdem die *Konstitution* der Lebenstätigkeit, anders ausgedrückt: die soziale Produktionsweise, einzelheitlich verändert. Es läßt sich sehr wohl auf hohem Niveau wirtschaften, ohne Raubbau an natürlichen oder menschlichen Ressourcen zu betreiben.

Die Alternative der dualen Ökonomie

Erfassen wir die Güterproduktion und den Güterkonsum, das Marktgeschehen, das Angebot und den Verbrauch von Dienstleistungen als Inhalt eines sozialen Metabolismus, dann ist seine Ökonomik danach zu beurteilen, ob im einzelnen durch ihn eine Aufrechterhaltung oder Steigerung der sozialen Evolution bezogen auf menschliche Ziele gelingt, die im möglichst weitgehenden Einklang mit der Umwelt und ihrer Evolution ist. Das gilt für die Lebenstätigkeit des einzelnen wie für die gesellschaftliche und die unternehmende Staats-Tätigkeit. Vorausgesetzt die Grunderfordernisse der Subsistenz sind erfüllt, dann ist beispielsweise die zustande gebrachte Kommunikation eine Mehrleistung als Selbstzweck, und ebenso sind es kulturelle oder Bildungsaktivitäten sowie die Formen der sozialen Arbeit, die über unmittelbare psychosoziale Notversorgung hinausgehen. Wenn wirtschaftliches Wachstum künftig vor allem in diesem Bereich vor sich geht, erfüllt es die ökologischen Anforderungen. Umwelt- und menschenfreundlich dürfte allerdings auch die soziokulturelle Produktivität erst genannt werden, soweit sie nicht – wie im kapitalistischen Dienstleistungssektor üblich – primär dem geldmäßigen Nutzen nach bewertet und organisiert wird.

Statt des Outputs zählt die Art und Weise der Interaktionen, die unternommen werden. Hält man sich bei der Bestimmung des Wohlstandes an den *Bestand* an materiellen und immateriellen ,,Werten" und nicht an die Güter- und Einkommens*ströme*, die in einer bestimmten Zeit zufließen (*Hefti 1975*), dann ist Wirtschaften der rechte Umgang mit diesem Bestand, und was zu- und abströmt erscheint in der dienenden Rolle, den Bestand zu erhalten.[32] Das ,,Bestandesgrößenkonzept" (*Hefti*) erlaubt, vom herkömmlich am ,,Stromgrößenkozept" orientierten Wachstumsverständnis abzugehen. Auch die Zunahme der ,,Qualität außerökonomisch-immaterieller Zustände" stellt ein zu bewirtschaftendes Wachstum dar (1975, S. 44), – wobei zu beachten ist, daß ihm günstige materielle Verhältnisse zugrundeliegen, es also auf einer florierenden Wirtschaft insgesamt bauen können muß. Gegen deren Funktionieren kann jenes Wachstum nicht gut ausgespielt werden.

Es ist hier nicht die Aufgabe gestellt, *ökonomischen* Wegen zum Wandel von Wirtschaft und Gesellschaft weiter nachzugehen, und nicht die Absicht, auf alternative Konzepte mehr als hinzuweisen. Die soziale Arbeit aber ist selber ökonomisch in dieser Richtung diskursiv und handelnd wirksam. Verstehen wir die gesellschaftlichen Bewegungen der sechziger und 70er Jahre als ihre Äußerung, dann erkennen wir in ihnen lebensweltlich begründete soziale Protestationen gegen fremdbestimmte ,,Produktionsverhältnisse". Im Erleben vieler Menschen verblaßten die Verheißungen des industriellen und kapitalistischen Fortschritts gerade zu einer Zeit und an Orten, wo er besonders erfolgreich war (die Umweltkrise kam vor der Ölkrise). Um aus der ,,Wohlstandsfalle" herauszukommen, begann man, nach *Alternativen* zu suchen. ,,Da die Wachstumswirtschaft ökologische und soziale Regulierungsmechanismen außer Kraft gesetzt hat, bleibt als einzige Chance der *Übergang zu einer neuen Lebensform*. Änderungen der Verhaltensweise waren in kritischen Epochen der Menschheitsgeschichte immer wieder ein prägendes Merkmal der kulturellen Entwicklung" (*Binswanger u. a.* 1979, S. 214). Die ,,Unwirtlichkeit" der ökonomischen Formation gibt Anlaß, sich ihr zu verweigern und aus ihr auszutreten.

Der Prozeß der Industrialisierung ist von Anfang an von Gegentendenzen begleitet (wie man von der ,,Gesamtökonomie" im Prozeß des alle Erfahrungen und Bedürfnisse verarbeitenden gesellschaftlichen Lebens her wohl verstehen kann): vom romantischen Rückzug in eine ursprüngliche Natur und überkommene Lebensweise, dann im späteren 19. Jahrhundert von den vielfältigen Aktivitäten einer,, *Lebensreform*" (vgl. *Krabbe* 1974), die – obzwar oft sektiererisch – eine evolutionäre Erneuerung des Lebens jedes einzelnen durch Hinwendung zur Natürlichkeit bezweckte, von einer ähnlich orientierten ,,Jugendbewegung" Anfang des 20. Jahrhunderts. Die Notzeiten nach den Weltkriegen verhinderten ein Auswachsen der alternativen Bewegungen, weil der Wiederaufbau auch ihre Kraft weitgehend absorbierte.

In der gegenwärtigen Ökologie-Bewegung versuchen kleine Gruppen von Menschen in Selbsthilfe das Zusammenleben mit dem Wirtschaften in einem Haushalt wieder auf einen Nenner zu bringen, also die ,,sozialpsychologische Verflochtenheit der Wirtschaft" (so *Thurnwald* zu den Naturvölkern, 1975, S. 104 ff.) zu beachten. In Landkommunen und handwerklich tätigen Wohngemeinschaften wird die Arbeitsteilung, die Trennung von Freizeit, Berufs- und Hausarbeit in Maßen aufgehoben, die Lebenstätigkeit des einzelnen also ein Stück weit entdifferenziert, so daß sie ,,organischer" und ,,seinsgerechter" empfunden werden kann. In die gemeinsame Tätigkeit eingeschlossen sind die (üblicherweise abgetrennten) Bereiche der Kindererziehung, der Pflege eines bestimmten Ernährungs- und Gesundheitsverhaltens – und der politischen Betätigung (die Teilnahme an Demonstrationen gewissermaßen als makrobiotische Veranstaltung). Es gibt über die Projekte der Alternativen, über Landkommunen und bereichsspezifische Initiativen inzwischen eine umfangreiche Literatur. Der uns hier interessierende Punkt ist die *Alternative zur* bloßen *Erwerbsarbeit*. Wenn der Erwerbsaspekt in inzwischen kommerzialisierten Systemen wie dem ,,Netzwerk Selbsthilfe" in Berlin auch vollauf berücksichtigt wird (wenn anders sie nicht von der Erwerbsarbeit der übrigen Bürger zehren wollen), so versucht man in den genannten Lebensgemeinschaften doch vor allem die Arbeit als *kommunikatives* (dabei erfülltes oder kreatives) *Handeln* zu realisieren. Sie dient der produktiven Verständigung der Beteiligten je mit sich selbst und untereinander. In ihr wird die Arbeitsweise als ein Lebensstil realisiert. Sie ist praktizierte, sich im Alltag ausweisende Autonomie. Man hat für diese Art Tätigkeit das gute Wort ,,*Eigenarbeit*" in Verwendung gebracht (*Weizsäcker* 1978). Es ist eine Arbeit, ,,deren Produkte man kennt und vielleicht liebt und die einem zu eigen sind, bis man sie für seine Hausgemeinschaft verwendet oder verkauft", eine Arbeit, die man selbst verantwortet und die einem ,,genügt". ,,Auch die Dienstleistung für persönliche Bekannte ist Eigenarbeit, ebenso die unausgesetzten Auswahl- und Entscheidungsleistungen des täglichen Lebens" (1978, S. 186).

C. u. E. von Weizsäcker fordern ein ,,Recht auf Eigenarbeit" für jeden Menschen. Insbesondere die in der Leistungsgesellschaft ausgegrenzten Gruppen der Behinderten, Alten, aber auch Jugendliche und Kinder würden durch sie ihre eigenen Kräfte erleben und in der Mitarbeit Gemeinschaft erfahren können (1978, S. 186 ff.). Diese Art aufgehobener sozialer Arbeit verträgt sich nun auf komplementäre Weise durchaus mit der herkömmlichen Erwerbstätigkeit. Unter den Bedingungen der fortgeschrittenen Industriegesellschaft können die lebensgerechten, ,,konvivialen" (mit dem Ausdruck von *Illich*) Formen von Arbeit die industrielle Produktion nicht ersetzen, vielmehr – ohne deshalb abgedrängt zu sein wie traditionell in den Kleinhaushalt – gerade in ihrem Schatten sich gedeihlich einrichten. Ein solches Nebeneinander von ,,formeller Wirtschaft" und (nicht oder anders ökonomisierten) ,,informellen Tätigkeiten" (*Robertson* 1979, S. 52) diskutiert man unter dem Begriff *Dualwirtschaft*. Angestrebt wird der Aufbau und die Instandhaltung ,,eines informellen Wirtschaftsbereichs innerhalb moderner, hochentwickelter Industriegesellschaften. Der immer größer werdenden Entmündigung des einzelnen durch Vermarktung, Institutionalisierung, Professionalisierung, Technisierung und Monetarisierung wird das Prinzip der Autonomie des einzelnen, die solidarische Erarbeitung von Gebrauchswerten und eine optimale Selbstversorgung entgegenstellt. Das Monopol der Experten, Technokraten und der Geldwirtschaft soll durch Eigenarbeit, Selbsthilfe und Selbstversorgung verhindert oder durchbrochen werden" (*Huber* 1979, S. 17).

Illich hat einige Formen freiwilliger Arbeit für sein Konzept einer ,,modernisierten Subsistenz" in Anspruch genommen (*Illich* 1980). Eine subsistenzorientierte Gesellschaft suche Konsumgüter wieder durch persönliches Handeln zu ersetzen: Eigenarbeit macht einen Teil Eigenverbrauch überflüssig. Da sich einfallsreich produktives und zugleich lebensgerechtes Handeln im Sektor der Pflichtarbeit kaum entwickeln kann, empfiehlt *Illich*, eine Sphäre ,,schöpferischer Arbeitslosigkeit" zu nutzen (*Illich* 1978 u. 1979 a), in der man sich um die Herstellung von Gebrauchswerten kümmert, ohne angestellt zu sein wie bei industrieller Arbeit und bei gewöhnlicher Hausarbeit (die in eine abhängige Position, eben in den Schatten, ja zum Schatten geraten sei). Die Kategorisierung ,,informeller Sektor" hält *Illich* für zu pauschal. Es besteht die Neigung, den zweiten Bereich einer Dualwirtschaft mit einer *Dienst*wirtschaft zu verwechseln. Im Gegensatz zu ihr lassen sich jedoch Subsistenzformen finden (erproben), durch die das Niveau der Subsistenz selbst angehoben wird. *Illich* belegt sie mit dem Ausdruck ,,*vernakuläre* Tätigkeiten" nach der alten Bezeichnung für ,,selbsterzeugte, hausgemachte, gemeinsam hergestellte Werte, die ein Mensch schützen und verteidigen kann, obwohl er sie weder auf dem Markt kauft noch verkauft" (1980, S. 60). Mit einer näheren Beschreibung hält sich *Illich* allerdings zurück. Vernakuläres Tun, so muß man es wohl verstehen, wird nicht von außen abgefordert, sondern quasi von innen angeregt, nämlich an den ,,Werten der Gemeinschaft" orientiert sein. Es hat Teil an den symbolischen Strukturen gemeinschaftlichen Lebens und trägt zu ihnen bei. Nicht von der Hand zu weisen ist die Analogie zu ökonomischen Gebräuchen, die bei *Malinowski* oder *Mauss* beschrieben werden. Ihr kommunikativer Charakter genießt Vorrang auch in der ,,modernisierten Subsistenz" eines *homo habilis*. Ich denke an das Formenspektrum des Tuns einer Gruppe friedlicher Instandbesetzer.

Der technische Fortschritt (z. B. der Einsatz von Mikroprozessoren) kann indessen auch als Chance für die Entwicklung des ,,sozialen Teils der Dualwirtschaft" (*Huber* 1979, S. 25) begriffen werden, – nämlich Zeit und Kraft dafür zu haben, in kleinen Gemeinschaften, Werkstätten, Eltern-Kind-Gruppen, Nachbarschaftseinrichtungen usw. selbstorganisiert produktiv tätig zu sein. Außerhalb der Arbeitswelt ist man darum schon immer bemüht gewesen. In der freien Jugend- und Sozialhilfe wird seit längerem versucht, ,,Eigenarbeit" therapeutisch und zur Rehabilitation einzusetzen. Man denke an so verschiedene Einrichtungen wie die Kurzschulen *Kurt Hahn*s, anthroposophische Gemeinschaften mit Behinderten oder an Gruppen in der Drogenhilfe wie „Synanon". An ihnen kann das Prinzip der Wiederaneignung des Lebens studiert werden: Orientierung an einer selbstgenügsamen Gemeinschaft, Vertrauen in die auf sie bezogenen eigenen Fähigkeiten, lernen, daß Lebensführung bedeutet, „wirtschaften" zu können, nämlich mit seinen Fähigkeiten und den Angeboten der Umwelt, mit seinen sozialen Beziehungen, seinen Gefühlen und seiner Zeit hauszuhalten. Diese Einrichtungen müssen sich um ihres Erfolges willen wehren gegen die Praktiken des (sozialen) Dienstleistungssystems, durch äußere Versorgung und Einsatz von Spezialisten der Behandlung die Eigenmächtigkeit und das Selbstvertrauen der beteiligten Menschen zu untergraben, – Dienste, die das zwangsläufig tun, um ihre „negative Produktivität" zu unterhalten und sich damit im herkömmlichen Wirtschaftsprozeß als Entsorgungssystem zu rechtfertigen.

Hier sei eine Feststellung eingefügt, die das Verhältnis von administrativ eingesetzter fachlicher Sozialarbeit zur allgemeinen sozialen Arbeit, die in der Gesellschaft stattfindet, beleuchten mag: Es sind viel mehr „randständige" Jugendliche und Erwachsene, die sich in die alternative Subkultur begeben haben, als von Sozialarbeitern und -pädagogen in Einrichtungen oder ambulant betreut werden. Anders ausgedrückt: Lebens-, Orientierungs- und Verhaltensprobleme werden weit häufiger ohne professionelle Hilfe bewältigt als mit ihr. Und das nicht etwa weil sie sich „von alleine" verlieren, sondern weil sie in der ihnen entsprechenden Bewegung durch das Handeln der Betroffenen transformiert werden. Die professionelle Sozialpädagogik dürfte umso mehr Erfolg haben, wie sie sich als Teil dieser größeren Bewegung begreift. Durch fachliche Einsicht ist *sie* weder auf den Weg zu bringen noch definitiv zu bestimmen, aber im Praxisfeld gezielt einzusetzen: Für jeden ist der an Natur- und Gesellschaftserfordernissen orientierte tätige, produktive Umgang mit sich und anderen ein Erfolg, für Menschen in sozialen und persönlichen Schwierigkeiten ganz besonders.

Von Erfolg wird hier gesprochen in einer zur gewöhnlichen Betrachtung inversen Sicht. Die herkömmliche ökonomische Lehre, wenn wir uns noch einmal auf sie beziehen, vermag im Makrobereich der industriellen und kommerziellen Tätigkeit *gegenüber* keine produktive Tätigkeit zu erkennen: Demonstrationen von Jugendlichen machen sich ihr höchstens negativ bemerkbar (als Schadensursache); „Aussteiger" sind – wie der Name schon sagt – aus dem Wirtschaftsleben im bezeichneten Sinne abgemeldet. Die kommunikative Selbstversorgung in einer Gruppe tritt auch nur als Ausfall von Konsum in Erscheinung. Für die reine Lehre kommen diese Phänomene in einem Sektor vor, der Leistungen absorbiert, nicht etwa welche hervorbringt. Vereinnahmt vom Dienstleistungssystem benötigte die Befriedigung des Bedürfnisses nach „Eigenarbeit" neue Aufwendungen – unterzubringen in der Rubrik „Beschäftigungs- und Arbeitstherapie". D. h. die subjektive Produktivität wird (nicht monetarisiert und unvermarktet) objektiv verleugnet; sie geht im Verfahren der Dienstleistung resp. sozialen Hilfe unter.

Zuständig ist für derlei Verfahren traditionell die *Sozialpolitik*: sie verteilt Mittel nach bestimmten Regeln, um festgestellte Defizite auszugleichen (wir werden auf die Funktion der Sozialpolitik später noch genauer eingehen). Soziale Arbeit wird in diesem Verständnis gebraucht, um die Verteilung sach- und fachgerecht zu bewerkstelligen und neben den materiellen auch personale Hilfen zu geben. So wie wir sie von der Ökologie des Humanen her zu Gesicht bekommen, tritt jedoch soziale Arbeit in den im sozialpolitischen Koordinationssystem vorgesehenen Leistungen nicht in Erscheinung (wiewohl sie diese Hilfen in seinem Rahmen gut an den Mann bringen und selber in der wohlfunktionierenden Administration lebendig am Werk sein kann).[33] Sozialarbeit soll hier nur wiederherstellen helfen, nichts prozessual voranbringen. Sozialpolitische Maßnahmen sind als ökonomische Operationen nicht der Inhalt jener Bewegung, der sie vielmehr zu begegnen suchen: der Arbeiterbewegung, der Jugend- und der Frauenbewegung und jetzt der alternativen Bewegung.

In dialektischer Beziehung auf sie (antwortend) ist die Sozialpolitik gewiß ein notwendiges Moment: das Zusammenleben in der Gesellschaft und die politische Dynamik machen es erforderlich, die Folgen der industriellen Marktwirtschaft so gut es geht auszugleichen. Der Bürger hat einen Anspruch darauf, postulierte schon *Hegel* in seiner Rechtsphilosophie. Die bürgerliche Gesellschaft reiße das Individuum aus dem Bande der versorgenden Familie; diese Gesellschaft müsse nun auch die Ansprüche zu befriedigen suchen, die es an die Familie gewöhnlich und im Falle eintretender Unfähigkeit stellen konnte (§ 238 Rechtsphilosophie). ,,Die allgemeinen Macht übernimmt die Stelle der Familie bei den *Armen* (§ 241). Sie hat neben der Beseitigung des unmittelbaren Mangels *subjektive* Hilfe ,,in Rücksicht der *besonderen* Umstände als des *Gemüts* und der *Liebe*" zu leisten (§ 242). Die personale Anteilnahme in der sozialen Arbeit wird hier als Form der Restitution eingeführt, durch die das Ganze der menschlichen Lebensweise sich unter den entfremdenden Bedingungen der Leistungsgesellschaft zu behaupten sucht. Eine auf dem Markt der Dienstleistungen angebotene Beratung und Behandlung wird diesem Anspruch aber kaum gerecht. ,,Institutionalisiert, technisiert, professionalisiert und monetarisiert" ist eine dermaßen eingesetzte soziale Arbeit selber eine entfremdete – und zwar sowohl den Adressaten wie denen gegenüber, die in ihr berufstätig sind. Die ökologische Alternative setzt auf gemeinschaftliche Selbsthilfe und Eigenarbeit.

Sie kommt von der ,,anderen Seite", der subjekthaften Tätigkeit her. Im Wirtschaftsverkehr kommt sie als solche (unvermittelt) nicht vor. Objektiv, ,,von außen" betrachtet, erscheint sie erst in Rücksicht auf das Ganze, in dem gewirtschaftet wird. *Godelier*, der die ökonomische Tätigkeit als die ,,Gesamtheit der Operationen" definiert, ,,mittels deren die Gesellschaftsmitglieder sich die materiellen Mittel zur Befriedigung ihrer individuellen und kollektiven Bedürfnisse verschaffen, sie verteilen und konsumieren" (1972, S. 304), bestimmt das *ökonomische Optimum* ,,als diejenige Organisation der ökonomischen Tätigkeiten (Produktion, Verteilung, Konsumtion), die mit der Realisierung gesellschaftlich notwendiger Zielsetzungen am besten vereinbar, die also auf den Funktionsmechanismus der Gesellschaftsstruktur am genauesten abgestimmt ist. Das ökonomische Optimum stellt sich mithin vorläufig dar als das Resultat einer intentionalen Tätigkeit, die die Wirtschaftstätigkeit (Zuteilung der Ressourcen, Kombination der Produktionsfaktoren, Verteilungsregeln usw.) organisiert und auf das bessere Funktionieren sämtlicher gesellschaftlicher Strukturen (der Verwandtschaftssystems, der Politik, der Religion usw.) gerichtet ist; jenes Resultat hat also nur Sinn in bezug auf den Funktionszusammenhang dieser Strukturen. Das ökonomische Optimum ist demnach der ‚ökonomische Aspekt' eines umfassenderen, nämlich des ‚gesellschaftlichen' Optimums" (1972, S. 337). Das Letztere ist zweifellos ein ökologischer Komplex. Das Wirtschaften kann nicht autonom funktionieren; es findet seinen Sinn nur zum Teil in sich selber (1972, S. 297). Mit dem Hinweis auf den ,,Funktionsmechanismus der Gesellschaftsstruktur" ist auch die Stelle bezeichnet, von der her die alternative Bewegung Aussicht hat, die Wirtschaftsweise insgesamt zu ändern: Die Akzente im Zusammenleben werden mit der Zeit anders gesetzt – die Struktur des Lebensgestaltung hat sich gewandelt (die wirtschaftliche Entwicklung machte es möglich) – füglich ist das Optimum neu bestimmt. Die Tätigkeit der Subjekte wirkt auf die sie vereinnahmende ,,Organisation der ökonomischen Tätigkeiten" zurück. Die ,,Besserung" der Verhältnisse wird von immer mehr Menschen – privat und allgemein – nicht mehr in einem ökonomischen Wachstum gesucht; überhaupt kann man in der Parole der Besserung bald nur noch die leere Hülse erblicken, um die sich ein Rest Qualm vom verschossenen Pulver verzieht. Der Sinn des Wirtschaftens ist im Unterhalt des Lebens zu finden. Es ist materiell notwendige Tätigkeit, *zuerst* Aufrechterhaltung und Pflege und *zuletzt* Umsatz und Ergebnis. Das ist von jedem einzelnen handelnden Subjekt her gedacht: wie beschäftige ich mich sinnvoll, wie setze ich mich richtig ein, in welchen Leistungen kann ich mich, meine Identität beweisen, was genügt mir? Und da man nur zusammen mit anderen und in Rücksicht aufeinander wirtschaften kann, stellen sich die Fragen der Produktion, Distribution und Konsumtion entsprechend für die jeweilige Gemeinschaft.

Es sind *moralische* Fragen, das Zulässige, das Erforderliche und die Gerechtigkeit (dem eigenen und dem gemeinsamen Leben gegenüber) betreffend. Es sei an die alte *moralische Ökonomie* erinnert, die es besonders in den unteren Volksschichten, bei den Bauern und Arbeitern ausgeprägt gegeben hat und deren Richtigkeit lange gegen die Effekte der Marktwirtschaft argumentativ vorgebracht wurde. *Thompson* beschreibt solche ,,Legitimationsvorstellungen" in seinen sozialgeschichtlichen Untersuchungen. Sie sind ein ,,volkstümlicher Konsens darüber, was auf dem Markt, in der Mühle, in der Backstube usf. legitim und was illegitim sei. Dieser Konsens wiederum beruhte auf einer in sich geschlossenen, traditionsbestimmten Auffassung von sozialen Normen und Verpflichtungen und von den angemessenen wirtschaftlichen Funktionen mehrerer Glieder innerhalb des Gemeinwesens. Zusammengenommen bildeten sie das, was man die ‚moralische Ökonomie' der Armen, die ‚moral economy of the poor', nennen könnte" (1980, S. 69f.).

Die allgemeine Bewegung heute hat die Ökonomie des Lebens zum Inhalt; sie setzt sich primär mit seinen unwirtlichen Bedingungen auseinander und sucht deshalb die Wirtschaftsweise zu ändern (jedes einzelnen, der einen oder anderen Gruppe und die des Gesellschaftskörpers, dem man angehört). Der Umweltbezug ist von vornherein gegeben. Lange vor den Alternativen konnte *Polanyi* feststellen: ,,Nach einem Jahrhundert blinder ‚Verbesserung' geht der Mensch daran, seine ‚Behausung' wiederherzustellen. Soll der Industrialismus nicht zur Auslöschung der Menschheit führen, dann muß er den Erfordernissen der menschlichen Natur untergeordnet werden" (1977, S. 307). Die Expansion der Geschäfts- und Industrietätigkeit hat – bei den Chancen, die sie bot, – die traditionellen Formen des Zusammenlebens und der Ordnung des Hauses ruiniert und vielfältige neue, auch reichere Formen an ihre Stelle gesetzt. Das ökologische Prinzip *,,Behausung kontra Verbesserung"* (Polanyi 1977, S. 53) verlangt nicht, daß die Menschen wirtschaftlich und sozial irgendwohin zurückkehren sollen. In seinem Sinne gilt es, zur zentrifugalen, auswärts gerichteten Bewegung der wirtschaftlichen Unternehmung eine einwärts gerichtete, zentripetale Bewegung sozialer Selbstversorgung und ökologischer Bewahrung gegensinnig so einzurichten, daß sich ein inneres Gleichgewicht einstellen kann.

Anmerkungen

1 Man muß wohl die mentale soziale Arbeit, die seit der Renaissance und der Reformation vor sich ging (*Weber* 1972), als notwendige Vorbedingung der praktischen sozialen Arbeit, der freitätigen wie der staatlich betriebenen, betrachten.
2 Wie die Wörterbücher ausweisen, erscheint ,,Ökonomie im 16. Jahrhundert in der Bed. der allgemeinen, geordneten wirtschaftlichen Verhältnisse des Staates wie des einzelnen (und entsprechend *ökonomisch*). Dem schließt sich im frühen 17. Jahrh. *Ökonom* an in der Bed. des wirtschaftlichen, tüchtigen Hausvaters" (*Schulz*, Deutsches Fremdwörterbuch, Berlin 1942). *Murrays* English Dictionary (Oxford 1897) weist für ,,Economy" folgende Grundbedeutungen aus: 1. Management of a house; management generally. 2. The method of the divine government of the world, or of a specific department or portion of that government. 3. The judicious handling of doctrine, i.e. the presentation of it in such a manner as to suit the needs or to conciliate the prejudices of the persons adressed. 4. Organization, like that of a household. – Altem Wortsinn folgend könnten unsere Kapitelüberschriften auch lauten: Biologische Ökonomie, territoriale und soziale Ökonomie, kulturelle Ökonomie, psychische Ökonomie, medizinische bzw. animalische Ökonomie (wie bei *Quesnay*), pädagogische Ökonomie, politisch-therapeutische Ökonomie etc. Daß die Ökonomie zu einer ,,Bereicherungswissenschaft" (*Engels* 1972, S. 499) wurde, hat diesen Wortgebrauch verdorben.
3 In *Grimms* Deutschem Wörterbuch (Leipzig 1913) heißt es zum Wort ,,Wirt", daß ,,in übereinstimmung mit der wahrscheinlichen etymologie als ausgangspunkt für die verschiedenen entwicklungslinien die grundbedeutung ‚pfleger' sichtbar" wird. – ,,Wirtschaft" sei ,,in der bedeutung noch weit vielgestaltiger als *wirt*; denn *wirtschaft* zeigt die neigung, sich durch die ihm zugeordneten sachbezüge von der ursprünglichen bedeutung ‚amt, eigenschaft, tätigkeit des wirtes' abziehen und in den objekten befestigen zu lassen...".

4 Vgl. Politik, 1257 b 1: ,,Als nun schon das Geld aus den Bedürfnissen des Tauschverkehrs geschaffen war, entstand die zweite Art der Erwerbskunst, die Kaufmannskunst, anfangs wohl nur ganz einfach, später kunstmäßiger auf Grund der Erfahrung, woher und wie man Güter vertauschen müsse, um den größten Gewinn zu erzielen". *Marx* kommentiert in den ,,Grundrissen" (1974a, S. 928f.): ,,Aristoteles betrachtet daher die Form der Zirkulation W-G-W, worin das Geld nur als Maß und Münze funktioniert, eine Bewegung, die er die ökonomische nennt, als die natürliche und vernünftige, während er die Form G-W-G, die chrematistische, als unnatürlich, zweckwidrig brandmarkt. Was hier bekämpft wird, ist nur der Tauschwert, der Inhalt und Selbstzweck der Zirkulation wird, die Verselbständigung des Tauschwerts als solchen."

5 *Krovoza* hat den Zusammenhang von Produktions- und Sozialisationsweise prägnant beschrieben: ,,Mit der Auflösung der autonomen Produktionseinheiten, wie sie etwa das ‚ganze Haus' darstellt, entfällt die soziale Basis für die ‚mitvollziehende Sozialisation', d. h. für das Erlernen von Arbeits- und Kulturtechniken durch einen den altersspezifischen Möglichkeiten angepaßten Mitvollzug des Ernstfalls, wie für die ‚teilnehmende Sozialisation', d. h. für den Erwerb von ‚Rollenkompetenz' und ‚kommunikativer Kompetenz' (J. Habermas) durch die unbeschränkte Teilnahme an den Sozialvollzügen des Familienverbandes, der Hausgemeinschaft etc. Zudem verlieren einzelne soziale Handlungen und Vollzüge mit dem Anwachsen der Vergesellschaftungsdichte tendenziell ihren exemplarischen Charakter und damit ihre Übertragbarkeit, was eine ‚mitvollziehende Sozialisation' leistungsschwach macht. Sozialisation muß die Individuen zunehmend allgemeiner orientieren und disponieren: Sie muß letztlich die Bedingungen der Möglichkeit von Verhalten überhaupt sichern" (*Krovoza* 1976, S. 67).

6 Sie leistet die Fürsorge ganzheitlich, nicht in der Pflege individueller Bedürfnisse, sondern der sie übergreifenden Wohlfahrt des Hauses. Zur Verdeutlichung seien die Grundzüge dieser Ökonomik zitiert, wie sie *Wagner* aus den klassischen Quellen summarisch formuliert hat:
,,(1.) Ökonomik im früheuropäischen Verständnis dieses Tatbestandes ist die Kunst des rechten Bemühens um den Hausstand eines guten und gerechten Lebens.
(2.) Ökonomik als Kunst solcher Haushaltung setzt ein Ordnungsdenken voraus, das auf das Wohl des Ganzen gerichtet ist.
(3.) Die frühe Ökonomik erweist sich so als Ordnung eines Tuns und Unterlassens, welches sich der Sache, dem Ort und der Zeit nach auf das Ganze des Lebens bezieht und auf dasjenige zielt, was für dieses das Beste bleiben wird, auf das Entscheidende, den wesentlichen Punkt und die rechte Gelegenheit solchen Verhaltens, auf den wirklichen Erfolg.
(4.) Zu solcher Ökonomik gehört die Fürsorgekunst, die Pflegekunst und die Kunst der Beschützung; sie selbst aber ist erstverursachende Kunst der Anordnung als Eigenbefehlskunst in all diesen Bereichen.
(5.) Weil die Ökonomik, auch in großen Bereichen, für alles und jedes zu sorgen hat, bedarf sie der Scheidekunst eben so sehr wie der Hilfe vieler Helfer und gipfelt darum in der Kunst des Pädagogischen und der ihr zugehörigen Kunst des Ineinanderwebens selbst der widersprechendsten, wenn nur guten Kräfte des Ganzen, in der Kunst des Politischen" (*Wagner* 1969, S. 190ff., zitiert unter Fortlassung der Erläuterungen).

7 *Marx* tat die ,,sog. Kameralwissenschaften" als ,,einen Mischmasch von Kenntnissen" ab (1979, S. 19). Die marxistische Wirtschaftsgeschichte betrachtet heute den Kameralismus differenzierter. So unterscheidet man von der ,,feudalabsolutistischen Theorie des Kameralismus in Deutschland während des 17. Jahrhunderts" (Autorenkollektiv 1977, S. 164) ihre ,,bürgerlichen Gegner" (S. 1172ff.), zu denen *Becher, Schröder* und *Hörnigk* und insbesondere *Justi* gezählt werden (S. 189ff.).

8 Fast wörtlich gleicht die Bestimmung des Gegenstands der ,,Policeiwissenschaft" bei *Pfeiffer* (1779, S. 8).

9 Bei *Sonnenfels* ist die allgemeine ,,Glückseligkeit" nur noch die ,,Summe der einzelnen Besten" samt ,,Sicherheit und Bequemlichkeit des Lebens", wie *Brückner* hervorhebt. Der Staat hat in der bürgerlichen Interpretation dem Privatinteresse zu dienen und es zu sichern. ,,In der Verselbständigung des kommerziellen Elements gegenüber fiskalischen Rücksichten tritt das interesse privatum als selbständiger Faktor einem interesse publicum gegenüber, das nur in der Steigerung der individuellen Vermögen besteht. Ausdrücklich und konsequent geht Sonnenfels deshalb nicht mehr von der einzelnen Haushaltung aus, die bisher jedem System der Stadt- und

Landökonomie zugrunde lag, sondern von der Vervielfältigung der Nahrungswege, von Markt und Handel, die die Interdependenz der Haushalte begründen. In der konsequenten Anwendung der merkantilistischen Ideen wird der eudämonistische Kameralismus, der trotz aller Aufnahme merkantilistischer Gedanken immer noch vom Ansatz der Ökonomie als Haushaltung ausgegangen war, überwunden" (*Brückner* 1977, S. 255).

10 Es ist natürlich das erste Prinzip (alles zu Markte zu tragen), welches dem zweiten seine Negativität verleiht, denn die Arbeitsteilung per se ist ein altes Muster auch der agricolen Hauswirtschaft. Polanyi hat darauf verwiesen, daß die Arbeitsteilung und nicht der Tauschhandel natürliche Gründe besitzt (1977, S. 66), und er fährt fort: ,,Dasselbe Vorurteil aber, das die Generation von Adam Smith veranlaßte, den Frühmenschen als begierig auf Tausch und Handel anzusehen, bewog ihre Nachfolger, jegliches Interesse am Frühmenschen fallenzulassen, da man von ihm wußte, daß er sich diesen lobenswerten Leidenschaften keineswegs hingegeben hatte. Die Tradition der klassischen Ökonomen, die versuchten, das Marktgesetz auf die angeblichen Neigungen der Menschen im Naturzustand zurückzuführen, wurde durch ein völliges Desinteresse an den Kulturen des ‚unzivilisierten' Menschen verdrängt, da diese für das Verständnis der Probleme unseres Zeitalters unerheblich seien" (1977, S. 67).

11 In England, wo das Armenrecht früh auf lokaler Ebene Ordnungen geschaffen hatte (vorgesehen waren u. a. Arbeitspflicht und amtliche Lohnfestsetzung), suchte man der Folgen des entstandenen freien Arbeitsmarkts mit dem ,,Speenhamland system" Herr zu werden. Mittels eines Systems von Zuschüssen zum Lohn wurde 1795 nach Aufhebung des alten englischen Niederlassungsrechts erreicht, daß jedermann ein Minimallohn garantiert wurde. Da somit der Lebensunterhalt unabhängig von der Arbeitsleistung gesichert war, sank die Arbeitsproduktivität in der Folge, weshalb diese soziale Regelung 1834 wieder abgeschafft wurde. ,,Das Speenhamland-System sollte die Proletarisierung des einfachen Volkes verhindern oder wenigstens bremsen. Das Ergebnis war jedoch bloß die Pauperisierung der Massen" (*Polanyi* 1977, S. 111).

12 Vgl. *Fuchs* (1976) und *Neuendorff*: ,,Wahrscheinlich ist die Rechtsformel des Römischen Rechts, die den Zins als Vergütung entgangenen Nutzens im Zeitintervall (interesse) zwischen Geldleihe und Rückzahlung bestimmte, die Grundlage für die Bedeutung des mittelalterlichen juristischen Fachwortes Interesse als ‚aus Ersatzpflicht entstandener Schaden' (1973, S. 14). Im übrigen wurde das lateinische Wort inter-esse lange Zeit nur in verbaler Konstruktion verwandt (1973, S. 10).

13 ,,Interesse als Beweggrund einer Handlung ist immer umfassender als der interessierende Gegenstand oder das Resultat der Handlung. Das bewegende Interesse ist gleichsam eine intentionale Totalität, der gegenüber das Resultat, der Gegenstand, in dem offenbar wird, was jeweils das besondere motivierende Interesse war, nur als Moment in dieser Totalität erscheint" (1973, S. 18).

14 *Gerhardt* findet, daß die zahlreichen Bedeutungen von ,,Interesse" alle eine ,,Klammer- oder Brückenfunktion" erfüllen. ,,In falscher Etymologie, aber sachlich durchaus zutreffend, kann man die vermittelnde Leistung an jenem ‚inter esse' dem ‚Zwischen-Sein' illustrieren. Es bringt zum Ausdruck, daß zwischen Getrenntes ein Drittel tritt und eine Verbindung herstellt. Auf diese Weise kann zeitlich Differentes, ursprünglich Heterogenes oder in der Sache Oppositionelles unter *einen* Begriff benannt werden" (1977, S. 36). Entschieden dazu *Heidegger*: ,,*Inter-esse* heißt: unter und zwischen den Sachen sein, mitten in einer Sache stehen und bei ihr ausharren" (1959, S. 131). Zum psychologischen Terminus ,,Interesse" s. *Todt* (1978).

15 Französische Enzyklopädisten und deutsche Kameralisten unterscheiden zwischen ,,natürlichen", ,,wahren" und ,,eingebildeten" Bedürfnissen, während die Liberalisten zur gleichen Zeit einer weitgehenden Bedürfnisentgrenzung das Wort reden (vgl. *Müller* 1971).

16 *Hegel* leitet den ,,Übergang in die bürgerliche Gesellschaft" in der inneren Verfassung der Sittlichkeit mit der Bemerkung ein, mit dem die sittliche Bestimmung aufhebenden Verhältnis, ,,daß das Besondere das erste für mich Bestimmende seyn soll", gerate man in einen Irrtum, ,,denn indem ich das Besondere festzuhalten glaube, bleibt doch das Allgemeine und die Notwendigkeit des Zusammenhangs das Erste und Wesentliche: ich bin also überhaupt auf der Stufe des Scheins, und indem meine Besonderheit mir das Bestimmende bleibt, das heißt der Zweck, diene ich damit der Allgemeinheit, welche eigentlich die letzte Macht über mich behält" (§ 181 Rechtsphilosophie, Zusatz).

17 Vgl. auch *Fromms* Ausführungen zum „autoritär-zwanghaft-hortenden Charakter", der sich mit dem „*Marktcharakter*" vermischt hat bzw. von ihm verdrängt worden ist (1976, S. 145ff.).

18 Def. von *F. B. W. von Hermann* in seinen „Staatswirtschaftlichen Untersuchungen" (1832), zit. in der Fassung von *Scherhorn* (1959, S. 21).

19 Vgl. *Goodfellows* (1954) Unterscheidung von objektivem Bedürfnis (*need*, n) und subjektivem Bedürfnis (*want*, w). Ersteres ist hypothetisch; es drückt sich in einer Reihe von subjektiv empfundenen Bedürfnissen (w) aus, verwandelt sich in sie (1954, S. 56). Zumindest die primären, notwendig zu befriedigenden objektiven Bedürfnisse (n) lassen sich leicht ausmachen: „Nahrung, Luft und Atem, die nötige Wärme, um die Körpertemperatur aufrecht halten zu können, genügend Platz zur Bewegung sind Beispiele. Sofort zeigt sich ein Charakteristikum: sie lassen sich nicht nach der Dringlichkeit ordnen. Sie müssen allesamt befriedigt werden, oder der Mensch kann nicht leben. Das liefert uns in der Tat die eigentliche Definition der primären Bedürfnisse (n)" (1954, S. 250). Wir werden auf das Problem der primären Bedürfnisse bei Behandlung der Lebensqualität zurückkommen.

20 *Luhmann* versteht unter Hilfe einen „Beitrag zur Befriedigung der Bedürfnisse eines anderen Menschen" (1973, S. 21). Mit einfachem Bedarfsausgleich unter Menschen ist es aber in der modernen Gesellschaft nicht mehr getan; zur Durchführung sozialer Hilfe sind Entscheidungsprogramme erforderlich (1973, S. 33), mit denen Regeln vorgegeben werden, nach denen die Bedürfnisbefriedigung erfolgen soll. „Die helfende Aktivität wird nicht mehr durch den Anblick der Not, sondern durch einen Vergleich von Tatbestand und Programm ausgelöst und kann in dieser Form generell und zuverlässig stabilisiert werden" (1973, S. 34). Damit wird nicht programmgemäße unmittelbare Hilfe leicht zu einem Störfaktor. Gerade sie aber ist der Modus, in dem auch die programmgemäße Unterstützung erst effektiv wird: das objektiv Erforderliche bedarf, wenn es helfend getan wird, der personalen Vermittlung von Subjekt zu Subjekt, einer Verständigung, sonst ist es keine Hilfe, sondern nur verteilter Verbrauch.

21 Vgl. *Grimms* Deutsches Wörterbuch (Leipzig 1960), wo der Wortsinn wie folgt zusammengefaßt wird: „1. das ‚wert-sein' eines materiellen oder immateriellen (wert-)objekts für einen einzelnen (ein wertendes subjekt) oder eine gemeinschaft; in mehreren bedeutungsvarianten erscheinend. a) zufrühest als entsprechung des lat. pretium; im sinne von ‚preis, veranschlagtes oder gefordertes äquivalent eines (handels-)objekts in geld oder anderen zahlungsmitteln'... b) ‚geltung'; valor, aestimatio... c) vielfach bezieht sich wert weniger auf die geltung als auf die tatsächliche güte, tauglichkeit und qualität (vgl. werthaltigkeit), mit der keineswegs eine angemessene (wert-)schätzung verbunden sein musz... 2. das ‚wert-seiende' (vgl. wert-sache, -träger)."

Eislers Wörterbuch der philosophischen Begriffe (4. Aufl., Berlin 1929) resumiert: „*Wert* ist die Setzung seitens des *Wertens* (Schätzens). Dieses besteht in der gefühlsmäßig-unmittelbaren oder urteilenden (beurteilenden) Beziehung eines Objekts (Inhalts) auf ein (wirkliches oder mögliches, einzelnes oder allgemeines) Wollen, Bedürfen, Zwecksetzen eines Subjektes... Wert „hat" etwas, insofern es *wegen seiner Brauchbarkeit für einen zwecksetzenden Willen* in irgendeinem Grade als *begehrbar erscheint*. Ohne zielstrebigen, zwecksetzenden Willen, ohne Bedürfnis kein Wert."

22 S. bei *Kaufmann* die Darstellung des Zusammenhangs der Werterfahrung mit dem *Sicherheitsproblem* des Menschen. Die Verunsicherung des Subjekts erscheint als Bedingung seiner Aufwertung: „Für ein Bewußtsein, das den Ursprung der Werte nicht mehr außerhalb seiner selbst zu fixieren vermag, muß ‚Ich-Selbst' zum höchsten Wert werden. Auf Grund unserer Bestimmung von Sicherheit als ‚Gewißheit des zukünftigen Bestandes von Werthaftem' wäre demzufolge deduktiv zu prognostizieren, daß für ein solches, spezifisch neuzeitliches Bewußtsein das Sicherheitsproblem zum Problem seiner eigenen Identität in der Zukunft würde" (1970, S. 189). In der Umweltdiskussion, die wesentlich eine Wertbehauptung beinhaltet, dominiert bekanntlich die Frage nach der Sicherheit bzw. nach dem Bestand von Werthaftem gegenüber dem ökonomischen Kalkül. Psychosoziale Hilfe heutzutage hat, wenn sie gefordert wird, es zumeist mit der Sicherheitsfrage bzw. mit den Folgen von Verunsicherung zu tun. Die Lokalisierung der Werte betreiben wir aus Gründen der „Versicherung" menschlichen Lebens.

23 Vgl. *Lautmann*, der in seiner eingehenden soziologischen Begriffsanalyse herausstellt:

„Mit dem einen Wort ‚Wert' werden offensichtlich zwei verschiedene Sachverhalte bezeichnet: der eine ist ein Maßstab, der andere ist ein Gut" (1969, S. 26). *Lautmann* bevorzugt die Maßstabbedeutung (1969, S. 27), was der soziologischen Klassifikation gewiß zugute kommt.

24 Eine Beziehung, über die man sich sowohl diskursiv verständigen kann, wie sie dann „monologisch" zu vertreten ist. Entsprechend leitet *Habermas* den Geltungsanspruch von Werten im „Übergang von kommunikativem zu monologischem Handeln" ab. Er schlägt vor, „Werte als Ergebnis einer Transformation von Formen des kommunikativen Handelns in ein monologisches Handlungsmodell aufzufassen" (1971, S. 249). Dabei erörtert er einen Zusammenhang mit Bedürfnissen und Interessen, den wir bereits sozialgeschichtlich verfolgt haben. Die Orientierung des Handelns an institutionalisierten Werten (dem, was fraglos gut ist) sei nur solange unproblematisch, „als die normierte Verteilung der Chancen bedingter legitimer Bedürfnisbefriedigung auf einem Konsensus der Beteiligten beruht. Sobald Dissens entsteht und die normative Verteilung der Befriedigungschancen umstritten ist, wird die Orientierung an den gemeinsam anerkannten Werten durch *Interessenorientierung* ersetzt. Das Muster kommunikativen Handelns weicht dann einem Verhaltenstypus, für den die Konkurrenz um knappe Güter das Modell abgibt; es weicht strategischem Handeln" (1971, S. 251). Interessen sind für *Habermas* „die im Zustand des Dissenses aus den überlieferten Kristallisationen der gemeinsam ‚geteilten' und in Handlungsnormen verbindlich gemachten Werte gleichsam herausgelösten und subjektivierten Bedürfnisse" (1971, S. 252). Wir sehen, von diesen Kategorien wird das aufgebrochene Feld der sozialen Arbeit abgesteckt.

25 „*A value is a conception, explicit or implicit, distinctive of an individual or characteristic of a group, of the desirable which influences the selection from available modes, means and ends of action*". *Kluckhohn* merkt dazu an: „It should be emphasized here ... that affective („desirable"), cognitive („conception"), and conative („selection") elements are all essential to this notion of *value*" (1951, S. 395).

26 Zur Dogmengeschichte und den unterschiedlichen Auffassungen von Social Costs vgl. *Michalski* (1965). S. auch *Kapp* (1956).

27 Es sei auf *Kapps* Bemühen hingewiesen, als Ökonom zur Integration des sozialwissenschaftlichen Denkens beizutragen (1961). Er weist bei Behandlung der Sozialkosten auch auf die Notwendigkeit hin, den Begriff „Ökologie" genügend weit zu fassen, so daß er auch die soziale Umwelt einschließt (1979, S. XI).

28 „Das Auftreten von Sozialkosten läßt uns an sämtlichen Entscheidungsmechanismen zweifeln, denen privatwirtschaftliche Kosten- und Ertragsrechnungen zugrunde liegen, wobei die Entscheidungen über die Wahl der Technik, der Produktionsfaktoren, sowie über die zu produzierenden Güter und Dienstleistungen in dieser kritischen Aussage eingeschlossen werden. Die privatwirtschaftliche Entscheidungslogik, wie sie sich seit der Loslösung der Wirtschaft von ihren mittelalterlichen und merkantilistischen Kontrollen herauskristallisiert hat, ist nicht imstande, eine Einschätzung der totalen Kosten und Erträge von Investitionen (einschließlich Forschung und Entwicklung) vorzunehmen. Dazu bedarf es einer umfassenderen makroökonomischen Perspektive, die jedoch nicht auf einer Rückkehr zu diesen frühen Kontrollmethoden basieren kann, sondern von einer Evaluierung alternativer Technologien, die sich die Erhaltung des menschlichen Lebens zum Ziel setzen, ausgehen sollte. Die Erhaltung des menschlichen Lebens kann in Form von objektiven Normen der menschlichen Gesundheit und des Wohlbefindens ausgedrückt werden" (1979, S. XIX f.).

29 Vgl. *Prokop*, die das „verselbständigte Leitbild" von Frauenemanzipation kritisiert, durch Lohnarbeit bzw. Qualifikation der weiblichen Arbeitskraft die behauptete „unproduktive" Daseinsweise als Hausfrau und Mutter überwinden zu wollen, welchen Ökonomismus sie für unbrauchbar im Alltag weiblichen Lebenszusammenhangs erklärt (1976, S. 29 ff.).

30 Wirtschaftliche Prozesse unterliegen wie physikalische einem „Energetischen Imperativ" (*Ostwald*), dem der Lebenserhaltung dienenden Gebot, Entropie zu hemmen. Vgl. zusammenfassend zur „Energie als sozial-ökologische Grundkategorie" Zellentin (1979, S. 94 ff.). *Géorgescu-Roegen* hat das Verhältnis von Entropie und Ökonomie umfassend untersucht (1971). Der Entropiegedanke kann paradigmatisch – insofern das Entropiegesetz „die Basis der *Ökonomie des Lebens* auf allen Ebenen" ist (1971, S. 4) – auch auf die psychosozialen Verhältnisse angewandt werden. Die industriell-merkantil prosperierende Wirtschaft bringt in ihrem Innern sozial

und psychisch notwendig eine zunehmende Diffusion und Unsicherheit in den verschiedensten Formen mit sich. *Hefti* spricht deshalb von einer Zunahme der „gesellschaftlichen Entropie", die sich bei Wachstum des Volumens in abnehmendem Organisationsgrad und wachsender Unordnung ausdrückt (1975, S. 63).

31 Vgl. die Zusammenstellung von Faktoren, welche das Sozialprodukt als Wohlfahrtsgröße verzerren, bei der Schweizer NAWU-Gruppe (*Binswanger* 1979, S. 145ff.).

32 Vgl. *Krüsselberg* (1977). Er verweist auf eine Tradition in der Theorie der politischen Ökonomie von *List* bis *Boulding*, welche die Bestandsgröße, die Totalität der produktiven Kräfte (*List*) als Ressourcen, stärker betont als die Bewegungsgrößen (1977, S. 237ff.).

33 Vgl. v. *Ferber* (1967, S. 20): „Die historische Entwicklung der Sozialpolitik ist bekanntlich bis in die Gegenwart hinein an den Elendsgrenzen der marktvermittelten Arbeitsteilung erfolgt. Dort, wo das kapitalistische bzw. neoliberale Wirtschaftssystem mit den in dem Leistungsaustausch nicht zu assimilierenden Elementarbeständen des Humanen und Sozialen konfrontiert wurde, entstanden die sozialpolitischen Einrichtungen als Sicherung der Alten, der Kranken, der Invaliden, der Witwen und Waisen, der vom Produktionsprozeß Freigesetzten, der Mütter und Kinder, der Leistungsschwachen, der Entwurzelten und der von der Gesellschaft Abgeschriebenen. Die Probleme, die die menschliche Existenz jenseits des arbeitsteiligen Leistungsverkehrs aufwirft, wären gründlich mißverstanden, wollten wir sie als Fragen der Einkommensverteilung formalisieren."

Innere Ökonomie: Das wilde Selbst?

Beschäftigt mit der materiellen Seite menschlichen Handelns und der wirtschaftlichen Ordnung, haben wir die psychischen und geistigen Aspekte nicht unerwähnt gelassen, die in den sozialen Angelegenheiten historisch bedeutsam waren und auch gegenwärtig wirksam sind. Jedoch erscheinen sie auf einer Ebene gesellschaftlicher Kommunikation und Verständigung, auf der das Individuum mit seinem inneren Erleben vorausgesetzt werden bzw. – weil Menschen nicht wie Robinson für sich alleine wirtschaften – außer Betracht bleiben durfte. Was jeweils explizit im öffentlichen Raum und zwischen Menschen verhandelt wird, Gestalt annimmt oder sonstwie in Rede steht, berücksichtigt zwar die Belange der beteiligten Personen, ihre Interessen, Bedürfnisse und Wertvorstellungen beispielsweise, inwieweit und in welcher Weise aber, ist eine andere, psychologische Frage. Zur *äußeren Entwicklung* gehört eine *innere Mission*, und diese Feststellung – mit der durchaus angespielt sein soll auf den historischen Zusammenhang von liberal verstandener Ökonomisierung der Gesellschaft und konservativ verstandener Bemühung um das rechte Leben und das Heil des Bürgers, um soziale Arbeit am ,,verwahrlosten", renitenten, gehemmten, eigensinnigen Individuum – läßt sich umkehren: der äußeren Mission unserer Zivilisation, der Beherrschung von Umwelt, kommt eine innere Übung der an ihr beteiligten Menschen in Selbstbeherrschung und geregelter Entfaltung entgegen.

Die individuell erste unter der zweiten Natur

Ökotheoretisch verlangt das Verhältnis von Mensch und Natur eine doppelte Betrachtung: zu inspizieren ist auch das Binnenverhältnis des Menschen zu seiner ersten, vitalen Natur. Geschickter ausgedrückt: in welcher Beziehung letztere zur Lebenstätigkeit des Menschen steht. Zumindest als Problem macht diese Beziehung in dem Maße auf sich aufmerksam, wie die äußere Umwelt und der soziale Umgang beherrscht und kontrolliert werden. Keine nachvictorianische Sozialisation schafft es mehr, das Binnenverhältnis einfach der privaten Sphäre zuzuschlagen, es also einzuklammern in der bewährten Art jeglicher Kolonisation. Es meldet sich als Störquelle und mit spürbaren Schädigungen. Der einzelne Mensch wird *mit sich*, mit der symbolischen Aneignung und praktischen Bearbeitung seiner Subjekt-Natur nicht fertig; das phylogenetische Erbe in ihm leistet Widerstand gegen Vergesellschaftung (*Horn* 1972b, S. 143f.). Schließlich erkennt man, daß die menschliche Psyche und der Körper den gleichen Gefahren der Überforderung, des Mißbrauchs und der ,,Verschmutzung" unterliegen wie die Biosphäre um uns. Hier wie dort wird eine soziale Verständigung über ein naturgemäßes Leben gebraucht.

Es gibt einen *inneren Haushalt* individuellen seelischen Lebens und seiner Motive[1], d. h. eine Ökonomie der Angelegenheiten, die einen je selber angehen und betreffen und aus der Perspektive des erlebenden Subjekts in seinem Motivationsraum (*Uexküll* 1963, S. 104) erfaßt und reguliert werden. Um diese Regulation zu verstehen, ist es wichtig, einen Begriff von der Aktivität zu haben, mit der sich das erlebnisfähige Subjekt aus eigenen Beweggründen unterhält. Als konstitutiv für es dürfen wir eine psychische Produktion ansehen, durch die es eine eigene Realität gewinnt. Sie – Produktion wie Realität – hat das Begehren, den Wunsch als immanentes Prinzip, mag es sich in dem Bewußtsein, das man von sich hat, auch unscheinbar machen. Insbesondere in der Beschäftigung mit psychiatrischen Phänomenen ist die Flut bemerkt worden, in der das Begehren aus dem Unbewußten strömt. Verwiesen sei in der Linie von *Lacan* auf *Deleuze/Guattari* (1979), die in der kontroversen Verknüpfung der Wunschproduktion mit der äußeren Arbeit in ihrem ,,Anti-Ödipus" wohl am weitesten gegangen sind und dabei die konstruktiven und destruktiven Weisen beider Beziehung auszuleuchten begonnen haben. Die *Phantasie* und ihr Antrieb gehen der Bemächtigung der Realität voraus und stellen ihre prototypische Wahrnehmung dar. Auch die Produktion muß produziert oder wenigstens unterhalten werden. Was bindet den Bastler an sein Tun?[2] Er ist ein Werk, indem er (es) unterhaltsam schafft. ,,Die Regel, immerfort das Produzieren zu produzieren, dem Produkt Produzieren aufzusetzen, definiert den Charakter der Wunschmaschinen oder der primären Produktion: Produktion von Produktion" (*Deleuze* u. *Guattari* 1979, S. 13). Von Maschinerie zu reden, ist jedoch schon wieder eine Manifestation, hinter der wir latenten Sinn vermuten dürfen.

Wie die äußeren materiellen Bedingungen und die soziale Verfassung des Gemeinwesens die psychosoziale Situation eines jeden beeinflussen und zu seiner zweiten Natur ausformen, bringt der einzelne Mensch als Agens (und füglich auch Reagens) seine biopsychischen Ressourcen inhaltlich in seine Lebensführung und mittelbar in die allgemeinen Verhältnisse ein. Im Zusammenleben von vielen Menschen wirkend, bilden diese Ressourcen gewissermaßen die psychosoziale *Infrastruktur* der gesellschaftlichen Tätigkeit. Biopsychisch disponiert, trachtet der einzelne nach Erfüllung seiner Wünsche. Von ihnen ausgehend, lebt jeder im *modus irrealis* – gerade auch im Verhältnis zu seinen höchst realen Alltagsgeschäften. Bekanntlich hat *Freud* unter dem ,,ökonomischen Gesichtspunkt" untersucht, wie die seelische Energie zum Zwecke der Wunscherfüllung im Spiel von Besetzungen verteilt wird. Die libidinöse Ökonomie muß alle psychosozialen Umstände (die der ,,Erregung" wert sind oder ihre Abfuhr behindern) in ihren Haushalt einbeziehen – wie umgekehrt das wirtschaftliche und soziale Leben der Gesellschaft in Rücksicht auf die Antriebe, die Motivationsstruktur und die komplexe seelische Verfassung ihrer Mitglieder zu betrachten ist: es stellt ein Ensemble von Repräsentationen für sie dar. Durch sie kann der *Wunsch* – recht oder schlecht – *zu Wort* kommen.[3] Die verschlungene wechselseitige Abhängigkeit der sich artikulierenden inneren Natur und der ,,Sprache", die sozioökonomisch gesprochen wird, verlangt von einer ökologischen Abhandlung über (dazwischen vermittelnde) soziale Arbeit, daß wir uns nach der makrosozialen Ökonomik auch der mikrosozialen Psychodynamik wenigstens in einigen Punkten annehmen.

Bei der Vielzahl der Aspekte, von denen auszugehen wäre, wählen wir solche aus, die im Zusammenhang mit der zeitgenössischen ökologischen Diskussion naheliegen. Unter dem Gesichtspunkt der *Entwicklung* läßt sich die libidinöse Ökonomie nach der Wirkung des genetisch Früheren und Späteren, des Lustprinzips und des Realitätsprinzips, des „Natürlichen" und des „Kulturellen", der primitiven, archaischen Anteile und der zivilisierten untersuchen. Behalten wir uns vor, Fragen der Kulturökologie, der physiologischen Konstitution des Menschen und seiner Sozialisation später näher zu erörtern, und beginnen mit der althergebrachten alternativen Überlegung, ob der (moderne) Mensch in seinem Verhältnis zur äußeren und zu seiner inneren Natur nicht gut daran täte, zu seinen „Ursprüngen" ein Stück weit zurückzukehren und somit das *einfache Leben* wieder zu versuchen, auf das sich anscheinend der *Edle Wilde* in voller Harmonie mit der Natur verstand und – abseits der Zivilisation – noch heute verstehen soll.

Die Überlegung, frühere Zustände und Daseinsweisen müßten „lebensgerechter", was immer das heißen mag, gewesen sein, gehört zu den landläufigen Meinungen, die sich ohne genauere Nachforschung und wissenschaftlichen Beweis erhalten und immer wieder bestätigen lassen. Daß die Kindheit der Menschheit der eigenen individuellen Kindheit, an die wir uns verschwommen erinnern, mitsamt der in ihr erlebten und post festum rückerschlossenen Naturverbundenheit entspreche, hat immerhin die *biogenetische Grundregel* für sich, daß „die Reihe der Entwicklungsformen, welche ein Individuum ... durchläuft, eine kurze, gedrängte Wiederholung der längeren Formenreihe ist, welche die Vorfahren desselben Organismus oder die Stammformen seiner Art von den ältesten Zeiten an bis auf die Gegenwart durchlaufen haben", daß also die Ontogenese die Phylogenese rekapituliert *(Haeckel)*. Entsprechendes soll nach dem „psychogenetischen Grundgesetz" *(S. Hall)* auch für die seelische Entwicklung ausgemacht sein. Insbesondere die Tiefenpsychologie – so *Freud* u. a. in „Totem und Tabu" und *Jung* in seiner Archetypenlehre – ist auf dieses Prinzip der Wiederholung gestoßen. Von der gewöhnlichen Erfahrung derjenigen, für die es gilt, gerechtfertigt, stellt es sich in einem logischen Zirkel hinter sie als Begründung.[4]

Wir Späteren und Erwachsenen sollen längst gezähmt und domestiziert sein. Das planmäßige und effiziente Wirtschaften, dem wir uns verschrieben haben, verlangt ein hohes Maß an Rationalität und Institutionalisierung. Darum wird jeder Mensch in jungen Jahren einer längeren psychosozialen Behandlung unterzogen, die man mit einem – was den Mangel an Rücksicht betrifft – verräterischen Ausdruck allgemein *Sozialisation* zu nennen sich gewöhnt hat. Sie wird solange ausgedehnt, bis das Individuum zur regelgerechten Teilnahme an jener Wirtschaft fähig und bereit ist. Es darf auch von einem Prozeß der Enteignung oder wenigstens der Transformation angestammten animalischen Wesens gesprochen werden. Jedoch scheint in uns allen das ursprüngliche Chaos, ein ungezähmter Drang noch vorhanden, wieviel äußere Sublimierung und in Idealbildungen kultivierte Oberflächen (durch die er zuweilen in neurotischen Symptomen oder psychotisch durchbricht) ihm schon abgerungen sein mögen. Die wilde Natur der primären Antriebe selbst unterliegt der Entwicklung kaum, welches Schicksal die von ihnen ausgehenden Erregungen in der Lebensgeschichte des Individuums auch immer haben.

In zeitloser Gegewart bleiben die primären Prozesse bis in ihre unbewußten Repräsentanzen (Wunschregungen), von denen *Freud* spricht, von den Verfeinerungen der Modernität unberührt. Die Institutionen, in die sie eingezwängt werden, die Schöpfungen der gesellschaftlichen Arbeit, die ihre Energie verzehren, sowie die Ergebnisse der Erziehung, in denen sie verwandelt erscheinen, ändern den Charakter des Triebs nicht dadurch, daß sie ihn moderieren. Im Verhältnis zu den Anforderungen, vor die er die Psyche des Menschen stellt, sind mit allen Besetzungen die wirtschaftlichen und sozialen Vorgänge von *sekundärer* Art – und füglich die Probleme der Behausung, der Ordnung und Gestaltung des Zusammenlebens. Sie befriedigen primordiales Begehren oder lassen zu wünschen offen. Hinter der Geschäftigkeit, auf die sich die Menschen einlassen, stecken die ,,Drachen der Urzeit"[5] oder doch kaum domestizierte Neigungen, die kulturell unter den jeweiligen Lebensverhältnissen vielfältig ausgeprägt werden können. Nehmen wir die urtümliche Neigung zum Jagen und Sammeln, der man auch in der Kosumgesellschaft noch überall nachgehen kann. Oder den zeitweiligen Drang umherzuschweifen. Er widerstrebt der seßhaften Existenz und verschafft sich in der einen oder anderen Form Geltung. Genauso elementar dürfte andernteils die unauffällige Trägheit sein, möglichst wenig zu ändern und sich mit dem Vorhandenen zufrieden zu geben. In einem Rausch überwinden wir sie.

Derlei Feststellungen mögen auf den ersten Blick ohne sonderlichen Aussagewert sein. Man muß sich jedoch vor Augen führen, daß die undifferenzierte vorsprachliche Situation unseres Empfindens und Zumuteseins nicht schon deshalb ohne Belang ist, weil sie unspezifisch vorkommt bzw. ohne Repräsentanz auf dem Niveau intellektueller sozialer Legitimation bleibt. Hinter beobachtetem Verhalten verbergen sich Triebansprüche, annehmbare und inakzeptable. Wo immer wir es mit menschlichen Leidenschaften, ungezügeltem Verhalten und irrationalen Beweggründen zu tun haben, macht es einen Unterschied, ob wir sie für Fehlformen oder für ursprüngliche Möglichkeiten des Menschen halten. Das eine Mal wird soziale Arbeit ihnen eher entgegentreten und sie eindämmen müssen, das andere Mal entdeckt sie in ihnen die Spur existentieller Wahrheit und sucht sie auf. Die ,,Bewirtung", die per Hilfe und Fürsorge erfolgt, dürfte sich in praxi aus einem Mischungsverhältnis beider Haltungen herleiten.

Mit der Entwicklung der Industriegesellschaft ist eine sublime Unterjochung nicht allein der äußeren Natur, sondern auch der psychischen verbunden, eine Kultivierung und Kolonisation, die bei allem Fortschritt weder der

Umwelt noch der Innenwelt gerecht werden konnte. Diese Entwicklung bedeutet eine Verselbständigung, aber auch relative *Schwächung* des nun isolierten Ich; somit rechtfertigt sich ein selbständiges Überich und überhaupt die *innere Herrschaft*, der Kameralismus der Seele, von dem alles, was in ihr greifbar ist, in Verwahrung und Verwaltung genommen wird. Derart zugerüstet, erweist sich der Mensch des Industriezeitalters unter dem Ansporn seiner Unzulänglichkeit als besonders leistungsfähig. Der Psychoanalyse kommt das Verdienst zu, in den Beschränkungen dieser Leistungsfähigkeit und in den kontraproduktiv zustandegebrachten Symptomen eine innere Tätigkeit bemerkt zu haben. Abgesehen von dem Terraingewinn im Unbewußten, den sie erreicht hat, erlaubt die Psychoanalyse den seelischen Apparat in Funktion zu verstehen, und wenn auch ihre Aussagen keineswegs einheitlich und oft spekulativ sind, tragen sie zur Lösung des immerwährenden Problems bei, wie man – seiner Ausstattung entsprechend – gerechterweise sein Leben einrichten soll.

Allgemein ist nun für die Theorie der „Einrichtung" von großer Bedeutung, ob wir von einer Ökologie des *Es* (im Sinne *Freuds*) oder von einer Ökologie des *Ich* ausgehen. Im ersten Fall hätten wir die unbewußt geregelte triebmäßige Strategie auszumachen, nach der wir aus inneren Beweggründen zufrieden leben können, d. h. möglichst wenig eingeschränkt durch ihnen widrige äußere Anforderungen. Demgegenüber wäre das Ich als Instanz dazu da, das Seelenleben unter die Botmäßigkeit des Realitätsprinzips zu bringen, um mittelbar durch seine Beachtung zu der gewünschten Befriedigung zu kommen. Das Ich herrscht in den Sekundärprozessen der Anpassung, in denen der Trieb kanalisiert und zu Objektbesetzungen geführt wird. Ansonsten ist es, wie *Freud* findet, nicht Herr im eigenen Haus.[6] Unter Ökologie des Ich wäre vorläufig bloß der organisierte Kompromiß zu verstehen, in dem es sowohl die Gegebenheiten der Umwelt als auch die Triebansprüche einigermaßen berücksichtigt. Daß diese Auffassung unzulänglich ist, muß sich erst noch zeigen.

Wenn wir der Fortsetzung der Natur in unsere seelische Verfassung hinein ökologisch nachgehen, um ihr in einer psychosozialen Haushaltung gerecht zu werden, bleiben wir zunächst beim unbewußten *Es* als Instanz der vitalen, sich dranghaft meldenden Situation. Jede Kultivierung kommt aus der gesellschaftlichen Sphäre gewissermaßen „von oben herab" zu ihr. Jene geht anscheinend auf die „unbestimmte" Natur wie auf eine *materia prima* in der Weise ein, daß sie sich diese *definitiv* zu eigen macht, was nun gleichbedeutend mit ihrer Unterdrückung sein soll. *Freud* hat deshalb auf das „Unbehagen in der Kultur" viel Nachdenken verwandt – mit dem kummervollen Schluß, daß es um der Humanität willen bei den Einschränkungen wohl bleiben müsse, welche die Kultur dem Triebleben auferlegt. Das ist eine Art „Sachzwang". Aber selbst, wenn er unausweichlich ist, darf nach Alternativen zu den spezifischen Zwängen gesucht werden, welche die entwickelte Industriegesellschaft den Menschen zumutet.

Es kennzeichnet die moderne Zivilisation, daß sie zugleich die Freiheit gibt, über die von ihr auferlegten Beschränkungen nachzudenken, nach ihrer Legitimation zu suchen und *ichhaft* sie wenigstens als *seelische* Fesseln zur Disposition zu stellen. Die kapitalistische Gesellschaftsformation hat mit dem „ganzen Haus" nach und nach auch die Binden gelöst, mit denen es sowohl die Sicht nach draußen wie auf seine eigene Konstruktion verhinderte. Die Vorstellung, Hauswirtschaft (in dem Sinne, daß man sich in althergebrachte Institutionen[7] schicken muß) und Haushalten gehöre notwendig zum Fortgang des individuellen Lebens, ist nicht mehr unabdingbar. Deshalb muß man sogar fragen, ob ihre Regulation der Rahmen und das Muster sozialer Arbeit bleiben, ob diese kompensatorisch dem „ungebundenen" Lebenswandel von Menschen noch entgegenwirken soll oder ob soziale Arbeit nicht besser – gerechtfertigt von den Wurzeln unseres Menschseins her – *subversiv* die Ablösung von den alten wie von allen neuen Repressionsformen förderte, um mit dem gesellschaftlich geordneten Wirtschaften gleich alle inneren Zwänge loszuwerden. Ist trotz allem Geschrei, das darob von den kontrollierenden Agenturen erhoben wird, eine *anarchische* Lösung vielleicht die beste?

In der Menschheitsgeschichte nimmt sich die Zeitspanne recht kurz aus, in der es die Hauswirtschaft als Reglement gibt. Sie ruht in ihrer institutionalen Verfassung auf einem Grad an Beständigkeit und Organisation, der für die Daseinsweise des Menschen durchaus nicht selbstverständlich ist, engt er doch sein freies Leben ein und bringt ein mehr oder minder großes Maß an äußerer Beherrschung mit sich. Sollten wir uns daher in sozialpädagogischer Absicht nicht lieber an Muster der Lebensweise halten, die „außer Haus" möglich und auf „natürliche" Art befriedigend sind? Bereits in der Antike gibt es dazu die alternativen Vorschläge der *Kyniker*, wie man gesund und zufrieden „auf den Hund" kommen kann (*Diogenes* in der Tonne). Zumindest müssen wir uns mit diesen Mustern unter den Bedingungen der Kultur nachgehend beschäftigen – wie einst *Rousseau* und heute seine Jünger, die den Strand unter dem Pflaster spüren.

Unbeherrschtes im Arbeitsleben

Die längste Zeit in seiner Evolution hat der Mensch als „primitiver" gelebt, und wir Späteren tragen das Erbe dieser Daseinsweise noch funktionierend in uns.[8] Wenigstens finden wir es mit einem gewissen archaischen Behagen in uns wieder. Seitdem es Schriftkulturen gibt, ist die Erinnerung an ein anfängliches Leben bezeugt – und zumindest in der Unzufriedenheit und der Kritik an den herrschenden sozialen Verhältnissen virulent. Die Vorstellung von Zuständen, die im Einklang mit der Natur wahrhaft gerecht und frei von den Lasten der Ausbeutung und der Zivilisation sind, zehrt von erfahrenen Möglichkeiten. So gibt es überall die Geschichte von einem anfänglichen Garten Eden oder einem Goldenen Zeitalter, in dem die Menschen durch ein Unglück, das ihnen widerfuhr, oder durch eigene Schuld nicht länger bleiben konnten. Mit zunehmender Entfernung von den früheren und exotischen

Verhältnissen vereinfacht sich die Vorstellung von ihnen in den Mustern eines elysisch „guten Lebens" – und die Zeitlosigkeit des Wunsches bringt Erinnerung und Erwartung zur Deckung. Zu den charakteristischen Merkmalen des „guten Lebens" wird die Einfachheit gezählt, die in Wahrheit immer eine Reduktion viel komplizierterer Verhältnisse darstellt (verfährt doch jeder so mit seiner individuellen Kindheit). Der zivilisierte Mensch projiziert aus eigenem Bedürfnis in das Leben von Naturvölkern eine urtümliche Verfassung, obwohl jedes beobachtbare Volk weit vom Anfang seiner Geschichte entfernt ist.

Immerhin war das Leben in der Vorzeit oder irgendwo in der Südsee kein dürftiges, wie gewöhnlich auch vermutet wird. Die Ethnologie hat in den letzten Jahrzehnten vielfältig belegen können, daß die steinzeitlichen Sammler und Jäger wie jene Naturvölker, die bis in die Gegenwart vergleichsweise zurückgezogen leben, eine sinnvolle Lebensorganisation aufweisen, in der sie ohne große Mühsal wirtschaftlich, sozial und kulturell zurechtkommen und ihre Probleme rituell bewältigen. Ihre Zufriedenheit mit diesem Dasein hält sie davor zurück, ihre Verhältnisse zu ändern, auch wenn das ökonomisch ohne weiteres möglich wäre. Schon *Rousseau* stellte fest, daß die Wilden sich allerorten weigern, „zivilisiert" zu werden. *Sahlins* z. B. kommentiert konkrete Fälle: „Interessanterweise lehnen die Hadza . . . die neolithische Revolution ab, um weiter eine ruhige Kugel schieben zu können" (1978, S. 182).[9] Daraus läßt sich kein Desinteresse aus Phlegma deuten.

Die Vorstellung ist verfehlt, das Leben dieser Menschen erfülle sich in „unveredelter" Triebbefriedigung, in Saufen, Lieben, Dreinhauen und Auf-der-faulen-Haut-liegen. Soweit *Lust* nicht ohnehin erst aus der Entfremdung entspringt (*Horkheimer/Adorno* 1947, S. 127) – eine Kategorie, die einige Aufklärung voraussetzt –, erlauben der Vorrang der Gemeinschaft vor dem einzelnen Gruppenmitglied und die Furcht vor der Natur (beides zusammen im allgemeinen Animismus) nur einen gewohnheitsmäßigen, rituell und magisch abgesicherten und füglich beschränkten Genuß. Hingegen sind solche Stämme aber in sozialer und kommunikativer Hinsicht voran: gerade diese Entfaltung reglementiert ihr Leben. Die vielfältig unterhaltenen Bindungen erlauben ihnen, ohne eine staatliche Organisation auszukommen. Noch im Übergang zur Agrikultur sind viele „segmentäre Gesellschaften" *(Durkheim)* ohne Machthierarchie und öffentliche Zentralinstanz, also akephal *(Evans-Pritchard)*, – aber *geordnet*. „Die objektive Grundlage für den Gesellschaftsaufbau akephaler Gesellschaften ist die kollektive Regelung der Lebensverhältnisse ihrer Mitglieder".[10]

Zwanglos geht es dort also nicht zu. Auch wenn keine institutionalisierten Kontrollsysteme vorhanden sind, gibt es ein reichhaltiges Repertoire an praktischen Regeln, Gebräuchen, Gewohnheiten, bestimmten Erwartungen an das Verhalten der Gruppenangehörigen – und an sozialen Sanktionen für den Fall der Abweichung. Primitive Gesellschaften waren insofern nicht anarchisch, als das Zusammenleben in ihnen „sehr klaren Zwängen" unterlag *(Service* 1977, S. 27). Immerhin demonstriert das Studium ihrer Lebensweise die reale Möglichkeit alternativer Daseinsgestaltung in wirtschaftlicher und sozialer Hinsicht. Das macht das Interesse verständlich, welches man an ihnen nimmt. An diesen Gesellschaften sei ersichtlich, findet *Sigrist*, ,,daß Menschen ohne zentrale Herrschaft, ohne Hierarchie und ohne Ausbeutung zusammenleben können. Es zeigt sich an ihnen, daß es keine anthropologische Notwendigkeit für zentrale Herrschaft, Hierarchie, Ausbeutung und strukturelle Ungleichheit gibt" (*Kramer/Sigrist* 1978, S. 43).

So unklar nun trotz nachspürender Forschung und mancherlei Theoriebildung der historische Übergang zum Staatswesen mit seiner repressiven Kultur im einzelnen geblieben ist, er besteht vor allem in einer Transformation sozioökonomischer Strukturen und läßt sich nicht auf der Ebene des Handelns und der Motive von Individuen verstehen. Die gesellschaftlich organisierte Produktivität stieg an, ließ sich institutionell absichern, und in diesem Zusammenhang legitimierte sich die Autorität und der Vorrang einzelner *durch ihre Leistung*. *Service* erblickt ,,die Ursprünge politischer Herrschaft" in der ,,Institutionalisierung einer zentralisierten Führungsinstanz. Indem diese Führungsinstanz administrative Funktionen für die Erhaltung der Gesellschaft ausbildete, entwickelte sie sich zur erblichen Aristokratie" (1977, S. 31) – notabene mit der in Adel und Bürokratie eingebauten Beharrungstendenz.

Das Verschwinden der naturwüchsigen ,,Urgesellschaft" und das Auftauchen der ,,asiatischen Produktionsweise" (um die marxistischen Kategorien zu gebrauchen), wie es von Ägypten bis China vor sich ging, ist vor allem durch die Intensivierung des Ackerbaus gekennzeichnet. Agrikultur aber verlangt eine Ordnung von Säen, Bewässern und Ernten, bringt das Ansammeln von Vorräten und überhaupt Akkumulation mit sich, dazu Seßhaftigkeit, ein anderes Verhältnis zu Raum und Zeit usw. Begehrlichkeit wird geweckt, wenn zu Häusern Scheuern kommen und des einen Felder mehr hergeben als die des anderen. Der Ackerbauer und Züchter vermag *Vorstellungen* zu realisieren, die er hat. Er erfährt sich (gegenüber der Natur) als Verursacher und Produzent. Das Begehrungsvermögen ist fortan tatsächlich – wie virtuell der bloße Wunsch – das Vermögen, ,,durch seine Vorstellungen Ursache von der Wirklichkeit der Gegenstände dieser Vorstellungen zu sein", wie *Kant* in der Einleitung zur ,,Kritik der Urteilskraft" anmerkt.[11]

Mit dem Lohn, der den Aufwand rechtfertigt, steigen die verlangten Arbeitsleistungen, und auch die Aufgaben- und Funktionsverteilung nimmt erfolgsabhängig zu. Dadurch wid der Mensch, so *Amery* zum ,,Fluch des Ackers", erstmals in sein Geschirr gezwungen und die Arbeit zur unausweichlichjen täglichen Mühsal (1976, S. 72). Welche Faktoren für diese Entwicklung auch immer das größte Gewicht beanspruchen dürfen – der lockende Mehrwert, die Zunahme der zu versorgenden Bevölkerung, die Eigendynamik einmal begonnener Institutionalisierung –, dieser Übergang entmischt die makro- und die mikrosoziale Verfassung der Gemeinschaft, entfernt die eine von der anderen und gibt jeder ihren eigenen Spielraum der Entfaltung. Staatliche Gewalt verselbständigt sich. Ein seßhafter Bauer braucht Schutz, er muß sich in die Obhut eines Feudalherrn begeben (vgl. *Amery* 1976, S. 74 ff.). Ein von der Kommunikation unmittelbar Beteiligter losgelöster institutioneller Überbau kann sich ausbilden. Seitdem gibt es den *herrschenden Wunsch*. Er legitimiert die Produktion (die äußere und die innere Instanz arbeiten in ihr zusammen), – und er hängt am Ende an seiner Maschinerie wie der Offizier in *Kafkas* „Strafkolonie" an seinem Apparat.

Neben dem institutionellen Aspekt ist in dieser Entwicklung also der andere bemerkenswert, daß sie dem Menschen eine zunächst unnatürliche *Kultur der Arbeit* und die mit ihr verbundene Triebunterdrückung aufzuzwingen vermag. Während die Phantasie der Jäger und Sammler sich vor allem auf die umgebende mütterliche Natur richtete, fördert das agricole Leben die freie Wunschproduktion, wobei es weniger von Mutter Natur als von der eigenen Tatkraft abhängt, daß Wünsche sich erfüllen. Somit rechtfertigt die ins persönliche Vermögen zu setzende Erwartung den Aufschub unmittelbarer Befriedigung. Im Tun hält der Wunsch durch. *Deleuze* u. *Guattari* postulieren einen direkten Durchgriff des primordialen Antriebs auf dessen äußeren Erfolg. Realität und Phantasie passen durchaus zueinander. „In Wahrheit *ist die gesellschaftliche Produktion allein die Wunschproduktion selbst unter bestimmten Bedingungen*. Wir erklären, daß das gesellschaftliche Feld unmittelbar vom Wunsch durchlaufen wird, daß es dessen historisch bestimmtes Produkt ist und daß die Libido zur Besetzung der Produktivkräfte und Produktionsverhältnisse keiner Vermittlung noch Sublimation, keiner psychischen Operation noch Transformation bedarf. *Es gibt nur den Wunsch und das Gesellschaftliche, nichts sonst*" (1979, S. 39).[12] Diese Feststellung muß uns noch beschäftigen: sie gestattet, die Ökologie des Es mit der Ökologie des Ich zu vereinigen.

Mit der Zeit erscheint es selbstverständlich, daß man aus eigenem wie aus allgemeinem Bedürfnis *arbeiten* muß: zwischen Natur und Mensch schiebt sich *als produzierte* eine geregelte Vermittlungstätigkeit (mit der inhärenten Möglichkeit, beide aufzuklären), die sich organisatorisch, institutionell, hierarchisch aufbläht, sich verselbständigt und so ein *mediales* Eigenleben führen kann – als Kultur (von der am Ende des „Arbeitsleben" selbst ein Teilsystem ist) und als Herrschaft (auch über die Arbeit, die in der Verwendung ihrer Ergebnisse dem Arbeitenden entfremdet wird): die psychischen Triebschicksale unterliegen fortan beider Bedingungen.

Das bürgerliche Lob der Arbeit (ob ihres Ertrages) kommt erst sehr spät; vorher herrschte (und hintergründig besteht weiterhin) eine Geringschätzung, ja Verachtung der einfachen Arbeit – gerade auch bei denen, die sie zu tun haben. Die Bedeutungsgeschichte von „Arbeit" geht, wie man weiß, auf den „gepflügten Acker" zurück. Der Sinn des Wortes ist vor allem der von Mühsal und Qual. Die neuzeitliche Aufwertung der Arbeit von *Luther* bis *Smith* korrespondiert den wachsenden Möglichkeiten der materiellen Wertschöpfung – bis hin zu *Marxens* Verheißung, daß die Menschen am Ende der Anstrengungen vom Reich der Notwendigkeit ins Reich der Freiheit springen werden. – Wenn nun in der späten Industriegesellschaft der hohe Rang der Arbeit in der Wertordnung unseres Lebens fraglich geworden ist, dann deshalb, weil durch sinnlich deutliche Arbeit immer weniger in ihm bewegt und hervorgebracht wird. In der materiellen Produktion wenigstens decken sich Hervorbringen *(poiesis)* und Handeln *(praxis)* kaum noch. Als produktives Moment spielt in der menschlichen Lebenstätigkeit die (industrielle) Arbeit zumeist nur noch eine Nebenrolle. Die Sehnsucht, Ursache zu sein, findet in ihr seltener eine Befriedigung. Andere Momente gewinnen an Gewicht und treten stärker ins Bewußtsein. ,,Produktivität", wenn einzelne Menschen von ihr sprechen, nähert sich im Charakter der Wunschproduktion – indem sie sich real von ihr entfernt: nicht erst die Automatenstraße erweckt animistische Vorstellungen wieder; die Modernität beflügelt insgesamt, je weniger sie uns beansprucht, die Phantasie.

In der frühen Verachtung der körperlichen Arbeit sieht *Amery* die Erinnerung an das freiere Leben im Jägerparadies fortwirken (1976, S. 77). Für die Erinnerung ist dessen Existenz ganz gleichgültig. Psychodynamisch besehen, beugt der Arbeitende sich widerstrebend unter das Joch realer Anforderungen, die nicht von ihm selbst her kommen, während die narzißtische Überlegenheit dessen, der Muße hat, ihnen gegenüber darin besteht, die Schöpfungen der Arbeit genießen und aus eigenem Antrieb ungehindert aktiv sein zu können. Historische Reminiszenz und Erinnerung an die erste Kindheit, die phylogenetische und die ontogenetische Überlegung, kommen bis heute darin überein, daß es menschenmöglich und wünschenswert für das Individuum sei, die Zwänge der Kultur (gelegentlich) abzuschütteln, ihrer Bürden zu spotten und ,,der Natur" freien Lauf zu lassen. Daß dies eine Regression, bloßer Rückfall, und kurzschlüssig sein soll, gehört in eine der technischen Lebenskonstruktion dienstbare elaborierte Logik, die zu eben den abzuschüttelnden Zwängen gerechnet werden darf (ohne daß danach allerdings die Dichotomie schon aufgehoben ist, die das eine als Zwang und das andere als Getriebensein *entstellt*).

Unter ,,entwickelten" Verhältnissen ist der Kultur der Arbeit der ,,Sturm und Drang" der Jugend auffällig kontrovers. Abenteuer und Nichtstun, freie Unternehmungen und Vagabundieren und Gruppenumtrieb (alle diese Zuschreibungen verstanden aus derjenigen bürgerlichen Sicht, in der sie offenkundig zutreffen) bevorzugen viele junge Menschen wenigstens zeitweise und fallen damit im Industrialismus störend auf. Zudem wiederholen sie, betrachtet man ihr Konsumverhalten, das ,,von der Hand in den Mund" der *punktuellen Wirtschaft (Meillassoux)*, die einfache Entnahme von Produkten aus der Umwelt ohne Vorsorge und Planung. Ist das nicht auch eine Fortsetzung der ,,naturgemäßen" Daseinsgestaltung des vorgeschichtlichen Jägers und Sammlers? Ihr entspricht heute eine phänomenale *Wildnis* der Zivilisation in der Undurchschaubarkeit und im Dschungel des urbanen Lebens. Andererseits ist kaum mehr ein Feld frei, das noch auf Bestellung wartet. In der Vielzahl der laufenden gehen die eigenen Projekte unter. So sind das ungebärdige Verhalten von Jugendlichen in den Städten, der Hang zum ,,Stadtindianer" in Spiel und Ernst und die panische Natur von Jugendrevolten wohl weniger atavistisch als den Verhältnissen angemessen. Im Zeichenwirrwar, im sprachlichen Durcheinander der Umwelt hat selbst ein kultureller Analphabetismus seine Vorteile – er mindert die „Identitätskonfusion" *(Erikson)*.

Es geht hier gar nicht um das Spiel Lustprinzip gegen Realitätsprinzip. Es fehlt die *naturwüchsige* Psyche von vornherein, der man ökologisch gerecht werden und die man pflegen könnte. Psychische Tätigkeit war je schon den realen äußeren Bedingungen ausgesetzt. Was urtümlich scheint, ist bloß die *Naturalform* entwickelter sozialer Prozesse. Diese jedoch sind selber tiefgründig und bewahren jenseits individueller Einfalt einen anfänglichen Charakter und eine den Beteiligten kommune Basis. Sind auch die Leidenschaften, wie sie im Verhalten einzelner Menschen an den Tag treten, längst kolonisiert und kolportieren sie noch in den Formen des Wahnsinns die Zivilisation auf verrückte Weise, sie sind allemal vorhanden und faszinieren uns, – wo sie zugleich das reagierende Element sind, in dem die Faszination sich vollzieht. Keine überhebliche Vernunft vermag sie zu bannen.

Die Verständigkeit des Menschen selbst ist, wenn sie sich – unter dem „Packeis" – etwas Luft und Bewegung verschafft, den Anfechtungen der Phantasie ausgesetzt, die Vernunft doch mit ihr und dem Gefühl von Leben zu vereinigen. Es ist das Vorrecht der Jugend, diese Vereinigung individuell im Stillen in imaginärer Produktion oder kollektiv im sozialen Umfeld als laute Veranstaltung in Szene zu setzen, d. h. aus der – bloß auf sich eingebildeten – bürgerlichen Realität „aussteigen" zu wollen. *Berger et al.* (1975) beschreiben die „entmodernisierenden Themen in der heutigen Jugendkultur und Gegenkultur" der technischen Welt und der herrschenden „Ingenieurmentalität" (1975, S. 173 ff.). Die Jugend, insgeheim unterstützt von einer Mehrheit und somit basisverbunden mit ihr, suche Natürlichkeit und ein mystisches Gefühl des Lebens sowohl im sexuellen Orgasmus, in den Ekstasen der Hingabe an Rock-Musik wie im Drogenerlebnis (1975, S. 175). Mit vielen anderen stimmt eine solche Diagnose, selbst schon eine alternative, überein. Jugend sucht heute wie in vorangegangenen Bewegungen Einheitlichkeit und Ganzheit in ihrer Wirklichkeitserfahrung. In den Gruppen, in denen sie das Erlebnis der Gemeinschaft hat, verweigere sie sich u. a. der modernen Zeiterfahrung (zur Jugendkultur passe „weder planen noch warten") zugunsten intensiver Gegenwärtigkeit und Spontaneität. Daraus entsteht eine Vielfalt in der Szene, zu der „Hippies", „Chaoten" oder „Spontis" nur als auffällige Randerscheinungen gehören.

Es sei noch einmal betont, daß wir vom „primitiven" Charakter einzelner jugendlicher Verhaltensweisen in einer *einseitigen* Deutung sprechen. Die entfaltete Natur ihres Auftretens wird nur in Richtung auf ihre psychogenetischen Wurzeln verfolgt. Die soziale Beurteilung jener Phänomene muß diese Seite genügend berücksichtigen, wenn sie ihr ökologisch und dann praktisch im Zusammenleben gerecht werden will. Nach ihrer Anerkennung läßt sich die „wilde Natur" unserer Bestrebungen eher handhaben. Das ist ein Gemeinplatz psychoanalytischer Einsicht. Es bleibt jedoch weiterhin offen, ob wir den primordialen Antrieben einfach nachgeben und das Prinzip „Zurück zur Natur" als heilsames Regulativ ansehen oder sie beherrschen und einschränken sollen, – wieweit also die Wunschproduktion des Unbewußten, in der sich die Bestrebungen äußern, Realisierung oder vielmehr beständig Rücksicht dahingehend verlangen kann, wie sich das Individuum real produziert. Die soziale Arbeit hat es überall mit Versuchen der Auseinandersetzung zwischen äußeren und inneren Lebensmöglichkeiten und mit Versuchen der Einigung zu tun.

Da nach psychoanalytischer Lesart die früheren Entwicklungsstufen der Psyche ständig erhalten bleiben und in der Lebensgeschichte fortwirken, wird im Prozeß der Behandlung eine diachronische Auseinandersetzung erforderlich, während Einigung und Heilung darin bestehen kann, synchronisch eine prozessuale Koexistenz der anfänglichen Erwartung mit der gegenwärtigen äußeren Anforderung zu erreichen. Im Störfall sind beide weit auseinander. In gewisser Hinsicht lassen sich dissoziale Verhaltensweisen, Alkoholismus, Nichtseßhaftigkeit, einige Formen von Kriminalität usw. auch gleichermaßen als (Schein-)Lösungen betrachten, in denen eine verlorene Freiheit des Lebensentwurfs nach animalischer Erwartung versucht wird. Dementsprechend sind dann therapeutische Maßnahmen wirksam, welche *ihr* entsprechen und die Freiheit erlauben, *selbst* zu sein, und zugleich deren Zusammenhang mit der Realität wiederherstellen. Die Methode der Behandlung folgt der seelischen Regung in ihrer Höhle – und wenn es, wie in der Psychose[13], die Hölle ist: dann um ihr einen neuen Ausgang zu eröffnen. Man muß sich auskennen, um durchzufinden.

Die Therapie *greift zurück* auf ein ursprüngliches Potential: „Das Heilen ... ergibt aus der Einsicht in primäre, ,vorzivilisatorische' menschliche Prozesse; sie setzt ein Wissen über das Primitive, einen Sinn für das minimal Menschliche, einen Sinn für das voraus, was wesentlich dafür ist, daß der Mensch Mensch ist" (*Diamond* 1976, S. 77). Dies Elementare beansprucht Geltung im psychosozialen Haushalt; jedem ist es zu seiner mentalen Hygiene anzuraten, und wenn soziale Arbeit in der Einzelhilfe die Aufgabe hat, aus Gründen und mit dem Ziel der Konsistenz die Daseinsweise von Menschen mehr aus ihr selbst heraus zu unterhalten als nach ihr fremden Maßstäben zu regulieren, wird sie jenen Basismomenten Rechnung tragen. Im größeren Rahmen des Gemeinwesens geht es bei der Gestaltung gesellschaftlichen Lebens ebenfalls darum, daß es den expressiven Variablen des animalischen Lebens seiner Teilnehmer möglichst gerecht wird. „Kein Prophet und Philosoph von Rang hat die Imperative seiner Version einer höheren Zivilisation formuliert, ohne bestimmte Konstanten der menschlichen Natur und Elemente einer primitiven Lebensweise vorauszusetzen, ohne sich also kurz gesagt auf die Anthropologie einzulassen" (*Diamond* 1976, S. 60).

Die allgemeine These lautet: die Reproduktion von Leben in einer Umwelt (d. i. der Prozeß des Lebens selbst) wird nicht verstanden, wenn man seine genetische Struktur und ihre aktive Aufrechterhaltung nicht begreift. So ist ökologisch das Problem der Entfaltung des human Gegebenen in einer

Umwelt gleich wichtig zu nehmen wie der Einfluß der physischen und sozialen Umwelt auf die menschliche Lebenstätigkeit – wechselseitig reguliert über die Repräsentationen der Wahrnehmung bzw. über deren Register, die sich sozial und psychisch-unbewußt ziehen lassen. Die Geschichte menschlichen Lebens, phänotypisch betrachtet, wiederholt und paraphrasiert in unzähligen Varianten einfache Modalitäten, Figurationen und Grundsituationen (schon deshalb, weil auch das Milieu, in dem es stattfindet, sich strukturell und situativ von Ort zu Ort und über die Zeiten hinweg ähnlich bleibt und also nur begrenzt unterschiedene Anforderungen stellt). Wenn man sich nicht gleich an die Grabung nach dem Wurzelstock macht, in dem die Synopse der Modi, der Register vielleicht gelänge, bietet sich die ethnologische (wie die psychoanalytische) Erkundung des „der Natur" noch näheren exotischen Lebens an, um etwas mehr von den Grundformen zu erfahren. „Die Suche nach dem Primitiven", so *Diamond*, „ist der Versuch, eine ursprüngliche Möglichkeit des Menschen zu definieren" (1976, S. 77).

Sie erscheint zunächst äußerlich kategorial faßbar. In unserer Sicht lebt der Primitive in hohem Maße unmittelbar und ganzheitlich (in einem integralen Verständnis seines Lebens mit der umgebenden Natur). *Diamond* weist auf folgende Erscheinungsformen dieser Daseinsweise in Denken und Verhalten besonders hin: auf (1) den primitiven *Existentialismus*, der „in der rituellen Äußerung der Primärbedürfnisse der Person in Natur und Gesellschaft", „in der Betonung der Existenz und nicht des Wesens, in der Verantwortung des Individuums gegenüber dem Selbst und der Gesellschaft, und in dem mangelnden Interesse an analytischen Denkweisen" zum Ausdruck komme; auf (2) den primitiven *Personalismus*, der sich in einem „Netz von Verwandtschaftsbeziehungen, der organischen Gemeinschaft, der Erfassung des Bewußtseins in der gesamten Gesellschaft und Natur" zeige; und (3) auf den primitiven *Nominalismus* (der hier außer Betracht bleiben kann); sodann auf die primitive *Individuation*, gefördert durch „die volle und vielseitige Beteiligung von Individuen an Natur und Gesellschaft, durch den äußerst persönlichen Sozialisierungsprozeß, durch den die individuellen Eigenschaften entwickelt werden, und dadurch, daß die Gesellschaft in der Person und die Person in der Gesellschaft ihren Ausdruck findet" (1976, S. 126f.). Mögen diese Charakteristika der Daseinserfahrung auch etwas euphemistisch geschildert sein, in ihnen erweist sich das vorzivilisierte Leben als eingebunden in die umgebende Natur, während letztere beseelt und mit den geistigen Geschehnissen aus der menschlichen Stammesgeschichte verwoben erscheint.

Mythisches Leben – die Thematik der Selbsterhaltung

Damit sind wir bei den inhaltlichen Momenten der anfänglichen Erfahrung. Es ist eine altbekannte Tatsache, daß in den Sagen und Märchen, im Erzähl- und Gedankengut der Völker und Kulturen bestimmte Topoi – Motive,

Ideen, Handlungsabläufe und Wendungen – immer wiederkehren. Die außerordentliche Anziehungskraft von *Lévi-Strauss*' stoffreicher Darstellung der Übereinstimmungen in der universalen Mythologie rührt weniger von der Originalität und der Schlüssigkeit seiner Annahmen und Feststellungen her als von deren Einklang mit der prälogischen Gewißheit bei seinen Lesern. Die Kritik an der Beliebigkeit, mit der *Lévi-Strauss* zuweilen mit den Fakten umgeht, um sie den unterstellten Mustern entsprechend kombinieren zu können, erreicht diesen Konsens nicht einmal, geschweige daß sie ihn aus den Angeln höbe. Die Methode des Strukturalismus erlaubt es *Lévi-Strauss*, von der Vielfalt der Ausprägungen mythologischer Produktion auf ein in ihr waltendes konstruktives Unbewußtes zu schließen, in dem das Erleben der Menschen organisiert wird, – und zwar so, daß der menschliche Geist in seinen sinnlich bunt ausstaffierten Gestaltungen sich selbst begegnet und sich dabei (gleich der musikalischen Komposition) in einem Stück mit Thema und Variationen interpretiert.

Der Vorrang der Gemeinschaft vor den Individuen, des Gattungslebens, der Menschheit vor ihren Angehörigen erweist sich in den idealtypischen Vorgaben für die individuellen Anschauungen. *Lévi-Strauss* zitiert zustimmend *Ricoeur*, der die anatomische Struktur des mythologischen Geistes als „kategoriales, kombinatorisches Unbewußtes" gekennzeichnet hat, das homolog zur Natur – vielleicht sogar die Natur selbst sei (*Lévi-Strauss* 1976, S. 25). Es spricht *im* Menschen (*Lacan*), und es *spricht* sich aus. *Lévi-Strauss* möchte folgerichtig weniger belegen, „wie die Menschen in Mythen denken, sondern wie sich die Mythen in den Menschen ohne deren Wissen denken" (1976, S. 26). Er bezeichnet den Zustand zumindest *seines* Geistes, wenn er spät-kartesianisch den Versuch, die Mythen in ihren wechselseitigen Übersetzungen zu fassen, als einen Mythos – den der Mythologie – auszugeben bereit ist.

Der ist eine Züchtung wie jeder Mythos. Seine Ordnung verliert sich ohne die kartesianische Kultur, ihn kognitiv zu stilisieren, im Ungewissen. Aus ihrem Blickwinkel eine traurige oder auch gefährliche Verwahrlosung. Für *Deleuze* und *Guattari* jedoch ist das Unbewußte ohnehin „elternlos" (1979, S. 61). Darum können sie als Gegenstück zu den strengen Transformationen von *Lévi-Strauss* und ungleich gehaltvoller den Begriff des *Rhizoms* empfehlen. Damit ist der frei wuchernde unterirdische Wurzelstock der Wunschproduktion, unserer Verwirrung wie unserer beliebigen Orientierung gemeint: ein Bild der vitalen unbestimmten Vielheit (als Einheit), in der das Unbewußte sich ausbreitet und gleichsam unausrottbar fortzeugt, zugleich des organischen Speichers, der sich in seinen Sprossen verliert.

Dem Gedanken des Rhizoms gegenüber ist es zweifellos ein Rückschritt (im mehrfachen Sinne), noch einmal auf andere theoretische Ansätze den Blick zu richten, die den Genotypus des psychischen Lebens in seinen Elementen näher bestimmen wollen. Aber damit läßt sich zeigen, wie viele Sprossen die Beschäftigung mit diesem Problem bereits getrieben hat. Nur hingewiesen sei auf *Jungs* Lehre von den *Archetypen*, in denen sich die wesentlichen

Themen der menschlichen Existenz komplexhaft drängen und versinnbildlichen sollen. *Bastian* hatte lange zuvor sogen. „ethnische Elementargedanken" ausgemacht. *Bilz* ist in seiner „Paläoanthropologie" auf Übereinstimmungen im Verhalten von Menschen und Tieren eingegangen, die er als „*Biologische Radikale*" oder als „Identische Exekutiven" bezeichnet (*Bilz* 1971, S. 11). Sie sollen in „Bereitschaften" des Erlebens und Handelns bestehen, die mit der leiblichen Organisation des Lebens erblich-angeboren vorhanden sind (1971, S. 121) und sich vor allem gefühlsmäßig bemerkbar machen. Zusammenfassend schreibt er: „Es gibt menschliches Verhalten, das man als animalisch-biologisch determiniert ansehen muß. Früher hat man in diesen Fällen von ‚instinktivem' Verhalten oder von ‚Trieb-Verhalten' gesprochen. Alle Menschen sind durch Verhaltensweisen dieser Art gekennzeichnet, was damit zusammenhängt, daß es sich dabei um ein stammesgeschichtliches Erbe handelt. Außer diesem ererbten Verhalten kennen wir eine zweite Gruppe von ubiquitär-menschlichen Verhaltensweisen: Sie wurzeln nicht in unserer Animalität, sondern kommen aus den Bereichen, die man als magisch oder mythisch zu bezeichnen pflegt" (1971, S. 11). Damit wären wir wieder bei den schon genannten Topoi. Ob man der Einteilung von *Bilz* oder einer anderen Kategorisierung und Benennung rückerschlossener Momente zustimmen will, ist hier nicht weiter von Belang. Zunächst interessiert allein die Tatsache der *beschränkten* Zahl von Mustern und Themen, der „spielbaren Stücke" also – unabhängig von den Unterschieden in ihrer Aufführung.

In der Grundthematik der menschlichen Existenz gibt es keinen Fortschritt. Sind nicht die Ethnologie, die Tiefenpsychologie und die Anthropologie in stiller Übereinkunft damit beschäftigt, virulent „Bleibendes" zu suchen und uns vor Augen zu führen? Als in der humanen Natur liegend zu rechtfertigen, was wir gerne hören, weil wir seiner bedürfen? Untergründig wollen Menschen immer dasselbe, auch wenn stets neue Angebote uns mit der Überraschung verwöhnen, es in raffinierter, nie gleicher Verpackung zu entdecken. Gewiß ist das Gesuchte nicht bloß Genehmes. Nachdem er an seinen Patienten und allgemein bei Kindern beobachtet hatte, daß sie selbst schmerzhafte und bedrückende Erfahrungen immer noch einmal machen, von ihnen hören oder mit ihnen sich beschäftigen wollen, fand *Freud* „den Mut zu der Annahme, daß es im Seelenleben wirklich einen Wiederholungszwang gibt, der sich über das Lustprinzip hinaussetzt" (1975b, S. 232). Von vornherein ist er durchaus nicht pathologisch, sondern einfach ein „Ausdruck der *konservativen* Natur des Lebenden" (1975b, S. 246). *Freud* meint, alle organischen Triebe seien auf Wiederherstellung von Früherem gerichtet und die Entwicklung fort vom anfänglichen Zustand gehe auf Konto von Herausforderungen durch die Umwelt.[14] Wir brauchen jedoch nicht anzunehmen, daß die beobachtete Beharrungstendenz einen Rückschrit verlangt (Regression ist ohnehin stets relativ zu einem von seiner Basis entfernten psychosozialen Verhalten zu sehen). Die konservative Natur besteht in der ständigen Reproduktion des Lebens, die Wiederholung ist Rekonstruktion (oder ihr Versuch): das **Rhizom in Tätigkeit**.

Der gewöhnlichen Idee des Fortschritts, der Emanzipation und der Innovation liegt die Vorstellung – oder sagen wir es gleich: die Illusion – zugrunde (aber nicht nur sie, sei gerechterweise hinzugefügt, partiell eine ganze Menge realer Möglichkeiten), der Mensch könne alles hinter sich lassen, den alten Adam und seine Geschichte und auf beider Schultern zu ganz neuen Gestaden vordringen, insbesondere einen „neuen Menschen" schaffen. Der jahrhundertelange Aufbruch zu ihm hin war stets von Ernüchterungen begleitet – kopernikanischen Enttäuschungen, zu denen man die Darwinsche, die Freudsche (daß das Ich nicht Herr sei im eigenen Haus) und die letzte ökologische von der Begrenztheit der Reserven auf unserem blauen Planeten rechnen mag. Hier kommt nun der merkwürdige Sachverhalt hinzu, daß Menschen sich im Grunde überall und immer über das Gleiche freuen, unterhalten, amusieren, aufregen, bekümmern – und mit ihm im Gemüt nicht fertigwerden. Die Arbeit an dem Gleichen ist, soweit sie auf seine effektive Veränderung zielt, erfolglos (womit eine gewisse Auffassung von Arbeit diskreditiert wird).

Zudem erweisen sich als Spiegelungen des gemeinen Wesens die ewige Philosophie, die Werke der Kunst und die religiösen Botschaften als unüberholbar, – ohne daß deshalb eine Stagnation im philosophischen Denken, im Kunstschaffen und im religiösen Leben eintritt. Selbst der vom menschlichen Fortschritt als Überwindung des Alten überzeugte *Marx* – der an anderer Stelle die Tradition der toten Geschlechter als einen auf dem Gehirn der Lebenden lastenden Alp meinte kennzeichnen zu müssen (1965, S. 9) – bemerkt nachdenklich: „... die Schwierigkeit liegt nicht darin, zu verstehn, daß griechische Kunst und Epos an gewisse gesellschaftliche Entwicklungsformen geknüpft sind. Die Schwierigkeit ist, daß sie für uns noch Kunstgenuß gewähren und in gewisser Beziehung als Norm und unerreichbare Muster gelten". Und er fährt fort: „Ein Mann kann nicht wieder zum Kinde werden, oder er wird kindisch. Aber freut ihn die Naivität des Kindes nicht, und muß er nicht selbst wieder auf einer höhren Stufe streben, seine Wahrheit zu reproduzieren?" (*Marx* 1974c, S. 259). Die Schwierigkeit wird durch dialektische Aufhebung der Wahrheit im historischen Fortschritt nicht bewältigt. Ist das Wesentliche doch nicht die höhere Stufe, die man erreicht, sondern inhaltlich das, was auf sie gehoben wird (wenngleich seine Transformation die Mühe lohnt; es ist die historische Aneigung der Wahrheit).

Es darf auch umgekehrt argumentiert werden: Die Vorstellung von einem *kumulativen* Fortschritt entwertet bei Anwendung auf die einzelnen Menschen, die im Bewußtsein solchen Progresses leben, ihn für sie – gilt ihr Leben doch nur insoweit, als es beiträgt zum Leben künftiger Generationen. Ein in sich ruhendes (Alltags-)Leben zählt für den Fortschritt nicht. Er mißt sich an der Akkumulation von Gütern und Werken, während das individuelle Leben dahinschwindet. Nur im gesellschaftlichen Rahmen mag – rückblickend auf die Vergangenheit und im Vergleich mit weniger „entwickelten" Völkern – jene Vorstellung den ethnozentrischen, rassistischen Hochmut des Fortgeschrittenen stützen[15], in der eigenen Lebenswelt bringt sie ihn in die absurde Verfassung des *Sisyphos*. Bereits im vorigen Jahrhundert verbreitete sich unter Progressiven die nihilistische Auffassung, daß zu Hochmut kein Anlaß und er vielmehr ohne Grund sei. Eine fortschreitende Zivilisation, die ständig Erfolg melden muß, kann nichts beim Alten lassen und löst alle Werte auf. In seiner heroischen Gedankenarbeit hat *Nietzsche* die Idee der *„ewigen Wiederkehr des Gleichen"* dagegengehalten. Auch das ein Mythos, gewiß, aber er steht mit seiner Aussage ein für einen Existenzmodus, der dem Anspruch unseres psychischen Lebens auf Beständigkeit, auf zeitliche Dauer und wahrhaftes Sein gerecht wird.[16] Zugleich gibt er eine ökologische Erfahrung wieder: Der soziale, kulturelle, humane *Bestand* ist es, der das Leben erfüllt und in dessen Wiederholung, Bearbeitung, Neuauflage, Variation Sinn (durch Identifizierung von Wunsch und Wirklichkeit) auszumachen ist. Das wesentlich Beständige erscheint in seinen unabsehbar vielen Verwandlungen als das Gleiche.

Die Vorstellung, in der Zeit gewissermaßen aus ihr herauszuwachsen und am Ende sich und die Umwelt völlig zu beherrschen, scheitert weniger an der letzteren als an unserer eigenen Vergänglichkeit. Aus dem persönlichen *curriculum vitae* wird oft ein Lauf, über den das Leben vergeht, das doch – um bei der Metapher zu bleiben – in ihm und nirgends sonst abläuft. Als gesetztes Ziel vermag man es nirgendwo zwischen Jugend und Alter zu erreichen: Erwartung und Resignation lenken vom Hier und Jetzt ab. *Richter* (nach seinem Studium individueller Neurose und von Gruppenprozessen bei der Mythologie der Gesellschaft angekommen) macht den Fortschrittsglauben dafür verantwortlich, daß sich viele Menschen zwischen dem Noch-Nicht und dem Nicht-Mehr verlieren, anstatt sich der Absicht nach in jedem Augenblick inmitten eines *Lebenskreises* aufzuhalten (*Richter* 1979, S. 230). Kindern wird das Glück ihrer Gegenwärtigkeit mit dem Hinweis auf ein erst noch auszubildendes Leben genommen. In der zweiten Lebenshälfte beeinträchtigt die Feststellung, daß es nicht mehr „vorangeht", eine welt- und weltläufige Erfahrung. „Wer sein Leben als Kreis begreifen und darin alle Phasen gleichermaßen bejahen kann, gewinnt damit ein neues Verhältnis zu dem Gegensatz von Größe und Kleinheit, von Macht und Leiden" (1979, S. 236). Jedem kommt etwas davon zu; man ist beteiligt. Diese Anschauung eröffne die Kommunikation untereinander und somit Gemeinschaft. Ein jeder erfüllt die gemeinsame generative Aufgabe im sozialen Zyklus. Der individuelle Lebensweg kreist im größeren der konkreten Menschheit.

Der Mythos der „ewigen Wiederkehr" fängt den Lauf der Zeit mit der denkwürdigen Behauptung ein, es gebe im Grunde nichts Neues unter der Sonne.[17] Da die Annahme, die Varianz der Lebensmöglichkeiten sei unendlich groß, mit der Annahme, sie sei prinzipiell begrenzt, als Tatsachenbehauptung gemein hat, daß beide – weil so oder so für uns unausschöpfbar bzw. nicht zu falsifizieren – existentiell gleichbedeutend (und wissenschaftlich ohnehin nichtssagend) sind, liegt die Ungeheuerlichkeit des Gedankens allein in seiner *auf unser Leben* bezogenen Feststellung, daß es als einziges ein beliebiges und als beliebiges das einzige ist. Der Mythos gibt eine lebenspraktische Anweisung (er tut das wie jeder Mythos in der beispielhaften Fassung dessen, was immer gesagt wird): Unser Leben muß als die exemplarische Inszenierung menschlichen Lebens genommen werden. Sie ist entschieden die einzige, die dem Subjekt gegönnt ist. In dieser Aufführung des Dramas hat es gleichsam seinen Anteil an ,,Antigone", an ,,Hamlet" oder auch ,,Mutter Courage" – und schreibt dennoch im Vollzug des Lebens sein Stück selbst. Der einzelne Mensch kann die Sprache, die gesprochen wird, nicht wählen, aber sie (auf eigentümliche Weise) sprechen. Selbst Sysiphos dürfen wir uns in der Bejahung seines Schicksals als glücklichen Menschen vorstellen (*Camus*).

Er rechnet seine Zeit nicht länger linear auf, sondern ist in die Erfahrung einer zyklischen Zeit zurückgekehrt, die kein Plus in der Bilanz mehr, aber eben eine vorweisbare Bilanz verspricht. Er lebt seinen Tag und sein Jahr in immer gleichem Ablauf, – oder sollte man sagen, der Tag und sein Tagwerk vollbringen ihn gleichsam von innen her? Traditionsgeleitet versuchen die meisten Menschen irgendwann, ihre Lebensgeschichte mit überpersönlicher Geschichte, Selbst und Welt in der Weise, wie *man* lebt, zur Deckung zu bringen. Erst sind ihre Erwartungen kollektive, später ihre Erinnerungen. Befragt, erzählen sie von sich *ein* Arbeiterleben, ein Leben als Hausfrau und Mutter. Sie ziehen die allgemeine Geschichte in ihre persönliche Zeitgenossenschaft und die eigene Lebenswelt. Das heute vielbesprochene Konzept der ,,Oral History" legt ein kollektives Gedächtnis (*Halbwachs* 1966 u. 1967) zugrunde, das vom individuellen Leben weitergetragen, in ihm arbeitet und verändert wird – wie Holz, das modert oder trocknet (*Bertaux* 1980). Soziale Arbeit erfüllt eine gesellschaftliche Funktion, indem sie versucht, ,,sittliches" bzw. ein menschenwürdiges Leben *in Erinnerung* zu rufen; die sozialen Einrichtungen und Dienste können als Festlegung der Absicht, es überall zu rekonstruieren, verstanden werden. Natürlich sind mächtige Gruppen in der Gesellschaft stets dabei, u. a. per soziale Arbeit *ihre* (Logik der) Geschichte als allgemeine Lebensgeschichte – ein beherrschtes System – in jeder einzelnen auszuprägen. Sozialarbeit hilft in affirmativer Praxis Konformität sichern. Um *Identität* zu bewahren, hält sie sich besser (in einer anderen Affirmation) an *deren* menschliche Allgemeinheit. Wenn das ,,autobiographische Gedächtnis" (*Halbwachs*) in der zyklischen Zeiterfahrung auf eine alltagspraktische Bestimmung individuellen Lebens baut, setzt es sich von der unpersönlichen Außen-Lenkung[18] ab und reproduziert das eigene als ein Leben in der Ökologie ,,von unsereins".

Die Wiederkehr zu denken, wird uns so mühsam, weil sich ein falsch verstandenes *principium individuationis* gegen sie sperrt. Der moderne Mensch hat sich wirtschaftlich wie in seinem persönlichen Leben auf Diversifikation, auf Besonderung eingestellt. Er glaubt, nur durch Unterscheidung von anderen er selbst sein zu können. In einer ungeheuren Vergeudung von Energie und mit einem unglücklichen Bewußtsein entfernt er sich im Leben von seinesgleichen – und muß sich aus der Distanz ständig seiner Zugehörigkeit zu ihnen versichern. Der traditionsgebundene Mensch legte hingegen zunächst

Wert auf seine Teilhabe an der Gemeinschaft. Der alte Mythos der ewigen Wiederkehr drückte das Selbstverständnis von Menschen aus, die ihr Heil in deren gleichsinniger Fortsetzung erkannten. Was sich (wie das beobachtete Naturgeschehen) wiederholt, ist in ausgezeichneter Weise wirklich. Der Mensch der frühen Kulturen, schreibt *Eliade*, hielt sich nur in dem Maße für wirklich, ,,als er aufhört, er selbst zu sein (in den Augen eines modernen Beobachters), und sich damit zufrieden gibt, die Handlungen eines *andern zu wiederholen* und *nachzuahmen*" (*Eliade* 1966, S. 34). Durch Wiederholung verwandelt sich der Mensch selbst in einen Archetypus (1966, S. 36): man entspricht dem inneren Gesetz, weiß sich naturverbunden und in der überkommenen Weise seines Lebens, das noch nicht ,,aufgeklärt" ist, sicher.

Nun ist im gesellschaftlichen Bewußtsein die Tendenz zur Archaisierung immer schon eine verkehrte gewesen, die ihre Berechtigung in der Organisation der Lebenstätigkeit nur dadurch hat, daß sie der vorherrschenden industriösen Bewegung und der Neigung zum Wandel entgegengewirkt. Eben sie haben die anfängliche Naturverbundenheit *veralten* lassen. Das Archaische hat die Patina des Vergangenen angenommen und das Eingehen auf es einen regressiven Zug bekommen. Folgen wir ihm in dieser Rückwärtswendung, sind wir in der Tat abgehalten von den Aufgaben, die sich gegenwärtig stellen. Das moderne Leben ist und war schon immer dem überkommenen gegenüber heterogen. Die Formel, in welche der Mythos der Wiederkehr heute ökologisch gefaßt werden kann, hat die *Erneuerung* zu betonen, durch die etwas sich erhält (und nicht die Erhaltung, durch die es beständig bleibt). Die Wiederkehr ist ein aktives Unternehmen, zyklisch auf Vergegenwärtigung aus (ein Hereinholen antizipierter Zukunft). Der Mythos bezeugt seine Lebendigkeit dadurch, daß man ihn erzählt, sich bewußt macht und ihn bestätigt. Jugend wird nicht erwachsen, indem sie Abstand nimmt vom Gewesenen, sondern indem sie es erneuernd wieder aufgreift.

Humanität bedarf (gerade angesichts einer rücksichtslos animalischen Natur) ständig der Bestätigung und ist weder gesellschaftlich noch vom Individuum einfach vorzufinden. Die angestammte Natur schafft sie nicht bei; sie präformiert die menschliche Verfassung keineswegs. Wiederholung erst ist der Zyklus der Sinngebung, welcher die vorgegebene Natur überlagert und Gelegenheit zur Humanisierung gibt. Den Ursprung unserer Lebensform suchen wir vergebens im genetischen Material. Er besteht vielmehr in dem ständigen Unterhalt von Bindungen und in der Erneuerung eines überlieferten Bundes. *Kolakowski* erlaubt sich deshalb, ,,nach universal-menschlichen Eigenschaften, jenseits von sowohl historischen als auch animalischen Invarianten zu fragen" (1980, S. 1191), nach Invarianten also, die zwar auf einem biologischen Grund wachsen, aber biologisch nicht ausreichend bestimmbar sind. Weil Kommunikation und darin Erfahrung von Ganzheit (Gemeinschaft) der Erkenntnis vorausgehen, haben u. a. die Erfahrung des Heiligen, das Bewußtsein von Schuld und der Glaube an die Gleichheit der Menschen eine ihr nicht unterworfene Herkunft. In Form solcher Invarianten bestehe, so *Kolakowski*, ein allgemein menschliches Fundament der Verständigung

(1980, S. 1198), – und es falle uns zumindest schwer zu denken, daß der Glaube „an die unveränderlichen und nicht-kontingenten Wesenheiten Logos und Ethos" als Tatsache kontinuierlich bestehen könnte, „ohne daß wir real an einem historisch wie biologisch unerklärbaren transzendentalen Bereich teilhätten" (ebenda). Den Zyklus der Wiederholung können wir als Zirkel verstehen, in dem ihr Gehalt bestätigt wird.

Durchführung des Alltagslebens

Verlassen wir diese Ebene. Immer in der Gefahr, jenen Gehalt wie den Mythos selbst gedanklich in die Sphäre einer abgehobenen Kultur zu verweisen, gehört zur schöpferischen Wiederholung die Einsicht, daß sie im gewöhnlichen Tun und Lassen vonstatten geht. Wir erfahren eine Arbeit als entfremdet, wenn ihr die menschliche Verfassung der Vergegenwärtigung und Teilhabe abgeht, die Arbeit also nicht mehr kommunikativ ist. Kümmert man sich um den einzelnen Menschen, muß aus humanen Gründen die Arbeit vor allem als (re)generierende Tätigkeit angesehen und als Reproduktion begriffen werden. Der wirtschaftlichen Notwendigkeit, mit dem Stoff der Natur in den Zyklen der Umarbeitung und Aufbereitung umzugehen, korrespondiert die andere, daß Arbeit sozial zunächst Beschäftigung und produktiver Unterhalt ist und, psychologisch betrachtet, die kommunikative Verständigung darstellt, in der jeder sich, wie *Marx* sagt, die Natur aneignet und seine eigene produziert. Sowohl als gesellschaftlicher wie als individueller Prozeß ist diese Lebenstätigkeit längst über ihre Verankerung in der Notdurft der Daseinserhaltung hinaus. Mag die tägliche Arbeit anstrengend und aufreibend bleiben, sie kommt dem Sinn von „Freizeit" näher. Man will sich in der einen wie in der anderen persönlich und zur Begegnung mit anderen Menschen einrichten. Auch bei dieser Annäherung berühren sich Kultur und Alltag wieder – wie vormals im naturverbundenen Leben.

Die Vorstellung der Wiederkehr des Gleichen rehabilitiert den *Alltag*. In der heute in den Sozialwissenschaften zu beobachtenden Wendung zum Alltag ist die Neigung erkennbar, das Gewöhnliche, Wiederkehrende, Beständige lebensweltlicher Gegebenheiten stärker zu beachten und zu berücksichtigen. Der Begriff „Alltag" hat etymologisch (von lat. *cotidianus*) das Wiederkehrende, Stetige zum Inhalt – was *alltägig* vorkommt, wie eine alte adverbiale Bildung lautet (vgl. *Thurn* 1980, S. 4 ff.). „Alltäglichkeit" hingegen erlangte nach und nach eine abwertende Bedeutung; sie meint das Durchschnittliche, Gewöhnliche, Nicht-feiertägliche, Niedrige. Wer möchte es nicht abschütteln. Jeder will aus einem disqualifizierten Alltag, dem die dionysischen Veranstaltungen und der zeremonielle Tanz genommen sind, heraus und etwas Besonderes sein, tun, erleben. Aber mit der Flucht aus dem Alltag zerfällt die ohnehin schon fragmentarische Existenz in nur noch punktuelle Momente der *Erhebung*, die zum Erfahrungszusammenhang kaum etwas beiträgt. Dabei entspricht der Feiertags-, Urlaubs- und allgemein der Erlebniskonsum des

Durchschnittsbürgers genau dem antibürgerlichen Affekt der jungen Leute, die punktuell in einer Straßenaktion oder mittels Drogen aus dem Alltag ausbrechen.[19] Eine dritte Möglichkeit der Flucht (in der wir die beiden ersten miteinander vereint finden können) ist die therapeutische Aktion: Heilung durch Encounter oder im Sensitivity-Training.

Die fremdbestimmte, nach einer begrifflichen Unterscheidung von *Thurn* *allomorphe* (von außen auferlegte, in der sozialen Umwelt gegebene) Alltäglichkeit setzt sich in modischen Eskapaden nur fort, statt daß man ihr entkommt. Viel zu erwarten ist auch von dem Versuch nicht, das eigene Leben durch irgendeine Stilisierung unverwechselbar zu machen; es wird dadurch nicht authentischer.[20] Der Alltag als Feld, das dem Ich und dem individuellen Begehren bereitet ist, gibt eine prosaische Arbeit auf, in der sich die Methode der *Durchführung* des Lebens in seinem gewöhnlichen Zusammenhang bewähren muß. Sie hält sich an typische, sich wiederholende Figurationen, die sie mit Leben zu erfüllen sucht – oder gegen andere wunschgemäßere zu ersetzen trachtet. Aus Mangel an eigener Gestaltungsmacht – also in einem defizienten Modus – werden entlegene beigezogen. Viele Menschen greifen, weil sie in ihnen existentielle Möglichkeiten vermuten, die noch nicht verbraucht sind oder eine tiefere Befriedigung versprechen, Formen des agricolen Lebens oder gleich die „ursprünglichen" von Naturvölkern auf – oder aber östliche kontemplative Übungen. Sie alle versprechen eine „organische", Natur und Kultur verbindende Daseinsweise.[21] Das Verhältnis von Ich und Es bleibt jedoch in ihr unentschieden und im schönen Schein von nicht vor dem Selbst gerechtfertigter Ordnung.

Die unentschiedene psychische Situation nährt in der Sphäre der gesellschaftlichen Tätigkeit die Gefahr anarchistischer wie auch faschistischer Lösungen (der Gesetzlosigkeit und ihrer, durch Verkehrung ins Gegenteil, totalitären Steigerung). Im kleinbürgerlichen Alltag, in dem die Triebnatur dumpf und unaufgeklärt brütet, wächst in einer Atmosphäre der Hilflosigkeit leicht die Neigung, einfachen, dem Arsenal der archetypischen Vorstellungen entnommenen Parolen zu folgen. Unter Druck, in bedrängenden Verhältnissen (in einer Familie oder einer anderen Gemeinschaft oder allgemein in einer wirtschaftlichen Depression) gibt es den paranoischen Aufbruch: er kann die elementare Wahrheit einer wilden Natur für sich beanspruchen und spottet insoweit jeder Vermunft. Auf diese Art „Erhebung" paßt die Beschreibung des *Schizo* bei *Deleuze/Guattari*: „Er hat die Grenze, die Spaltung (schize) überschritten, die die Produktion des Wunsches stets am Rande der gesellschaftlichen Produktion beließ, tangentiell und immer abgewiesen. Der Schizo weiß aufzubrechen: er macht aus dem Aufbruch etwas ebenso Einfaches wie Geborenwerden und Sterben... Diese Menschen des Wunsches sind wie Zarathustra.... Ein solcher Mensch erschafft sich als freier, unverantwortlicher, als einsamer und fröhlicher Mensch, der endlich fähig ist, ohne Erlaubnis in seinem Namen etwas Einfaches zu sagen und zu tun, Wunsch, dem nichts fehlt. Strom, der die Sperren und Codes durchbricht, Name, der kein Ich mehr bezeichnet. Er hat einfach aufgehört, Angst vor dem Verrücktwerden zu haben" (1979, S. 169).[22] Alles ist beisammen: Bindungs- und Verantwortungslosigkeit, die Herrschaft des Wunsches über die Realität und über den Verstand im Individuum.

Weder für den einzelnen Menschen noch für die Gesellschaft ist solche Grenzüberschreitung eine tragbare Lösung. Sie anzuerkennen, bedeutet jedoch einen wichtigen Schritt im Diskurs über eine Lebensführung, die der eigenen Substanz gerecht wird. Die psychotische Auseinandersetzung oder daß man Drogen nimmt oder – in einer konkreten Aktion – mit Steinen wirft, ist zunächst der Versuch einer Lösung, ihre momentan einzig mögliche Realisierung. Als gesellschaftliche Erscheinung kann sie zugleich als Offenlegung des Problems verstanden werden. Weil sie es gar nicht wahrnehmen, sind die Reaktion der aus ihrem Alltag aufgeschreckten Bürger, die *insgeheim wüten*, ihre psychogenen Abwehr- und Ausgrenzungsmaßnahmen gemeinhin gefährlicher als die offenen Umtriebe, welche ihr Anlaß sind. Man trifft totalitäre Maßnahmen bis hin zum Versuch einer gesamtgesellschaftlichen Problembewältigung, die ihrerseits eine ungeordnete oder geordnete Entfesselung von inneren Bestrebungen mit sich bringt.[23] Dennoch: es sind Verhältnisse denkbar und anzustreben, unter denen der Ausgleich von Triebbedürfnissen und Realitätsanforderungen besser und gewaltfrei gelingt. Für den Diskurs, der in einer „offenen" Gesellschaft über entsprechende Bedingungen zu führen ist, sind Anschauungen, Theorien von Bedeutung, welche eine „Versöhnung" von Es und Ich, von innerpsychischen Bestrebungen (von denen wir hier ausgehen) und institutioneller Lebensregulierung zu denken gestatten.

Ausgehend von *Freud*s „Unbehagen in der Kultur" hat *Marcuse* (1971) nach psychoanalytischen Prämissen die Vorstellung einer Kultur ohne Unterdrückung entwickelt. Voraussetzung dafür ist eine Fassung des Realitätsprinzips, die über seine auf Lebensnot errichtete Herrschaft als Leistungsprinzip hinausreicht. *Marcuse* bezweifelt die universelle Gültigkeit eines Realitätsprinzips, in dem Sublimierung immer gleich Einschränkung und Repression bedeutet. Gerade die Errungenschaften, die unsere Kultur gebracht hat, „lassen das Leistungsprinzip als überholt, die repressive Nutzbarmachung der Triebe als archaischen Vorgang erscheinen" (1971, S. 174). Die übliche psychosoziale „Produktionsweise" veraltet. Nicht das Erfordernis der Arbeit an sich stehe dem Lustprinzip entgegen, sondern die Notwendigkeit *entfremdeter* Arbeit. Sie isoliert den einen Menschen vom anderen über die Unterschiede von Leistung und Machtposition. Jedoch in der psychischen Tätigkeit auch des heutigen Menschen sei die unvermittelte, unverbildete Aneigung des Gegebenen noch möglich. Sie geschieht in der Phantasie (dem produktiven Rhizom), welche Welt und Mensch in der Weise unvermittelter Gemeinschaft verbindet. Die Phantasie behalte „die Struktur und die Strebungen der Psyche bei, wie sie vor deren Organisation durch die Wirklichkeit bestanden, ehe sie zu einem ‚Individuum' wurde, das sich gegen andere Individuen absetzt. Auf die gleiche Weise bewahrt sich die Phantasie – wie das Es, dem sie verhaftet bleibt – die ‚Erinnerung' an die vorhistorische Vergangeheit, als das Leben des Einzelnen das Leben der Gattung war; die Erinnerung an das

Urbild der unmittelbaren Einheit zwischen dem Allgemeinen und dem Gesonderten unter der Herrschaft des Lustprinzips" (1971, S. 142).

Allerdings bewahrt sie sich nur *unverarbeitet*, der Form nach, vor Entfremdung: In Verdrängung und Abwehr hängen die Inhalte der Phantasie, da man sich ihnen triebökonomisch zum Ausgleich unerträglicher Erfahrungen und gegen äußere Pressionen überläßt, von ihnen ab und sind somit ein verkehrtes Bewußtsein. Darauf haben *Negt/Kluge* hingewiesen (1972, S. 67). Als ,,Produktionsform authentischer Erfahrung" braucht sich die Phantasietätigkeit aber nicht dem Verdikt des industrialistischen Verwertungsinteresses zu unterwerfen, sie sei eben Phantasterei, ,,der Zigeuner, der Arbeitslose unter den intellektuellen Fähigkeiten" (1972, S. 73). Obzwar jederzeit gefährdet, – sich in einer Gegenbewegung von der Realität der Verhältnisse soweit zu entfernen, daß sie, von ihr abgespalten, in keine produktiv negative Beziehung mehr zu ihnen treten und leicht ,,kaserniert" werden kann, wie *Negt/ Kluge* anmerken, – oder in Flucht auszuarten, irrlichternd im Wahn, läßt sich die Tätigkeit der Phantasie doch gut in der sozialen Arbeit verwenden, um den Absichten der in sie verwickelten Natur nachzukommen. Diese Phantasie sei ein ,,spezifisches Produktionsmittel, das für einen Arbeitsvorgang gebraucht wird, den das kapitalistische Verwertungsinteresse nicht ins Auge faßt: die Veränderung der Beziehungen der Menschen untereinander, zur Natur und die Wiederaneignung der in der Geschichte gebundenen toten Arbeit der Menschen" (a.a.O.).[24] Was im kollektiven Geschehen kumulieren mag, ist gerade in der unterschiedlichsten und noch rohen individuellen Phantasie Gegenstand des Vermittlungsgeschäfts sozialer Arbeit: Lebensgeschichten auf Realität hin zu interpretieren, um ihnen den weiteren Weg durch sie hindurch offen zu halten oder neu zu eröffnen; dort, wo die Phantasie geronnen und zu einem schützenden Pfropfen erstarrt ist, sie wieder zu intellektueller Leistung zu verflüssigen, sie also aus den Verunstaltungen zu lösen, welche ihr im Alltag widerfahren. Die vielen als Normverstöße empfundenen Abweichungen, auf die sich Individuen im sozialen Leben einlassen, sind in Wahrheit Versuche der Phantasie, real zu behaupten, was ihrer Anlage und ursprünglicher Erfahrung nach möglich ist: eine subjekthafte Weise der Aneignung von Welt.

Selbst und Welt in Arbeit

Während in der Philosophie die neuzeitliche Theorie des Subjekts Selbsterhaltung (conservatio sui) stetig thematisiert hat (vgl. *Ebeling* 1976), brauchte die Psychologie lange, ein Konzept zu entwickeln, mit dem sie dem Subjektsein des Individuums als ganzem gerecht wird. Diese Rolle spielt nun der zuerst von *Hartmann* (1950) an die Vorstellung einer primären Ich-Autonomie angeknüpfte Begriff des *Selbst*, zwar problematisch in seiner Vieldeutigkeit (vgl. *Bittner* 1981), aber geeignet, die Synthese zu bezeichnen, die als Korrelat zu dem Oikos erscheint, in dem der einzelne Mensch seinen Lebens-

und Beziehungsraum bekommt und als Person identifiziert wird. Sehen wir im Selbst den Archetypus des vollständigen Menschen (*Jung*), das ganzheitliche Leben, welches sich im Individuum zeitlos gegenwärtig zu erkennen gibt (*Taëni* 1981, S. 152), die Einheit, in der jeder seine eigene Natur in der umgebenden Welt erfährt, oder das „Subjekt der Triebwünsche" (*Miller* 1979, S. 12), auf die eine oder andere Weise finden wir im gelebten Selbst die Aktivität beisammen, in der das Individuum transitiv Selbsterhaltung (conservatio) betreibt.

Wie in den Produktionen der Phantasie und z. B. in den von ihr zehrenden Künsten erkennbar, gibt es psychische Leistungen, die nicht durch (repressive) Sublimierung zustandekommen, sondern in direkten libidinösen Arbeitsbeziehungen zur umgebenden Welt erbracht werden. *Marcuse* schreibt diese Beziehungen dem Zustand zu, den *Freud* prototypisch im primären *Narzißmus* begriffen hat: Im freien Spiel seiner Fähigkeiten ist der Mensch, solange und soweit er darin nicht beschränkt wird, „erotisch" mit seinen Objekten verbunden. Nun erfordert diese Anschauung von produktiver Kommunikation eine genauere Betrachtung. Psychogenetisch ist das Kind anfangs in einer Verfassung, die es mit der Mutter und durch sie mit der Welt in einer flutenden Einheit – auch von Wunsch und Wirklichkeit – hält. Zwar hat *Freud* vom *primären* Narzißmus einen vornehmlich negativen Begriff geprägt[25]; er gilt (hypothetisch vor jedem anderen) als *objektloser* Zustand undifferenzierter Verbundenheit.[26] Jedoch auch das früheste psychische Erleben ist nicht umwelt- und gegenstandslos – worauf *Balint* hingewiesen hat, der deshalb eine primäre Objektbeziehung und „primäre Liebe" supponiert, welche sich insbesondere in der anfänglichen Mutter-Kind-Einheit erweise (*Balint* 1966).

In einem positiv (weniger als Entwicklungsstadium denn als basaler Modus der Subjekterfahrung) verstandenen primären Narzißmus nimmt der selbstbezogene und selbstgenügsame Zustand des Kindes die nährende und versorgende Umwelt mit zu seinem Inhalt: sie gehört zum Reservoir des Selbst, das zunächst aufgefüllt werden muß. Die Gemeinschaft, das Verbundensein auch in psychodynamischer Hinsicht, geht der Individuation voraus. „Narzißtisch" sein bedeutet in diesem Verständnis zwar auch, völlig auf *sich selbst* bezogen, aber nicht in Eigenliebe befangen zu sein, denn das Selbst schließt die anfängliche Lebenswelt ein. Mit ihm bezeichnet *Hartmann* (1950) die Einheit der seelischen Repräsentanz der ganzen Person, ihre psychische Realität. Sie erscheint im Primärzustand nicht von der umgebenden Welt abgegrenzt. Wohlbehagen und Macht (Können) quellen aus dieser Verbindung, welche im übrigen sich im sogen. *ozeanischen Gefühl* mitteilt – „ein Gefühl der unauflösbaren Verbundenheit, der Zusammengehörigkeit mit dem Ganzen der Außenwelt" (*Freud* 1974b, S. 198). In der später nötigen Auseinandersetzung mit der Realität, in der Enttäuschung und harten Konkurrenz individuierten Lebens zumal, verschwindet dieses Gefühl, um sich nur noch in außerordentlichen Zuständen der Liebe oder der Begegnung mit der Natur zu melden. Draußen und Drinnen sind fürderhin abgegrenzt; die Instanz Ich muß vermitteln. „Ursprünglich enthält das Ich alles, später scheidet es eine Außenwelt von sich ab. Unser heutiges Ichgefühl ist also nur ein eingeschrumpfter Rest eines weit umfassenderen, ja – eines allumfassenden Gefühls, welches einer innigen Verbundenheit des Ichs mit der Umwelt entsprach" (1976b, S. 200).

Das narzißtische Regulationssystem bleibt jedoch zeitlebens erhalten; es macht sich in der Sehnsucht nach Verschmelzung und in den diffizilen Vorgängen der Idealisierung und der Identifizierung bemerkbar. An der Lebenswelt und ihrem Zustand über naheliegende Angelegenheiten hinaus interessiert zu sein, wurzelt in der primordialen Erfahrung, ihr anzugehören. Menschliche Gemeinschaft sich zum Ideal zu machen, rührt aus der Situation erster Befriedigung, in der die libidinöse Besetzung – wie man in der notgedrungen etwas umständlichen psychoanalytischen Ausdrucksweise sagen kann – zunächst das Idealich mit dem „Objektideal" zusammenfallen läßt. Die Welt des Selbst ist zu Beginn die ganze Lebenswelt, ein narzißtisches Universum, in der jenes seine Vorgänge organisiert, welche Organisation im Zusammenhang später das Ich heißt (*Freud* 1975a, S. 286). Die Enttäuschungen mit dieser Welt erzwingen nach und nach eine Distanzierung und eine Differenzierung, sprich: eine zunehmend realistische Betrachtung der Dinge. Sie erwirbt nun im einzelnen, was durch die primäre Aneignung der Welt bereits in den psychischen Horizont geraten, transzendental schon ausgemacht ist. Ex negativo erhellt vielleicht das autistische Zustandsbild in der Psychopathologie am besten, was es heißt, sich narzißtisch in der Welt zurechtzufinden. Es garantiert den Zusammenhang des individuellen Lebens mit dem gemeinschaftlichen.

Der Narzißmus richtet sich in der Gemeinschaft ein und verschwindet in der kollektiven Subjektivität, an der er teilhat (aus ihr tritt er als Mangelerscheinung sekundär in der egozentrischen Isolation hervor, die ein Kreisen um sich selbst bedeutet). Mit dem sozialen Bewußtsein muß sich der Narzißmus nicht erst versöhnen, wenn es ihn fortsetzt. Selbstbewußt erweist sich die Gemeinschaft als eine narzißtische; dadurch erhält sie sich als ein indivuelles Anliegen und bleibt in Solidarität und Sympathie lebendig. In ihrer zentripetalen Bewegung hat die Weltbeziehung, die sich als narzißtische kennzeichnen läßt, eine romantische Färbung: in ihr wird nach Sinn und nach einer unendlichen Erfüllung gesucht (vgl. *Henseler* 1976, S. 468). Von einer historischen Situation freigesetzt, verursacht diese Sensibilität (nach den Wirren von Revolution und Krieg) eine bemerkenswerte Parallelität von Umwelt- und Narzißmusdiskussion – in den vergangenen zwanzig Jahren (und unter anderen Vorzeichen eingangs des 19. Jahrhunderts).[27] Die ökologische Bewegung, wenn nicht die ökologische Einsicht, beruht auf einer narzißtischen Verständigung (des Inhalts, daß von uns alles abhängt, mit uns zusammenhängt, die Umwelt in unserer Macht ist und mit unserem Unbehagen zu tun hat). Sie darf auf die Lust nach Nähe und Einheit, nach wirklicher Gemeinschaft, auf die geheime Verschmelzungsphantasie setzen, welche die Einschränkungen erträglich und leicht erscheinen läßt, die uns eine ökologische Ordnung abverlangt.[28]

Besteht die Verbundenheit mit der äußeren wie mit der inneren Natur, d. h. angewiesen auf sie zu sein, in einer unbewußten Gemeinschaft, ist sie gewiß mißbrauchbar und von mannigfacher Ausbeutung betroffen. Von einem ökologischen Bewußtsein läßt sich erst sprechen, wenn die *Aufklärung* des Verbundenseins und ein emanzipierter Umgang mit ihm resp. mit den zu ihm zählenden Tatbeständen geschieht. Explizit gibt es nur eine Ökologie des *Ich* – bei *überlegten* Beziehungen, im *kontrollierten* und *geregelten* Stoffwechsel von Mensch und Natur, bei organisierter und beschränkter Nutzung von Ressourcen. Sie zu untersuchen und auf mögliches Handeln zu beziehen, ist die Aufgabe der *Ökologie*, welche praktisch nicht von einem einzelnen Individuum geleistet wird: das ökologische Bewußtsein braucht die kollektive Subjektivität, mit der wiederum die innere Ökonomie des psychischen Lebens eine gewisse Übereinstimmung verlangen darf. Der pure Lebensdrang steht der Politik der Lebensführung, die Politik dem Leben nicht unvermittelt gegenüber; Politik veranstaltet die Vermittlung, – soweit sie selbst aufgeklärt genug ist, sich dieser Aufgabe zu widmen. Wir sind auf den Narzißmus gekommen und beharren auf ihm, weil mit dem Modus der Selbstbezogenheit der Grund anerkannt wird, der die ökologische Rücksicht (auf Natur *selbst*) und die Aufklärung rechtfertigt – per eigenes Verlangen, seiner selbst und der Welt mächtig und in ihr behaglich eingerichtet zu sein. Die herkömmliche Ausbeutung des psychischen Lebens geschieht, insoweit Politik im großen und im kleinen „über die Köpfe der Menschen hinweg" gemacht wird; die Ausbeutung der Umwelt geschah bisher in derselben Politik über die Zusammenhänge der Naturprozesse hinweg – in der spezifischen Selbstvergessenheit, in welcher der Mensch über Natur schlechthin sich erhoben hat. Im einen wie im anderen Fall fehlt es an einer bewußten, im Handeln der Menschen praktizierten Gemeinschaft.

Unter dem Gesichtspunkt der psychischen Ökonomie beschäftigt die hier in Rede stehende Ökologie das Problem der *Verkehrsformen:* der Weisen, in der man mit etwas umgeht (das psychologische Subjekt mit seinen libidinösen Objekten, soziale Subjekte untereinander, der Mensch mit der Natur). Die Anerkennung des Narzißmus gestattet und nötigt, von der unpersönlichen Politik zur Politik „in erster Person Singular" überzugehen, diese aber (damit sie nicht ohne Einfluß, gar keine Politik oder eine auf gesellschaftlicher Ebene wiederum unpersönliche bleibt) mit der Politik „in erster Person Plural" nicht bloß zu vereinbaren, sondern beide zusammenfallen zu lassen: menschliches Leben gestaltet sich öffentlich in der gewählten Verkehrsform, als kommunikativer Prozeß. Wir haben seine Voraussetzungen psychogenetisch in der präödipalen Situation angetroffen. Der Rückgang in sie führt hinter die Beschränkungen und Fixierungen zurück, die den Umgang zwischen Menschen und mit der (eigenen und umgebenden) Natur beeinträchtigen, zurück auf eine mögliche Politik (bei Gefahr, daß sie an einer analreaktiven Form faschistischer Prägung nicht vorbeikommt) freizügiger Identifizierungen persönlichen Lebens, von Problemen und Erwartungen in ihm, mit gesellschaftlichem Leben samt den Problemen und Erwartungen darin.

Ökologie – in Umweltfragen wie in Fragen des sozialen Zusammenlebens – bedarf der Mitwirkung der Beteiligten bzw. Betroffenen. Zu diesem Zweck gehört ihr Beteiligt- und Betroffensein entschieden aufgeklärt: es erläutert sich in den politischen Zusammenhängen höchst persönlichen Denkens und Handelns.

Auf den Narzißmus ist noch aus einem anderen Grunde zu bauen. Je mehr unser Wissen und Können sich auf die objektiven Zusammenhänge, das Geflecht der Bezüge, das System, die Chemismen und die elementaren Gesetzmäßigkeiten, auf die materielle wie auf die seelische Maschinerie versteht, desto mehr verwirrt sich und zerfällt das Bild des Menschen. Er vermag es schließlich allein in einer fortwährenden Spiegelung seiner Subjekthaftigkeit festzuhalten. Die repräsentierende Natur des Menschen aber ist seine narzißtische Selbstbehauptung, der es zunächst gleichgültig sein kann, was Wunsch und was Wirklichkeit ist, weil für sie nur die Repräsentanz, die Spiegelung zählt. Die Imagination, etwa in einem Kunstwerk, ist sogar genauer, wahrer als das oftmals schlechte Wirkliche. Konkret behauptete Menschlichkeit, die sich spiegelnd und widerspiegelnd ihren eigenen Raum erschafft, hat ihren vollendeten malerischen Ausdruck in dem Bild des Velasquez gefunden, das man *Las Meninas* nennt. Präsentiert wird die Infantin, aber das Kind leuchtet auf dem Hintergrund und inmitten einer versammelten sozialen Wirklichkeit, die sich ihrerseits im Bild abbildet und das Kind repräsentiert. Die soziale Entität Mensch spiegelt sich im Ensemble aller sichtbaren und unsichtbaren Personen und schließt die Betrachter des Bildes ein. Übersetzen wir es ins Leben, so kann die Imagination mit den in ihr verkörperten Inhalten nur aufrechterhalten werden durch die narzißtische Bereitschaft der Beteiligten, das Spiel zu spielen, die Repräsentanz für wirklich zu halten (zu der keine äußere Macht und Überlieferung mehr zwingt). *Foucaults* „Ordnung der Dinge" hat das Bild des Velasquez zum Exempel (*Foucault* 1978, S. 31 ff.). Souveräne Ichhaftigkeit im Spiel der Repräsentanzen vermöchte zu verhindern, daß sich das Bild des Menschen (dessen „heitere Inexistenz" *Foucault* voraussieht) auflöst und „verschwindet wie am Meeresufer ein Gesicht im Sand" (1978, S. 462).

Fassen wir zusammen: Der Ausflug aus der sozialen in die psychische Realität entdeckt Natur nicht als eine unabhängige Variable. Natur *selbst* ist über die angesprochenen realen Zusammenhänge und ihre Geschichte je schon vermittelt und kommt als „reine" Natur überhaupt nicht resp. nur als objektive Fiktion, als *Legende* vor. In der Selbsterfahrung hingegen liest sie sich als reale, körperliche Subjekthaftigkeit. Die narzißtische Aktivität, welche sie durchhält, geht über einfache Triebäußerung hinaus. Gleich der Leistung der Wahrnehmung dürfen wir das Ich (bevor es sich spiegelnd erfährt) bereits dem primären Prozeß zuordnen. Ursprünglich sind Es und Ich eins, bemerkt *Freud* (1978, S. 380), und in gewisser Weise kommt es auf die fortwährende Pflege dieser Identität an. Eine nicht mehr fremdbestimmte Arbeit entfaltet die Kräfte des Es in spielerischer und darum nicht weniger ernsthafter Betätigung: zugleich erweist sich in ihrer Ordnung, Gestaltung und gerechten Verwaltung die vorhandene Ichstärke und eine sinnlich gewordene Vernunft. Sie legt ihre repressiven Züge ab und vermag sich mit dem Lustprinzip zu einigen. *Marcuse* setzt auf die *Vernünftigkeit der Befriedigung:* „Vernünftig ist nun, was die Ordnung der Befriedigung unterstützt" (1971, S. 220).

Die regulierende, ökologisch rücksichtsvolle Tätigkeit besteht in einer Zusammenfassung aller Momente, d. i. eine Aufhebung der Fragmentierung. Kollektiv geschieht sie in einem diskursiven Prozeß. Denn der Trieb ist ambivalent und ohne Bezug polymorph, jedes einzelne Bedürfnis ist unwahr, solange beide nicht in einem (gedeuteten bzw. beherrschten) Lebenszusammenhang bestimmt werden. Bloße Phantasie bleibt phantastisch, der Wunsch bloß *Wunsch* ohne die Arbeit der Vermittlung, welche ihn mit dem vorhandenen Selbstverständnis von wirklicher und möglicher Realität vereinigt. Das ist eine Arbeit nicht gegen die Natur. Das Symbol eines gewandelten Realitätsprinzips wird nicht mehr länger *Prometheus* sein, der Heros der Mühsal und eines zentrifugalen Fortschritts; *Marcuse* findet seine alternativen Helden in *Narziß* und *Orpheus*, den Sänger (1971, S. 160). Bezeichnenderweise nimmt einen ähnlichen Austausch der Mythologeme *Illich* vor, der in seinen Überlegungen zur herkömmlichen Arbeit und Bildung dem prometheischen Charakter, der vorausschaut und unternehmend unterwegs ist, den *epimetheischen*, rücksichtsvoll einhaltenden Menschen gegenüberstellt (*Illich* 1973, S. 110 ff.). Jedoch nicht umsonst gilt Epimetheus in der griechischen Mythologie als Kontrastfigur zu Prometheus, seinem Bruder, ohne ihn undenkbar. Er kann ihn nicht ersetzen.

Wir haben in der Frage nach dem inneren Haushalt eine psychobiologische Basis gesucht, auf der Subjekt und Umwelt naturwüchsig aufeinander bezogen sind. Wir finden sie in der aktiven Selbsterhaltung (conservatio). Um diese Beziehung produktiv zu differenzieren und sozial aufrecht zu erhalten, ist psychische Arbeit (an sich selbst) und praktische Arbeit (an der Welt) vonnöten. Das wilde Leben bleibt Illusion: weder im psychoanalytischen Verfahren noch in der ökologischen Bewegung (sich heimisch fühlen und authentisch sein zu wollen) bedeutet die Regression mehr als ein Durchgangsstadium der Kur. Ihm folgt als aufwendige Leistung die kreative Konstruktion welt- und selbstbezogenen Lebens. Wir dürfen mit dem späten *Freud* dem Ich die synthetische und integrative Kraft zutrauen, es in der Wahrnehmung inneren und äußeren Vermögens haushaltend zu bewältigen. Dazu mag die nüchterne wissenschaftliche Umsicht einer Ökologie des Zusammenhangs helfen, der das Vermögen stiftet.

Anmerkungen

1 Vgl. zur „wirklichkeitsgestaltenden Macht" der Motive *Uexküll* (1963).
2 Das Psychische ist eine Brücke, und es baut ständig mit dem Material der Phantasie an ihr.

Lévi-Strauss zieht für diese Tätigkeit das Beispiel des Bastelns heran. Die Eigenart des mythischen Denkens bestehe darin, ,,sich mit Hilfe von Mitteln auszudrücken, deren Zusammensetzung merkwürdig ist und die, obwohl vielumfassend, begrenzt bleiben; dennoch muß es sich ihrer bedienen, an welches Problem es auch immer herangeht, denn es hat nichts anderes zur Hand ..." (1973, S. 29).

3 Vgl. *Ricœur* (1974), der mit Blick auf die Gesamtheit dessen, ,,was der begehrende Mensch sagen möchte", hermeneutisch alle ,,psychischen Produktionen" – Traum, Mythos, Kunstwerk, Religion –, mit denen sich *Freud* beschäftigt, zu der einzigen Frage rechnet, ,,wie kommt das Wort zum Wunsch? Wie bringt der Wunsch das Wort zum Scheitern und scheitert selbst am Sprechen?" (1974, S. 18).

4 Weil es im folgenden weder darum geht, einem Naturvolk gerecht zu werden, noch darum, zur Psychophysiologie des Menschen neue (oder alte) Erkenntnisse beizusteuern, darf es im Zweifelsfall beim *Mythos* des phylogenetisch-ontogenetischen Zusammenhangs bleiben: gewisse Überzeugungen sind lebenswirksam, weil diejenigen, die sie haben, ihr Leben innerlich danach einrichten.

5 Vgl. *Freud:* ,,Keiner der angeblich überwundenen Irr- und Aberglauben der Menschheit, von dem nicht Reste heute unter uns fortleben, in den tieferen Schichten der Kulturvölker oder selbst in den obersten Schichten der Kulturgesellschaft. Was einmal zu Leben gekommen ist, weiß sich zäh zu behaupten. Manchmal könnte man zweifeln, ob die Drachen der Urzeit wirklich ausgestorben sind" (1978, S. 369).

6 Der ökologischen Erfahrung, wie mißlich es im Grunde um die Herrschaft des Menschen über die Natur bestellt ist, parallel kommt die Kränkung, die *Freud* nach eigenem Bekunden den Menschen bereiten muß, die Mitteilung in ,,Eine Schwierigkeit der Psychoanalyse" (1972, S. 11), das Ich sei nicht Herr im eigenen Haus. Aber wozu der imperialistische Anspruch, es sein zu wollen? Gewonnen wird durch jene Einsicht, daß sich das Ich in seine Verhältnisse vertieft, – eine Verbindung und Vertrautheit, in der es seine Rolle als Wirt (des Selbst) gerechter und besser spielen kann.

7 Beispielsweise die Familie. Vgl. die anti-psychiatrische Kritik von *Laing, Cooper* u. a. am ,,Familialismus" und die Auseinandersetzung mit ihm bei *Deleuze/Guattari* (1979, S. 65 ff.).

8 Vgl. zur Psychologie des primitiven Jägers die Synopse bei *Fromm* (1977, S. 149 ff.).

9 Für den Widerstand gegen oder die Verzögerung von ,,Fortschritt" gibt die Geschichte viele Beispiele. Bekanntlich ,,nutzten" die Chinesen manche ihrer Entdeckungen nicht, und im alten Amerika war die Kenntnis des Rades kein Grund, es zur Beschleunigung von Lebensvorgängen einzusetzen. Es muß ein besonderer Rausch und eine narzißtische Befriedigung eintreten, um den neuzeitlichen Europäer vom Festhalten am Überkommenen, an der hergebrachten Lebensart abzubringen.

10 *Sigrist* (*Kramer/Sigrist* 1978, S. 32).

11 Wie anders der Maschinist: er bedient einen Apparat, der ihm eingeschriebenen Vorstellungen gehorcht. Die Wünsche des Maschinisten schweifen ab; sie sind von der Zucht seiner Arbeit und ihres ihm fremden Gegestandes frei. Es tritt eine Spaltung ein. Die Wege des Realitätsprinzips und des Lustprinzips sind nun sichtlich zwei.

12 Dazu muß natürlich betont werden, daß auch das Begehren gesellschaftlicher Natur ist, die Phantasie ,,*Gruppenphantasie*" (*Deleuze/Guattari* 1979, S. 40). Nur so erscheint verständlich, daß sie Repression, Ausbeutung und Erniedrigung erlaubt, getragen von allen Gruppenangehörigen oder doch von einer Mehrheit, wenn diese auch zugleich darunter leidet. In dem Moment, da jene Unterdrückung ihre Legitimität einbüßt, tritt eine Dekomposition ein, gerät der Wunsch im Individuum in eine schizophrene Spannung. Vorbei sind die Zeiten, da das Wünschen noch geholfen hat. Der Wunsch ist als frei schweifender kontraproduktiv geworden.

13 ,,Das Wesen der Geisteskrankheit besteht in der Rückkehr zu früheren Zuständen des Affektlebens und der Funktion", schreibt *Freud* in ,,Totem und Tabu" (1974a, S. 45). Im Wahn ist die Wunschproduktion ungezügelt. Aber an ihm läßt sich erkennen, wie wenig sie symptomatisch (in dem, was sich da herstellt) dem Lustprinzip gehorcht und vielmehr – immer schon verstellt in einer animalischen und halluzinatorischen Verarbeitung der umgebenden Realität – im *modus irrealis* auch alle Leiden der Welt über den individuellen Erfahrungshorizont verteilt. Der Wahn ist ein *Ergebnis*. Es läßt sich aber nur im Traum, und vielleicht nicht einmal in ihm,

ein Ergebnis unbewußten Wünschens denken, das ohne Rücksicht auf das Milieu, in dem die Einbildung stattfindet, und unverstellt durch es wäre.

14 *Freud* schließt hier seine ausdrücklich *spekulativen* Überlegungen an, daß Leben aus immanenten Gründen erst im Tod seine Befriedigung findet. Deshalb braucht aber kein eigener „Todestrieb" postuliert zu werden. Ausgehend von *Freuds* Feststellung, daß der Trieb *zeitlos* ist, genügt ein synchronisches Verständnis: die Psyche bleibt (physiologisch) haushaltend bei den lebenswichtigen Themen bzw. nimmt sie dynamisch immer wieder auf, wie sich im Zeitverlauf beobachten läßt. Bezogen auf die Achse der Zeit ist sie auf Umwegen nach rückwärts. „Der verdrängte Trieb gibt es nie auf, nach seiner vollen Befriedigung zu streben, die in der Wiederholung eines primären Befriedigungserlebnisses bestünde; alle Ersatz-, Reaktionsbildungen und Sublimierungen sind ungenügend, um seine anhaltende Spannung aufzuheben, und aus der Differenz zwischen der gefundenen und der geforderten Befriedigungslust ergibt sich das treibende Moment, welches bei keiner der hergestellten Situationen zu verharren gestattet, sondern nach des Dichters Worten ‚ungebändigt immer vorwärts dringt'" (1975 b, S. 251).

15 Weshalb *Lévi-Strauss* entgegnet (1971 b, S. 362): „Eine Gesellschaft kann leben, handeln, sich wandeln, ohne sich von der Überzeugung trunken machen zu lassen, daß die, die ihr um gut zehntausend Jahre vorausgegangen sind, nichts anderes getan haben, als ihr den Boden zu bereiten, daß alle ihre Zeitgenossen – und seien es auch die Antipoden – fleißig arbeiten, um sie einzuholen, und daß die, die ihr bis ans Ende der Zeit folgen, nur darauf bedacht sind, sich in ihrer Richtung weiterzuentwickeln".

16 Die „Tyrannei des Werdens" müsse gebrochen werden, interpretiert *Marcuse* den Gedanken der ewigen Wiederkehr mit Bezug auf die Triebnatur des Menschen. *Nietzsche* stelle sich die Wiederkehr des Endlichen „genau so wie es ist vor – in seiner vollen Konkretheit und Endlichkeit: dies ist die vollständige Bestätigung des Lebenstriebs, die jede Ausflucht und Negation ablehnt. Die ewige Wiederkehr ist der Wille und die Vision einer erotischen Einstellung zum Sein, für die Notwendigkeit und Erfüllung zusammenfallen" (*Marcuse* 1971, S. 122).

17 *Prediger Salomo*, 1,9: „Was ist's, das geschehen ist? Eben das hernach geschehen wird. Was ist's, das man getan hat? Eben das man hernach wieder tun wird; und geschieht nichts Neues unter der Sonne." – Alles ist eitel. Aber es hat seine rechte Zeit, seine Fülle, seinen Kairos.

18 Vgl. *Riesman* (1958). Mit seinen Termini nehme ich auch die Dialektik seines Gedankenganges auf, vom Typus des traditionsgeleiteten Menschen und seinen beiden Negationen, dem innen- und dem außengeleiteten Menschen, zur Autonomie zu gelangen.

19 Die nachfolgende Generation trägt nur offen aus, was die ältere innerlich bewegt und gerade noch verdrängen kann. Die Gegner sind beide romantisch. „Vor allem versteht der konventionelle Kulturkonservative nicht", schreibt *Diamond*, „daß die Gegenkultur genau deswegen, weil sie so radikal ist, eine zutiefst konservative Bewegung ist. Sie stellt eine Form neoprimitivistischer Bestrebungen dar, die die Heiligkeit des Lebens, gemeinschaftliche Formen der Gesellschaft, die ästhetische Dimension der menschlichen Natur, die Kontinuität mit der Natur insgesamt und die Kultur als Ritual proklamiert" (1976, S. 258).

20 Bei *Thurn* bleibt auch die der allomorphen gegenübergestellte Alltäglichkeit eine schlechte: „Überall dort, wo sie dem Einzelnen Nischen der Eigengestaltung freihält, sei es in der Wahl der Haartracht, in der Möblierung der Wohnung oder bei der Partnerwahl, entwächst sie dessen Tun als *idiomorphe Alltäglichkeit*. Erfindungsgabe kann die Menschen, einzeln oder in Gruppen, durchaus soweit bringen, daß sie ihre Alltäglichkeit überwiegend selbst ausbilden und infolgedessen von der vorherrschenden Routine weitgehend abweichen" (*Thurn* 1980, S. 33 ff.). Auf die Dichotomie von Abweichung und Übereinstimmung kommt es nicht an. Bei *Thurn* ist der Mensch in eine Matrix des Gesamtlebens eingespannt, in der die Dimensionen der Natur, der Kultur und der Sozialwelt ineinandergreifen (1980, S. 39 ff.). Er bewältigt die ausufernden Horizonte der natürlichen, kulturellen und sozialen Lebenswelt, indem er sie auf eine Matrix der Alltagswelt reduziert (1980, S. 43). In ihr reicht es, sich ans Naheliegende zu halten.

21 *Bookchin* weist auf diese ökologische Hoffnung hin, wenn er schreibt: „Es ist keineswegs ein Zufall, daß die Gegenkultur sich von der indischen und asiatischen Auffassung des Begriffs der Erfahrung inspirieren läßt. Die archaischen Mythen, Philosophien und Religionen als Ausdruck einer einheitlicheren, organischeren Welt werden wieder lebendig, weil die Fragen, mit

denen sie es zu tun hatten, heute wieder aktuell sind" (*Bookchin* 1974, S. 56). Sie zielen auf eine Synthese von Natur und Zivilisation. Die ökologische Wissenschaft, welche diese Synthese leisten könnte, erscheint *Bookchin* als eine Form der Poesie (1974, S. 57).

22 Die Autoren zitieren hier *Nietzsche* („Die Wüste wächst") und *E. Jünger* in seinem heroischen Realismus, und mit Bezug auf beide hat *Hentschel* (1979) auf die Nähe des Rausches „entindividuierten Funktionierens", der präödipalen Entfesselung zum faschistischen Denken hingewiesen. Derlei Zusammenhänge belegen aber zunächst, wie richtig *Deleuze/Guattari* den untergründigen Strom beschreiben, der zur individuellen Verwirrung ebenso wie zur organisierten öffentlichen Gewalttätigkeit taugt.

23 Vgl. *Popper* (1977), der in seiner Auseinandersetzung mit dem platonischen Staat auf die Dialektik zu sprechen kommt, die zwischen den regressiven Tendenzen hin zur „Natur" und den Ordnungsvorstellungen besteht, sie zu befrieden. Wer die Rückkehr in einen „Naturzustand" wolle und eine anarchistische Lösung, gehe hinter das soziale Leben eines jeden Naturvolks zurück: wir müßten zu Bestien werden – und das bedeute in der Massengesellschaft den nackten Faschismus: „Je mehr wir versuchen, zum heroischen Zeitalter der Stammesgemeinschaft zurückzukehren, desto sicherer landen wir bei Inquisition, Geheimpolizei und einem romantischen Gangstertum" (1977, S. 268). Für humane Ambitionen bleibe, so *Popper*, nur der Weg in die „offene Gesellschaft". Der Versuch einer gesamtgesellschaftlichen Problematik (durch Individuen, die sie nicht gelöst haben) kann nicht empfohlen werden.

24 *Negt/Kluge* haben kürzlich (1981) ein „Gebrauchsbuch" vorgelegt, in dem sie die geschichtlichen Arbeitsvermögen erörtern, „entstanden aus Trennungsprozessen und bewaffnet mit Eigensinn, der sich gegen die Trennungen wehrt" (Vorwort). S. insbesondere Kapitel 2: „Selbstregulierung als Natureigenschaft".

25 Der Bedeutung des Konzepts Narzißmus in der Psychoanalyse und der zeitgenössischen Narzißmusdiskussion werden die folgenden Erörterungen nicht gerecht, deren Thema die psychischen Quellen der sozialen Ökonomie (in wechselseitiger Zufuhr) bleiben. In unserem Zusammenhang ist auch nicht die Rede von narzißtischen Störungen (des Selbstwertgefühls und der Objektbeziehung) und einem sekundären Narzißmus, der terminologisch ihr Rahmenbegriff ist. Zur Narzißmus-Konzeption s. in der Literatur insbesondere *Kohut* (1973), *Jacobson* (1978) und *Henseler* (1976).

26 S. zur anfänglich undifferenzierten Matrix, aus der sich das Ich und das Es entwickeln, *Spitz* (1972).

27 Manch linker Dogmatiker sieht die alternative Bewegung entlarvt, wenn er ihr romantische Züge, irrationale Orientierungen und Nähe zu anderen konservativen Traditionen nachweisen kann. Dem wohlwollenden Betrachter zeugt solche Verwandtschaft zumindest für mangelnde „Anstrengung des Begriffs" (in der man sich doch von ihr, wird er meinen, lossagen müßte). Ein gutes Beispiel derlei kritischer Beleuchtung gibt *Kraushaar*, wenn er den „enttäuschten Liebhabern des Marxismus" lebensphilosophische Neigungen ankreidet: „Hatte die Lebensphilosophie um die Jahrhundertwende noch die ideologische Verunsicherung des bürgerlichen Bewußtseins angesichts des Übergangs vom Konkurrenz- zum Monopolkapitalismus ausgedrückt, so nimmt sie heute neoromantisch umspielt die Form einer subkulturellen Ideologie der Jugend an, die ihre manifeste Identitätskrise ursprünglich, ganzheitlich und intuitiv im archaischen Rückgriff auf die Mythen der Eigentlichkeit zu lösen versucht. Trotz aller historischer Differenzen unterschiedet sich das Selbstbildnis derjenigen, die sich neuerdings als ‚Stadtindianer' begreifen, bisweilen nur noch graduell von dem ... Selbstverständnis eines klassischen Lebensphilosophen" (*Kraushaar* 1978, S. 31), – folgt als Beleg ein Zitat von *Lersch*, das übrigens auch bei *Marcuse* („Eros und Kultur") stehen könnte.

28 Darin dräut sie wieder, die faschistische Gefahr: die wechselseitige Ermöglichung von Rausch und Ordnung, legitimiert mit der Natur des Menschen („Blut und Boden"). Sie ist nicht von ungefähr eine *moderne* Gefahr, gegen die nur individuelle Verselbständigung und Aufklärung hilft: Gemeinschaft, die im Selbst aufgeht, statt daß man selbst sich in ihr verliert.

Von der Bioökologie zur sozialen Morphologie

Als Wissenschaft besitzt die Ökologie eine eigene Geschichte, in der sie ihre Begriffe gebildet und allgemeine Erkenntnisse gewonnen hat, welche jeder Versuch beiziehen wird, humanökologisch sich mit sozialen Verhältnissen und der Arbeit an ihnen zu befassen. Ökologie stellt heute einen Bezugsrahmen dar, mit dem die meisten Wissenschaften gelernt haben umzugehen und dem sie einzelne ihrer Inhalte zuordnen. Deshalb gibt es biologische, soziologische, kulturtheoretische, medizinische, psychologische u. a. Aspekte, die ökologisch erforscht und verstanden werden. Entsprechend vielseitig faßt man den Terminus „Humanökologie" auf. Es erfordert eine längere historisch-systematische Herleitung, um seinen Anwendungsbereich überblicken und einschätzen zu können. Die Umweltdebatten der vergangenen Jahre haben in dieser Hinsicht nicht gerade zur Klärung beigetragen, sondern zunächst das begriffliche Durcheinander vergrößert. Gewöhnlich mißversteht man schon Ökologie allgemein als Umweltforschung (environmental science), als Wissenschaft vornehmlich von Außenbedingungen, in welcher Auffassung nur vage erkannt wird, was es heißt, daß Organismen einer Umwelt wirklich angehören, in wechselseitiger Bestimmung Teil von ihr und nicht etwa ihr gegenübergestellt sind (*Smith* 1974, S. 4). In äußerlicher Weise wird Humanökologie ähnlich fehlinterpretiert als Wissenschaft von den Umwelteinflüssen auf den Menschen (oder von den Einflüssen des Menschen auf die Umwelt).

Zunächst hat Humanökologie, so wie der Begriff in Gebrauch kam, mit der Ökologie der Tiere und Pflanzen zu tun. Sie bezeichnet den besonderen Zweig einer Naturwissenschaft, von der allerdings gesagt werden muß, daß an ihrer Entstehung soziale und wirtschaftliche Kategorien maßgeblichen Anteil nahmen. *Darwin* hatte die malthusianische Ökonomie des Bevölkerungsgleichgewichts studiert, als er sein Verständnis der lebenden Natur als eines evolutionären Prozesses und – sehen wir ab von der seiner Zeit gemäßen Betonung der sich sozusagen marktwirtschaftlichen einstellenden Auslese der „Besten" und von sozialdarwinistischen Folgerungen – als eines Haushalts formulierte. Leben erschien ihm als ein unendlich komplexes Gefüge *("web of life")*, das sich in wechselseitigen Beziehungen des *Wettbewerbs* und der *Anpassung* unter den Arten und Individuen erhält und entwickelt (ergänzend hat später *Kropotkin* auf die *Kooperation* unter Artgenossen in seiner Apologie der gegenseitigen Hilfe in der Natur und in der menschlichen Gesellschaft hingewiesen). Die diachronische Dynamik der Entwicklung läßt sich fortan – entgegen dem evolutionistischem Mißverständnis, immerwährender Fortschritt sei die Bedingung unbeständigen Lebens – im synchronischen Aufeinanderbezogensein von Organismen studieren.

Name und Begriff der biologischen Disziplin, die sich diesem Forschungsgegenstand widmet, stammen von *Haeckel,* der 1866 in seiner „Generellen Morphologie" erstmals analytisch-physiologisch definiert:[1] „*Oecologie* ist die Wissenschaft von den Beziehungen des Organismus zur umgebenden Außenwelt" (1866, S. 286). In einem späteren Werk nennt *Haeckel* (1879) die Ökologie, ausdrücklich der Wortbedeutung von *oikos* folgend, die *,,Lehre vom Haushalt der Natur"*. Mit dem Prinzip des Haushaltens wird zum ersten Male in einer Naturwissenschaft ein normatives Moment konstitutiv: die Natur steuert sich selbst mit dem Ergebnis des Haushalts, ihrer Finalität. Die Naturwissenschaft anerkennt und übernimmt hier eine Orientierung, die sie mit den Sozialwissenschaften verbindet (welche ihrerseits mit der Ökologie sich naturwissenschaftlich verankern lassen). ,,Naturzwecke" und ,,Gesellschaftsinteressen", so fern sie einander scheinen, sind in der neuen Wissenschaft koordinierbar: die Ökologie stellt eine ,,finalisierte Wissenschaft" dar. Sie gilt ,,als Prototyp einer Wissenschaft mit normativen und strategischen Elementen ..., die dem Idealtypus der reinen Naturwissenschaft nicht mehr entspricht' (*Schäfer* 1978, S. 392).

Nischen im Ökosystem

Als Teilgebiet der Biologie hat sich die Ökologie langsam aber stetig ausgebreitet. Man untergliederte sie schon bald in eine Pflanzen- und in eine Tierökologie und etablierte Ökologien einzelner Lebensräume. Daneben hat die Bioökologie aus systematischen Gründen frühzeitig auch eine Humanökologie vorgesehen, insoweit die Spezies Mensch biologisch in Wechselbeziehung zur belebten und zur unbelebten Umwelt betrachtet und aus ihrer Evolution verstanden werden kann. Um die Jahrhundertwende führte *Schröter* (1896) die Unterscheidung von *Autökologie* und *Synökologie* ein. Erstere ist als ,,Lehre vom Einzelleben" bezeichnet worden (*Thienemann* 1956, S. 106); sie befaßt sich idiographisch mit dem einzelnen Organismus (oder einer Art) in seiner besonderen Umwelt. Die Synökologie (*community ecology*) – als ,,Biozönotik" von *Thienemann* ,,Lehre vom Gemeinschaftsleben" genannt (ebenda) – studiert das natürliche Gefüge, das System des Zusammenlebens verschiedener Arten in einem Lebensraum. Sie beschäftigt sich mit *Lebensgemeinschaften* (Biozönosen), z. B. eines Gewässers (*Junge*: Der Dorfteich als Lebensgemeinschaft, 1885) oder eines Bergwaldes. Sie machen zusammen mit dem abiotischen Bestand einen *Biotop* – eine Lebensstätte – aus (terminologisch davon abgeleitet ist die Begriffsbildung ,,Soziotop", wenn man örtliche soziale Milieus kennzeichnen will). Hingegen spricht man von einem *Habitat*, wenn die Lebensstätte (der Standort) *einer* Spezies gemeint ist. Häufig werden die Beziehungen der Angehörigen einer Art zu ihrer Umwelt untersucht; man nennt diesen Forschungsbereich Populationsökologie oder ,,Demökologie" (*Schwerdtfeger* 1968). Bevölkerungsfragen spielen in der klassischen Humanökologie (s. u.) eine wichtige Rolle.

Ein nützliches Konzept und auch in der sozialen Arbeit vielfältig zu gebrauchen ist der Begriff der ökologischen *Nische*, eingeführt 1927 von *Elton* (1927).[2] Er meinte damit das Insgesamt der trophischen (nährenden) Beziehungen einer Art. Die unterschiedliche Lebensweise von Organismen wird als spezifische Ausnutzung vorhandener Umweltfaktoren erklärt (*Hardesty* 1975, S. 72). Der Sinn von ,,ökologischer Nische" wird jedoch häufig räumlich als eine Orts- und Platzangabe mißverstanden. Sie gibt nicht das Habitat eines Organismus als seine ,,*Adresse*" an, sondern benennt seine ,,*Profession*" (*Odum* 1980). Eine Nische bezeichnet das eigentümliche Beziehungssystem, das die Existenz einer Art bestimmt und erhält. Man mag die Nische auch als ,,Minimalumwelt", als ,,Summe der die Existenz eines Organismus ermöglichenden Faktoren" definieren (*Altenkirch* 1977, S. 62). Durch spezifische Aktivität verschafft sich eine Art und ebenso der einzelne Organismus in Konkurrenz mit anderen Arten bzw. Individuen seinen Spielraum, seinen ,,distinctive way of life". Die Besonderheit und Individualität des Beziehungssystems macht eine Nische aus. ,,Je verschiedenartiger ein Lebensraum ist, um so größer ist die Zahl seiner Nischen" (*Altenkirch* 1977, S. 65). Angewandt im sozialen System menschlichen Lebens, meint das Konzept der Nische, es sei das natürliche Bestreben jedes Individuums, sich seine besonderen Beziehungen und darin die individuelle Eigenart zu erhalten. Im Leben seine Nische einzurichten und zu behaupten, ist eine existentielle Leistung, die – wenn sie mit Bewußtsein erbracht wird – die subjekthafte Individualität ausmacht. Deshalb kann uns das Nischen-Konzept als Leitbegriff einer ,,differentiellen Ökologie" gelten.

Das Beziehungssystem, in dem ein Organismus mit seiner Umwelt verbunden ist, beansprucht ihn und die Umwelt gleichermaßen. In ihm, dem *Beziehungssystem*, das von den Umweltgegebenheiten *und* ,,von den besonderen Anspruchs- und Verhaltenskombinationen gebildet" wird, welche Lebewesen ,,auf Grund ihrer morphologischen und physiologischen Besonderheiten den schlechthin gegebenen Umweltbedingungen gegenüber zu entwickeln" in der Lage sind, bestehen die ,,ökologischen Gegebenheiten" (so *Günther* 1950a, S. 77), die jeweiligen konkreten *Lebensbedingungen*.[3] Diese haben also einen *transaktionalen* Charakter: sie treten erst in der Aktivität wechselseitiger Herausforderungen und Antworten in vorgegebenen Zusammenhängen auf, also in Lebenstätigkeiten, und sie sind damit ebensosehr *Ergebnis* (ein Vermögen als Performanz), wie sie jeweils wieder (das Vermögen als Kompetenz) den Anfang machen. Der bewußt handelnde Mensch zumindest – im selben Akte Opfer und Täter – trägt Verantwortung für seine Lebensbedingungen, – wenn sie ihm auch ,,von Hause aus" zukommen: Zugleich und in unlösbarer Einheit mit dieser Freiheit hat ihn sein Geschick (die Kontingenz des Daseins) getroffen; mit den ,,zufälligen" Vorgaben seines situativen Befindens muß er rechnen.

Die ,,Nische" jedes einzelnen Menschen stellt ,,ein nach Möglichkeit ausgewogenes individuell strukturiertes System" dar (*Günther* 1950b, S. 120), reich oder arm je nach kreativer Lebendigkeit (Kompetenz), mit der er sie einrichtet, und die Nische ist eng oder weit in Konkurrenz zu den anderen, die sie berühren. Es gehört zur Lebenskunst, sich tätig seine Nische als Spielraum zu erhalten. Dabei verträgt das individuelle System nur begrenzt einschränkende und einschneidende Außeneinflüsse; sie können es bis in die bizarrsten Formen verändern. Unsere zivilisierte Gesellschaft, fand *Günther*, entzieht ihren Angehörigen Voraussetzungen für die Gestaltung und Aufrechterhaltung ihrer ökologischen Nischen (1950b, S. 127), – während sie zugleich mit der allgemeinen Platzangst das Bedürfnis nach einer Nische steigert. Die zur individuellen Nische gehörenden persönlichen Beziehungen z. B. und ihre Pflege werden durch Klischees des sozialen Konsums (Unterhaltungsangebote, Freizeit- und Reiseangebote, Verkehrsangebote etc.) beeinträchtigt; die persönliche Gestaltung der Wohnumwelt verliert in der unübersehbaren Vervielfältigung an Wert. Die Drogenszene oder das Leben von Nichtseßhaften (aber auch das von Handelsvertretern) geben Beispiele für ausgefallene Nischenbildungen. Dem privatisierenden, seine „Nische" als Rückzugsmöglichkeit lebenden Menschen verkümmert die Phantasie. Ohne daß er sein Refugium dadurch verlöre, könnte Gemeinschaft mit anderen sein Beziehungssystem, also seine persönliche Nische, erweitern und ihm die Erfahrung wirklicher Zusammenhänge, in die er hineingehört, in denen er zugehörig und zuhause ist, verschaffen. Im Horizont seiner Bezüge erscheint mit der Nische eines Menschen seine soziale Konstitution.

Ein Vorteil der *naturwissenschaftlichen* Kategorie „Nische" besteht im Hinblick auf soziale Gegebenheiten darin, daß sie – wie der ökologische Zugang allgemein – erlaubt, Lebensverhältnisse unabhängig davon zu verstehen, *daß* die einzelnen Akteure dazu beitragen. Wir werden an *Lévi-Strauss* erinnert. *Was* die Verhältnisse und Strukturen inhaltlich ausmacht, ist nicht in der Tatsache begründet (und von ihr abhängig), daß einzelne Menschen sie in ihren Beziehungen zueinander ralisieren. Der naturwissenschaftliche Ansatz hat gegenüber dem „handlungsorientierten" Ansatz in den Sozialwissenschaften (vgl. *Berger* 1978) den Vorteil, daß er keine transzendentalen Voraussetzungen braucht, weil er sich als ökologischer gerade mit ihnen als den realen Bedingungen beschäftigt. Es gibt tradierte (evolutive, geschichtlich ausgeformte und variierte, somit bestätigte – um von den historisch verworfenen nicht zu reden) *Arrangements*, in denen wir leben. Sie sind je schon vorhanden, wenn die an ihnen beteiligten Subjekte sie bemerken. Die Materialien sind vorgegeben, auch wenn der *sich einrichtende* Mensch aus ihnen erst etwas machen muß (es sei denn, er greift zu fertigen Klischees).

Wenn wir ihn so verwenden, übertragen wir den Begriff der ökologischen Nische nicht unerlaubt auf soziale Gegebenheiten, denn der Terminus hängt sowenig an der biologischen Bedeutung wie der Begriff „Ökologie" letztlich an einer Fachwissenschaft. Allerdings fügen wir bei ihrem Gebrauch in psychosozialen Zusammenhängen der objektiven Kategorie „Nische" die Bedeutung hinzu, in der ein Subjekt seine ökologische Nische wahrnimmt und sie sich als biosoziales Wesen gewissermaßen aktiv „einräumt": sie ist *die eigene*, in der es existieren will. – Zugegeben, diese Subjektivierung überschreitet den Ansatz der Bioökologie. Sie befaßt sich zumeist mit Untersuchungen *überindividueller* Zusammenhänge – und überläßt die Erforschung von Umwelteinflüssen auf einen Einzelorganismus wie von Wirkungen in der umgekehrten Richtung den verschiedenen Branchen der Umweltwissenschaft (environmental science) bzw. den anderen Teildisziplinen der Biologie. Den Begriff Autökologie hat msn deshalb sogar ganz zur Auflösung vorgeschlagen (*Schwenke* 1979).

Die allgemeine Ökologie, die unter Zuhilfenahme des Instrumentariums der Systemtheorie in den beiden letzten Jahrzehnten einen großen Aufschwung nahm, bestimmt ihr Feld umfassend: ihr Bereich sind die überorganismischen Gefüge. *Stugren* sieht das Gebiet der Ökologie in folgenden „Integrationsstufen" geordnet: „1. *Populationen*, Systeme von Individuen derselben Art ..., 2. *Lebensgemeinschaften* oder *Biozönosen*, Systeme von Populationen, die gemeinsam einen Biotop, einen bestimmten Teil der Erdkruste bewohnen ... 3. Biozönose und Biotop sind in das *Ökosystem* integriert, ein heterogenes System von Populationen und nicht-belebten Bestandteilen (Substrat, Wasser, Luft). 4. Ferner erstreckt sich das Gebiet der Ökologie auf die Wechselwirkungen der gesamten Lebewelt ... mit der äußeren Hülle der Erde im Rahmen der *Biosphäre*" (15; 14 f.). Letztere bezeichnet das Gesamtsystem des Lebens; in ihr ist es als materielle Daseinsweise organisiert, kann deshalb in seinem Bestand nicht außer ihr und nur bezogen auf sie verstanden werden. Auch die Bedingungen und Probleme des menschlichen Lebens gehören in diesen Bestand und in das System von Abhängigkeiten, das ihn ausmacht. Da die Sphäre des Lebens auf der Oberfläche des Planeten ihre materiellen Grundlagen hat, läßt sich begrifflich von der Biosphäre deren Umwelt unterscheiden. *Cole* hat für sie den Terminus *Ökosphäre* geprägt (1958).

In der allgemeinen Ökologie wird systemisch gedacht. Man kann mit *Margalef* sagen, Ökologie sei die *Biologie der Ökosysteme* (1968, S. 4). Das Schlüssel-Konzept *System*, das in der Biologie *Weiss* erstmals heranzog (*Weiss* 1925), ist nicht nur erforderlich, um das Wirkungsgefüge in Lebensgemeinschaften zu verstehen, sondern auch, um der in der Biologie der Organismen deutlichen Beziehung von Ganzem und Teil gerecht zu werden. Lebensvorgänge stehen in einer Interdependenz zueinander, welche man als Wechselwirkung zu beschreiben gelernt hat, ohne dabei die durch *Integration* wirksame Abhängigkeit genügend zu erfassen. Ein System wird gewöhnlich definiert als eine Menge von in wechselseitigen Beziehungen stehenden Elementen. Die Interrelation bedeutet, daß keine Veränderung in einem Teil ohne Veränderung der übrigen und des Ganzen bleibt. Was irgendwo innerhalb eines Ganzen geschieht, unterliegt der Bestimmung durch das Ganze. Sein Zustand bestimmt zugleich den Zustand seiner Bestandteile. Steht diese Komplex-Einheit in Austauschbeziehungen zu ihrer Umwelt, handelt es sich um ein *offenes System*, im anderen Fall um eine geschlossenes System. Weil durch Stoffwechselvorgänge gekennzeichnet, sind lebende Systeme grundsätzlich offene Systeme. Höher organisierte komplexe Systeme gliedern sich in Subsysteme, die Teilfunktionen innerhalb oder in Beziehung zur äußeren Umgebung des Systems übernehmen und auf verschiedenen Niveaus wirksame Ganzheiten – mit emergenten, qualitativ neuen Eigenschaften – in bezug auf ihre Elemente bilden. Systeme erhalten sich dadurch, daß sie in ihren Austauschprozessen mit der Umwelt ein *Fließgleichgewicht* (Homöostasis) unterhalten, das sie durch Rückkopplungsprozesse selbststeuernd erreichen können.

Für das ökologische Denken hat der System-Ansatz den Vorteil, daß er die Zurückstellung gerade behandelter Details in ein Ganzes als in seine *Natur* gestattet. Alle Tatsachen sind, aufgefaßt in ihrem realen Vorkommen, abhängige, – rückbezogen und eingebunden in ein Ganzes, und sie haben in ihm eine Funktion oder einen Sinn, – was aber in anderer Beziehung auch vom Ganzen gegenüber dem gilt, woraus es besteht. Das herkömmliche naturwissenschaftliche Vorgehen (die Verfolgung von linearen Ursache-Wirkungs-Zusammenhängen) greift demgegenüber zu kurz. Das mechanistische zumindest klammert das Feld aus, in dem etwas geschieht. Wissenschaftler haben lange dazu tendiert, ,,ihr Verstehen der Funktion des Ganzen von der Struktur der Teile und den strukturellen Beziehungen zwischen ihnen abzuleiten. Heute neigen wir immer mehr dazu, unser Verstehen der Struktur von Teilen eines Systems von einem Verstehen des Funktionierens des Ganzen herzuleiten" (*Ackoff/Emery* 1975, S. 5).

Beide Auffassungsweisen stehen sich in den Naturwissenschaften wie in den Sozialwissenschaften gegenüber. Das eine Denken hält sich, wie man sagen kann, an ein ,,reduktionistisches", das andere Denken an ein systemisches oder ,,holistisches" Paradigma. Die Ablösung des reduktionistischen Denkens durch das systemische darf im Sinne *Kuhns* (1978) eine wissenschaftliche Revolution genannt werden. ,,Das systemische Paradigma ... erklärt Verhalten als bedingt durch die hic-et-nunc-Struktur eines komplexen, transaktionalen Feldes. Das Paradigma ist multi-konditionell, multifaktoriell und multi-dimensional" (*Guntern* 1980, S. 4). Der Begriff *Transaktion*, wir wir ihn gebrauchen, soll anzeigen, daß die Austausch-, Wechselwirkungs- oder Kommunikationsbeziehungen in einem System die Seiten der Beziehung *als* Seiten funktional einschließen (so wie die Spieler in einem Stück sich nicht bloß einander mitteilen, nicht einfach *interagieren*, sondern dabei das Stück spielen – oder durchführen, wie der Ethnomethodologe uns anhält zu sagen).

Ökologisch – ,,von Haus aus" – zu denken (und etwas so zu verstehen, wie es ,,von Haus aus" ist), darf füglich bedeuten, jedes Moment in seiner *überindividuellen Konstitution* zu sehen, in dem, wozu es gehört und worin es die Bedingungen seines Soseins hat. Dies gilt auch für soziale Zusammenhänge, was an den ökonomischen Vorgängen bereits zu zeigen versucht wurde. Für die sozialen Tatsachen ist die grundsätzliche Feststellung *Durkheims* in den ,,Regeln der soziologischen Methode" zentral, die Gesellschaft sei ,,Synthese sui generis" (1976, S. 94), eine besondere Realität mit eigenem Charakter, also ,,nicht bloß eine Summe von Individuen, sondern das durch deren Verbindung gebildete System (1976, S. 187). Es vermittelt sich seinen Gliedern wirksam durch eine vielfältige soziale Organisation, die als prozessuale Verflechtung funktioniert. Die Funktionalität des Systems verleitet zu einer Sozialtechnologie, welche die durchgreifenden Gewaltverhältnisse gern übersieht, in denen sich das inhaltliche Gewicht von Macht, Herrschaft und Abhängigkeit mitteilt.

Während bioökologische Feldforschung sich gemeinhin auf die Beziehungsebene des ,,Zusammenlebens" beschränkt, bringt die Einführung der Systemtheorie in die Ökologie eine vertikale Betrachtung mit sich, die dem Komplexitätsgrad sozialer Zusammenhänge angemessen ist. Komplexe Systeme steuern ihre Zustände und Abläufe über ihre in mehreren Ebenen hierarchisierte[4] Struktur. *Mesarović et al.* haben eine formale Darstellung solcher *Mehrebenensysteme* gegeben. "The operation of a subsystem on any level is influenced directly and explicitly from the higher levels, most often from the immediately superceding level. This influence is binding on the lower levels and reflects a priority of importance in the actions and goals of the higher levels; this influence will be referred to as *intervention*" (1970, S. 36). Diese absteigende Regulierung (downward causation) ist ebenso in der Organisation eines Industriebetriebes wie in der Physiologie eines Tieres oder in der Denk- und Entscheidungsstruktur der menschlichen Nerventätigkeit (vgl. *Popper/Eccles* 1977) zu finden.

Die systeminterne Steuerung bedeutet, daß man über die Wirklichkeit des Systems zwar umso detaillierter aufgeklärt wird, je mehr man (analytisch) zu den Elementen der unteren Ebenen vordringt (vom Wald zu den Bäumen, vom Lebewesen zur Molekularbiologie – und schlagend von der Liebe zwischen Menschen zur Chemie der Hormone), daß man sie aber im ganzen umso besser versteht, je mehr man von den differenzierten Elementen zu den höheren Ebenen der Koordination, Integration und Orientierung gelangt[5]: "Understanding of a system increases by crossing the strata: in moving down the hierarchy, one obtains a deeper understanding of its significance" (*Mesarovic et. al.* 1970, S. 42). Diese Einsicht hat für unsere Theorie sozialer Arbeit weitreichende Konsequenzen. Wir werden guttun, uns sowohl in soziologischer wie in psychologischer und in jeder anderen Hinsicht holistisch an die jeweilige *Metaebene* zu halten, wenn (konstruktiv) nach Antworten auf Fragen und nach der Lösung von Problemen gesucht wird, die sich auf einer Ebene der Betrachtung stellen, – statt dazu reduktionistisch auf die Subebene der Analyse zu wechseln, der klassischen naturwissenschaftlichen Weise folgend, oder die Antwort und Lösung im Feld, auf dem Niveau und im Horizont der jeweiligen Frage- und Poblemstellung zu vermuten, wie es der praktische Verstand nahelegt (vgl. *Watzlawick et al.* 1974). Der Ökologe verläßt die Ebene von Beziehungen und Fakten eines Geschehens nachgerade, um es zu verstehen. Er führt einen ,,Metalog", wie *Bateson* in seiner ,,Ecology of Mind" die Konversation über einen problematischen Gegenstand nennt, in welcher die Struktur der Konversation selbst für ihn bedeutsam ist (1972, S. 1). So beschäftigen wir uns metalogisch mit der Ökonomik, dem primitiven Leben oder der Kultur – und zielen doch immer auf die alltägliche Lebenssituation von Menschen hier und jetzt.

Die Hierarchisierung der Ebenen bringt gesetzmäßige Abhängigkeiten mit sich. Ein Beispiel: Die intendierte Bedeutung eines gesprochenen oder geschriebenen Textes bestimmt, welche Sätze in einer geeigneten Komposition er enthält bzw. im Prozeß seiner Herstellung enthalten wird, welche Wörter nach den Regeln der Syntax und den semantischen Erfordernissen darin vorkommen; somit wiederum ist über die Laute bzw. Buchstaben entschieden, die benutzt werden. "Although priority of action is oriented downward in a command fashion, the success of the overall system, and indeed of the units on any level, depends upon the performance of all units in the system" (*Mesarovic* et al. 1970, S. 36). Weiter stellen *Mesarović* et al. fest, daß die Elemente einer höheren Systemebene einflußreicher sind sls die Elemente einer niederen: "A higher level unit is concerned with a larger portion or broader aspects of the overall systems behavior" (1970, S. 54). Das System garantiert für Kontinuität; es hält seine Identität aufrecht. Veränderungen ,,im großen und ganzen" gehen langsamer vonstatten als Veränderungen auf Ebenen geringerer Komplexität. "A higher level unit is concerned with the slower aspects of the overall systems behavior" (1970, S. 55). Überdies sind erstere Veränderungen weniger faßbar. "Descriptions and problems on higher levels are less structured, with more uncertainties, and more difficult to formalize quantitatively" (1970, S. 55).[6]

Den Lebewesen erlaubt ihre Organisation in Systemebenen u. a., eigenaktiv einen Entwicklungsprozeß zu unterhalten. Bereits *Aristoteles* hatte den ökologischen Grundsatz der Evolution gefunden, ,,das Ganze muß ursprünglicher sein als der Teil" (Politik, 1253 a 20). Einem cartesianischen Verstand ist ein solcher Satz mißverständlich und eine ärgerliche Verlegenheit. Er gilt prozessual. Die Systemmechanik, die sich bei Gleichgewichten aufhält, ist inzwischen fortgeschritten zu einer Theorie *evolvierender* Systeme, wie sie neuerdings *Prigogine* (*Nicolis/Prigogine* 1977) und andere dargestellt haben. Von einfachen Chemismen bis zu den höchsten Formen des Lebens gibt es ein dynamisches Regime, das in ,,dissipativen Strukturen" besteht und Selbstorganisation gerade dadurch betreibt, daß die Strukturen fern vom Gleichgewicht und in beständiger Unruhe sind oder fluktuierend wechseln. Eine Beschreibung der Selbstorganisations-Dynamik biologischen, gesellschaftlichen und kulturellen Lebens gibt *Jantsch* (1979). – In der ,,prozeßorientierten" Sicht (*Jantsch*) natürlicher Systeme liegt die Betonung auf dem *Werden* und nicht länger auf dem strukturellen Sein der Systemorganisation. ,,Der Begriff des Systems selbst ist nicht mehr an eine bestimmte Struktur gebunden oder an eine wechselnde Konfiguration bestimmter Komponenten, noch selbst an eine bestimmte Gruppierung innerer oder äußerer Beziehungen. Vielmehr steht der Systembegriff nun für die Kohärenz evolvierender, interaktiver Bündel von Prozessen, die sich zeitweise in global stabilen Strukturen manifestieren und mit dem Gleichgewicht und der Solidität technischer Strukturen nichts zu tun haben" (1979, S. 32). In der biologischen und in der sozialen Sphäre geht der Prozeß der Evolution auf der Makro- und auf der Mikroebene vonstatten und bedingt sich wechselseitig in einer vertikalen zeitlichen Beziehung. Zu dieser *Koevolution* kommt die horizontale hinzu, die durch Kommunikation vermittelt wird (vgl. 1979, S. 271 ff.).

Die biologische Theorie der Selbststeuerung lebender Systeme befindet sich in rascher Entwicklung. Hinzuweisen ist auf den expliziten Übergang von der Erklärung natürlicher Systeme zur Deskription individueller und gesellschaftlicher Humansysteme in einer biologischen Sprache (vgl. *Benseler et al.* 1980). Sie wird benötigt, um der Fragmentierung des physisch-biotisch-sozialen Zusammenhangs, in dem wir leben, in zwei oder mehr „Naturen" zu entgehen. Das Konzept der *Autopoiesis* von *Maturana* und *Varela* (1980) ermöglicht ein besseres Verstehen der zirkulären Prozesse, die in sozialen Beziehungen ebenso wie in anderen biologischen Umweltbeziehungen die Einheit des Individuums garantieren. Ein autopoietisches System zeichnet sich durch ein Netzwerk von Komponenten aus, welche in ihrer Interaktion so organisiert sind, daß sie beständig das Netzwerk herstellen, welches sie produziert.[7] Seine generative Leistung befähigt dieses System, sich kompositorisch seine Nische bzw. durch metabolische Abgrenzung einen eigenen autopoietischen Raum zu erhalten, d. h. "an autopoietic organization constitutes a closed domain of relations specified only with respect to the autopoietic organization that these relations constitute, and thus it defines a space in which it can be realized as a concrete system, a space whose dimensions are the relations of production of the components that realize it" (1980, S. 135). Die selbstreferentielle Organisation schließt also das System (eines beliebigen Lebewesens, einer Person, einer Familie, einer Kultur) nach außen ab. Individuen bilden eine gesellschaftliche Sphäre dadurch aus, daß sie in der Organisation ihres Zusammenlebens mittelbar füreinander autopoietisch wirksam werden. *Maturana* definiert ein soziales System als "a collection of autopoietic systems that, through the realization of their autopoiesis, interact with each other, constituting and integrating a system that operates as the (or as a) medium in which they realize their autopoiesis" (*Maturana/Varela* 1980, S. XXIV). Der mediale Charakter der sozialen Sphäre erweist sich schließlich auch in der Funktion der sozialen Arbeit.

Ein systemisches und zugleich prozessuales Verständnis von sozialen, menschlichen Lebenstätigkeiten haben heißt sie in dreierlei Hinsicht betrachten, nämlich
– in ihrem evolutiven (genetischen) Zusammenhang
– in ihrem Handlungs- (kommunikativen) Zusammenhang und
– in ihrem Sinn- (mentalen, interpretativen) Zusammenhang.

Analog betrachtet man schon immer Naturvorgänge nach ihrer materiellen (strukturellen) Seite, ihrer energetischen (metabolischen) Seite sowie in informatischer Hinsicht. – U. a. weil sie diese Aspekte gemein haben, sind die unterschiedlichen Systeme vergleichbar. Die „Isomorphie" in ihren Strukturen ist Gegenstand der *General Systems Theory* (*Bertalanffy* 1968), die Muster und Gesetzmäßigkeiten untersucht, welche in biologischen, technologischen, linguistischen, sozialen Systemen vorkommen. Bekanntlich spielt das Systemkonzept in den Handlungstheorien der Soziologie, insbesondere bei und in der Nachfolge von *Parsons* eine wichtige Rolle. So vielseitige Verwendung bringt es indessen mit sich, daß dem Systemansatz oft nur oberflächlich gefolgt wird. Man verwechselt nicht selten das systemische Verstehen mit einem bloß systematischen Vorgehen. Im gewöhnlichen Sprachgebrauch handelt es sich, wenn von ,,Systemen" gesprochen wird, nicht mehr als um ein Lippenbekenntnis zur Komplexität objektiver Bestände.[8] Viele Sozialwissenschaftler, meint *Etzioni*, ,,insbesondere Soziologen und Anthropologen, benutzen ‚System' als Konzept einer Supraeinheit; andere, insbesondere die Vertreter der ‚general systems'-Richtung, verwenden es als Konzept für Beziehungen zwischen Einheiten. Die Definition von System als einer Rückkopplungsbeziehung entspricht beiden Verwendungsarten". Er weist auf die Nachlässigkeit hin, mit der das Systemkonzept in einer Art benutzt werde, daß es fast alle Beziehungen zu umfassen imstande sei. ,,Auf diese Weise sind sowohl die Beziehungen zwischen Liebenden als auch die zwischen einander unbekannten Autofahrern als Systeme charakterisiert worden" (1975, S. 89 f.). Der flache Durchblick ähnelt dem leichtfertigen Bemerken, in welchem, wenn etwas entfernt mit ,,Umwelt" zu tun hat, die Rede auf ,,Ökologie" kommt. Jedoch ist das Systemdenken sehr wohl geeignet, ihr auf die Sprünge zu helfen.

Speziell im Bereich der *Humanökologie* findet es nur langsam Eingang. Das hat mit dem unklaren Begriff zu tun, den man sich von ihr macht. Für Belange des Umweltschutzes reicht es zunächst, den (schädigenden) Einfluß des Menschen suf natürliche Systeme zu klären. Eine von ihr her motivierte und genährte Umweltforschung nimmt den Menschen naturwissenschaftlich und in biologischen Kategorien zum Gegenstand ihrer Untersuchungen, um darzustellen, wie sehr er mit seinen Unternehmungen aus dem Rahmen der natürlichen Ordnung fällt und unachtsam mit dem Leben um ihn herum verfährt. Zur Klärung dieser Zusammenhänge genügen relativ einfache Modelle. ,,Der Mensch" bzw. ,,die Bevölkerung" wird als Ursache bestimmter Wirkungen (auf den Boden, das Klima, auf Flora und Fauna usw.) angenommen und umgekehrt unter dem Einfluß natürlicher Bedingungen betrachtet. Bei genauerem Hinsehen erkennt man, wie komplex die Wechselwirkungen sind: an der Humanökologie sei es, sie aufzudecken. Die Grundüberlegung einer so verstandenen Humanökologie betrifft ,,das Verhältnis zwischen der ökologischen Potenz des Menschen (als Individuum, als Gruppe oder als ganze Menschheit) und der ökologischen Valenz seiner jeweiligen Umwelt" (*Knötig* 1976, S. 23)[9] – wobei die zitierten Autoren die Aufgabe, ,,Umweltbeziehungsmuster" zu analysieren, der Systemtheorie anvertrauen wollen.

Umweltbeziehungen des Menschen

Die Humanökologie sucht den Bezugsrahmen der Biologie zu nutzen und ihn sich zu erhalten. Das geht zwar, ersten Anschein nach, auf Kosten der ,,humanen" Seite ihres Gegenstandsbereichs, hat aber den Vorteil methodischer Klarheit und der objektiven Wahrnehmung *biologischer* – nicht schon im Horizont menschlicher Bedürfnisse interpretierter – Zusammenhänge. *Ehrlich u. a.* definieren daher: ,,Ökologie ist eine Unterdisziplin der Biologie. Sie beschäftigt sich mit Interaktionen zwischen Organismen und ihrer Umwelt auf der Stufe der Populationen, der Gemeinschaft und des Ökosystems. Termini wie etwa Populationsdynamik, Tierökologie und Ökosystemanalyse bezeichnen Teile des Gesamtgebietes der ökologischen Forschung. Humanökologie konzentriert sich spezifisch auf die Beziehung zwischen menschlichen Populationen und dem Ökosystem, von dem sie ein Teil sind" (1975, S. 6). Die (fehl)leitende Auffassung, Ökologie habe es mit den (horizontalen) ,,Beziehungen *zwischen*" zu tun, verhindert allerdings ein Eindringen in die ökologische Konstitution dessen, was da in Beziehungen gesetzt ist. – Humanökologie, etwas weiter gefaßt, fächert die Interrelationen zwischen menschlichen Gemeinschaften und der Umwelt auf, indem physikalische, soziale, kulturelle, politische und ökonomische Faktoren in ihrer Wirkung und in der Perspektive der Anpassung von Mensch und Umwelt sowie in Richtung auf eine Verbesserung der letzteren ,,gemessen und erklärt" werden (so in der Definition von *Moroni & Menozzi*, 1976, S. 444). Ähnlich die Begriffsbestimmung bei *Freye* (1978, S. 14).[10]

In ihrem Verständnis von Humanökologie thematisieren *Ehrlich et al.* das Wachstum der menschlichen Bevölkerung (dabei wäre es eine humanökologische Aufgabe zu beschreiben, aus welchem miteinander verbundenen Gründen in entwickelten Ländern entgegen malthusianischer Regel die Bevölkerung nicht wächst), die Urbanisierung und ihre Folgen, Rohstoffquellen, Umweltverschmutzung und die vom Menschen verursachte Zerstörung ökologischer Systeme. Sie verlangen eine Kontrolle des Bevölkerungswachstums und eine sparsame Wirtschaftsform (Reduzierung des Umsatzes) sowie eine ,,Abentwicklung" der Industriestaaten (*Ehrlich et al.* 1975, S. 229). Humanökologie wird hier zur angewandten Disziplin bzw. zu einem Zweig derjenigen politischen Ökologie, in welcher der Biologe und der Moralist in der alternativen Bewegung einander Mut zusprechen. Zu ihrem programmatischen Kontext gehören die Berichte des *Club of Rome* und die vielen sich mehr oder minder auch wissenschaftlich ausweisenden Öko-Initiativen, die den Anwendungen und Folgen der Politischen Ökonomie von einst entgegentreten. Die einzelmenschliche Lebenswelt, soziale Gruppen und das innere Wirkungsgefüge der Gesellschaft sind indessen kaum Gegenstand dieser Art Humanökologie. Hierzu fehlt ihr bisher die ,,systematische Anstrengung" (*Amery* 1976, S. 12).

Hält sie sich mehr an die holistische Vorstellung vom Naturhaushalt, läßt sich ihr Begriff und ihr Ansatz unter Beibehaltung des biologischen Rahmens und naturwissenschaftlicher Prinzipien durchaus mit genuin sozialen, kulturellen, psychologischen und anderen humanwissenschaftlichen Fragestellungen vereinbaren. Sofern man jede Seite der menschlichen Lebenstätigkeit als Ergebnis der Evolution betrachtet und gegenwärtiges Verhalten im *humanen* Ökosystem begreifen will, erweitert sich die Biologie um die kulturelle Dimension, und Umwelt ist nicht mehr nur die belebte und unbelebte Natur.

Entsprechend definiert *Sargent II* 1974, S. 1f.): "Human ecology seeks to understand man and his problems by studying individuals and populations as biological entities profoundly modified by culture and by studying the effects of environment on man and those of man upon his environment". Kultivierungseffekte lassen sich etwa unter dem Stichwort ,,Unwirtlichkeit unserer Städte" (*Mitscherlich*) beschreiben und in der ,,Versorgungskultur" beobachten, in der wir leben, beliefert mit Energie aus der Steckdose, Nahrungsmittel aus dem Supermarkt und Unterhaltung aus den Medien – in der Wirkung vergleichbar der Entrophierung eines Gewässers.

Wie die biologische Verhaltenswissenschaft, die Ethologie, im einzelnen untersucht hat, gibt es zwischen den höheren Lebewesen viele Gemeinsamkeiten in bezug auf ihre Entwicklung, auf physiologische, sich im Verhalten äußernde Prozesse, in den Anpassungsvorgängen und sozialen Lebensformen. Menschliches Verhalten unterliegt sehr wohl der Logik der Lebensprozesse. Die Tendenz, ihr zu folgen, die außerwissenschaftlich gesuchte (wie sind ihr nachgegangen) und dann in der Wissenschaft gefundene Orientierung an der ,,Natur" ist – in eben diesem Zusammenhang – eo ipso gerechtfertigt. Andererseits muß das ökologische Programm auch über sie hinaus, wenn es humanes Verhalten artgemäß wahrnehmen und einhalten will. Im Unterschied zu jeder anderen Spezies vermag der Mensch als tätiges Subjekt den eigenen und fremden und übergreifenden Lebenserfordernissen gerecht zu werden oder auch nicht. *Kultur* muß ihnen nicht wiedersprechen; sie ist (so sei vorläufig festgestellt) eine ausbeutbare Ressource. Immerhin hält der Mensch die eigenen Erfordernisse, wenn er das natürliche Ökosystem, dem er entstammt, im Prozeß seiner Geschichte produktiv umgestaltet, solange weiter im Einklang mit Herkunft und Umgebung, wie er unter Nutzung seiner Fähigkeiten rücksichtsvoll zunehmend bewußt nach *humanistischen* Zielen (*Sargent II* 1974, S. 17ff.) strebt und dahin seine Evolution treibt: "Humanism views man unified with his environment" (1974, S. 20). So ähnlich hatte das schon der junge *Marx* in den ,,ökonomisch-philosophischen Manuskripten" formuliert, daß nämlich der vollendete Humanismus der vollendete Naturalismus sei (1953, S. 235), – will sagen ,,Kommunismus" als ,,Auflösung des Widerstreits zwischen dem Menschen mit der Natur".[11] Vom utopischen Gehalt dieser Perspektive abgesehen, mündet Ökologie für den handelnden Menschen immer in Ethik.

Bis zur praktischen Aufhebung der Humanökologie dürfte es weit, der Weg vielleicht (aus humanökologisch einsichtigen Gründen) ohne Ende – und sie selbst als finalisierte Wissenschaft deshalb besser breit angelegt sein, so daß sie wenigstens beanspruchen kann, Natur und Kultur zu umgreifen, und der Problematik gerecht wird, welche sich dazwischen in der Spannweite des gesellschaftlichen Lebens wie in der Wechselwirkung von Mensch und umgebender Natur auftut. Schließlich liegt auch allem Umweltschutz ein menschliches Begehren zugrunde: das Leben, einschließlich des eigenen, als *Kultur* der Erde zu erhalten. Die Rückkopplungen, die dem System innewohnen, das sie untersucht, betreffen im Falle der Humanökologie sie selbst. – Hingegen möchten zumindest viele Biologen die Humanökologie gerne eingeschränkt wissen auf den Rahmen der naturwissenschaftlichen Teildisziplin, und sie warnen vor *Grenzüberschreitungen* (so *Altenkirch* 1977, S. 16 ff.). Diese Warnung ist da ernstzunehmen, wo die Gefahr des Biologismus, der Übertragung biologischer Kategorien[12] auf ihnen wesensfremde Bereiche, besteht. Der Hinweis trifft die cartesianische Naturwissenschaft: hält sie sich nicht an die ihr paradigmatisch auferlegten Beschränkungen, läuft sie Gefahr, sich selbst aus den Angeln zu heben. Das menschliche Subjekt in seinem Verhalten und in seiner Geschichte soll nicht ihr Thema sein, weil damit auch die Wissenschaft, in der sich die Vernunft des Menschen verbreitet, *in ihrer Natur* angesprochen wäre. Humanökologie findet jedoch in ihrem Gegenstand – anders als für gewöhnlich die Biologie – die Notwendigkeit vor, ihre eigenen Bedingungen zu erforschen: ihr Objekt ist ein Bios, der vermöge seines Logos weltverändernd und welterkennend tätig ist und es in seiner subjekthaften Natur zu einem Begriff von sich und allgemein zu einer bestimmten Wissenschaftspraxis bringt. *Picht* hat deshalb in kantischer Manier die Frage nach der Möglichkeit von Humanökologie aufgeworfen und sie mit Überlegungen zur ökologischen Struktur des „ego cogito" zu beantworten versucht (1979). Während die Biologie nicht darauf reflektiere, „daß das Wissen selbst eine bestimmte – nach Aristoteles die höchste – Form des Lebens ist, daß also der Bios, von dem die Biologie zu handeln hätte, in ihrem Namen zweimal vorkommt: als der von ihr ausgegrenzte Gegenstandsbereich und als der Logos, der diesen erkennt" (1979, S. 20), sei das Grundproblem der Humanökologie nicht der Mensch als „zoon", sondern „die Integration seines ‚logos' in das Gefüge seines Ökosystems" (1979, S. 66). Instrumentell eingesetzte Vernunft habe den Menschen aus dem Kontext der Natur (den Maßverhältnissen seiner Umwelt wie auch seines Leibes) und sich selbst qua Naturwissenschaft aus dem Kontext menschlicher Geschichte herausgebrochen; es gelte daher, das menschliche Denken und Leben in ihn wieder einzufügen. Nun dürfte es jedoch auch eine Verkennung der Situationen sein, die (wissenschaftliche) Vernunft für Antinomien verantwortlich zu machen, die in der materiellen Geschichte des Menschen, in seiner Naturgeschichte ihren Grund haben. Eine Grenzüberschreitung *in ihren Zusammenhang* ist wünschenswert.

Gerechterweise muß man anerkennen, daß es historisch die Evolutionslehre und die ihr verbundene Ökologie sind, die den Weg dahin (nicht gesellschafts-, sondern naturwissenschaftlich) beschritten haben, obzwar weder bewußt noch geradezu. Wir wollen ihm einstweilen in Richtung auf eine soziologische Humanökologie (jenseits der Biologie) folgen. Das Studium der Topologie von Bedingungen des Lebens und seiner Einbettung in die Umwelt rüstete das Denken im 19. Jahrhundert aus, menschliche Verhältnisse auf die gleiche Weise zu erforschen. Bei *Darwin* waren die entscheidenden Konstrukte wie die des „Kampfes ums Dasein" in gewissem Sinne schon soziologischer Art und durch ihre Hereinnahme die Grenzen der biologischen Disziplin überschritten. Das Prinzip, Zusammenhänge im Feld bzw. die Wechselwirkungen des Lebens in ihm zu erkunden, konnte auch auf Gegebenheiten in der menschlichen Gesellschaft angewandt werden, wenigstens soweit sich die Ordnungen des sozialen Lebens sichtbar und physisch ausgeprägt der empirischen Methode anboten. Hier war Gelegenheit für die Soziologie, Tatsachenforschung zu sein. Die *soziale Morphologie*, die (nach Vorläufern wie etwa *Lavergne-Peguilhen*) von *Durkheim* begründet wurde und der er zunächst die Aufgabe zuschrieb, ,,die sozialen Typen zu bilden und zu klassifizieren" (1976, S. 169), in denen das Kollektivleben sich sondert, nahm sich zu diesem Zweck die Beschreibung und Erklärung des ,,*materiellen Substrats*" der menschlichen Gesellschaft vor, speziell die Verteilung der Bevölkerung aus ökonomischen und kulturellen Gründen. ,,Das soziale Leben ruht auf einem Substrat, das in Größe und Form bestimmt ist. Es wird gebildet durch die Menge der Individuen, die zusammen die Gesellschaft ausmachen, durch die Art, wie sie über den Boden verteilt sind, durch die Natur und die Konfigurationen aller möglichen Dinge, die die kollektiven Beziehungen beeinflussen" (1897).[13] Bei oberflächlicher Prüfung, so *Durkheim*, lasse sich die Gestaltung der Wohnstätten, die Beschaffenheit der Verkehrswege und die territoriale Verteilung der Bevölkerung nicht auf Formen des Handelns, Fühlens und Denkens zurückführen (1976, S. 113). Jedoch die soziographischen Beobachtungen geben Gelegenheit, in der morphologischen Ordnung – so wie z. B. die Verkehrswege nur das Bett darstellen, das der Strom der Wanderungen und des Handels sich selbst gegraben hat (1976, S. 114) – Kräfteverhältnisse und die kollektiven Beweggründe zu studieren, die zu der vorgefundenen Ordnung als einem Resultat führen. Die Einrichtung verrät die sie gestaltenden Kräfte und Vorstellungen.

Die Beschäftigung mit der Morphologie des gesellschaftlichen Lebens, welches physisch, sozusagen an ihrer ,,Außenseite" sich formiert und erkennbar wird, führten in Frankreich insbesondere *Mauss* und *Halbwachs* (1938) weiter. Ein klassisches Beispiel für eine sozialmorphologische Untersuchung ist *Mauss'* Arbeit ,,Über den jahreszeitlichen Wandel der Eskimogesellschaften" (1974): Saisonal, mit Sommer und Winter wechseln die Lebensweise, die Wohnform und insgesamt die Kultur des Verhaltens ,,mit dem Ensemble der Dinge, in denen das kollektive Leben seinen Sitz hat" (1974, S. 183). Die Sozialität der Menschen schlägt regelmäßig von Intensität in Verkümmerung um. ,,Einer wirklichen Gemeinschaft von Ideen und Interessen in der dichten Zusammenballung des Winters und einer starken religiösen und moralischen geistigen Einheit stehen Isolierung, brüchige Sozialbeziehungen und eine extreme moralische und religiöse Armut in der Zersplitterung des Sommers gegenüber" (1974, S. 271). Dieser Rhythmus und Wandel bleibt unter dem Wechsel der äußeren Bedingungen stabil. – In der soziokulturellen Evolution kommt es aber zu einer sich steigernden *Morphogenese*, deren Dynamik in den Industriländern das Interesse der empirischen Sozialforschung auf sich ziehen mußte.

Klassische Humanökologie

Parallel zur Sozialmorphologie brachten in den USA anders verteilte Einflüsse – aus einer sich entwickelnden Anthropo- und Sozialgeographie, Demographie und sozialen Statistik – die „Chicagoer Schule" der Humanökologie hervor, begründet von *R. E. Park* und seinen Mitarbeitern. Den Anstoß gaben die sozialen Probleme in den großen amerikanischen Städten, die offensichtlich mit den Veränderungen in der Bevölkerung der Ballungszentren zu tun und die rasche Industrialisierung sowie die Immigration als Hintergrund hatten. An der Universität von Chicago begann man in der Zeit des 1. Weltkrieges mit der Erforschung der Zusammenhänge von räumlichen Verhältnissen und sozialer Organisation, d. h. wie sich soziale Phänomene im Siedlungsraum (im Habitat einer „community") verteilen und wie mobil sich Menschen – nicht als einzelne, sondern als Bevölkerung – in der städtischen Umgebung verhalten.

Die neben *Park* von *E. W. Burgess, R. D. Mc Kenzie* u. a. vertretene *klassische Schule* der soziologischen Humanökologie machte es sich zur Aufgabe, die Wandlungsprozesse zu untersuchen, welchen die Raum- und Versorgungsverhältnisse unterliegen, in denen Menschen organisiert sind, „als Reaktion auf das Wirken eines Komplexes von Umwelt- und kulturellen Faktoren" (1926, S. 101). Die Übereinstimmung mit der Sozialmorphologie der Franzosen wurde durchaus bemerkt. In einer ersten begrifflichen Abgrenzung bestimmte *Mc Kenzie* Humanökologie als „Untersuchung der räumlichen und zeitlichen Beziehungen menschlicher Lebewesen, wie sie durch die selektiven, distributiven und adaptiven Kräfte der Umwelt bewirkt werden" (*Park et al.* 1967, S. 63 f.). In den Raum, in dem Menschen siedeln, in wechselseitiger Abhängigkeit leben und arbeiten, ist eine Dynamik am Werk, die sich dem postulierten evolutionären „Kampf ums Dasein" zurechnen läßt. Jede größere Gemeinschaft und kleinere Gruppe sucht im Wettbewerb des Lebens die Nische, in der ein gedeihliches Auskommen am ehesten möglich ist. Ein Zusammenschluß von Menschen wird hier betrachtet, als ob er eine biologische Spezies wäre, die sich im Lebenskampf behaupten muß (vgl. *Steward* 1972, S. 33). *Park* hält sich an die darwinistischen Denkmuster und Kategorien. Für ihn sind es *biotische* Kräfte, die dazu führen, daß es zu einer territorial geordneten und typischen Gruppierung der Bevölkerung und der sozialen Institutionen kommt. Mit den Auswirkungen jener vitalen Momente habe sich die Humanökologie zu beschäftigen: "The science which seeks to isolate these factors and to describe the typical constellations of persons and institutions which the cooperation of these forces produce, is what we call human, as distinguished from plant and animal, ecology" (*Park et al.* 1967, S. 1f.).

Der Anspruch, eine überindividuelle und objektiv vorhandene Dynamik – wie immer diese im Bewußtsein der beteiligten Menschen unterschiedlich erfahren und rationalisiert werden mag – zum Gegenstand der neuen Forschungsrichtung machen zu können, muß zum zeitgenössischen der Psychoanalyse komplementär gesehen werden, ist aber nicht mit ihrem Denkmuster und Impetus gleichzusetzen, denn bei den genannten „Kräften" handelt es sich nicht um psychische Antriebe, sondern auf deren Ebene sozusagen um die sozialen Resultanten ihres vektoriellen Einsatzes. Populationen (und seien es nur sehr kleine Gruppen) wirken hier aufeinander, nicht Individuen. Die spezifischen Relationen, in denen die Populationen zueinander stehen[14], bündeln das Verhalten ihrer Angehörigen wirkungsvoll. Wie diese Wirkungen – die, sprachlos, in keiner Kommunikation vorkommen – benannt werden, ist eine Frage des konzeptuellen Systems.

Park (1936) diskutiert die Möglichkeit einer *„biologischen Ökonomie"* im sozialen Raum, wobei er einen Terminus von *H. G. Wells u. a.* aufnimmt. Er bleibt aber bei einem einfachen Modell des Wettbewerbs. Für ihn herrschen im ökologischen Feld die Kräfte der Konkurrenz und der Zusammenarbeit („competitive cooperation"). Im Unterschied zur Tierwelt sind allerdings der Wettbewerb und die „freie Wildbahn" des Individuums im Innenverhältnis der menschlichen Gesellschaft oberhalb der *biotischen* Ebene eingeschränkt durch Übereinkunft und Sitte: der Mensch lebt immer schon in einer kulturellen Sphäre. Für die Chicagoer Schule erscheint die menschliche Gesellschaft auf zwei Ebenen organisiert: "There is a symbiotic society based on competition and a cultural society based on communication and consensus ... The cultural superstructure rests on the basis of the symbiotic substructure" (S. 25, 28). Wenn wir anerkennen, daß die biotischen Gründe für ein Verhalten nicht sozial bewertet werden dürfen und sozial ebenso positiv wie negativ in Erscheinung treten können (z. B. als Aggressivität oder Eifer), weil sie im sozialen Bezugsrahmen einen unterschiedlichen Sinn finden, bietet die humanökologische Objektivität durchaus Vorteile. (Die simple Konstruktion des biologischen Modells macht sie wieder zunichte.)

Unbemerkt erscheint im Konzept von *Park* die *Marx*sche Basis-Überbau-Beziehung, aber sie wird nicht in einer dialektischen Weise diskutiert. Die Humanökologie untersucht und beschreibt nur, wie die sozialräumlichen Faktoren Bevölkerung, Technologie, Kultur und Ressourcen sich im Detail zueinander verhalten und sich dynamisch verändern: "Human ecology is, fundamentally, an attempt to investigate the process by which the biotic balance and the social equilibrium (1) are maintained once they are achieved and (2) the processes by which, when the biotic balance and the social equilibrium are disturbed, the transition is made from one relatively stable order to another"[15]. Was aber das postulierte Gleichgewicht stört bzw. zu ihm beiträgt, wird nur an äußeren Daten z. B. der Mobilität der Bevölkerung morphologisch untersucht (sozusagen auf dem Stadtplan verfolgt). Die Chicagoer Gruppe war mehr empirisch denn theoretisch interessiert und stark.

Parks Konstruktion einer *subsozialen* biotischen Ebene der Lebensorganisation von überindividueller Bedeutung ist viel kritisiert worden, ebenso die Rolle, die er dem Faktor „Wettbewerb" in ihr zuschreibt. Soweit er die biotische Ebene mit der ökologischen gleichsetzt[16] und sie dadurch quasi auf die territoriale reduziert, ist diese Kritik wohl berechtigt. Im Komplex des ökologischen Wirkungsgefüges kann man aber nicht darauf verzichten (und wir sind deshalb auf die innere psychische Ökonomie schon eingegangen), für die Produktion des menschlichen Lebens von den biologisch-physiologischen *Gründen* bis hin zur geistigen Orientierung (den *Begründungen*) alle konstellierenden Seiten in Anspruch zu nehmen. Die klassische Humanökologie trägt aus ihrem Bezugsrahmen die Auffassung bei, daß die menschliche Gemeinschaft (community) am Ort (sozialräumlich) in der Art für sich sorgt, daß sie der Sicherung des *Lebensunterhalts* (der Subsistenz) und der Verteilung von Lebenschancen dient. Die Bedingungen des materiellen Lebens der Gesellschaft lassen sich ökologisch differenzieren. Humanökologie, so verstanden, beschäftigt sich primär mit der *„Organisation von Subsistenzaktivitäten"*, wie sie sich lokal in Wettbewerb und Kooperation gestalten. Die räumlichen (und in der Veränderung zeitlichen) Beziehungen der Bevölkerung(sgruppen) und die Muster ihrer Verteilung, die sich in den großen Städten und Ballungsgebieten besonders gut studieren lassen, sind das Ergebnis von sozioökonomischen „Auseinandersetzungen", – buchstäblich gemeint. Mit anderen Worten: im Siedlungsraum wird die Arbeitsteilung und die Ungleichheit der Menschen prägnant.

In der gemeinschaftlichen Subsistenzaktivität finden wir das Bedürfnis des einzelnen Menschen mit dem wirtschaftlichen Geschehen im Gruppenleben verknüpft, wobei die Aktivität selbst auf der biotischen Ebene keine wirtschaftende ist. Die Annahme einer Differenz von auf Versorgung zielenden Handlungen und ihrer überindividuellen Organisationsform (die natürlich wirder sachwaltend von Individuen wahrgenommen wird) erlaubt uns, das Wirtschaften a tergo zu begründen und somit humanökologisch *Polanyis* Umkehrung des Verhältnisses von Wirtschaft und Gesellschaft zu folgen. Für ihn ist das Wirtschaften ein Ergebnis der Sozialität des Menschen, eingebettet in die gesellschaftlichen Verhältnisse und abhängig von deren Institutionalisierung. Primär wirken Menschen – in ihrer ganzen Lebensweise – zusammen; erst sekundär werden in der Gemeinschaft bestimmte Aspekte der Subsistenz selbständig organisiert: eine eigene ökonomische Sphäre entsteht.

Für *Polanyi* gibt es „keine ökonomische Erfahrung *sui generis* in dem Sinne, in dem der Mensch eine religiöse, ästhetische oder sexuelle Erfahrung haben kann. Die letzteren führen zum Entstehen von Motivationen, die ihrerseits auf die Herbeiführung ähnlicher Erlebnisse zielen. Im Blick auf die materielle Produktion fehlt diesen Begriffen jegliche Evidenz" (1979, S. 134). Die wirtschaftliche Produktion ist ein kollektives Anliegen, zu dem psychosoziale Faktoren ständig beitragen, welchen aber die ökonomische Natur keineswegs anhaftet. Menschen suchen ihren Unterhalt zu haben (auf die in ihm befriedigten Grundbedürfnisse wird noch einzugehen sein); vernünftigerweise wirken sie dazu in bestimmter Weise zusammen, – und auf der Ebene des Zusammenwirkens erscheint dessen ökonomischer Charakter. *Polanyi* findet die aristotelische Einsicht heute ethnologisch bestätigt, der Mensch sei kein ökonomisches, sondern ein soziales Wesen. „Er zielt beim Erwerb materiellen Besitzes nicht auf die Sicherung seiner individuellen Interessen, vielmehr auf die Erlangung gesellschaftlicher Anerkennung, gesellschaftlichen Rangs und gesellschaftlicher Werte" (1979, S. 135). Sozial sein Auskommen zu haben, ist zumindest die allgemeine Kondition, zu der das materielle Auskommen als eine unerläßliche besondere Bedingung gehört. Das wirtschaftliche Geschehen nimmt die Menschen sozial – und als Angehörige einer Gruppe subsozial, biotisch in Anspruch.

Damit mag es mit der klassischen Humanökologie vorerst sein Bewenden haben. Aus der Kritik an ihren Positionen (wobei besonders auf die Vernachlässigung kultureller Bedingungen sozialräumlichen Verhaltens eingegangen wurde) und in ihrer Weiterentwicklung entstandenen in den USA – nach der Einteilung von *Theodorson* (1961) – eine ,,soziokulturelle Schule" und eine neoklassische Richtung der Humanökologie (1961, S. 129ff.). Letztere führt die Beschäftigung mit der *,,sustenance organization"* (Subsistenzorganisation) fort, allerdings nun unter systemischen Gesichtspunkten – im Gefüge eines ,,ökologischen Komplexes" etwa der vier Größen Population, (soziale) Organisation, Umwelt und Technologie (*Duncan* 1959, S. 135ff.): In der sozialen Organisation des Lebens paßt sich die Bevölkerung kollektiv mit den Mitteln der verfügbaren Technologie an die Umweltgegebenheiten so an, daß der Lebensunterhalt in befriedigender Weise gewonnen werden kann. Auf die Analogie der so begriffenen Subsistenzorganisation zu *Marxens* ,,Produktionsverhältnissen" ist hingewiesen worden (*Hamm* 1977, S. 86 Anm.). Als einer der Vorzüge der Humanökologie darf nun gerade gelten, daß sie es vermeidet, die Ökonomie isoliert zu betrachten; vielmehr sind alle Seiten der Mensch-Umwelt-Beziehung von Interesse, soweit sie dem Soziologen territorial insbesondere im städtischen Siedlungsraum in Erscheinung treten.

Indem bei der Untersuchung des menschlichen Verhaltens im urbanen Umfeld auf dem konkreten Lebenszusammenhang insistiert wird, der vor Ort direkt beobachtbar ist, gewinnt das Studium der sozialen Morphologie auch gegenüber einer bloß Daten sammelnden und interpretierenden empirischen Sozialforschung den Preis, soweit diese ihren theoretischen Horizont positivistisch auf die Abhängigkeit einzelner Variabler voneinander reduziert. Die soziologische Humanökologie ist jedoch in einer vergleichbaren Gefahr, wenn sie das jeweilige Abstraktionsniveau ihrer Betrachtung für sich allein gelten läßt und nicht zur Vielzahl der anderen Ebenen in Beziehung setzt. Die Subsistenzorganisation eines Wirtschaftsraums meint zugleich das lebendige System der Austauschbeziehungen in ihm und darin wieder das Muster individueller Bedürfnisbefriedigung, den psychosozialen Haushalt im Detail. Um den notwendigen Übergang von großräumiger Betrachtung und ihren Kategorien zur teil- und kleinräumigen Konkretion zu verdeutlichen, sei exemplarisch auf die jedermann sichtbaren Ergebnisse hingewiesen, welche eine an der Sozialforschung orientierte, aber über die Köpfe der betroffenen Menschen hinweg inszenierte Stadtplanung und der Städtebau seit den zwanziger Jahren bis hin zu den Flächensanierungen der Gegenwart gebracht haben.

Die Architekten, die sich 1933 auf die Thesen einigten, die *Le Corbusier* später in der „Charta von Athen" formulierte, wollten einen *humanen* Städtebau und deshalb die biologischen und psychologischen Bedürfnisse der Menschen berücksichtigen. Aber sie taten es ungenügend, und ihre synthetische Anstrengung war (bezogen darauf) voreilig. Sie gingen von den vier Funktionen „wohnen, arbeiten, sich erholen (in der Freizeit), sich bewegen" aus und verlangten eine getrennte Anlage der Bereiche, die jeweils autonom einer Funktion dienen sollten. Das war großräumig gedacht und wurde ebenso realisiert – heute zu besichtigen, und vielgescholten als ein *inhumaner* Städtebau[17]. Man suchte den Hauptfehler, den Generationen von Planern und Architekten gemacht haben, weniger in der zu groben Analyse und schematischen Gliederung, die dem rationellen Bauen entgegenkommt, als vor allem in der Verkürzung der menschlichen Lebensorganisation in ein flächiges Muster auf dem Niveau ganzer Populationen. Die Aggregate des Wohnens, Arbeitens, der Erholung und des Verkehrs sind komplexe Prozesse, die untergründig, bezogen auf jenes Niveau subsozial, über das Denken und Handeln der einzelnen Menschen, miteinander verbunden und auf einer höheren Ebene der Lebenskultur aufeinander bezogen sind. Im nachhinein muß man sich nun bemühen, verödete Innenstädte und die „Schlafstädte" an ihren Rändern neu zu „beleben", welchen Aufwand eine kleinteilige gewachsene Struktur mit gemischter Nutzung und mit Platz für sehr viele unterschiedene Nischen nicht nötig hat.

Das Ebenenproblem der Sozialökologie

Die Gefahr für unsere Forschungsrichtung besteht darin, eine ökologische Ebene der Betrachtung zu postulieren, anstatt die humanökologische Betrachtung auf verschiedenen Ebenen anzustellen. Es seien deshalb hier in Fortsetzung der Bemerkungen zur Mehrebenenanalyse einige Hinweise zum Über-/Unterordnungsproblem in der sozialen Sphäre eingefügt. Das Leben und Handeln von Menschen je für sich allein und kollektiv in der Gesellschaft verläuft in Prozessen, welche sich in einem mehrstufigen Beziehungssystem beschreiben lassen. Die Beschreibung variiert nach der gewählten Höhe des Überblicks. Dabei von Ebenen zu sprechen, macht kenntlich, daß kein sozialer Sachverhalt allein auf *einem* Niveau bzw. hinreichend in einem so verflachten, seiner Tiefendimension beraubten Feld sich erfassen läßt. Das „Absichten" von Ebenen bedeutet mithin eine „*Entnivellierung*", wie *Lefebvre* in einer ausführlichen Diskussion des Begriffs nachweist: „Der Begriff der Ebene verfeinert und konkretisiert den der *Implikation*. Jede Ebene ergibt sich aus einer Analyse, die den Inhalt der anderen Ebene bloßlegt und ihn erklärt" (1975, S. 133 f.). Mit anderen Worten: jede Ebene enthält virtuell auch die übrigen Ebenen, allerdings nicht „vollständig", wie auch das Ganze mehr ist als die Summe seiner Teile. Makrophänomene haben andere Eigenschaften als Mikroerscheinungen. Was auf den einzelnen Ebenen vorkommt, ist nicht (zumindest in seiner emergenten Qualität nicht) auf tiefere reduzierbar. *Lefebvre* verwirft deshalb die „cartesianische Epistemologie, die das Vielfältige aus dem Einfachen zusammensetzt und eine erschöpfende Analyse *vor* einer totalen Synthese für möglich hält" (1975, S. 155). Und letztere geschieht keineswegs auf dem höchsten Niveau der Betrachtung.

Nivellierung bedeutet, das Verhältnis makrosozialer Bestände zu mikrosozialen Beständen kurzschlüssig zu behandeln und damit dem humanökologischen Blick jede Tiefenschärfe zu nehmen. *Lefebvre* definiert Ebenen, „ausgehend von einem willkürlichen Beginn", als „sukzessive Implikationen in den beiden möglichen Bedeutungen: in der breitesten (Makro) und in der engsten (Mikro)" (1975, S. 136). Die Makro-Ebene sei eine Interpretation dessen, was die Mikro-Ebene beinhaltet: sie determiniere diese zwar nicht, kontrolliere, durchdringe sie aber (1975, S. 156). Im alltäglichen Leben unterwerfe die Makro-Einheit der Gesellschaft die Menschen ihren Regulierungen, Modellen und Rollen. Aus einer anderen soziologischen Sicht: „Die Attitüden einer Familie oder einer Nation sind also nicht die arithmetische Summe der Attitüden ihrer Mitglieder, sondern sie sind zum Teil das Ergebnis von Prozessen, die durch die soziale Einheit auf ihre Mitglieder wirken" (*Etzioni* 1975, S. 76). Menschen orientieren sich sowohl auf der Makro-Ebene – z. B. an der politischen „Lage", an allgemeinen Lebensverhältnissen, der herrschenden „Stimmung", und sie werden beeinflußt vom Charakter der Stadt und des Wohngebiets, in dem sie leben –, als auch auf der Mikro-Ebene (in der Familiensituation, am Arbeitsplatz, in der Nachbarschaft und in ihren Beziehungen zur Freunden und Bekannten). Die so vermittelten Anschauungen und Einsichten färben aufeinander ab, wirken konstellierend aufeinander – gerade weil sie von ganz unterschiedlicher Art sind[18].

Eigenschaften, die auf der Makro-Ebene auftauchen, unterscheiden sich als Aggregateigenschaften von den Eigenschaften, welche die beteiligten Individuen aufweisen. Diese Entdeckung hat mit dem Problem des Verhältnisses zwischen „ökologischen" und „individuellen" Korrelationen in der Sozialforschung zu tun, ob nämlich Korrelationen auf der Aggregatebene an Stelle von Korrelationen zwischen Merkmalen von Individuen benutzt werden können, also gültig sind für Aussagen über einzelne Menschen. Das sie es nicht sind, hat erstmals *Robinson* (1950) dargelegt. Man nennt das nivellierende Schlußverfahren den „*Ökologischen Fehlschluß*". Zusammenhänge zwischen Variablen auf der Makro-Ebene müssen in gleicher Form auf der Mikro-Ebene nicht vorhanden sein. Unter dem ökologischen Fehlschluß versteht man mit *Scheuch* „den irrtümlichen Schluß von Eigenschaften – insbesondere von Korrelationen zwischen Merkmalsreihen, die bei Gebietseinheiten beobachtet werden, auf das Verhalten der Individuen in diesen Gebietseinheiten" (1969, S. 757). *Scheuch* nennt als Beispiel das kriminalsoziologische Vorgehen, das Durchschnittseinkommen und die Berufszusammensetzung in der Bevölkerung eines Gebiets mit der Häufigkeit und der Art der Verbrechen zu korrelieren. „Ist in den Kreisen die Häufigkeit von Verbrechen gegen die Person umso höher, je größer der Anteil der ungelernten Arbeiter in einem Bezirk ist, so schließt man häufig: nun sei nachgewiesen, daß ungelernte Arbeiter mehr Verbrechen gegen die Person begehen" (ebenda). Es gibt auch den umgekehrten, den ,,individuellen Fehlschluß", – ,,wenn die aggregierten Merkmale der Individuen in Umfragen gleichgesetzt werden mit strukturellen Eigenschaften von Gruppen. Ein Beispiel ist der Schluß von der Häufigkeit autoritärer Persönlichkeitstypen in einer Gesellschaft auf den autoritären Charakter eines politischen Gemeinwesens" (1969, S. 758).

Über die logischen Fehler in solchen Schlüssen hinaus vereinfachen sie im Ergebnis das Bild unzulässig, das von sozialen Situationen gezeichnet wird. Die Reduktionsleistung aber macht die Fehlschlüsse brauchbar für das praktische Erfordernis, im politischen und kommunalen Alltag Entscheidungen über soziale Maßnahmen und investive Ausgaben fällen zu müssen. Nachgerade unter komplexen Bedingungen liegt die Nivellierung auf der Hand, und es muß ihr wissenschaftlich mit mehr und mehr Anstrengung entgegengearbeitet werden. Das gilt auch für die professionelle Tätigkeit der sozialen Dienste im Gemeinwesen und für die soziale Einzelhilfe. Leichthin überträgt man seine Anschauungen aus der makrosoziologischen Theorie auf die realen Verhältnisse im Nahraum individueller Lebensführung – und findet stets einzelne Merkmale in diesem Erfahrungsbereich, welche pars pro toto die Voreingenommenheit der Theorie bestätigen. Kommt hinzu, daß die Klienten und die von politischen und sozialen Verfahren allgemein Betroffenen häufig bereit sind, der konstruierten Einschätzung ihrer Lage beizupflichten, denn ihr Urteil wird beeinflußt – wenn nicht als Klischee übernommen – von den öffentlichen Meinungen, die an übergeordnete Gesichtspunkte gebunden sind. Was z. B. Arbeitslosigkeit psychosozial bedeutet, machen die von ihr Betroffenen nicht mit sich und in ihrem Kopf allein aus. Andererseits gewinnt das Merkmal, arbeitslos zu sein, als soziales Datum auf der Aggregatebene einen in bezug auf die Betroffenen abstrakten Kontext. Konkret sind immer mehrere Ebenen impliziert. Eine gerechte Sozialpolitik wird sich nicht lange (nach dem ,,Gießkannenprinzip") an die Maßstäbe halten können, welche auf dem Makrolevel zu haben und anzulegen sind, – und sie wird durch positive Rückkopplung rasch absurd, wenn sie sich an der Bedürftigkeit orientiert, die auf der molekularen Ebene nachzuweisen möglich ist.

Die beobachtende und beschreibende Humanökologie macht sich dadurch nützlich, daß sie (im Niveau) auf- und absteigend die Bedingungs- und Wirkungszusammenhänge erforscht, die sich im Zusammenleben der Menschen zeigen. In ihrer klassischen und nachklassischen Richtung hat sich diese Ökologie vornehmlich *aufsteigend* zur makrosozialen Ebene auf die Kategorie der Territorialität bezogen, um sich ihr Feld zu erschließen. Das bot den Vorteil materialer Eindeutigkeit. Unter den Gegebenheiten der fünfziger und sechziger Jahre vermied – nach *Duncan* und *Schnore* – das Konzept, soziale Organisation als kollektive Anpassung von Menschen an ihre Umgebung zu verstehen, sowohl den behavioristischen Reduktionismus als auch das ätherische

Denken in Wertmustern mancher Anthropologen (1959, S. 135). Die spezielle Ausrichtung brachte es mit sich, daß der Forschungszweig weitgehend *Siedlungssoziologie* („urban ecology") blieb – und in diesem Sinne in Europa rezipiert wurde (vgl. *Atteslander/Hamm 1974, Hamm 1977, Friedrichs 1977*). Durchaus auf konkrete Lebensbedingungen aus, beschränkt sie sich auf die sozialräumlichen Erscheinungen. Sie grenzt sich zugleich von denjenigen humanökologischen Ansätzen ab, welche sich unterdessen die Geographen, Anthropologen, Psychologen und andere zulegten, wobei alle deren interdisziplinäre Perspektive ignorierten (*Bruhn 1974*).

Wie bereits in den USA früher gelegentlich (*Alihan 1938*), wird die soziologische Humanökologie in der deutschsprachigen Literatur durchweg als *Sozialökologie* bezeichnet, um sie von dem weiteren Begriff der Wissenschaft von den Mensch-Umwelt-Beziehungen abzuheben. „Der Ausdruck ‚Sozialökologie' kann ... verwendet werden, um den Teil der Humanökologie zu bezeichnen, der sich auf Aussagen über Aggregate (oder Kollektive) von Individuen bezieht" (*Friedrichs 1977*, S. 28). Dieser Anspruch schließt jedoch die von *Park* anfangs als „moralische" Ordnung (1925), dann als „kulturelle" Ebene bezeichnete Gesellschaftlichkeit (die Sinnsphäre) nicht ein: man will bei der Empirie, bei den statistischen Belegen bleiben. Die Kritik mancher Soziologen an dieser Verkürzung ist heftig: die Sozialökologie habe uns nichts zu sagen, wo es im Probleme menschlicher Soziierung, des wirklichen Zusammenlebens und der menschlichen Existenz gehe; gesellschaftliche, sinnhafte Zusammenhänge ließen sich auf der Aggregatebene nicht erhellen; diese Art Soziologie entledige sich ihres Gegenstandes neopositivistisch durch Auflösung in nicht mehr zusammenhängende Variable (*Häußermann/Krämer-Badoni 1980*, S. 140ff.)[19]. Andere haben für eine Ergänzung der „statischen" Beschreibungen um prozessuale Aspekte und für die Einbeziehung der historischen Dimension plädiert, um den Defiziten des ökologischen Vorgehens abzuhelfen. Sozialökologie, richtig verstanden, müsse sich vor allem mit sozialen *Entwicklungen* befassen, mit denjenigen Prozessen nämlich, auf welche die gewonnenen Erkenntnisse dann auch regulativ angewandt werden können. Erst wenn sich sich weniger mit vorgefundenen Strukturen und ihren räumlichen Beziehungen und mehr mit der Interaktion sozialer Systeme und den bewußten Aktionen von Menschen befasse, diese zu verändern, mit dem menschlichen Verhalten auf dem Mikrolevel in Wechselwirkung mit allumfassenden sozialen Prozessen sich beschäftige, so *Mlinar*, könne zurecht von Sozialökologie die Rede sein (1978, S. 1).

Immerhin bewährt sie sich in der anwendungsbezogenen Forschung dort, wo sie lebensweltorientiert von den räumlichen Verhältnissen her soziale erschließt, womit sie der kommunalen Planung und Sozialpolitik mit detailreichen Befunden dienlich wird. Insbesondere sind hier die Studien zur *Segregation* in städtischen Arealen zu nennen (vgl. z. B. *Herlyn 1974, Hamm 1979, Bourgett et al. 1977, Gehrmann 1979*), – sofern sie genügend kleinräumig angelegt *absteigend* bis zu den mit der Absonderung verbundenen spezifischen Lebensgewohnheiten, Kommunikationsstrukturen und Problemen im lokalen Kontext des Soziotops reichen. Schon lange weiß man, daß es neben der „vertikalen" Ungleichheit der Menschen, die sich in ihrer Schichtzugehörigkeit ausdrückt, auch eine regionale „ungleichmäßige" bzw. „ungleichzeitige" Entwicklung gibt, und der Ausgleich dieser *horizontalen Disparität* (*Bergmann et al.* 1969, S. 85) ist als eine öffentliche Aufgabe erkannt, In städtischen und ländlichen Räumen gibt es Gebiete, die mit (familiengerechten) Wohnungen, sozialen Diensten und Einrichtungen, in der Verkehrserschließung, mit Freizeit- und Erholungseinrichtungen oder mit Arbeitsplätzen vergleichsweise ungenügend ausgestattet sind. Einzelne Stadtteile findet man im Niedergang begriffen, sogen. *depressed areas*, und in ihnen wohnen gewöhnlich diejenigen Bevölkerungsgruppen, die auch in der Einkommensverteilung benachteiligt sind. Eine weitere Form bereichsspezifischer Disparität bezieht sich auf die unterschiedliche Förderung von jungen Menschen, Behinderten, alten Menschen, Minderheiten etc. (1969, S. 86). Sie entwikkeln örtlich ein unterschiedliches, auf die konkreten Lebensbedingungen zugeschnittenes Verhalten. Die Disparitätsthese hebt darauf ab, daß (überindividuelle) Benachteiligung nicht allein wirtschaftlicher Art ist, sondern in allen Lebensbereichen vorkommen kann, weshalb man sie ökologisch untersuchen muß.

Das sie fördernde Verwertungsinteresse rührt einesteils aus dem Streben nach sozialtechnologischer Effizienz und aus dem Legitimationszwang der Behörden her. Eine „bürgernahe" Sozialpolitik und -planung legt ihr Angebot möglichst „flächendeckend", auf „unterer Ebene", in Nachbarschaftsräumen und nach den lokalen Bedürfnissen differenziert aus. Damit es wirksam wird, muß es in das „sozialökologische Umfeld der Leistungsadressaten" passen (*Kaufmann* 1979, S. 47). Eine Bestands- und Bedarfsaufnahme ist fällig, wie sie von den sozialökologischen Studien vor Ort und in seinem Kontext angemessen erstellt wird. Danach läßt sich dann regulierend handeln: „Der Staat kann durch gezielte Beeinflussung der sozialen Umwelt, beispielsweise durch Stadtplanung, Wohnungsbau oder das Angebot von Dienstleistungen unmittelbar die Lebensverhältnisse bestimmter Bevölkerungsgruppen zu beeinflussen suchen" (1979, S. 47). Dieses Vorgehen nennt *Kaufmann* „*sozialökologische Interventionsform*". Sie bedient sich eines strukturellen Instrumentariums: „Als zusammenfassenden Begriff für die öffentlichen Einrichtungen, die der ökologischen Interventionsform staatlicher Sozialpolitik zuzurechnen sind, haben wir ... die Bezeichnung *soziale Infrastruktur* gewählt" (1979, S. 49).

Andernteils sind sozialökologische Studien für ein subjektorientiertes Vorgehen wichtig. Wie leben Menschen in einem Quartier, das vielleicht von „Sanierung" bedroht ist; wie ist das Netz ihrer sozialen Beziehungen verflochten? Wie haushalten ausländische Mitbürger mit ihrem Einkommen, ihrer Freizeit, in der Erziehung der Kinder und in ihrem kulturellen Leben? Welche Nische haben – oder eröffnen sich – Jugendliche im dörflichen Alltag, und welche Rolle spielt bei dieser Nischenbildung das projektierte Jugendhaus? Eine „Ökologie des Behinderten" (*Paul* 1976) kann Beiträge etwa zu seinem

„Wohn-, Arbeits- und Regenerationshabitat" (*Stemshorn* 1976) und zu seiner sozialen Integration erbringen. – Aus der Perspektive eines Individuums werden in einer konkreten Umwelt bestimmte Anpassungsleistungen verlangt und Bewältigungsstrategien gebraucht. Wie erlebt der einzelne Mensch die Belastungen, denen er in seinem Familienleben, am Arbeitsplatz und in seiner Freizeit ausgesetzt ist und wir wird er mit ihnen fertig? Die Liste der Fragen ließe sich beliebig verlängern. Wenn aber die Sozialökologie versucht, Umgebung und soziales Leben aus der Perspektive des Individuums zu verstehen (so definitiv *Moos* 1976, S. 28) mit dem Ziel, das humane Milieu und das menschliche Zusammenleben optimal zu gestalten (*Moos/Insel* 1974, S. IX f.), dann spielen in der subjektiven Lebenswelt Faktoren aus allen Sphären (der physikalischen, sozialen, kulturellen) eine Rolle, und es sind die objektiven Macht- und Gewaltverhältnisse, ökonomischen Interessen, ethnischen Traditionen usw. zu bedenken. Keine flächenorientierte Kartographie reicht hin, sie zu erfassen.

Anmerkungen

1 Wissenschaftshistorisch markieren die beiden Definitionen von *Haeckel*, so *Küppers et al.* (1978, S. 53), die Wurzeln zweier Forschungsrichtungen der Biologie, der analytisch-physiologischen und der historisch-geographisch-soziologischen, wiederkehrend in der Unterscheidung von Autökologie und Synökologie (s. u.) und auch in den beiden Blickwinkeln, aus denen das vorliegende Buch geschrieben ist. S. *Küppers et al.* zur weiteren Wissenschaftsgeschichte der Ökologie. Sie arbeiten insbesondere den Übergang von der zunächst deskriptiven und inventarisierenden zur systemanalytischen Bioökologie heraus.
2 Man möchte Ökologie geradezu die Wissenschaft von den Nischen nennen, meint *Pianka* in seiner vorzüglichen Übersicht zu deren Verständnis (436; 237). Nachdem er vorhandene Begriffsbestimmungen durchgegangen ist, definiert *Pianka* die ökologische Nische "as *the sum total of the adaptations of an organismic unit*, or as all of the various ways in which a given organismic unit conforms to its particular environment. As with environment, we can speak of the niche of an individual, a population, or a species. The difference between an organism's environment and its niche is that the latter concept includes the organism's abilities at exploiting its environment and involves the ways in which an organism actually interfaces with and *uses* its environment" (436; 238).
3 Man könnte auch sagen, ein Oikos konstituiert einen Organismus durch die Nische, die er ihm läßt, vgl. *Pichts* Erörterung der Konstitution von Organismen durch *Kommunikation*: Die Grundverfassung von Lebewesen, in einem Oikos zu sein, bedeutet, in dieser Sphäre potentieller Kommunikation ihre Existenz zu haben (1979, S. 62).
4 Die Hierarchisierung ist (formal verstanden) ein Grundprinzip des Lebens. Sie erweist sich in der Evolution als vorteilhaft. „Komplexe Systeme können sich in ungleich kürzerer Zeit aus einfacheren Systemen entwickeln, wenn es stabile Zwischenformen gibt. Die entstehenden komplexen Formen werden dann eine hierarchische Struktur aufweisen. Wir brauchen das Argument nur umzukehren, um die Beobachtung erklären zu können, daß unter den komplexen Systemen in der Natur die Hierarchien vorherrschen. Unter allen möglichen komplexen Strukturen sind es eben die Hierarchien, zu deren Entwicklung die Zeit ausreichte" (*H. Simon*, zit. n. *Koestler* 1970, S. 195 f.). Um nicht auf dem soziobiologischen Umweg Mythologeme wieder zu Fakten zu erheben, sprechen wir im sozialen Bereich wohl auch dann besser von *Heterarchie*, wenn von einem Über-/Unterordnungsverhältnis die Rede ist.
5 Dieser Dualismus der Betrachtung bzw. Perspektive ist gleichermaßen nützlich und unaufhebbar. „Die Anwendung des Begriffs der *Feldkontinua* als Ordnungsprinzipien in Systemen auf

integraler Ebene (ist) ebenso gültig und unentbehrlich wie – auf der *differentiellen* Ebene – die praktische Anerkennung *diskreter Singularitäten* innerhalb dieser Kontinua, ob es sich nun um subatomare Partikel, Atome, Moleküle, Molekülgruppen, Organellen, Zellen oder multizelluläre Strukturen handelt" (*Weiss* 1970, S. 34).

6 Weitere Schlußfolgerungen seien an dieser Stelle nur angedeutet. Ziel- und Normvorgaben allein *von oben* oder nur *von unten* werden Mehrebenensystemen nicht gerecht. Nach einer Vermittlung untereinander lassen sie sich auf jeder Ebene unterschiedlich ausdrücken. ohne sich deshalb zu widersprechen. Auf einen anderen Aspekt weist *Jantsch* hin: "A hierarchical description, open-ended in the upward and downward direction, embraces both aspects of evolution, emergence and purpose. These two aspects are *complementary*. For the human world, this may be expressed as follows: Viewed from one side, subjective planning tries to align normative action with emergence, and viewed from the other side, objective emergence in the human world is acted out in the framework of purposeful plans" (1976, S. 58). *Jantsch* nennt diesen integralen Prozeß "design for evolution"; es umfasse die prinzipielle Komplementarität von Determinismus und freiem Willen, Notwendigkeit und Zufall.

7 *Maturana* definiert: "A dynamic system that is defined as a composite unity as a network of productions of components that, a) through their interactions recursively regenerate the network of productions that produced them, and b) realize this network as a unity in the space in which they exist by constituting and specifying its boundaries as surfaces of cleavage from the background through their preferential interactions within the network, is an autopoietic system" (*Maturana* 1980, S. 29).

8 – oder um ein Bekenntnis gegen „das System" in seiner undurchschaubaren, jede subjekthafte Tätigkeit überwältigenden Wirksamkeit. Wenn die alternative Bewegung nicht einer Flucht aus den Großsystemen der Gesellschaft gleichkommen, sondern sie menschengerechter machen will, wird zuerst ökologisch begriffen werden müssen, wie sie im einzelnen funktionieren. Die Grundsätze, „ökologisch, sozial, basisdemokratisch und gewaltfrei" vorgehen zu wollen, stellen in der Tat eine praktische Abfolge her: am Anfang steht der humanökologische Begriff.

9 Grundsatzerklärung der *Humanökologischen Gesellschaft*, vorgelegt von *H. Knötig* und *E. Panzhauser*. Auf den Tagungen dieser Wiener Gesellschaft wurde ein besonders breit angelegtes Verständnis von Humanökologie angeregt und vertreten.

10 Vgl. *Freye* (1978, S. 17): Das „komplexe System der Interaktionen zwischen den Menschen und seiner belebten und unbelebten Umwelt umfaßt neben ökologischen und biologischen auch anthropologische, physiologische, psychologische, humangenetische, demographische und soziologische Fragen und darüber hinaus auch solche der Städteplanung, des Umweltschutzes, des Bevölkerungswachstums sowie der biologischen und kulturellen Evolution. Ein außerordentlich weit gespanntes Feld, das als Ziel eine umfassende Theorie und Aktion einer allgemeinen Humanökologie hat."

Für die Breite des Forschungsspektrums sei exemplarisch die 1972 gegründete Zeitschrift *Human Ecology* genannt, die sich als Forum für jene versteht, die sich "with the complex and varied systems of interaction between man and his living and nonliving environment" befassen: "the journal brings together research from several perspectives on such important topics as: man's genetic, physiological, and social adaptation to the environment and to environmental change; the role of social, cultural, and psychological factors in the maintenance or disruption of ecosystems; effects of population density on health, social organization, or environmental quality; new adaptive problems in urban environments; interrelations of technological and environmental changes; the development of unifying principles in the study of biological and cultural adaptation; the genesis of maladaptations in man's biological and cultural evolution; the relation of food quality and quantity to physical and intellectual performance and to demographic change; and the application of computers, remote sensing devices, and other new tools and techniques to research in human ecology" (Nr. 1, S. 1).

11 In diesem Zusammenhang kommt *Marx* zu dem auch die Ökologie betreffenden Schluß: „Die Naturwissenschaft wird später aber ebensowohl die Wissenschaft vom Menschen, wie die Wissenschaft von dem Menschen die Naturwissenschaft unter sich subsumieren: es wird *eine* Wissenschaft sein" (1953, S. 245).

12 Also: nicht generell systemischer Kategorien.

13 zit. in der Übersetzung von *Hamm* (1977, S. 123). Vgl. *Durkheim* (1897, S. 192).

14 *Pianka* hat für die Ökologie die Weisen, in denen Populationen, die zusammenleben, interagieren und dabei aufeinander wirken, übersichtlich und logisch vollständig in sechs Typen beschrieben (*Pianka* 1978, S. 173 ff.): *Konkurrenz* bei abträglicher Wirkung der Populationen aufeinander; *Neutralismus* – für den seltenen Fall, daß sie sich nicht affizieren; *Mutualismus* bzw. *Kooperation* bei zuträglicher Wirkung aufeinander; *Parasitismus*, wenn die eine Population vom Zusammenleben auf Kosten der anderen profitiert; *Kommensalismus*, wenn der Ertrag für die eine nicht abträglich für die andere Population ist. Der Typus Wettbewerb kommt nach *Pianka* vor, wenn zwei oder mehr organismische Einheiten dieselben Ressourcen nutzen und diese Ressourcen knapp sind (1978, S. 174). – Alle genannten Begriffe werden zur ökologischen Beschreibung sozialer Verhältnisse gebraucht.

15 *Park*, in: *Theodorson* 1961, S. 29

16 a.a.O., S. 28

17 Wir wollen nicht vergessen, daß ökonomische Verhältnisse – insbesondere über den Bodenwert – die geschilderte Stadtentwicklung begünstigen. Aber sie ist bei Fortbestehen jener Bedingungen nicht ohne Alternative – und wird auch unter anderen Verhältnissen z. B. in sozialistischen Ländern wiederholt.

18 Die Evolution vorherrschender Ideen und die Fluktuationen des gesellschaftlichen Bewußtseins, wie wir sie in den letzten Jahrzehnten erleben, sind für alle Beteiligten deshalb unausweichlich, weil es sich um eine Koevolution auf der Makro- und Mikro-Ebene handelt (vgl. *Jantsch* 1979, S. 117 ff.). Auf unser Exempel bezogen: die frühere Stadtplanung „über die Köpfe hinweg" hätte auch bei weitgehender Beteiligung Betroffener kaum ein anderes Resultat gehabt; schließlich überzeugten seinerzeit die Reformideen der Architekten, denn diese Vorstellungen waren selbst das Resultat eines Konsensus.

Subsistenz und Lebensqualität

Die Ökologie als Lehre vom Haushalt beleuchtet die Fähigkeit eines Organismus, mit einigem Erfolg in seiner Umwelt sein Leben zu fristen. Sie studiert (als Autökologie) die prozessualen Zusammenhänge, in denen es einer Spezies gelingt, sich zu behaupten. Die soziologische Humanökologie hatte den Begriff der *Subsistenz* herangezogen, um auf der biotischen Ebene die Vorgänge zu charakterisieren, durch die menschliche Gemeinschaften ihr Fortbestehen und die Versorgung ihrer Angehörigen sichern. Gewöhnlich bezeichnet man mit Subsistenz die bestanderhaltende Lebenstätigkeit bzw. den lebensnotwendigen Unterhalt. Um subsistieren, also seinen Unterhalt bestreiten zu können, braucht man Subsistenzmittel. Wer über das Niveau der Subsistenz nicht hinauskommt, so heißt es, habe nur das Existenzminimum zur Verfügung und erhalte sein Leben in der Beschränkung auf das physisch Notwendige. Subsistenzwirtschaft wird diejenige Produktionsweise genannt, die allein den Eigenbedarf deckt und für kommerzielle Nutzung keine Güter erübrigt. Die Jäger und Sammler lebten auf solche Art „von der Hand in den Mund". Sie hatten nicht zu vermarkten: im modernen Sinne des Wortes kannten sie keine Ökonomie; wohl aber handelt es sich bei den Subsistenzaktivitäten um den Kondensationskern auch jeder Art Handel und Gewerbe[1].

Jedoch nicht der makroökonomische Aspekt von Subsistenz soll uns im folgenden beschäftigen, sondern das Konzept der Subsistenz bezogen auf das individuelle Dasein und dessen soziale Vermittlung. Wir wollen einen Zugang zu den Maßstäben gewinnen, mit denen ökologisch über die „Wohlfahrt" des einzelnen Menschen und der Gesellschaft geurteilt werden kann, zu Maßstäben zugleich für die soziale Arbeit, die sachlich – bestanderhaltend der „Sache des Menschen" dienlich – etwas erreichen will. Was braucht der Mensch – notwendig und hinreichend?, ist die Frage. Zum persönlichen Auskommen gehört offenbar, daß ein gewisser Konsum (an Nahrungsmitteln etc.) gewährleistet ist. Aber darauf beschränkt sich die Subsistenz des Individuums keineswegs. Es muß eine durchaus irrige, ökonomistische Vorstellung genannt werden, Subsistenz bestehe in einer bloß materiellen Existenzsicherung. Diese Annahme kann nur solange gelten, als einesteils die Produktionsweise menschlicher Gemeinschaften und ihr Ergebnis in unilinearer Beziehung von Mensch und Umwelt, also äußerlich studiert und ökonomisch berechnet und anderenteils das Verhalten des einzelnen Menschen, der Erwerb des für ihn Notwendigen, in der gleichen Beziehung gesehen wird. Gänzlich unbemerkt bleibt dabei, daß jede Person *zusätzlich* zur bezeichneten Beziehung *in* einer Gemeinschaft lebt und dadurch in ihr noch einen anderen, aber ebenso unerläßlichen Unterhalt hat. Die Subsistenz des einzelnen Menschen darf nicht mit der Subsistenz der Gruppe, welcher er angehört, ineins gesetzt werden.

Wenn wir genauer hinsehen, ist mit der materiellen Versorgung im Alltag in jeder primären Gruppe, zunächst in der Familie, die leibliche Versorgung (im weiteren Sinne pflegender Körperkontakte), die sozial-emotionale und die geistige Versorgung untrennbar verbunden. Man ißt, man arbeitet, man fühlt und man spricht miteinander. Weil die sozial nährenden Beziehungen normalerweise ausreichend verfügbar und unter Angehörigen auch leichter erhältlich sind als es die Versorgung mit materiellen Mitteln sein kann, fällt ihre Bedeutung für die Subsistenz nicht ohne weiteres auf. Der Zusammenhalt primärer Gruppen, der in vorindustriellen Gesellschaften augenfällig ist, scheint mit Erfordernissen in der Auseinandersetzung mit der äußeren Natur ausreichend begründet und weist somit für den Beobachter auf die materiellen Subsistenzbedingungen zurück. Ausfallerscheinungen bei dem einen oder anderen Gruppenmitglied, die auf einen Mangel an sozialer Subsistenz hindeuten könnten, lassen sich zwanglos mit physischen Störungen erklären. Erst in unserer Zeit materiellen Wohlstandes war unter Bedingungen kontrolliert guter äußerer Versorgung wissenschaftlich nachzuweisen, daß kleine Kinder ebenso an sozialer und psychischer Deprivation sterben können wie aus Mangel an Nahrung. Alle Zeichen auch der körperlichen Auszehrung und der psychischen Verkümmerung kommen vor, wenn im frühen Lebensalter eines Menschen die Bezugspersonen ausfallen oder es ihm an liebevoller Zuwendung fehlt. Auf die einschlägigen Ergebnisse der Hospitalismusforschung (*Spitz*, *Bowlby*) darf verwiesen werden. Die Subsistenz zumindest eines Kleinkindes umfaßt notwendig und in Einheit einen nutritiven *und* einen psychosozialen Unterhalt. Die Primärgruppe ist selbst Subsistenzmittel.

Selbstversorgung: das Problem der Grundbedürfnisse

Es gehört zu den einfachen anthropologischen Einsichten, daß der Mensch nicht vom Brot allein lebt. Der erwachsene scheint aber zumindest in seiner baren Existenz nicht mehr abhängig von sozialen Stimuli. In der Tat hat er seine lebensnotwendigen Beziehungen hergestellt, sich in ihnen, wohl oder übel, eingerichtet, und er ist in Maßen beweglich in seiner Verfügung über sie. Seiner selbst wähnt er sich gewöhnlich sicher und hat den Grund seiner Sicherheit vergessen. Verarmt er an Kontakten oder verliert er den Zugang zu sozialen und kulturellen Angeboten, vermag er doch auf einen Schatz an virtueller Gemeinschaft zurückzugreifen und sich in der Erinnerung oder an der lebhaften Vorstellung genossener Zugehörigkeit wie von der Erwartung künftiger Begegnungen zu nähren. Dazuhin ist die umgebende Welt voller Zeichen und Spuren von ihnen. Zuweilen aber, wenn sich mit einem unwiderbringlichen Verlust die ganze menschliche Umwelt in der subjektiven Erfahrung dem einzelnen Menschen zu versagen scheint, treten, ähnlich wie so folgenschwer beim kleinen Kind, Deprivationssymptome auf, welche verschiedene psychopathologische Bilder ergeben, und vielfältig sind diese deshalb, weil sie gleich mehreren Zwecken persönlicher Mitteilung und dem allgemeinen Appell zur Wiederherstellung dienen. Die Psychopathologie lehrt weiter, die Menschen können nicht nur körperlich unterschiedlich viel aushalten, auch ihr psychosoziales Subsistenzniveau ist nicht gleich und keine feste Größe. Im Alltag gibt es außerdem mannigfaltige Formen von Substitution und Kompensation im Haushalt der individuellen Lebensführung. Erst per saldo entscheidet sich jeweils, ob einer sein Auskommen hat.

Die Übersetzung von Subsistenz mit *Selbstversorgung* ist wörtlich zu verstehen. Was das Selbst des nachwachsenden Menschen und auf anderer Ebene das kollektive ,,Selbst" der Gemeinschaft unbedingt brauchen, gehört zu deren Subsistenz. Die äußere Zufuhr von Mitteln, welche den Stoffwechsel unterhalten, hat zwar einen Vorrang, der größte Teil des Geschehens jedoch, in dem sich das Leben einer Person und das einer Gemeinschaft unterhält, ist transaktionaler Art und geht *in* der Gruppe vonstatten. Menschliche Gemeinschaften decken ihren Bedarf auf eine kompliziert geregelte Weise derart, daß der *Prozeß* der Bedarfsdeckung (das Gemeinschaftsleben und die gemeinschaftliche Arbeit) seinerseits zu der die Menschen ,,unterhaltenden" Versorgung gehört und somit substantiell wird. Die Lebenstätigkeit, in der wir subsistieren, hat nicht nur die äußere Seite, der umgebenden Natur durch Arbeit etwas abzufordern; in derselben Arbeit wird auch die eigene Natur psychisch und sozial gefordert und (re)produziert. Es ist aus der biologischen Perspektive nicht weniger wahr als sozial, daß die Menschen ,,in der gesellschaftlichen Produktion ihres Lebens", wie *Marx* im Vorwort zur ,,Kritik der politischen Ökonomie" resümiert, ,,bestimmte, notwendige, von ihrem Willen unabhängige Verhältnisse" eingehen, die er Produktionsverhältnisse nennt. Für das Individuum sind sie als seine Nische konkret die funktionierende Subsistenzweise und so zwar auch seine ,,reale Basis", in welcher aber der soziale und geistige Lebensprozeß, welchen *Marx* zum Überbau rechnet, schon eingefangen und zugehörig ist. Die einzelmenschliche Weise (seiner Teilnahme an) der Produktion des Lebens schließt das soziokulturell vermittelte Selbstverständnis und zur Selbstbehauptung die soziale Kommunikation zumindest in ihrem Beziehungsaspekt ein.

In der makroökonomischen Lehre sind die Lebensbedürfnisse der einzelnen Menschen von jeher nur als Produktions- und Konsumtionsfaktor von Interesse gewesen. Das ökonomische Bewußtsein, immer schon über das gesellschaftliche Stadium der Subsistenzwirtschaft hinaus und auf sie nur noch mitleidig zurückblickend, benötigt die Subsistenz tatsächlich bloß noch zur Aufrechterhaltung des Wirtschaftsprozesses, – und es versteht ihn darum nicht mehr umgekehrt als Entfaltung von Subsistenzaktivitäten. Diese gelten als Grenzfall ökonomischer Einschränkung (allemal die Situation in manchen Entwicklungsländern nötigt, sich näher mit ihnen zu beschäftigen). Für nachforschenswert hält die Lehre, was und wieviel den einzelnen Menschen eben in den Stand setzt, am Wirtschaftskreislauf teilzunehmen, und welche Kosten es macht, die ganze Population der Teilnehmer durchzubringen, damit es nicht an der nötigen Zahl von Produzenten und Konsumenten mangelt. Welchen Aufwand verlangt die *Reproduktion* der Arbeitskraft? Makroökonomisch beinhaltet er auch einen sozialen Aufwand für Familie, Freizeit und kulturelle Aktivitäten der Bevölkerung. Auf den einzelnen Menschen bezogen, hält man den sozialen Grundbedarf jedoch gewöhnlich für abgedeckt und meint mit der *individuellen* Subsistenz allein die physische Reproduktion. Nur sie zu berechnen, reicht, weil jeder in seiner verwendbaren Arbeitskraft austauschbar, der soziale Unterhalt seiner Individualität (der Nische seiner Subjekthaftigkeit) somit ohne Bedeutung für die ökonomische Draufsicht und für die Konstruktion des homo oeconomicus gleichgültig ist.

Aus der Perspektive des Subjekts erscheint seine Subsistenz, seine Selbsterhaltung natürlich nicht als bloße Reproduktion (seiner Arbeitskraft): es *produziert* sich vielmehr in der eigenen Lebenstätigkeit fortwährend. Ob der einzelne Mensch einer Lohnarbeit nachgeht, seine Freizeit gestaltet oder in seiner Familie zu tun hat, er findet in seinem Alltagshandeln zugleich eine vielseitige persönliche Bestätigung. In der Verknüpfung von Betätigung und Bestätigung hat er in seiner Lebenswelt sein Auskommen, seine personale Subsistenz. Im Grunde sind Sinn und Bedeutung seines Lebens untrennbar der Art und Weise zugehörig, wie er es bewältigt – und im Grenzfall, daß er überlebt. Es bedeutet zwar für die soziale Arbeit eine wesentliche Erfahrung, wieviel in der Versorgung von Hilfesuchenden damit getan ist, daß man ihnen Wohnung und Arbeit beschafft, aber abgesehen davon, was beides schon an sozialen Gehalten beinhaltet, brauchen die Klienten weiterhin irgendwelche Kommunikation, – sie geben Arbeit und Wohnung nicht selten auf, verlassen ihre Familie und brechen ihre Beziehungen ab, um *sie selbst* sein und bleiben zu können. Ihre Hilfsbedürftigkeit erwächst entschieden aus der fundamentalen Sinnerfahrung, die sie in ihrem Lebenskreis haben oder in ihrem subjektiven Horizont verlieren.

Das nun weiter gefaßte Verständnis von (physischer und sozialer) Subsistenz erlaubt, allgemein zu begründen, worin die Zweckmäßigkeit sozialer Arbeit im Einzelfall ökologisch besteht. Während die sozial engagierte Ökologie auf der Metaebene der Wirtschaftsordnung eine ,,Modernisierung der Subsistenz" (*Illich* 1979, S. 81) von der Art anrät, daß in einer ,,fortschrittlichen Rückentwicklung" die Produktion auf allen Sektoren (zunehmend dezentral und deprofessionalisiert) gebrauchswertorientiert an den Menschen herangeführt wird, muß komplementär an dessen psychosoziale Situation gedacht werden, die in ihrer Wechselbeziehung zur gesellschaftlichen Produktionsweise deren Änderung verlangt, jedoch zu der verlangten Änderung hinlänglich beizutragen hat, um sie – dezentral und unprofessionell – durchzuführen. Mit dem Problem humaner Lebensbewältigung im Milieu befaßt, stößt der sozial Interessierte auf der Ebene des Verhaltens auf die individuelle Konfusion. In ihrer Weise der Interpretation ordnet soziale Arbeit die angetroffene Symptomatik in einen Bezugsrahmen ein (nimmt sie entlang ,,neurotischer Achsen des Verhaltens" wahr, – dieser Terminus im Sinne von *Devereux*) und organisiert sie damit für die Behandlung. Welche Aspekte hat nun die individuelle Subsistenz aufzuweisen – im Verhältnis sowohl zu den persönlichen Lebensproblemen wie zur gesellschaftlichen Situation? Die Frage sei zunächst als eine hermeneutische gestellt.

Eine Bejahung des durchgängig *organischen* Charakters menschlichen

Lebens heißt keineswegs dessen soziale und kulturelle Essenz leugnen. Indem sie jede Verdoppelung bzw. Dichotomisierung seiner Nstur vermeidet, akzeptiert die Humanökologie ihre Vielseitigkeit (und Vieldeutigkeit). Bereits biologisch ist der Mensch auf Formen und Inhalte des sozialen Lebens angewiesen; er ist von Natur gesellig und kommunikativ. Alle Bedeutungen, die am humanen Dasein generell und individuell ausgemacht werden können, stellen Explikationen der sich prozessual unterhaltenden Evolution des Menschen dar, wobei die Explikationen wechselseitig zu ihrer Vermehrung, zu neuen Auslegungen – und im übrigen zur Problematisierung des menschlichen Lebens beitragen. Die Explikate bedürfen der Vermittlung untereinander und relational zum sie wahrnehmenden Subjekt. Jeder einzelne Mensch muß mit ihnen leben und sie deshalb zu *sich selbst* in persönlicher Weise in Beziehung setzen. Mißlingt die Vermittlung als Identifizierung oder geht sie dysfunktional aus, treten Verhaltensstörungen, alle Formen der Aggression, (psychosomatische) Krankheiten usw. auf. Der individuellen Subsistenz wohnt immer auch eine synthetische Leistung inne.

Devereux (1974, S. 136 ff.) hat vorgeschlagen, individuelles menschliches Verhalten unter vier Gesichtspunkten zu betrachten, die impliziten ,,Achsen des Verhaltens" entsprechen. Unser Tun ist sozusagen vierfach überdeterminiert. Die Einteilung der Achsen erfolgt bei *Devereux* gemäß vier Kategorien der Motivation. Zunächst sind *biologische Achsen* anzunehmen: eine Handlung ist biologisch determiniert, tiefenpsychologisch betrachtet hat sie z. B. einen sexuellen Sinn. Dieselbe Handlung unter Gesichtspunkten der erworbenen Erfahrung auf *Achsen des Verhaltens* beobachtet, besitzt eine soziale Bedeutung und einen (es interpretierenden) sozialen Kontext. Des weiteren gibt es *kulturelle Achsen*, die das Verhalten organisieren und ihm im subjektiven Horizont einen standardisierten institutionalen Sinn verleihen. Die ,,*neurotischen Achsen*" schließlich ordnen die Handlungen symptomatisch nach der personalen Struktur des Unbewußten bzw. der Neurose. *Devereux* unterstellt deren allgemeine Verbreitung als Versuch, ,,die widersprüchlichen Orientierungen dreier miteinander unvereinbarer Systeme – des biologischen, des psychologischen und des kulturellen – auszusöhnen" (1974, S. 143).

Die Lebenstätigkeit des Individuums ist multipel motiviert; sie läßt sich in ihren einzelnen Akten zugleich auf biotischer, auf sozialer und auf kultureller Ebene (sie nimmt deren Charakter an) interpretieren – und überdies transversal als interpretierende Tätigkeit selbst. Sie nimmt Einfluß auf die eigene Subsistenz. Nicht nur aus diesem Grund ist der notwendige individuelle Unterhalt von schillernder Qualität und der tatsächliche aus den Angaben einzelner Probanden nur reduktiv zu erschließen. Die unablässig selbstreflexive, interpretierende Tätigkeit gehört indes aus eigenem Recht zur Subsistenz, weil jedermann menschlich bleiben und menschlich werden will aus einem ersten und seinem vielleicht tiefsten Verlangen (*Mumford* 1960, S. 30).

Die Anforderung von Unterhalt wird gewöhnlich mit dem Vorhandensein eines *Bedürfnisses* gerechtfertigt. Wenn einigermaßen objektiv von ihm die Rede sein soll, muß es vom individuellen Wünschen, das seine Motive von überall her holt und sich zu subjektiven Bedürfnissen ausstaffiert, unterschieden werden. Das Verlangen flottiert frei und transversal in die genannte interpretierende Tätigkeit, deren unbewußte Wurzel es ist. Hilfsweise sehen wir ein Bedürfnis als objektiv vorhanden an, wenn es sich im gemeinsamen Nenner individueller Wünsche zu erkennen gibt. Ein subsistenzrelevantes *Grundbedürfnis* wäre dann gewissermaßen ihr kleinster gemeinsamer Nenner, der auf jeden Fall eine biologische Basis hat. In diesem Sinne bestimmt *Lefebvre* das Bedürfnis als ,,gattungsbedingt"; es gehöre zur Spezies Mensch (1975, S. 13). Der Wunsch (désir) sei davon grundverschieden; individuell und gesellschaftlich zugleich, habe er aber in einem Bedürfnis seinen Kern, seinen Ausgangspunkt und seine Basis: ,,Der Wunsch kehrt früher oder später zum Bedürfnis zurück, um es – und in ihm sich selbst – wieder aufzunehmen, sich in ihm zu stärken und so zu Spontaneität und Vitalität zurückzufinden" (1975, S. 16). In der Gegenrichtung schafft jedermann (so wurde bereits im ökonomischen Kontext dargelegt) bewußt und mit der Energie seines Verlangens über vielerlei Vermittlungen im Alltag an dem, was sein und in Abstimmung mit anderen das gesellschaftliche Bedürfnis ist. Scheint es auch in den partikulaen Wünschen gänzlich verwandelt und aufgelöst, wir arbeiten daran, es herzustellen, um es als Bedürfnis wirklich wahrnehmen und befriedigen zu können. ,,Am Anfang ist das Bedürfnis Natur; es wird Werk und vollendet sich in Werken", schreibt *Lefebvre* (1975, S. 15) zu dieser dialektischen, das Bedürfnis aufhebenden Bewegung.

Sie hindert uns nicht (erfordert vielmehr), nach Grundbedürfnissen Ausschau zu halten, welche als zum Unterhalt des Menschlichen gehörig empfunden werden. Der finale Grundgedanke der Ökologie ist doch, haushalten zu wollen mit den vorhandenen Ressourcen und sie lebensgerecht, zur bestmöglichen Entfaltung, einzusetzen. Das Subjekt dieser Haushaltung verfügt in der Bestimmung dessen, was es selbst notwendig braucht, rechtmäßig und verantwortlich über seine Reflexität, in der es sich als Subjekt behauptet (Mensch bleiben bzw. menschlich werden zu wollen). Es muß, um in eigener Sache objektiv zu sein, nur absehen von allem besonderen Gepräge, welches die Subsistenz in jedweder individuellen Nische dem generellen Bedürfnis notwendigerweise verleiht. Unser Bezugspunkt ist der Gattungs-Typus (vgl. *Parsons* 1976, S. 122), der sich in der Evolution des Menschen in Ausbildung befindet und sich im historischen Diskurs (im Prozeß überindividueller Selbstverständigung) näher bestimmt. Weil der Diskurs nicht abgeschlossen und die Evolution noch im Gange ist, herrscht keine Einigkeit über die Grundbedürfnisse im einzelnen, über ihre Abgrenzung voneinander, über ihre Bezeichnung und Interpretation, – aber weil der genannte Diskurs naturgemäß nicht abschließbar sein kann, sind wir jederzeit berechtigt, ein vorläufiges Fazit zu ziehen, das uns bei der Bestimmung von Wohlfahrt und in der sozialen Arbeit an ihr helfen wird.

Von der Annahme ausgehend, daß der Mensch ein ,,wachsendes" und dabei sich selbst verwirklichendes Wesen ist, haben insbesondere die Vertreter einer humanistischen Psychologie versucht, grundlegende Bedürfnisse herauszufinden. In seiner „holistisch-dynamischen Theorie" der Motivation nimmt *Maslow* (1978) an, daß die tiefen oder elementaren Bedürfnisse (basic needs) aller Menschen in wenigen Kategorien zusammengefaßt werden können. Letztere stellen Kollektionen oder Ensembles dar, und *Maslow* legt Wert darauf, daß sein Versuch nicht mit einer Katalogisierung von Trieben verwechselt wird, denn die grundlegenden Bedürfnisse sind bereits absichtsvoll, final ausgerichtet und in der Persönlichkeit – damit in ein *gesellschaftliches* Konzept vom individuellen Menschen – integriert[2]. Sie bilden nach *Maslow* eine Hierarchie: die Bedürfnisse heischen sukzessive nach Befriedigung. Zuunterst nimmt er, noch am ehesten rein triebhaft sich meldende, *physiologische Bedürfnisse* an. Es folgen die *Sicherheitsbedürfnisse*, die sozial abgedeckt werden müssen. Ebenso die Bedürfnisse nach *Zugehörigkeit und Liebe* und die Bedürfnisse nach *Achtung*. Zuoberst erkennt *Maslow* geistige Bedürfnisse, die im Anspruch auf *Selbstverwirklichung* zusammengeschlossen erscheinen: im menschlichen Verlangen nach Selbsterfüllung, in der Tendenz, „das zu aktualisieren, was man an Möglichkeiten besitzt" (1978, S. 89). Es ist das Bestreben des Menschen, wie *Rogers* sagt, „seine Möglichkeiten zu werden" (1976, S. 340). Zirkelhaft finden wir in diesem Bestreben, bei rücksichtsvollem Verhalten, das oben bezeichnete ökologische Interesse fundiert wieder.

Als Ensembles verstanden, gestatten die genannten Kategorien eine weite Auslegung. Sie schließen beispielsweise die drei Bedürfnisse ein, deren Befriedigung *Toffler* als grundlegend für die emotionale Gesundheit auch in einer künftigen Zivilisation ansieht: das „Verlangen nach Gemeinschaft (*community*), Struktur (*structure*) und Sinn (*meaning*)" (1980, S. 368). Ebenso das generelle „Bedürfnis nach positivem Affekt", womit *Goldschmidt* in Ermangelung einer besseren Bezeichnung das biologisch angelegte Trachten nach Kontakt, Anerkennung, Beifall, Achtung usw. zusammenfaßt, nicht ohne zu betonen, „daß dieses Bedürfnis nicht ein Ergebnis kultureller Konditionierung ist, sondern ihm zugrunde liegt" (1972, S. 64). Auch die Selbstverwirklichung hat, wie wir tiefenpsychologisch bei Erörterung des Narzißmus nachzuweisen suchten, einen biotischen Charakter, der sich anfangs physiologisch und sensumotorisch und dann sozial und kulturell aktualisiert.

Es sei um der hinlänglichen Übereinstimmung willen noch ein weiteres System von Grundbedürfnissen erwähnt. *Etzioni* (1975) geht von einem solchen als Arbeitshypothese aus, damit sich bestimmen läßt, was der Mensch braucht, gleich in welcher sozialen Lage und unter welchen gesellschaftlichen Verhältnissen er sich befinde. Von den physiologischen Bedürfnissen einmal abgesehen, scheinen die spezifisch humanen „ein Bedürfnis nach *Zuwendung* einzuschließen, oft auch als Bedürfnis nach Solidarität, Bindung oder Liebe bezeichnet; ferner ein Bedürfnis nach *Anerkennung*, oder Stolz, Leistung, Billigung ... Ein drittes Bedürfnis ist das nach einem *Kontext*, oft auch als

Bedürfnis nach Orientierung, Konsistenz, Synthese, Bedeutung oder ‚Ganzheit' bezeichnet... Viertens besteht ein Bedürfnis nach *wiederholter Gratifikation*, d. h. was immer die Quelle der Gratifikation sein mag, lange Zeitabstände zwischen den einzelnen Gratifikationen sind frustrierend" (1975, S. 632). Wenn man sich auf humane Grundbedürfnisse festlegt, wird eine Beurteilung von gesellschaftlichen Verhältnissen – ohne zum Vergleich utopische Entwürfe in Anspruch nehmen zu müssen – danach möglich, ob sie „menschlich" genannt werden können bzw. wie weit sie davon entfernt sind. Der Gemeinverstand urteilt alltäglich so. Eine Gesellschaft ist für *Etzioni* „um so weniger entfremdend..., je mehr ihre Struktur die Befriedigung ihrer Mitglieder gestattet", – und er schließt gleich ein politisches Plädoyer dafür an, daß es die Beteiligung der Menschen an den gesellschaftlichen Prozessen sei, welche „die Offenheit der Struktur für die Befriedigung der Grundbedürfnisse sichert. *Letzten Endes vermag keine Gesellschaft die Bedürfnisse ihrer Mitglieder zu erkennen und sich auf sie einzustellen, ohne daß sie die Mitglieder selbst an der Gestaltung und Veränderung ihrer Struktur beteiligt*" (1975, S. 633, Hervorhebungen im Original).

Wohlgemerkt: die behandelten Grundbedürfnisse sind als Konstrukte auf die Lebenssituation von Individuen abgestellt, und sie enthalten vor allen Dingen die Forderung nach einer zureichenden Qualifikation des sozialen Umgangs. *Etzioni* könnte nicht gut auf die Notwendigkeit von Partizipation schließen, gäbe sie nicht dasjenige soziale Bedürfnis zu erkennen, welches sie befriedigt, und indem sie das tut, machen sich auch die anderen Bedürfnisse im gleichen Zusammenhang der Anteilnahme bemerkbar. Nun lassen sich die Bürger durch die materielle Versorgung, die sie haben, bekanntlich leicht korrumpieren, zumal wenn diese mit soziokulturellen Angeboten verbunden oder durch sie ergänzt und aufgewertet wird. In der Tat sind die meisten Menschen per Konsum zufriedenzustellen; sie sehen keinen Grund, nach einer Veränderung von Strukturen zu rufen oder nach Beteiligung an ihrer Gestaltung zu verlangen. Umso weniger, als es die politischen und ökonomischen Verhältnisse dem Bürger vielerorts (noch) gestatten, seine *privaten* Weisen der Bedürfnisbefriedigung mit größerem oder geringerem Erfolg zu pflegen. Der Rückzug in diese Sphäre hat jedoch wieder einen Entfremdungseffekt; es tritt eine wechselseitige Disqualifizierung ein, womit sich der Kreis schließt: Ökonomische Versorgung ersetzt den sozialen Lebenszusammenhang nicht; sie steigert am Ende im Gegenteil das Bedürfnis nach ihm. Die Versorgung legt den Zusammenhang von Betätigung und Bestätigung still. Konsum kann durch Steigerung nur eine Zeitlang darüber hinweghelfen. Man gerät mit dem Alkohol wie mit dem Heroin bald in Sackgassen – um ein banales, aber praktisch gewichtiges Beispiel zu nennen: Anerkennung über ein neues Auto zu erlangen, erweist sich als Illusion, – so wie auch das Gefühl der Zugehörigkeit durch Sitzen vor dem Fernsehgerät nur sehr beschränkt erwächst. Grundbedürfnisse sind auf aktive Bewährung aus.

Melioration – der Sprung von der Quantität in die Qualität

Lange Zeit bewies die Wachstumsgesellschaft sich selbst ihren ökonomischen Erfolg damit, daß sie das alljährliche Mehr an Konsum auf allen Gebieten als Hebung des *Lebensstandards* ausgab. Man glaubte in der makroökonomischen Theorie wie in der sozialen Praxis, die Wohlfahrt übergreifend als Quantum privaten Konsums bestimmen zu können. (Und solange er sich tatsächlich steigern ließ, vermittelte diese Dynamik durchaus genug von dem menschlichen Wachstum, nach dem der Mensch psychosozial trachtet, genug, um den Durchschnittsbürger mit der allgemeinen Lebensweise zufrieden sein zu lassen). Auf hohem Versorgungsniveau änderte sich allmählich die Wahrnehmung: das „gute Leben" stellt sich mit dem gestiegenen Verbrauch an Gütern nicht wirklich ein[3]. Es drängt sich die schlichte Erkenntnis auf, daß Leben keine Frage des Umsatzes ist. Hauszuhalten in bezug auf den individuellen und auf den gesellschaftlichen Unterhalt, das verlangt keine quantitative, sondern eine qualitative Antwort. Die ökologische Beschäftigung mit dem auf der Makroebene organisierten Unterhalt beginnt in der theoretischen Diskussion damit, daß der Begriff „Lebensstandard" gegen den der „Lebensqualität" ausgetauscht, also die inhaltliche Frage neu gestellt wird.

Es war ein Wirtschaftswissenschaftler, *Galbraith*, der 1963 erstmals von „quality of life" als Bezugsgröße sprach[4] und damit eine Vokabel benutzte, die im Kontext der Umweltdebatte und des Anspruchs, die Arbeitswelt zu humanisieren, einige Jahre später allgemeinen Zuspruch fand. Auch die politischen wie sozialökonomischen Versuche, mehr Chancengleichheit und Bildung für jedermann zu erreichen, gehören zum Rahmen einer Zeit, die den Umschlag von Quantität in Qualität wenigstens gedanklich und in reformistischer Absicht vollzog. Das Auftauchen des Begriffs „Lebensqualität" wurde durchaus als Symptom einer Wende verstanden (*Huber*)[5]. Der Mensch des Industriezeitalters habe sich bisher vor allem an das gehalten, was man zählen und messen kann, während die Frage nach der Lebensqualität nun auf die *„Güte"* der jeweils wirklichen *menschlichen Weltbeziehung* ziele, die sich sowohl im Gesichtsfeld der natürlichen Umwelt, in der sozialen Umwelt und in der menschlichen Aktivität ausprägt. *Dahrendorf* fiel später für die angestoßene Bewegung der Ausdruck „Melioration" (in Anlehnung an *John Stuart Mill*) ein (1975, S. 33), und nicht nur der Terminus zeugt von der ökologischen Orientierung, in der die Besserung erstrebt wird: Die „Verbesserung unseres Lebens" habe sich auf seine „soziale Konstruktion" zu konzentrieren, vornehmlich auf die Bereiche Bildung, Arbeit und Freizeit (1975, S. 118). Läßt sich die „Meliorationsgesellschaft" von dem Ziel leiten, „das menschliche Leben als eine integrale Tätigkeit gegen alle partiellen Ansprüche der Gesellschaft zu behaupten", dann – und hier klingt *Illichs* „Modernisierung der Subsistenz" an – bestehe „das Zentralthema der Meliorationsgesellschaft in dem Versuch, die Starre der Arbeitsteilung aufzubrechen" (1975, S. 117). Bezeichnenderweise war dieses sozialökonomische Erfordernis der Melioration, welches der Liberale *Dahrendorf* hervorhebt, zunächst aber nur ein Randthema in der beginnenden Erforschung von Lebensqualität.

Ihre Diskussion überträgt das Problem der individuellen Subsistenz in den gesamtwirtschaftlichen Horizont: Welche Ziele sollen der ökonomischen Entwicklung künftig vernünftigerweise gesetzt werden, in welchen Bereichen ist Wachstum vonnöten, und wie sieht die humane Umwelt aus, die man sich wünscht. Zweifellos tragen zur angesprochenen Qualifizierung sehr viele Faktoren bei, und von Anfang an schienen Probleme der Gestaltung des sozialen Zusammenlebens und der individuellen Lebensführung inbegriffen. Mit der Einführung der Kategorie „Lebensqualität" wird anerkannt, daß solche ebenenspezifischen Fragen in einem Zusammenhang zu sehen, daß Wirtschaftswachstum, Umweltschutz, Freizeitgestaltung und das Glück der Menschen nicht unabhängig voneinander zu denken sind. Jedoch vermehrt der psychosoziale Komplex nur die Schwierigkeiten, mit der offenbar ebenso praktisch gewichtigen wie theoretisch undeutlichen Kategorie wissenschaftlich klar zu kommen. Daß die Formel „Lebensqualität" politisch griffig ist, erwies sich hingegen von Anfang an[6].

Im folgenden sei an ausgewählten Beispielen gezeigt, wie man versucht hat, Lebensqualität und Wohlfahrt näher zu bestimmen. An ihnen ist vor allem der vorläufige Charakter der Begriffsbildung unübersehbar. Ausgehend von deduktiven Verfahren gehen wir zu induktiven über, die durch Messung zusammentragen, was zum Begriff Lebensqualität gehören mag, und versuchen anschließend eine Zusammenfassung, deren normativer Ausgang zu kulturökologischen Fragen überleitet. – Eine erste Gruppe von Autoren mischt in ihren Überlegungen zum Inhalt von Lebensqualität objektive und subjektive Momente, ohne in dieser Vermischung, weil alle Faktoren in der Lebenswelt des Menschen von Bedeutung sind, ein besonderes Problem zu sehen. Für *Bodmer-Lenzin* setzt sich das Inventar der Faktoren von Lebensqualität zusammen aus „Erfordernissen des Überlebens, der vollen körperlichen und psychischen Entwicklung und des Wohlbefindens" (Lebensqualität 1976, S. 214). Makroökologisch hält *Bodmer-Lenzin* dafür die Betrachtung folgender „Faktorengruppen" für erforderlich: 1. Faktoren der Qualität der natürlichen Umwelt, d. i. die Beschaffenheit der natürlichen Lebensstätten (Biotope) und des Landschaftsbildes, 2. Faktoren der Qualität der künstlichen Umwelt, insbesondere der Siedlungs- und Verkehrsstrukturen, 3. Faktoren der Qualität der Gesellschaft, „nämlich der soziokulturellen Lebensbedingungen und menschlichen Beziehungen", 4. Faktoren der Qualität der Erziehung, der Bildung und der Ausbildung, 5. Faktoren der Qualität der Technik, 6. Faktoren der Qualität der Wirtschaft (a.a.O., S. 216).

Scherrer (1975, S. 300 ff.) gliedert die „Qualität des Lebens (Wohlfahrt)" in drei Komponentenbereiche, die er *Lebens-Stil (Entfaltung)*, *Umweltqualität* sowie *Sicherheit und Geborgenheit* nennt. Zum Lebens-Stil rechnet er die Wahlfreiheit bezüglich Wohnort, Wohnweise, Beschäftigung (Beruf), Erholung und Freizeit, kulturelle und soziale Kontakte, Konsumgüter; zur Umweltqualität gehörig sieht er ein „ökologisches Gleichgewicht", „nachhaltige

Nutzung der Ressourcen", „Schutz vor lästigen und schädlichen Einwirkungen" und ein „auf Menschen abgestimmtes Veränderungstempo" an; zum dritten Bereich werden materielle (Nahrung, Wohnung, Konsum), physische (Unfälle, Krankheit), psychische und sozio-kulturelle und biologische (Erbmasse und Art) Komponenten gezählt (1975, S. 304). Es soll nun keine einfache Summenbeziehung zwischen diesen Faktoren bestehen; der Autor verweist auf Zielkonflikte, auf Unverträglichkeiten und auf das Erforderniss, Prioritäten zu setzen. – Dieser und ähnliche Versuche, den Inhalt von Lebensqualität deduktiv herzuleiten, geraten dann in Schwierigkeiten, wenn sie über das Mehr oder Weniger an einzelnen, qualitativ abgewogenen, guten Dingen hinaus sie systematisch zueinander in Relation bringen und sie der Gemeinschaft bzw. mikrosozial ihren Mitgliedern nach Maßgabe zumessen sollen.

Beschränken wir uns auf einen Faktor, das Vorhandensein nutzbarer Güter, also auf „Wohlstand" im engeren Sinne: es macht schon einen großen Unterschied, ob in erster Linie an Mittel für den privaten Verbrauch und Gebrauch (z. B. eines Autos) oder eher an solche gedacht wird, die (auch) der Allgemeinheit zur Verfügung stehen (wie ein ausgebautes Nahverkehrssystem). Nachgerade das Ungleichgewicht von „privatem Reichtum und öffentlicher Armut" (*Galbraith*) gab Anlaß, über Lebensqualität nachzudenken. Selbst wenn unter „Wohlstand" allein der tatsächliche (mögliche) Konsum des einzelnen Bürgers (der entweder sein Auto oder einen Bus benutzen kann) verstanden wird, spielt das „Gemeinwohl" – in unserem Beispiel über die mit dem Verkehr verbundenen Probleme (zunehmender Individualverkehr wird zum ihn selbst behindernden Mißstand) – in das „Einzelwohl" hinein: jenes ist eben nicht bloß die Summe individuellen Nutzens. Der Systemwirkungen wegen hielt bereits die traditionelle Wohlfahrtsökonomik (*Pigou*) den Begriff der „allgemeinen Wohlfahrt" (general welfare) als Zustand psychosozialen Befindens für unerläßlich, um den engeren der wirtschaftlichen Wohlfahrt aus ihm abgrenzen zu können[7]. Weil sie immer von Wertungen aus der soziokulturellen Sphäre betroffen und abhängig ist, erscheint eine objektive Bestimmung individuellen „Wohlstandes" geradezu logisch unmöglich (vgl. *Leipert* 1975, S. 10). – Nun bietet sich allerdings in dieser Lage ein Weg an, die Schwierigkeiten der prozeßhaften Inderdependenz der Komponenten von Lebensqualität vorläufig dadurch zu vermeiden, daß er sie *quantifiziert*, statt von dem Ganzen auszugehen, ihr Spektrum als Sammlung von Linien auffaßt und über diese Elemente auf der Aggregatebene statistische Feststellungen trifft.

Während man ökonomische Indikatoren schon lange für gesamtwirtschaftliche Berechnung heranzog (der allgemeinste dieser Indikatoren ist das Bruttosozialprodukt), und solche Maßstäbe sich auch für Erhebungen zum „Lebensstandard" als brauchbar erwiesen hatten, fehlte es an einer entsprechenden Übersicht über das Ausmaß an Versorgung in all den Bereichen der Lebensgestaltung, die beim Blick in den „Warenkorb" außer Betracht bleiben. In den sechziger Jahren begann man in den USA, teils um für die sozialen Folgen technischer Entwicklungen Maßstäbe und teils um für Programme zur Verbesserung von Lebensverhältnissen die nötigen Anhaltspunkte zu gewinnen, das Instrumentarium der *Sozialindikatoren* zu entwickeln. Mit ihnen beschäftigte sich bald eine ganze Forschungsrichtung (Social Indicators Movement)[8]. Sie versprach, mit empirischen Verfahren all die Momente zu messen, die zusammen, wiederum empirisch bestimmt, Lebensqualität ergeben. Neben rein ökonomischen Daten durch Operationalisierung von Lebensqualität gleich gewichtig Daten über die soziale Versorgung zu rücken, bedeutet für sich allein schon eine beträchtliche Aufwertung der letzteren. *Werner* definiert: „Soziale Indikatoren sind qualifizierte, gesellschaftliche Informationen, die in Ausweitung der ökonomischen Kategorien für Zwecke der öffentlichen Diskussion, der wissenschaftlichen Analyse und der politischen Systemsteuerung gewonnen werden" (1975, S. 125). Das Motiv wird deutlich, mit Hilfe geeigneter Meßfühler komplexe mikrosoziale Entwicklungen makroökonomisch zu beherrschen.

Man erhebt statistisch, in welchem Maße bestimmte Merkmale aus als wichtig erkannten Bereichen ausgeprägt sind, – also Daten aus dem Bildungswesen, dem Gesundheitssektor, zu den Einkommens- und Wohnverhältnissen, dem Freizeitbereich. Die Kennziffern sollen anzeigen, wieweit die soziale Entwicklung insgesamt, wie sie sektoral und regional oder je nach Bevölkerungsgruppe gediehen ist. Dabei wird leicht das Thema verfehlt und so etwas wie der Lebensstandard gemessen. Was qualitativ im sozialen Leben wichtig ist und Indikator sein kann, darüber muß erst diskursiv – in intersubjektiver Abstimmung (also auch wieder wertend) – ein Konsens hergestellt werden. Als Beispiel sei die Gliederung der Indikatoren wiedergegeben, die von einer Arbeitsgruppe der OECD erstellt wurde. Sie sieht mehrere Hauptzielbereiche vor, in denen Wohlfahrt anzutreffen ist, nämlich (1973, S. 241 f.)
– Gesundheit
– Persönlichkeitsentwicklung und intellektuelle und kulturelle Entwicklung durch Lernen
– Arbeit und Qualität des Arbeitslebens
– Zeitbudget und Freizeit
– Verfügung über Güter und Dienstleistungen
– Physische Umwelt
– Persönliche Freiheitsrechte und Rechtswesen
– Qualität des Lebens in der Gemeinde.

Auf andere Systematiken für die Sozialberichterstattung, z. B. des SPES-Projekts („Sozialpolitisches Entscheidungs- und Indikatorensystem für die Bundesrepublik Deutschland") sei hingewiesen (*Zapf* 1977).

Das Sammeln von Faktoren aus der physischen, ökonomischen, sozialen und kulturellen Sphäre und aus der natürlichen Umwelt, die bei der Bestimmung von Lebensqualität eine Rolle spielen, ist aber nur ein erster, zu einer Taxonomie führender Schritt. Die Meßwerte, die den akkumulierten Momenten zugeordnet werden, bezeichnen das Vorhandene, den *status quo*, und sofern es dabei bleibt, kritisiert man den Umgang mit Sozialindikatoren wohl zurecht als „deskriptiv und empirisch, nicht analytisch und theoretisch"

(*Dahrendorf* 1979, S. 47). Die nächsten Schritte müssen sein: zu untersuchen, wie sich in der Bevölkerung die ermittelten Komponenten verteilen, zu fragen, von welchen Variablen und Regeln ihre Herstellung, Distribution und soziale Wahrnehmung bestimmt wird und welche Wege und Mittel schließlich geeignet scheinen, die Produktion, Verteilung und Wahrnehmung zu verbessern (*Hankiss* 1978, S. 59). Die Zufriedenheit von Menschen mit einem Gut und das Wohlbefinden, das sich bei dessen Nutzung einstellt, hängen wesentlich davon ab, ob und in welcher Beziehung es ein von ihm selbst produziertes Gut ist. Gleiches gilt für die sozialen und die kulturellen Annehmlichkeiten, an denen sie entweder aktiv oder passiv teilhaben. Eine Gleichverteilung von Gütern hat Einfluß auf deren Bewertung durch den Nutznießer, und für ihn bedeutet es eine Steigerung seiner Lebensqualität, wenn er über relativ unzugängliche und knappe Güter verfügen kann. Die subjektive Wahrnehmung des Vorhandenen hängt nachweislich ab von der Erziehung und Ausbildung, natürlich von der gewählten Bezugsgruppe, von traditionellen Erwartungen, von Zukunftsaussichten und von der Beurteilung des insgesamt erreichten Lebensniveaus in der Bevölkerung durch die jeweilige Person. Die gemeinte Qualität ist am Ende die einer physisch, sozial und kulturell bestimmten Umweltkomposition, erfaßt von den Akteuren in ihr, – und auch in dieser Perspektive eine ökologische Angelegenheit.

Das Totum von Lebensqualität sowie die Interrelation der Bereiche und einzelnen Momente wirken sich tiefgreifend und komplex auf die Faktoren aus, deren Indices uns angeben sollen, wie es um die Qualität insgesamt bestellt ist. Ihr systemischer Charakter nötigt uns, sie weniger als einen Zustand denn als einen *Prozeß* – ihrer gegenwärtigen Produktion, Distribution und Wahrnehmung – anzusehen (*Hankiss* 1978, S. 88), über dessen Zustand nun die Indikatoren sehr wohl einigen Aufschluß geben können. Als objektive Merkmale kennzeichnen sie mehr die Bedingungen, unter denen der Prozeß abläuft, und weniger seine Resultate. Angaben zum Versorgungsgrad, zum gesundheitlichen Status, Beschäftigungsstand usw. der Bevölkerung sagen unmittelbar nicht viel über die Qualität ihres Lebens aus. Sie beschreiben die *Lebensbedingungen*[9], welche das Erlebnis, in dem die Qualität wahrgenommen wird, zwar konstellieren, aber nicht ausmachen.

Man hat versucht, die ,,Wahrnehmung" der Lebensqualität mittels sogen. *subjektiver* Indikatoren zu erheben. Nun führt eine Selbsteinschätzung, die unbezogen und unkorrigiert stehen bleibt, allein kaum weiter. Jedoch läßt sich, findet *Zapf*, die *individuelle Wohlfahrt* aus der ,,beobachtbaren *und* der wahrgenommenen Qualität der Lebensumstände" (1979, S. 773) bestimmen. In der makrosozialen Übersicht (an welcher die Administration sich interessiert zeigt) führt das synoptisch zu einer Typologie von ,,*Statuslagen*", das sind ,,Konstellationen von sozialstrukturellen Merkmalen". Es gelingt mit der Kombination von objektiven Kriterien und subjektiven Merkmalen (Selbsteinschätzungen) z. B. empirisch festzustellen, welche Gruppen von Menschen in unserer Gesellschaft meßbar benachteiligt und darum der Aufmerksamkeit der Sozialpolitik empfohlen sind: ,,die Pflegebedürftigen, die ungelernten Arbeiter, die Behinderten, die Kontaktarmen, die Kranken, die Einsamen, die Arbeitslosen – sie bezeichnen, zusammen mit den Statuslagen der Arbeiterfrauen und Arbeiterrentner und bei allen Überschneidungen und Kumulationen – das Wohlfahrtsdefizit in der Bundesrepublik" (*Zapf* 1979, S. 777). Derlei Anzeige von „Lagen" bliebe reichlich banal, wenn sie sich statisch und nicht als Wiedergabe einer sozialen Dynamik verstünde. *Zapf* merkt deshalb an, daß materielle Hilfen und Strukturverbesserungen, wie sie sozialpolitisch eingesetzt werden, den vorhandenen, mit Kontaktlosigkeit und Angst verbundenen Notlagen allein nicht beikommen und „Zufriedenheit" generell nicht herstellen können; dazu seien sozialpädagogische und von Selbsthilfe getragene Initiativen in informellen Gruppen, Nachbarschaften etc. eher sinnvoll (1979, S. 781).

Individuelle Lebensqualität läßt sich weder liefern noch verordnen und durch den „Wohlfahrtsstaat" nur eben absichern. Die (makro)ökonomische und staatliche Tätigkeit stellt Mittel und Bedingungen bereit, Ressourcen, die es den Akteuren gestatten, in einer eigenen sozialen und psychischen Leistung den Komplex der Faktoren – nach Möglichkeit optimal – befriedigend in ihrer Lebenstätigkeit zu integrieren. Erst im persönlichen Leben ist die Komposition aktuell, deren Ökonomie Lebensqualität bedeutet. Da ihr das soziale Miteinander in konkreten Lebensbedingungen konstitutiv angehört, erreicht eine Person isoliert das erstrebte Ziel sowenig, wie eine auf den einzelnen Menschen abgestellte staatliche Fürsorge in dieser Hinsicht angemessen sein kann. Die öffentliche Tätigkeit wird durch Teilhabe und Mitbestimmung effektiver, nachgerade weil die Partizipation zu der individuellen Optimierung beiträgt, welche Wohlfahrt genannt wird. Aus welcher Perspektive wir sie auch betrachten: Im mikrosozialen, engeren Lebensraum (in ihm sind die gesellschaftlichen Bezüge fokussiert) entscheidet sich prozessual das Wohlergehen, stellt sich Befriedigung ein und kommt das Glück der Menschen vor.

Befragt man sie, worin sie die Qualität ihres *persönlichen* Lebens erblikken, dann werden vorwiegend Aktivitäten bzw. Interaktionen genannt[10]. Sie gewährleisten prozessual die Selbstversorgung, eine befriedigende persönliche Subsistenz. Das Niveau der *materiellen* Ausstattung garantiert nur die Mittel bzw. bescheinigt im Ergebnis ihre erfolgreiche Verwendung[11]. Die Durchführung des Lebens im Beziehungsgeflecht von Familie, Arbeit und Liebe errichtet die individuelle Nische und erhält sie als Einheit von Behausung und Verbesserung. Im sozialen Nahraum finden sich zunächst die sozialen und psychischen Möglichkeiten zur Lebensbewältigung (wie auch die psychosozialen Hindernisse, die eine Befriedigung beeinträchtigen). In den „primären sozialen Einheiten", also durch Familie, Arbeitsstelle, Nachbarschaft und Gemeinde, wird die Wertstruktur in einer „primären sozialen Welt" (*Trist*, in: *Emery/Trist* 1972, S. 132) festgelegt, und es werden die Zukunftserwartungen, Hoffnungen und Ängste geprägt, welche das Kolorit der Lebensqualität ausmachen. Die Tätigkeit des Individuums in seinem Umfeld und seinem psychosozialen Kontext sowie das der Tätigkeit korrespondie-

rende Geschehen halten alle Bestimmungsmomente der Qualität derart in
Bewegung, daß bereits die forschende Frage nach ihr, die Reflexion über das
eigene Ergehen es mit einem zusätzlichen Impuls versieht.

Wohlfahrt als Chance

Wohlfahrt, vom persönlichen Leben ausgesagt, besitzt einen dynamischen
Charakter. In unserer holistischen Betrachtungsweise werden wir in ihr
weder einfach die Ziele, nach denen es strebt, versammeln, noch sie als den
Zustand allein *gegenwärtigen* Wohlergehens, systemisch gedacht im Fließgleichgewicht ("to continue to function well"), annehmen, so wie *Trist* Wohlfahrt resp. "well-being" definiert (*Emery/Trist* 1972, S. 125). Er stellt sie der
„Entwicklung" bzw. dem „Fortschritt" ("to continue to advance") gegenüber und versucht sodann die makroökonomische Interdependenz von Entwicklung und Wohlfahrt auszuzeigen. Dem individuellen Leben ist jedoch der
Prozeß des Wachstums, des Lernens, der Antizipation, von Entdeckungen
und Neuerungen im Alltag bereits eingeschrieben, und wir können diesen
Prozeß von dem Wohlergehen der Person nicht einfach in Abzug bringen, um
es auf die Bedingungen des Gleichgewichts zu reduzieren. Konkret schließt
die Lebensqualität die Wahrnehmung der Bewegung ein, persönlich voranzu-
kommen, Perspektiven zu haben und Wandlungen zu unterliegen, dazuhin die
tätige Aneignung der qualitativen Momente, die in ihnen liegen, – und auch
die Entwicklung der Fähigkeit, diese zu genießen.

Indem wir sie dem psychosozialen Prozeß der Lebensführung zuordnen,
begreifen wir den relationalen Charakter von persönlicher Wohlfahrt besser,
bei der die Wohlfahrt der mitmenschlich Anderen immer mitgedacht und
selber eingebettet in die gesellschaftliche Situation gesehen wird. Die Ökonomie, mit den eigenen inneren und äußeren Möglichkeiten umzugehen und
mit ihnen hauszuhalten, kalkuliert die Qualität der sozialen Umwelt ein –
wiederum einen *Prozeß*, an dem das Individuum sowohl partizipiert wie er es
in der spezifischen Differenz der persönlichen Nische vorkommen läßt. Folglich bestimmt sich die wahrgenommene Lebensqualität einmal per Identifikation mit allgemeinen Standards und öffentlichen Einschätzungen, und sie
wird zum anderen durch den Vorgang praktisch definiert, daß jedermann
seinen Weg geht und im guten oder schlechten (schicksalhaft) Gelegenheit
hat, sein Ergehen vom allgemeinen zu unterscheiden. Individualisierung, die
Möglichkeit, in seinen differentiellen sozialen Beziehungen und seinem persönlichen Leben sich zu emanzipieren, mindert übrigens den wahrgenommenen Nutzen materiellen Konsums; sein sozialer Grenznutzen nimmt rasch ab,
wenn der soziale Umgang als Desiderat an Bedeutung gewinnt.

Im Sinne der oben genannten Grundbedürfnisse verlagert sich die Nischenbildung bei ausreichender materieller Sicherung (für die eine florierende
Wirtschaft zu sorgen hat) zunehmend auf das Geflecht derjenigen Interaktionen, die nicht der Beschaffung von Gütern dienen. Die gewünschte Lebens-

qualität findet sich eher im sozialen und kulturellen Bereich, insonderheit wenn man mit einiger Übung – welche die materielle Ersatzbefriedigung asketisch einzuschränken geeignet ist – sich in ihr ausbildet. Hier scheint nun Wachstum höchst wünschenswert: in ihm koinzidiert gesellschaftliche Entwicklung mit individueller Selbstverwirklichung. Auf sozialem und auf kulturellem Gebiet kann Subsistenz, der lebensnotwendige Unterhalt, unvermittelt in Wohlleben übergehen – und bleibt doch weiterhin eine Befriedigung von Grundbedürfnissen. Indem sich Individuen überall an ihm beteiligen, erhält sich das Humanum und setzt sich als Humanisierung fort. Individuell wahrgenommene Lebensqualität gerät somit in einen Werthorizont, der sie allgemein in einem noch zu klärendem Sinne durch Kultur und auf Kultur festzulegen, d. h. durch Beteiligung an ihr das individuelle Ergehen zu qualifizieren erlaubt.

Im soziokulturellen Rahmen nimmt die Person ihre Beteiligung an der genannten Potenz in der Gesellschaft diachronisch aktualisiert als *Chance* wahr. Lebensqualität erwächst in fortgesetzter sozialer Subsistenz aus gewährten und ergriffenen, also realisierten *Lebenschancen*. In erhellender Weise hat *Dahrendorf* diesen Begriff herangezogen, um die (modernen, in bürgerlicher Freiheit zur Disposition gestellten) Entfaltungsmöglichkeiten von Menschen zu beschreiben. Lebenschancen transzendieren eine statisch aufgefaßte Wohlfahrt, wie sie etwa Kameralisten zu denken vermochten, und sie bereiten, was wichtiger ist, dem Individuum (in seinem Streben nach Selbstverwirklichung) eine gesellschaftlich qualifizierte Existenz[12]. Die sozialen Strukturen geben je nach Position des Individuums für es inhaltlich Gelegenheiten und Regularien her. Dem einzelnen Menschen sind durch seine gesellschaftliche Situation Freiheitsgrade für sein Handeln, Möglichkeiten des Zugangs und der Wahl, *Optionen*, wie *Dahrendorf* sie nennt, eröffnet und andererseits bindende Bezüge, *Ligaturen*, die den Sinn des Handelns durch Rückstellung in einen metalogischen Zusammenhang kanalisieren.

Optionen und Ligaturen entfalten die individuelle Perspektive der Lebensführung; *Dahrendorf* versteht unter Lebenschancen eine Funktion dieser beiden Elemente (1979, S. 50). Sozialökologisch beschreiben sie für das einzelne Subjekt das Stück, das gespielt wird, dahingehend, welcher Part es wählen und wie es als Mitspieler der Geschichte, von der das Stück handelt, teilhaftig wird. Lebenschancen sind bei Übernahme sozialer Rollen gebotene Gelegenheiten, welche sich aus der Wechselbeziehung von Wahlentscheidungen verlangenden Optionen und Beziehungen stiftenden Ligaturen ergeben (1979, S. 55). Der soziale und kulturelle Prozeß setzt für die im Alltag in ihn einbezogenen Individuen in der Dimension der Optionen und in der Dimension der Ligaturen Koordinaten für die Lebensführung: was ich tun kann und was sich gehört bzw. Sinn macht. Nicht das Verhalten wird festgelegt, sondern der Raum qualifiziert, in dem es sich einrichten kann.

Dahrendorf konstatiert, die „Modernisierung" habe eine enorme Ausweitung der Wahlmöglichkeiten für die Menschen gebracht, gleichzeitig seien aber viele Ligaturen aufgebrochen bzw. die Intensität der sozialen Bindungen sei geringer geworden. Die Freiheit, wählen zu können, bringt nun bei Austauschbarkeit des Gewählten auf Dauer keine Befriedigung ein; der Mensch braucht Angebote, die seiner Willkür nicht unterliegen, sondern mit denen umgekehrt er sich identifiziert. Das individuelle Selbstverständnis lebt von seinen Verknüpfungen mit einem gesellschaftlichen Selbstverständnis, das sich z. B. in Traditionen äußert, in den Institutionalisierungen von Heimat, Familie, Glauben usw. (vgl. *Dahrendorf* 1979, S. 66); sie kommen konkret dem Verlangen nach, eine erfüllte Identität zu haben. Der faßbare Sinn sozialer Bindungen, der in einer Gesellschaft gepflegt wird, macht wesentlich ihre erlebte Qualität für die ihr angehörenden Menschen aus. Optionen auf die von den subjektiven Sozialindikatoren angezeigten Werte enttäuschen bei ihrer Wahrnehmung nicht, wenn sie durch eine Ordnung dynamisiert sind (also über sich hinaus verweisen), welche die Zuneigung (affection) bindet. Optionen und Ligaturen markieren *zusammen* die möglichen Verlaufgestalten personaler Subsistenz im Horizont des sozialen Lebens.

Die Kategorie Lebensqualität und der Versuch, sie mittels der Sozialindikatoren zu messen, konfrontieren uns materialiter mit der Breite eines objektiven Angebots und einer subjektiven Nachfrage, während der Begriff Lebenschancen aufmerksam macht auf formaliter vorhandene qualitative Beiträge, welche die Gesellschaft und ihre Agenturen ungleich diskreter zu den Werdegängen der Menschen leisten können. Lebenschancen betonen den strukturellen Aspekt, das Arrangement, während Lebensqualität im ganzen das Niveau bezeichnet, das sich erreichen läßt oder zu dem man es gebraucht hat, – das Niveau eines Prozesses wiederum, in dem sich zu befinden man unterschiedlich Gelegenheit hat. Zur Aufgabe sozialer Arbeit gehört es demzufolge, den einzelnen, insbesondere den benachteiligten Menschen Chancen zu eröffnen. Es geht um Möglichkeiten des Zugangs und der freien Wahl, um die Wahrnehmung real vorhandener Chancen und um die Organisation von Aktivitäten, welche neue Chancen herstellen. Behinderungen werden in der Einschränkung von Optionen aktuell. Ihr Mangel hindert, am gesellschaftlichen Leben teilzunehmen und sich in der sozialen Umwelt frei zu bewegen; die Behinderungen, die in den Akteuren selbst liegen, korrespondieren den äußeren nur partiell.

Andererseits kommt es in der sozialen Arbeit darauf an, Individuen und Gruppen in ihrer Orientierung, beim Auffinden von Legitimation, Verpflichtungen und Sinn zu helfen, in irgendeiner pädagogischen oder therapeutischen Weise Bindungen aufzubauen oder zu stabilisieren, nicht selten auch bei deren Auflösung mitzuwirken, sofern sie eine die Selbständigkeit fesselnde oder den Selbstwert der Person zerstörende Hörigkeit bedeuten, usw. Für Optionen gleichermaßen wie, unabhängig von ihnen, für bindende Bezüge sich einzusetzen, dient keineswegs den einzelnen Menschen in ihrer Lebensführung allein, sondern trägt generell zu einer Besserung des gesellschaftlichen Lebens (seines „Klimas" sozusagen) bei. In dessen Konstitution ein ausgewogenes, optimiertes Verhältnis von Wahlmöglichkeiten und Ligaturen zu erreichen, darf als ein hochgestecktes Ziel gelten; *Dahrendorf* spricht vom „kompliziertesten aller Ideale", und er steht nicht an, es das „öffentliche Glück" zu nennen (1979, S. 54). Wie bescheiden auch immer praktische Sozialarbeit auf es hin zu wirken vermag, es eignet ihr ohne Zweifel seit den Zeiten der Aufklärung institutionell ein Streben nach einem Zustand gesellschaftlicher Befriedigung.

Anmerkungen

1 Es sei daran erinnert, daß historisch die Proto-Industrialisierung („Hausindustrie" und ländliches Gewerbe) ihre Basis im bäuerlichen Subsistenzbetrieb hatte, der bei wachsendem Bevölkerungsdruck den Unterhalt seiner Angehörigen allein agrarisch nicht mehr sichern konnte (*Kriedke et al.* 1977, S. 67). Dazu paßt, daß viele primitive Gesellschaften, wie bereits erörtert, ihre materielle Produktion bei gegebener Möglichkeit nicht wesentlich über die materielle Subsistenz hinaus erhöhen. Wenn wir bei einer biologischen Erklärung der Tatsache bleiben wollen, daß andere diesen Schritt taten, müssen wir den Begriff der Subsistenz über den physischen Unterhalt hinaus in die soziokulturelle Sphäre erweitern.
2 Womit die Frage nach dem inneren Verhältnis der Grundbedürfnisse (needs) zu den Ansprüchen (wants) in der Gesellschaft aufgeworfen wäre. Vgl. hierzu die dialektische Gegenüberstellung von *Maslow* und *Marx* bei *Bay* (1980).
3 Vgl. den von *Inglehart* (1977) in Anlehnung an *Maslows* Bedürfnishierarchisierung („höhere" Bedürfnisse bestimmen das Handeln erst, wenn die „niedrigeren" befriedigt sind) beschriebenen Wertwandel in „nachindustriellen" Gesellschaften mit zunehmender Betonung „nicht-materialistischer" Werte und wachsendem sozialen (politischen) Engagement, – eine Änderung der Einstellung und Verhaltensdisposition, die sich nach *Inglehard* besonders bei der in einer Phase der Prosperität aufgewachsenen Jugend beobachten lasse.
4 nach *Jöhr* (1974, S. 10).
5 Lebensqualität 1976, S. 19
6 Vgl. *Kennedys* Worte im „Bericht zur Lage der Nation" (15.1.1963): „Die Qualität des amerikanischen Lebens muß Schritt halten mit der Qualität der amerikanischen Güter".
7 *Pigou* argumentiert, das ökonomische Wohlergehen könne kein Gradmesser für die allgemeine Wohlfahrt sein, eine Änderung des ersteren bedeute aber eine Änderung der letzteren (1962, S. 12). Im übrigen wies *Pigou* auf die Wechselwirkung von Umwelt- und psychosozialen Einflüssen bei der Befriedigung qua Lebensqualität hin (1962, S. 14).
8 zu verfolgen in der Zeitschrift „Social Indicators Research. An International and Interdisciplinary Journal for Quality-of-Life Measurement."
9 So die begriffliche Unterscheidung bei *Zapf*: „Unter *Lebensbedingungen* verstehe ich die beobachtbaren Lebensumstände von Individuen, Haushalten und Kollektiven, zum Beispiel Einkommen, Wohnverhältnisse, Gesundheit, Ausbildung, soziale Kontakte, Unter *wahrgenommener Lebensqualität* verstehe ich die Bewertungen, die die Betroffenen über ihre Lebensbedingungen abgeben, und ihre Zufriedenheiten; dazu gehören auch generellere kognitive und emotive Gehalte wie Hoffnungen und Ängste, Glück oder Entfremdung" (1979, S. 767).
10 In Kalifornien wurden empirisch 15 Komponenten gefunden, die persönliche Lebensqualität ausmachen (*Russ-Eft* 1979, S. 357 ff.):
Physical and material well-being
– Material well-being and financial security
– Health and personal safety
Relations with other people
– Relations with spouse (girlfriend or boyfriend)
– Having and raising children
– Relations with parents, siblings, or other relatives
– Relations with friends
Social, community, and civic activities

- Activities related to helping or encouraging other people
- Activities related to local and national governments

Personal development and fulfillment
- Intellectual development
- Personal understandung and planning
- Occupational role (job)
- Creativity and personal expression

Recreation
- Socializing
- Passive and observational recreational activities
- Active and perticipatory recreational activities.

Es sind dies zugleich die Kategorien, in denen die soziale Arbeit ihre Aufgaben hat: die Bereiche, in denen Menschen ihre Probleme haben und nach Lösungen suchen, Bereiche, in denen sie zurückbleiben oder wachsen können.

11 Über das physisch erforderliche Maß hinaus dient die Warenwelt als Staffage, und sie liefert Bilder, die Erlebnisse versprechen. In Fragmenten und Anspielungen kommt in ihr das gewünschte Leben vor; sie korrespondiert mit der Phantasie. Nicht von ungefähr benutzt die Warenwerbung als Hintergrundtext Botschaften von den Grundbedürfnissen der Menschen: Bilder heiteren Landlebens, Bilder des Familienlebens, Bilder des persönlichen Erfolgs usw. (*Leiss* 1978, S. 148). Die Güter sind austauschbar, im Grunde gleichgültig; mit ihnen wird sinnvolles Leben versprochen, das sich bei ihrem Verbrauch dann doch nicht einstellt.

12 „Lebenschancen sind keine Attribute von Individuen. Individuen haben in ihrer gesellschaftlichen Existenz Lebenschancen; ihre Lebenschancen können sie zur Entfaltung bringen oder zerbrechen; aber ihr Leben ist eine Antwort auf diese Chancen. Lebenschancen sind Formen ... Lebenschancen sind Möglichkeiten des individuellen Wachstums, der Realisierung von Fähigkeiten, Wünschen und Hoffnungen, und diese Möglichkeiten werden durch soziale Bedingungen bereitgestellt" (*Dahrendorf* 1979, S. 49 f.).

Kulturökologie: die innere Beziehung

Theoretisch – in der Konstruktion ihrer Anschauung – bestellt Humanökologie die Domäne menschlichen Lebens. Wie Menschen sich in dem gesellschaftlichen Gebäude einrichten, aktive und passive Beziehung zu diesem ihrem Oikos pflegen, erweist und bedeutet genaugenommen, daß sie selbst eingerichtet, ein lebendiges Resultat ihrer humanen Umwelt sind – und nicht nur das besagte Haus von ihnen bereitet und ausgestattet wird. Auf die Gefahr hin, daß wir die bildliche Wendung zu sehr beanspruchen: ökologische Anschauung rechtfertigt sowohl die eine Annahme, menschliche Existenz wohne der (evolutiven und sozialen) Natur inne, als die andere, der Mensch ,,wohne" in ihr und lege sich in ihr aus[1]. Fragen wir nach dem Charakter des ,,Inseins", dann muß die Antwort nach Maßgabe der anthropologischen Selbstverständigung umfassend sein: wir leben in einer *biotischen* Ordnung, in einer *sozialen* Ordnung und in einer *kulturellen* (bzw. geistigen) Ordnung, wobei ,,wir" die Gesellschaft und die Individuen sind.

Während die soziologische Humanökologie das Verhältnis menschlicher Gemeinschaften bzw. der Population zur umgebenden Natur derart aufgefaßt hat, daß die soziale und kulturelle Gruppenaktivität der Natur gegenüber gesetzt erscheint, gehört in der Ökologie der einzelnen Menschen zweifellos das soziale und das kulturelle Geschehen erst einmal zur Umwelt, zu der genannten Einrichtung, welche die Individuen, die dann ihrerseits sozial und kulturell tätig sind, zwar nicht generativ, aber soziokulturell hervorbringt. Es ist ein Charakteristikum der Lebenswelt des Menschen, mit Kultur ausgestattet zu sein. In diesem Sinne rechnete *Durkheim* sie zum ,,inneren sozialen Milieu" - neben den Personen und materiellen Objekten, die der Gesellschaft unverleibt sind, die Produkte früherer sozialer Tätigkeit, ,,das gesatzte Recht, die geltende Moral, literarische und künstlerische Monumente usw." (1976, S. 195). Das Individuum ist mit dem so qualifizierten Milieu geistig beschäftigt; kulturell enthält es die Sinnbezüge, welche *Dahrendorf* Ligaturen genannt hat, Werte, die in ihrer Bedeutung Zustimmung erheischen, zumindest aber zu einer Stellungnahme nötigen.

Die soziale Arbeit hat deshalb Grund, von einer Ökologie der Kultur ergänzende Orientierung nicht allein zu erwarten, weil sie das bioökologische und das sozialökologische Verständnis systematisch vervollständigt. Jedermanns Alltagsleben untersteht kulturellen Ansprüchen und ist von einer geistigen Ordnung nicht frei. Zudem hat bereits die Dichotomie von äußerer und innerer Ökonomie das psychosoziale Problem der Kultur in ihrem Verhältnis zum ,,natürlichen" Leben aufgezeigt. Wenn wir psychodynamisch beim Subjekt mit der primären Aneignung der Natur durch es den Anfang machen, so verdoppelt sie sich im Verlauf ihrer Herstellung und Wahrnehmung in die Natur des Selbst und die objektive Natur, mit der das Subjekt in Phantasie und Realität zurechtkommen muß. Beziehungsvoll versammelt es um *sich selbst* in einer symbolischen Struktur seine Objekte – und nimmt, um diese Versammlung der Bedeutung nach zu organisieren, Ideologie in Anspruch, die ihm, eingefangen durch Identifikation mit der sozialen Umwelt (welche ihrerseits das Subjekt identifiziert), von Anfang an zur Verfügung steht. In der Selbstentfaltung bzw. in der Ökologie der kindlichen Entwicklung verläßt die Kultur bzw. die Bezugnahme auf sie den naturgeschichtlichen Rahmen nicht. Sie tritt formierend, Natur vermittelnd in ihm auf.

Die Form Kultur

Mit dem Verlauf des Lebens von einzelnen Menschen, von Familien und Gruppen befaßt, sucht Sozialarbeit dem Sinn in diesen Werdegängen zu folgen und ihn mit den kontextuellen Bedingungen zu vereinbaren. Der Sozialpädagoge betont, individuelles Handeln bedürfe von Natur aus auch der kulturellen Form. Im mitmenschlichen Umgang und in der Beschäftigung mit Verhaltensproblemen macht sich die alle persönlichen Äußerungen durchherrschende Wertstruktur bemerkbar, in der jeder sein Leben eingerichtet hat. Damit meinen wir nicht nur den besonderen Stil, in dem der einzelne Mensch es führt, sondern auch den Komplex der Maximen, nach denen er sich richtet, und es sind leitende Ideen und Vorstellungen, die ihn mit der Umgebung einig sein oder in Widerspruch geraten lassen. Ihre kognitive, aber bis in die Physiologie reichende Macht vor Augen, hat man wohl eine gewisse Berechtigung, von ,,geistiger Subsistenz" zu sprechen. Menschen brauchen eine innere Wegleitung, wie immer sie beschaffen sein mag. Die Versorgung, welche ihr Genüge tut, kommt einer archetypischen Vorstellung nach ,,von oben"[2] – während die physische Subsistenz in der gleichen Vorstellung ,,von unten", die soziale schließlich im Horizont geselligen Umgangs ihre Nahrung findet. Was die Kultur anlangt, soll an verschiedenen kulturanthropologischen und soziologischen Theoremen gezeigt werden, daß für diese Richtungsangabe eine Menge spricht.

Der kognitiven Orientierung eignet der Topos der hohen Warte, um vom Aufschwung der Inspiration und dem geistigen Licht gar nicht erst zu reden, das man sich wie das natürliche von jeher über der schweren und dunklen Materie ausgebreitet denkt. Nach dem letzteren richtet sich bekanntlich das organische Wachstum aus, dem das geistige analog folgt. Menschen haben, meint *Maslow*, die basalen Bedürfnisse übergreifende *Metabedürfnisse* – nach Ordnung, Einheit, Schönheit, Gerechtigkeit, Reichhaltigkeit usw. Es spiegeln sich in ihnen facettenhaft die ,,Werte des Seins" (1973, S. 94). Der biologisch verankerten Tendenz zur Selbstverwirklichung kommen solche Strebungen als ,,Wachstumsbedürfnisse" (growth needs) zupaß. Das einzelmenschliche Hineinwachsen in die Kultur einer Gesellschaft geht nicht einfach als ein Prozeß auf sozialer Ebene, genannt Sozialisation, vonstatten; das Wachstum hat eine weitere, ihm Raum schaffende Dimension, in der die biologische Anlage mit der geistigen Sphäre in einer ,,hierarchischen Beziehung" mit dem Ergebnis korrespondiert, daß die ganze Subsistenzweise moduliert ist, sie als spezifisch *menschliche* Lebenstätigkeit und Existenzweise erscheinen zu lassen.

Solange wir uns mit dem Begriff ,,Kultur" inhaltlich nicht auseinandergesetzt haben, sprechen wir bereichsspezifisch vorläufig von einer *soziokulturellen* Sphäre. Die klassische Humanökologie hatte Mühe (bzw. machte sich wenig Mühe), in ihrer biologischen Orientierung die Phänomene der Sozialität und Kultur wenigstens in einem eigenen Bereich gelten zu lassen. *Park* beließ die kulturelle Superstruktur (die ,,sittliche Ordnung") in der Ebene der sozialen Kommunikation, unter welchem Level der *ökologische* die biotische Dynamik des Wettbewerbs beinhalten soll. Die Unzulänglichkeit dieses Konzeptes in der Empirie führte dazu, daß die Humanökologie Kultur im nachhinein als *ökologischen* Faktor anerkannte. *Hollingshead* schreibt 1947: "Human activities are organized within a sociocultural framework, and ecological analysis needs to face this fundamental fact" (in: *Theodorson* 1961, S. 110). Allerdings beziehen die Neuerer Kultur nur instrumental in ihre Überlegungen ein. Dem Kulturellen wird Werkzeugcharakter zugeschrieben, auch wenn es eine orientierende Funktion hat: "Cultural values and usages are tools which regulate the competitive process" (a.a.O., S. 111).

In diesem Sinne ist der Zweck von Kultur (inhaltlich nahe der einen Wortbedeutung von *cultura*: Ackerbau) auch ethnologisch aufgefaßt worden. Die vergleichende Völkerkunde hat andererseits zeigen können, wiesehr kulturelle Gegebenheiten von äußeren Faktoren der natürlichen Umgebung abhängen resp. eine Anpassung an die geographischen, topographischen und sonstigen physischen Umstände darstellen. Die unterschiedliche Ausprägung (die differentia specifica) von Kulturen in Anbetracht der Lebensbedingungen in der jeweiligen Umwelt hat 1950 *Steward* als gesonderten Gegenstandsbereich einer *Kulturökologie* (cultural ecology) ausgewiesen. Er meint mit ihr das Studium der Prozesse, durch die sich eine Gesellschaft an ihre Umwelt anpaßt (1968, S. 337). Die Kultur erscheint hier als *abhängige* Variable, während die Mensch-Umwelt-Beziehung bzw. die (physische) Umwelt als unabhängige Variable angesehen wird. Kulturökologie habe die Aufgabe, führt *Steward* programmatisch aus, die Wechselbeziehung zwischen der Technologie, die angewandt wird, um die Natur zu bearbeiten, und der Umwelt zu analysieren, des weiteren die Verhaltensmuster zu untersuchen, die bei der Ausbeutung eines bestimmten Areals mittels einer bestimmten Technologie auftreten, und drittens zu ermitteln, in welchem Ausmaß die genannten Verhaltensmuster andere Aspekte der Kultur beeinflussen (1972, S. 40 f.).

Die kulturelle Anpassung kann z. B. an der Sprache, den Institutionen der in einer Gemeinschaft zusammenlebenden Menschen, ihrem Lebensstil, ihren Werten und Normen studiert werden. Für *Steward* ist zentral – der Kernbereich der ökologisch auszumachenden Kultur – das Repertoire an Techniken und Verhaltensweisen, die im engeren Sinne der Befriedigung von Grundbedürfnissen dienen resp. zur Ökonomie der Subsistenzaktivitäten erforderlich sind[3]. Lokal ausgebildete soziokulturelle Systeme entsprechen den unterschiedlichen Lebensverhältnissen in der jeweiligen Umwelt sowohl praktisch wie in der mentalen Beziehung zu ihr. Ändern sich die Umwelt bzw. ihre Lebensbedingungen, so folgen Wandlungen des Systems nach, mit dem sie bewältigt werden. Da Kulturökologie allgemein die Interaktion einer gesellschaftlichen Daseinsweise (einer Kultur) mit der umgebenden Natur zum Gegenstand hat, seien es im wesentlichen „techno-environmental interactions", mit denen sich die Kulturökologie beschäftige, meint *Harris*. Er merkt zu ihr kritisch an, sie huldige uneingestandenermaßen einem materialistischen Kulturbegriff. *Steward* habe versucht, die materiellen Bedingungen des soziokulturellen Lebens in der Anpassung von Produktionsprozeß und Habitat zu identifizieren (*Harris* 1969, S. 654). Es handele sich um einen Kulturmaterialismus, der die Aufmerksamkeit auf die Interaktion von Verhalten und Umwelt lenke, so wie diese Beziehung durch den menschlichen Organismus und seinen kulturellen Apparat vermittelt werde (1969, S. 659).

Jedenfalls befaßt sich auch diese Disziplin mit Vorgängen auf dem Aggregat-Niveau. Wir können *Stewards* Ansatz als ethno-ökologische Variante der klassischen Humanökologie betrachten. Primär interessiert er sich für das Verhältnis ganzer Gesellschaften zur Natur, wenigstens einer Population zu dem Areal, das sie besiedelt und nutzt. Er interessiert sich nicht für (kulturbedingte) innergesellschaftliche Lebensverhältnisse. Kulturen seien „socio-natural systems". Einen anderen Begriff von Kulturökologie hat *Bennett* (1976) entwickelt, indem er die Frage stellte, ob nicht beim gegenwärtigen Entwicklungsstand die Kultur des Menschen (im industriellen Verwertungsprozeß natürlicher Ressourcen) zunehmend zur Umwelt des Menschen schlechthin werde, dergestalt, daß menschliche Gemeinschaften primär nicht so sehr mit der physikalischen und mit der belebten Natur, sondern mit sich selbst in den Gestaltungen der Gesellschaft auskommen müssen, "– indeed, to the point where the argument seriously can be advanced that the concept 'human ecology' is a myth, and that there is (or shortly will be) only, and simply, Human Society: people and their wants, and the means of satisfying them" (1976, S. 4). *Bennett* versteht unter Kultur das Denken und Wollen der Menschen ("the cognitive-voluntaristic capacity of human behavoir", 1976, S. 213). Danach befaßt sich der Anthropologe in kulturökologischen Studien z. B. mit der Natur von Konsumbedürfnissen und der Art und Weise ihrer Befriedigung, mit den Auswirkungen der öffentlichen Meinung oder bürokratischer Organisationsformen auf die Gestaltung des Lebens der Menschen. Auch diese Humanökologie setzt also im makrosozialen Bereich ein, jedoch hat sie als Kulturökologie die Erkenntnis in sich aufgenommen, daß für den einzelnen Menschen nicht das im physikalischen Raum ausmachbare materielle Substrat, sondern die Kultur selbst quasi als immaterielles Gehege die relevante Umwelt ist[4].

Es steht einer Ökologie der menschlichen Welt wohl an, sich der Kategorie der Kultur zu versichern, wenn sie bereits im vorwissenschsftlichen Sinne gebraucht wird, um einer ganzen Sphäre objektivierbarer Gehalte den Rahmen abzustecken. Noch die Vieldeutigkeit des Begriffes entspricht der schöpferischen Arbeit, welche die Kategorie in der Reflektion erfaßt und der sie selbst sich unabschließbar ergeben muß. Bedeutungsgeschichtlich steht am Anfang eine Tätigkeit des Pflegens und Bestellens (lat. *colere*), von der „Erbauung" in zweierlei Sinn abgeleitet werden kann, – einmal bezogen auf die produktive Verbesserung des persönlichen (wie *Cicero* von der „cultura animi" redet) und des gesellschaftlichen Lebens, – zum anderen bezogen auf die feiertäglichen Tätigkeiten der Verehrung (*cultus* in der vor allem religiösen Phänomenologie), in welchen man selbst gewissermaßen in die Essenz der Welt übergeht – wie diese in dem rationalen Sinn von Kultur umgekehrt transitorisch angeeignet und alltäglich geltend gemacht wird.

Bemühen wir nicht gerade deutsche Idealisten, dann erscheint Kultur wissenschaftlich in objektivierbaren Ergebnissen. In der Anthropologie bzw. ethnologisch lag es nahe, sich auf sie zu beschränken, und dabei einmal mehr das individuelle und ein andermal eher das sozietäre Vermögen zu betonen. Die klassische Definition von *Tylor* (1873) lautet: „Cultur oder Civilisation im weitesten ethnographischen Sinne ist jener Inbegriff von Wissen, Glauben, Kunst, Moral, Gesetz, Sitte und allen übrigen Fähigkeiten und Gewohnheiten, welche der Mensch als Mitglied seiner Gesellschaft sich angeeignet hat" (1873, S. 1). Andere haben auf die Formen abgehoben, in denen der sozietäre Körper sich ausbildet (Kultur als „Lebensform einer Gesellschaft", *Linton* 1974, S. 23), wobei der Vermittlung an die teilhabenden Individuen unsichtbare und sichtbare Seiten nachgewiesen werden[5]. In einer Übersicht über 164 verschiedene Definitionen von Kultur stellen *Kroeber* und *Kluckhorn* (1952) drei Akzentuierungen fest: erstens in Richtung „materielle" Kultur (Beziehungen des Menschen zur Umwelt, Technologie), zweitens in Richtung „soziale" Kultur (Beziehungen zwischen den Menschen), drittens in Richtung „geistige" Kultur (Ideen, Attitüden und Werte und daran orientierte Verhaltensweisen). Die beiden Autoren selbst bevorzugen Definitionen, in denen Kultur als eine *Abstraktion* vom Verhalten vorgestellt wird (1952, S. 155). Das Mißverständnis liegt immer nahe, Kulturelles ins Reich des Unwirklichen zu entrücken. Deshalb betonen andere „Kulturologen" die Realität *sui generis* der von ihnen bezeichneten phänotypischen Sachverhalte. Diese kommen in der kontextuellen Einheit der Kultur ganzheitlich vor: Was materiell, sozial oder geistig zu ihr zählt, bezieht seine das Denken und Verhalten von Menschen beeinflussende Macht aus seiner Stellung in dem *System* Kultur, dem die Individuen angehören. Da sie selbst eine in es einbezogene Ausprägung von ihm sind, können sie sich auch im Konfliktfall (z. B. in den Erscheinungen einer „Gegenkultur") ihm nicht entziehen. Unser Handeln ist kulturbezogen, stellt *Parsons* fest (1976, S. 121); das Symbol-System Kultur verleihe ihm Sinn und Intention. Der einzelne Mensch wächst lernend in seine Kultur hinein, „mithin bilden die allgemeinen Kulturmuster für die Handlungssysteme eine ähnlich starke strukturelle Verankerung wie auf der anderen Seite die genetisch fixierten Muster des Gattungstyps" (1976, S. 123). Der systemische Charakter von Kultur bindet das Verhaltenssystem des Individuums als einmalige Variante in ihr Erscheinen ein.

Gleichsinnig argumentiert im Kontext eigener Theorie beispielsweise *White*, der zunächst den „extra-somatischen Zusammenhang" herausstellte, in dem Kultur als eine auf Symbolschaffen beruhende Klasse von Dingen und Ereignissen betrachtet werden müsse (1963, S. 369). Die besondere Ordnung von Phänomenen, die Kultur genannt zu werden verdient, fand *White* später, sei in einer Ganzheit konstituiert, die als System wirke[6]. Natürlich existiert es nicht ohne die Menschen, die ihm angehören und die Kultur „haben". Aber ein solches System verfüge in seinen Strukturen über *Vektoren*, die wie im physikalischen Feld Größen darstellen, die durch ein Maß und eine Richtung ausgezeichnet sind (*White* 1975, S.59). Sie beeinflussen die Akteure mehr oder minder stark und nach einer bestimmten Seite hin. Jede Stelle im Handlungsfeld weist ökonomische bzw. technologische, soziale und ideologische Vektoren (unbeschadet davon, daß sie sich schwer messen lassen) auf. So drängt uns etwa eine Konstellation (bzw. deren vorherrschende Interpretation) aus Stand der Industrialisierung, Produktivität, Arbeitslosigkeit, außenwirtschaftlichen Bedingungen einerseits und Umweltbewußtsein, Erwartungen an die Lebensqualität, vorhandene Alternativen usw. andererseits zu gewissen (wirtschafts-) politischen Entscheidungen. Der Prozeß, der zu ihnen führt, gehört in einem Lande ebenso zur gegenwärtigen Kultur wie derjenige, der in Polen nach dem Krieg zum Wiederaufbau historischer Stadtzentren im alten Stil führte, oder einer, in dem man wie in Italien 1978 die psychiatrischen Anstalten per Dekret auflöste, – und der andere des Bewußtseinswandels, der den Museen unlängst ungeahnten Zulauf an Publikum bescherte. Vektoriell darstellen könnte man auch das intentionale Gewicht von Kirchen, feministischen Gruppen und einer liberalen Öffentlichkeit (die ihrerseits vektoriell wirksam zusammengesetzt ist) in der Frage des Schwangerschaftsabbruchs, und – um ein ganz banales Beispiel zu wählen – den Überlagerungseffekt von alternativer Bewegung und „Gesundheitswelle", der in der Wertschätzung und im Verbrauch makrobiotischer Produkte kenntlich wird.

Die Fluktuation des Geschehens, die in den genannten Fällen zu beobachten ist, und das Auf- und Abtauchen kultureller Phänomene ergibt sich zwingend aus der Wechselwirkung zwischen den Faktoren sowie aus der Eigendynamik der beteiligten Akteure. Bei ihnen ist im Zeitverlauf mit einer Absättigung geweckter Bedürfnisse zu rechnen. Was zunächst „neu" und „modern" wirkt, verliert an Reiz. Die „Interessenlage" ändert sich. Der Fokus der Aufmerksamkeit wandert. Im tatsächlichen Verhalten der Menschen, deren kulturelle Motivation jeweils nur eine partikulare sein kann[7], vollzieht sich der Prozeß, in dem bestimmte Werte geltend gemacht werden. Einzelne Interessenten und Gruppen nehmen in der Öffentlichkeit auf ihn Einfluß, indem sie als „Lobbyisten" oder „pressure groups" ihr relatives Gewicht vergrößern (vgl. *White*, 1975, S. 79 ff.). Sie können allerdings auch wieder nur *kulturelle* Inhalte (Wissen, Entwürfe von Verheißungen oder des Schreckens, ihre geltenden Positionen) argumentativ in die Waagschale werfen, – und diese machen allein auf Mitglieder der kulturellen Gemeinschaft einen kalkulierbaren Eindruck. Kultur ist in einer inneren Beziehung wirksam; sie generiert und regeneriert sich selbst im eigenen Milieu, einem vermaschten System von Rückkopplungsvorgängen.

Die kollektive Konstitution des Wertsystems

Soweit sie auf mehreren Ebenen vonstatten gehen, sind die soziokulturellen Prozesse identisch mit dem Geschehen, das man *gesellschaftliches Leben* nennt. Weil in jedem Bereich der sozialen Arbeit mit dem Begriff der Gesellschaft umgegangen, auf ihn rekurriert wird und er zumindest ethnologisch seinem Umfang nach dem Begriff der Kultur gleichkommt, sei hier auf die ökologische Realität von Gesellschaft etwas näher eingegangen. Sie ist gewissermaßen eine gemachte Voraussetzung, die sich im sozialen Prozeß schlüssig aus ihm ergibt. Den bisherigen Überlegungen nach stellen die Kultur und ihre wesentlichen Momente makrosoziale Funktionen der Gesellschaft dar, die mikrosozial den einzelnen Menschen zukommen. Da jeder sie nur beschränkt und differenziert wahrnimmt, tritt die von ihnen per Integration konstituierte Gesellschaft – rückwirkend auf den einzelnen Akteur – allen phänomenal in einer spezifischen Allgemeinheit gegenüber, und sie besitzt in dieser Beziehung tatsächlich ihre objektive Realität. Von *Lévi-Strauss* stammt die schöne Wendung, welche den systemischen Charakter des gemeinten inneren Verhältnisses beschreibt: ,,Der Mythos und das musikalische Werk erscheinen so als die Dirigenten eines Orchesters, dessen Zuhörer die stummen Spielenden sind" (1971, S. 33). Die individuellen Spieler brauchen die Strukturen und Muster, in denen sie leben und denken, wenn sie ,,mitspielen" wollen, und sie müssen mitspielen, um sinnvoll leben zu können. Den Sinn aber vermittelt das ganze Spiel – oder, möchte man metalogisch sagen, das Spiel der Spiele – als kontextuelle Umwelt. Es ist also nicht erforderlich, ,,Kultur" und sodann ,,Gesellschaft" zu hypostasieren; beider Realität liegt in der Beziehung von Ganzem und Teil in deren wechselseitiger Anforderung begründet.

Das überindividuelle System, das wir in geistiger Beziehung eine Kultur[8], in sozialer Beziehung eine Gesellschaft heißen, ist eine eigenständige Tatsache, da jedes Individuum sich zu ihm in ein wechselndes Verhältnis setzen, es inhaltlich auffassen, sich von ihm distanzieren oder ihm sich unterwerfen kann. Das (psychosoziale) Leben, an dem der einzelne Mensch partizipiert, hat *Durkheim*, der deswegen vielgescholtene Altmeister der soziologischen Theorie, mit dem Begriff ,,Kollektivbewußtsein" (*conscience collective*) belegt. Dabei ist wohl zu beachten, daß der französische Ausdruck inhaltlich ein ,,Mitwissen" (ein Sentiment, das wie im *Gewissen* und in der *Gesinnung* zugleich kognitiver und emotionaler Natur ist) anspricht – und damit die soziokulturelle Übereinstimmung in dem, ,,was gewiß ist"[9]. In (durch den Prozeß der Arbeitsteilung) entwickelten Gesellschaften werde der Einfluß des kollektiven Bewußtseins, das ja auf der Gleichheit von Lebensbedingungen basiere, geringer, meint *Durkheim*; es müsse die Sozietät nicht mehr wie die segmentäre Gemeinschaft quasi mechanisch zusammenhalten und reduziere sich in der Moderne auf den Kult des Individuums, dessen Erfahrung und Gefühl zuvor von ihm überwuchert war (1977, S. 208): Das ,,Kollektivbewußtsein" sei mit Fortschreiten der sozialen Evolution allgemeiner, abstrakter und rationaler geworden und lasse umso mehr Raum für individuelle Variationen. *Durkheim* postuliert schließlich, die arbeitsteilige Gesellschaft schaffe sich mit der von ihr erzeugten spezifischen Abhängigkeit der Menschen voneinander eine neue Basis der moralischen Ordnung und der Solidarität, – ohne daß die gemeinsamen Gefühle und das gemeinsame menschliche Leben deshalb aufhörten zu existieren (1977, S. 442). Er benutzt später, um die partikularen Zustände des Kollektivbewußtseins – wie Mythen, leitende Ideen oder volkstümliche Anschauungen – zu bezeichnen, den Terminus ,,kollektive Vorstellungen' (*représentations collectives*), – wobei ,,Repräsentation" sowohl den Akt wie dessen Inhalt meint.

Mag sein, daß die Schwierigkeit mit der sozialen Konstitution von Gesellschaft (und Individuum) weniger darin besteht, sie zu verstehen, als vielmehr darin, sie richtig zu beschreiben (wenngleich auch im Verhältnis von Denken und Sprache das nämliche Problem versteckt ist). Es kommt offenbar vor allem darauf an, Gesellschaft und Individuum nicht statisch gegenüberzustellen, sondern den Prozeß ihrer Beziehung zu begreifen. Darauf hatte *Marx* schon früh den Akzent gesetzt[10]. Über die Aggregation, die bloße Ansammlung hinaus eignet der Gesellschaft das a priori vorhandene soziale Leben der Menschen, dessen Bewegungen und Resultate die Vorstellung von ihr und über die Imagination wieder die gesellschaftliche Tätigkeit der Individuen nährt. Das Ensemble der sozialen Beziehungen, in denen sie sich zueinander tatsächlich verhalten[11], reproduziert sich auf Grund seiner eigenen, endogenen Dynamik. Das Ganze ist ständig in einer seine Bestandteile affizierenden und durch sie ausgelösten Veränderung begriffen.

Elias beschreibt in seinen Erkundungen zum Prozeß der Zivilisation dies dynamische Beziehungsgeflecht als eine *Figuration*, so wie sie etwa in den Wandlungen eines Tanzes ganzheitlich in Erscheinung tritt (1978, S. LXVII f.). Mit Begriff und Bild sucht *Elias* zugleich die Vorstellung abzuwehren, die Gesellschaft bzw. die Kultur existiere eigenständig, und zu zeigen, daß sie trotzdem real vorhanden ist. Niemand werde sich einen Tanz als ein Gebilde außerhalb von Individuen vorstellen. Aber wenn man von Tänzen spricht, denkt man dabei an etwas Konkretes. ,,Die gleiche Tanzfiguration kann gewiß von verschiedenen Individuen getanzt werden; aber ohne eine Pluralität von aufeinander ausgerichteten, voneinander abhängigen Individuen, die miteinander tanzen, gibt es keinen Tanz; wie jede andere gesellschaftliche Figuration ist eine Tanzfiguration relativ unabhängig von den spezifischen Individuen, die sie hier und jetzt bilden, aber nicht von Individuen überhaupt. Es wäre unsinnig, zu sagen, daß Tänze Gedankengebilde sind, die man auf Grund von Beobachtungen an einzelnen, für sich betrachteten Individuen abstrahiert. Das gleiche gilt von allen anderen Figurationen. Wie sich die kleinen Tanzfigurationen wandeln – bald langsamer, bald schneller –, so wandeln sich auch – langsamer oder schneller – die großen Figurationen, die wir Gesellschaften nennen" (*Elias* 1978, S. LXVIII f.). Hier ist zunächst die Kultur das Unabhängige, das Verhalten der einzelnen Menschen die abhängige Variable (vgl. *White* 1963, S. 379).

Aber wenn diese bildkräftige Beschreibung von Gesellschaft und von Kultur *als Figuration* angemessen ist, die körperliche, seelische und geistige Wirkung des Tanzes eingeschlossen, dann dürfen wir in der sozialen Arbeit folgern: ,,der Mensch", über den sich objektiv reden läßt, ist zwar das Ensemble der gesellschaftlichen Verhältnisse *(Marx);* als konkretes, einzelnes Subjekt gehört er indes der Kultur soweit (produktiv) zu, als er sich tätig – sie gegebenenfalls variierend – an ihr beteiligt, wenn er denn eine humane Kultur praktisch, sinnlich hergestellt haben will. Das ist das Erlebnis der ,,Scene", die alternative Erfahrung. Unsere individuelle Teilhabe an dem ganzen Prozeß beinhaltet eine Verantwortung, welche ich in verschiedener Weise, am besten aber in Rücksicht auf den tendenziellen Verlauf dieses sozialen und geistigen Prozesses vektoriell wahrnehmen kann. Die Inhalte eines (und sei es sektiererischen) kollektiven ,,Bewußtseins" lassen mich am sozialen Leben partizipieren (,,Bildung" ist zugleich geistige Voraussetzung und kulturelles Ergebnis der Teilhabe). Das geprägte Individuum hat ein Grundbedürfnis nach ihnen, und ihr Vorhandensein ist auch die Vorbedingung, daß sozial die Auseinandersetzung, in der das Ich unterwegs ist, und Verständigung, durch die das Selbst bei seiner Welt an und mit ihr übereinkommt, stattfinden kann. Es gibt das ,,Apriori der Kommunikationsgemeinschaft" (*Apel* 1976): ,,Wer nämlich argumentiert, der setzt immer schon zwei Dinge gleichzeitig voraus: Erstens eine *reale Kommunikationsgemeinschaft*, deren Mitglied er selbst durch einen Sozialisationsprozeß geworden ist, und zweitens eine *ideale Kommunikationsgemeinschaft*, die prinzipiell imstande sein würde, den Sinn seiner Argumente adäquat zu verstehen und ihre Wahrheit definitiv zu beurteilen" (1976, S. 429). In einer anfänglichen primitiven Gemeinschaft dürften die reale und die ideale Bedingung gewissermaßen zusammenfallen, – argumentiert wird bei deren Differenz[12].

Historisch hat der realen Gemeinschaft die industrielle Gesellschaft den Rahmen abgesteckt bzw. nach und nach ihr neue Figuren vorgeschrieben. Gleichzeitig eröffnete der Zivilisationsprozeß eine Kommunikation, in der sich (mit Aussicht auf Erfolg) kulturell wie logisch argumentieren läßt. Er gab den Verfechtern der idealen Form auf ethischem, ästhetischem, politischem und pädagogischem Gebiet die Gelegenheit, in Wort und Tat etwas für die *Kultivierung* der Menschen und der ganzen Gesellschaft zu tun. Die Reformer setzten sich damit notwendig in einen Gegensatz zur allgemeinen Bewegung, wenigstens partiell, weil sie für ein der menschlichen ,,Natur" gemäßes Wachstum der Persönlichkeit, für Bildung in diesem Sinne und für Integration im sozialen Leben eintraten, – gute Absichten, denen Tendenzen der Auflösung und der Fehlentwicklung sichtlich entgegen standen. Mit der Entdeckung von ,,Kultur" als eines zunächst auf die geistige Vollendung und dann auf die gepflegte Lebensweise überhaupt bezogenen Zustandes im Europa des 18. Jahrhunderts vollzog sich eine Differenzierung von Kultur und Gesellschaft, die zur Vorgeschichte der ökologischen Bewegung zu rechnen wir schon des ständigen Bemühens wegen, die Differenz aufzuheben, Anlaß genug haben.

Die Moderne hat der Kultur, oder besser: einem bestimmten Kulturverständnis, eine eigene Nische eingeräumt - Gelegenheit, aufzutreten und sich zurückzuziehen. Der Verstrickung in die industrielle Ausbeutung von Natur, in das fühlbar vom menschlichen Wesen, was immer das sein mochte, und von der behaupteten Moral entfremdende Alltagsgeschäft, Handel und Gewerbe, dieser Selbstaufgabe in der Arbeit *gegenüber* erhob man das freie Spiel (*Schiller*) und Schöpfertum, die Kunst zur reinen Selbstverwirklichung. Die geistige Welt wird gegen die materielle, dem Zweck- und Mittel-Verhältnis verhafteten, Welt aufgeführt. Indem diese Vorstellung von Kultur die Bestimmung des Menschen von den realen Lebensbedingungen abkoppelt und verspricht, das Humanum im Reich der Seele, innerlich als ideelle Reproduktion, trotz äußerer Widrigkeiten zu entfalten, stützt und bejaht sie den gesellschaftlichen Zustand. *Marcuse* hat diese Auffassung und den ihr zugehörigen Betrieb deshalb *affirmativ* genannt: „Unter affirmativer Kultur sei jene der bürgerlichen Epoche angehörige Kultur verstanden, welche im Laufe ihrer eigenen Entwicklung dazu geführt hat, die geistig-seelische Welt als ein selbständiges Wertreich von der Zivilisation abzulösen und über sie zu erhöhen. Ihr entscheidender Zug ist die Behauptung einer allgemein verpflichtenden, unbedingt zu bejahenden, ewig besseren, wertvolleren Welt" (1965, S. 63), die sich vom Alltag durch Würde und Feierlichkeit abhebt, von jedermann aber „von innen her" erreichbar sein soll. Dennoch erweist sich gerade so diese Kultur, anders gewendet, als kritisches bzw. als alternatives Potential.

In einer luciden Untersuchung des Wortgebrauchs von „Kultur" bei englischen Schriftstellern des 18. und 19. Jahrhunderts findet *Williams* namentlich in der Argumentation der Romantiker „Kultur" als „normale Antithese zum Markt" vor (1972, S. 61). Was mit der Bedeutung der Pflege, des bewußten Kultivierens von etwas, der Übung in einem gewöhnlichen Sinne begonnen hatte, erwuchs zur Idee der Kultur „an sich" – über den Niederungen des Fabrikwesens, des Warenverkehrs und der Nutzbarmachung von allem und jedem. Aber mit der Formulierung einer Idee, in der Werte als von „Zivilisation" unabhängig begriffen sind, wurde eine Dimension der Entwicklung senkrecht zur Linie des allgemeinen Fortschritts behauptet. „Die Norm der Vollendung der ‚harmonischen Entwicklung derjenigen Qualitäten und Fähigkeiten, die unsere Menschlichkeit ausmachen' stand nun nicht nur zur Beeinflussung, sondern auch zur Beurteilung der Gesellschaft zur Verfügung" (1972, S. 91). Kulturelles Handeln schafft reflexiv[13] die Grundlage dafür, sich auf Kultur als einen Tatbestand berufen zu können. Es breitet sich aus und hebt sich ab. Während in der Richtung und der Spannweite dieser Dimension der einzelne Mensch aufgefordert ist, sich zu „bilden" und seine Lebensweise (übereinstimmend mit oder alternativ zur gewöhnlichen) zu pflegen, erfüllt die Kultur insgesamt den Raum, der im Fortschreiten der Gesellschaft eröffnet worden ist, mit ihrer Innenausstattung: ein ausgedehntes Medium, *in* dem man ,,kultiviert" sein – und eine Atmosphäre, in der Innerlichkeit gedeihen kann.

Insofern die Kultur als Medium die Erfahrung und die Wahrnehmung jedes einzelnen Mitglieds der Gesellschaft durchdringt, ist es das symbolische Universum (*Cassirer*), dem wir angehören. Man hat deshalb Kultur als ,,semiotic ecology" bezeichnet (*Haydu*, 1979, S. 1)[14]. Was immer eine Person tut, denkt oder wünscht, es geschieht im Kontext kultureller Zusammenhänge, auf dem Hintergrund ,,selbstverständlicher" Bezüge und mit den Mitteln, die dieses Beziehungssystem, Sinn und Bedeutung herstellend, einräumt. Die kulturelle Umwelt ,,spricht" das Individuum ,,an", und es ,,antwortet" normalerweise in der Sprache, die es mit ihr verbindet. Die wechselseitige Ansprache wird dann besonders eindrücklich sein, wenn sie sich gewisser ,,Schlüsselsymbole" bedient. Sie bündeln Zusammenhänge und konstellieren Sinn wie Massenpunkte ihr Schwerefeld. ,,Derartige kontextsetzende Symbole haben eine besondere Kraft, weil sie aus gemeinsamen kollektiven Erfahrungen entstanden sind, die die Mitglieder einer gesellschaftlichen Einheit intensiv beeinflußt haben" (*Etzioni* 1975, S. 192). Von den Archetypen, die psychisch komplexhaft wirken, war oben bereits die Rede. Im Seelenleben des einzelnen Menschen finden sich weitere und keineswegs urtümliche Themen und Motive, die Komplexe bilden, indem sie andere Inhalte in ihren Bann ziehen.

Wie in der individuellen Orientierung gibt es im gesellschaftlichen Leben übergreifende und organisierende Momente, die deshalb unsere besondere Beachtung verdienen. Sie verbürgen Kontinuität, liefern (nichtrationale) Letztbegründungen und verankern die Identität von Individuen und Gruppen in einem autochthonen Verständnis. Welche Stellen und Felder es sind, wo die Kultur mehr als andernorts Sinn generiert, läßt sich empirisch ausmachen: bestimmte materielle Gestaltungen, soziale Institutionen, Traditionen und leitende Ideen (z. B. die sogen. Grundwerte). Sie bedürfen der Pflege. Im ganzen bekommt die ökologische Aufgabe, Bestände zu erhalten, es in der Kultur mit von sich her ,,konservativen Mächten" zu tun (*Cassirer*), neben der Sprache insbesondere mit Mythos und Religion (1960, S. 284). Bei aller Aufklärung, die man den letzteren gegenüber für stets angezeigt halten mag: noch als quasi säkularisierte halten sie den spirituellen Raum ausgespannt, in dem das Leben und die Welt kontinuierlich interpretiert sind, – ein Kontinuum, welches auch von Kunst und Wisssenschaft insoweit beansprucht wird, als sie in jedermanns Lebensauffassung und Weltanschauung Eingang finden und Bedeutung erlangen. In den Mythen sammelt sich uns selbst betreffende Erfahrung, repräsentiert in vielsinnigen Entwürfen und Bildern. Neben den großen archetypischen Mythen, die blaß geworden und in den Hintergrund getreten sein mögen, zehren wie alle von den bescheideneren ,,Mythen des Alltags", welche die aktuelle Lebensform des Menschen in ihren gewöhnlichen Elementen symbolisch überhöhen, indem sie sie in ihren Sinnhorizont hineinragen lassen.

Mit der Teilnahme am Mythos wird das Verlangen nach Unbedingtheit und Wahrheit gestillt. Die individuelle Existenz wächst über ihre Zufälligkeit hinaus in einen Bereich überzeitlicher Bedeutsamkeit, in der die Person sich verwurzelt wiederfindet. Der Mythos ist beständig, weil er Beständigkeit garantiert. *Kolakowski* hat deshalb den Versuch wagen können, mit einem ausgeweiteten Mythenbegriff einen *konstitutiven* Bestandteil jeder Kultur, auch der unserer modernen Zivilisation, einzufangen (*Kolakowski* 1973). Die „Gegenwärtigkeit des Mythos" wirkt ökologisch der in Hinblick auf das Ganze stets negativen Erkenntnistätigkeit entgegen (1973, S. 81); der Mythos überwindet die Gleichgültigkeit der Welt gegen das ihr eingeborene Subjekt einfach dadurch, daß er ihre Erscheinung für gleich *gültig* erklärt (er ist *Wertaffirmation*, wie *Kolakowski* betont); er *behauptet* Sinn und illuminiert die Wahrheit, so daß wir ihr in seinem Licht gegenwärtig teilhaftig werden. Dafür gibt in mythischer Einbindung (mit der Anerkennung von Kultur) die Person ihre Freiheit hin, individuell sich Gesetz genug zu sein, zweifelhafte Autonomie also für überindividuell vorgegebene, überlieferte Authentizität: „Der Hunger des Verwurzeltseins ... ist das Verlangen, über sich hinaus in die Ordnung zu treten, die mich als ein Objekt mit einem festgelegten Vermögensbereich behandeln heißt, als Ding, als Ausfüllung einer Stelle in einem Bau, der schon vor mir, und sei es virtuell, fertig war" (1973, S. 33).

Wahrgenommene Realität ruft die Phantasie auf den Plan, und diese stellt in den Mythen deren Verbindung zu anfänglichen Bestrebungen und archaischen Erfahrungen, den Schein von Einheit mit ihnen her. Die Mythen erzählen eine *heilige Geschichte* (*Eliade*). Indem wir unsere Geschichte auf dem Boden von Mythen wiedererleben, vollzieht sich eine Art Konjugation von Welt und Selbst. Mythen verknoten die Bezüge, an und in denen unsere Identität hängt. Die Auflösung der Knoten, Entmythologisierung des Lebens, geht mit unwiderbringlichem Verlust an metasprachlicher Deutung einher, da sie sich nicht in einzelne sprachliche Bezugnahmen übersetzen läßt[15]. Für die Inszenierung der Lebenspraxis halten Mythen bzw. ihre sich rational gebenden Platzhalter die Situation sowohl erschließenden wie rückbindenden Sinn bereit. Als traditionelle Kultur (wie man sich zu verhalten und was man zu erleben pflegt) verleihen sie der Praxis einen die Handlungen übergreifenden Gehalt, der sowohl den „Fahrplan" der persönlichen Lebensführung zu füttern, den interpretativen Prozeß mit Gründen auszustatten und die routinierten „Sprachspiele" (*Wittgenstein*) in der Lebenswelt zu spielen erlaubt: der Mythos bezeichnet, *was* in Rede steht (und im Kern rückbezüglich, was geglaubt wird)[16]. *Wie* die Bestände des Alltagswissens (und des kultischen Wissens nicht nur feiertäglich, so müssen wir ergänzen) methodisch eingesetzt werden, um das soziale Leben zu konstituieren, untersucht die *Ethnomethodologie* (vgl. *Garfinkel* 1967, sowie *Weingarten et al.* 1976). Ihr kommt das Verdienst zu, die Durchführung der Kultur im Alltag durch die einzelnen Subjekte im sozialen Handeln thematisiert zu haben.

Soziokulturelle Arbeit

Was jene Verhaltenskunde in Theorie und empirischer Forschung leistet, ist der ökologisch orientierten sozialen Arbeit ein praktisches Anliegen: Sprachspiele zu *rekonstruieren*, in denen der einzelne und Gruppen von Menschen sinnvoll ihr Leben zu gestalten vermögen. Sowohl auf individueller wie auf gesellschaftlicher Ebene wird in der Durchführung des Lebens reflexiv ein Sinnzusammenhang hergestellt und fortgesetzt. Er ist stör- und konfliktanfällig (kommt wohl auch selbst auf Abwege), und ihn zu erhalten, fordert das kulturelle Vermögen des Menschen heraus. Zerfällt der Zusammenhang, ruft das bei den Betroffenen Selbstheilungsversuche hervor; die soziale Umwelt sieht sich zu therapeutischen Bemühungen veranlaßt – und, wenn diese Auflösung ganze Gruppen der Bevölkerung betrifft, im größeren gesellschaftlichen Rahmen zu politischen (einstmals ,,kulturpolizeilichen") Anstrengungen. Dabei kümmert man sich sowohl um kulturelle Ligaturen (an was jeder und der einzelne in seinem Dasein sich halten kann) als auch um kulturelle Optionen (wie und in welchen kommunikativen Strukturen sich zu verhalten möglich ist). In der Gruppenkultur und in der individuellen Lebensweise werden beide gebraucht, Orte und Wege. Um sie erreichbar bzw. gangbar zu machen, hat sich etwa die psychoanalytische Behandlung zunächst der Herstellung und Wiederbelebung von Optionen angenommen; auf deren Komplement ist u. a. die Logotherapie (noogener Neurosen, *Frankl*) eingerichtet. Wenn wir uns bis hierher mehr mit den Ligaturen befaßten, dann deshalb, weil die Ressource Sinn knapp geworden (*Habermas* 1973, S. 104) und in der Ökologie der Kultur entsprechend aufmerksam zu betrachten ist.

Ihrem bindendem und dem prozessualen Charakter nach hält die Kultur nicht allein Orientierung und Ausstattung für seelische *Gesundheit*, sondern auch für jedwede Störung und Verderbnis bereit. Als Lebensweise einer Gesellschaft generiert sie gewissermaßen, nach eigenen Kriterien, ,,Unsinn" in allen Graden, – für soziale Arbeit kein ästhetisches oder kognitives, aber ein Problem der psychosozialen Hygiene. Seit einiger Zeit hat sich die *Ethnopsychiatrie* der Erforschung der kulturellen (ethnischen) Faktoren angenommen, welche Neurosen und Psychosen zu konstellieren vermögen[17]. Die Kultur selbst, meint *Devereux*, liefere Indikatoren für die ,,Formen des Mißbrauchs": ,,Jede Gesellschaft enthält nicht nur ,funktionale' Aspekte, mittels derer sie ihre Identität behauptet und erhält, sondern auch eine gewisse Anzahl von Glaubensüberzeugungen, Dogmen und Tendenzen, die nicht nur die wesentlichen Operationen und Strukturen der Gruppe bekämpfen, negieren und untergraben, sondern manchmal sogar ihre Existenz selbst" (1974, S. 64). Nun kann man gerade die Kulturinhalte, welche unter Umständen pathogen sind, nicht losgelöst von Wirtschafts- und Machtstrukturen sehen; innerhalb einer modernen Gesellschsft muß schon *politisch* gehandelt werden, wenn man makrosozial ihrem Einfluß entgegenarbeiten will oder auch bloß auf den speziellen psychohygienischen Effekt aus ist. Die politischen Handlungsweisen fallen selbst wieder, betrachtet man sie z. B. in ihrer demokratischen Einrichtung, unter einen Begriff von Kultur (vgl. das Konzept der „politischen Kultur" bei *Almond/Verba* 1963, *Pye/Verba* 1965). – In ihrem Zusammenhang mit Therapie werden wir die (sozial-)politische Tätigkeit noch gesondert thematisieren.

Bisher nicht die Rede gewesen ist von Kulturökologie in einem ganz praktischen Verständnis. In der sozialen Arbeit begegnet Kultur nicht nur unter fürsorgerischem Vorzeichen, wie wenn ihre einzelnen Adressaten pädagogisch an sie herangeführt werden oder therapeutisch aus ihr Sinn gewinnen sollen, sondern auch allgemein unter pflegerischem Gesichtspunkt: sie hat für die Lebens- und insbesondere für die Freizeitgestaltung der Bürger kulturelle Angebote zu entwickeln bzw. vorzuhalten und Spielräume für kulturelle Aktivitäten zu eröffnen. Hier geht es nun im wesentlichen um Optionen. Wie schafft und verteilt man Chancen für ein möglichst reiches, auf jeden Fall befriedigendes kulturelles Leben? Wie läßt sich der Zugang zur Kultur für Gruppen in der Gesellschaft erweitern, die bislang wenig von ihr haben, bzw. wie beseitigt man Hindernisse, die ihrer Partizipation an Kultur im Wege sind? Offenbar zielen diese Fragen auf eine verbesserte Kommunikation. Viele Menschen wissen mit kulturellen Angeboten nicht recht umzugehen, und „kulturelle Veranstaltungen", an denen teilzunehmen sie ermuntert werden, zeichnen sich häufig dadurch aus, daß sie feiertäglich abgehoben ohne Bezug zum gewöhnlichen Leben bleiben. Sie rücken zudem die Alltagskultur in den Schatten. Zu fordern wäre demnach eine „Soziokultur", die jedermann naheliegt (oder nahegebracht werden kann) und sich ihm deshalb für seine Lebensäußerungen anbietet, – wonach im Gebrauch die kulturelle Befähigung wächst und zu mehr Eigenaktivität auf diesem Gebiet beizutragen verspricht.

Aus der Praxis kommunaler Kulturpolitik heraus haben *Glaser/Stahl* (1974) einen Ansatz von Kulturökologie entwickelt, der sich die kommunikativen Strukturen zum Gegenstand nimmt, welche in der (vorwiegend urbanen) Umwelt Kultur transportieren. Ihr Ziel ist es zunächst, eine vielfältig zerklüftete Gesellschaft auf der „kommunikativen Ebene" zusammenzubringen (1974, S. 26), Integration in Spielräumen zu erreichen. Ökologie soll instrumental eingesetzt werden, um die Nischen des kulturellen Lebens zu erforschen und zu erweitern und um die Orte zu beschreiben, an denen es vorkommt oder in einer städtischen Kulturlandschaft anzusiedeln wäre: „Kulturökologie bedeutet die Analyse und Verbesserung des Verhältnisses des Menschen als kulturellem Individual- wie Kollektivwesen zu seiner kulturellen Umwelt und wie diese Umwelt in bezug auf den kulturell sich verwirklichenden Menschen gestaltet und umgestaltet werden kann. Kulturökologie, aufgefächert in drei kulturpolitische Praxisbereiche, heißt: Nachdenken über Kulturtopographie, Kulturpsychologie und Kulturpädagogik, wobei alle drei Bereiche wiederum im Sinne eines realistischen Handelns den Aspekt des Kulturökonomischen berücksichtigen müssen" (57; 47). Umweltkundlich wird sie sich in erster Linie mit „Kulturorten" (Theatern, Spielplätzen,

Museen, Jugendhäusern, Bildungs- und Kommunikationszentren etc.) beschäftigen, mit kulturellen Nischen also, durch die einzelnen Menschen und Gruppen der Bevölkerung die kulturelle Begegnung und Betätigung möglich wird und Gelegenheit geschaffen ist für Freizeitgestaltung, gebietsbezogene soziokulturelle Arbeit und ästhetische Erziehung (vgl. *Glaser* 1980).

Nun bildet sich eine Nische nur in der Lebenstätigkeit von jenen aus, die sie in Anspruch nehmen. Kulturökologie schwebt in nicht geringer Gefahr, am Ende des Nachdenken über Topoi dazu zu dienen, Administration: eine saubere Planung, Durchführung und Verwaltung zu legitimieren, ohne daß die erzeugte Kommunikation der Beteiligten selbstgenerierend wird. Nach dem Premierenerfolg verläuft sich das Publikum, und die kulturelle Aktivität in manchen Zentren und Treffpunkten besteht auf Dauer – wie in anderen sozialen Einrichtungen – vor allem in der Kommunikation der professionellen Mitarbeiter, die ständig beschäftigt sind, frische Angebote für ihre Kundschaft zu besorgen. Auch dieser Kulturbetrieb hat seinen Wert, aber die politische Praxis, welche gemeint war, strebt doch eine Selbsttätigkeit in ihren Zielgruppen an, muß sie also von den ,,Graswurzeln" her heranziehen. Eine ,,Soziokultur" verdiente ihren Namen nicht, wenn die Subjekte sie nicht (im ethnomethodologischen Sinne) *durchführen,* denen sie zugedacht ist. Bürgerinitiativen und alternative (Selbsthilfe-)Gruppen realisieren die Optionen, die in einer sozialen Kultur liegen – nachgerade indem sie kontrovers zu herrschenden Anschauungen sich einrichten und ihren Stil pflegen.

Das beste Beispiel dafür sind die subkulturellen Varianten der ,,Jugendkultur", die sich gegen den Widerstand etablierter Lebensweisen ausbilden. Hier findet biotisches Streben in seinem Ausdruckswillen neue Formen, aus wie verschiedenen Versatzstücken diese auch montiert sein mögen. Daß das Ergebnis eine Kultur ist (sich mehr oder minder anspruchsvoll auszuleben), mag die Jugendbewegung[18] am Anfang des Jahrhunderts belegen, zu der wir genug Abstand haben, um sie sine ira et studio überblicken zu können. In ihren subkulturellen Anfängen als alternative Freizeitgestaltung brauchte sie keine Einrichtungen; die wuchsen ihr (z.B. in der Jugendpflege oder der Volksbildung) nach und nach zu. Die Topologie ihrer Alltagskultur (Jugendherbergen als Kulturorte oder der Hohe Meißner als Kultstätte) ergab sich in der *Durchführung* der gemeinschaftlichen Unternehmungen, konnte also unabhängig von ihnen nicht entworfen und allenfalls durch Bereitstellung von Freiräumen gefördert werden. Und wir jene Bewegung in ihren verschiedenen Richtungen nicht unpolitisch war, sowenig läßt sich von heutiger sozialer Kultur der Jugend oder irgendeiner avantgardistischen Gruppe ihre politische Bedeutung und Wirkung trennen. Die sinnliche Integration diverser Ansichten von Jugendlichen, gespeist von Einflüssen aus dem Milieu, in eine polyvalente Lebenskultur ist (als Ausdruck der inneren Beziehung zur materialisierten Kultur der Mehrheit wie zur elitären Kultur) gerade ökologisch nachvollziehbar.

In systemischer Betrachtung erscheinen sowohl die ,,hohe Kultur" (füglich Subventionen für das Opernhaus) als auch die emergenten Lebensweisen junger Leute (lokalisiert in Wohngemeinschaften oder in selbstverwalteten Jugendzentren) der öffentlichen Pflege wert, denn komplementär wie in Konkurrenz kommen sie Grundbedürfnissen in der Bevölkerung nach, realisieren sie Optionen, wahren auf je eigentümliche Weise die Bestände (Ligaturen) und *zusammen* manifestieren sie in einer Demokratie die spannungsgeladene Konstellation, in der die zeitgenössische (Lebens-)Kultur sich schöpferisch fortzeugen kann. Es gereicht ihr (und dem kollektiven Bewußtsein) zu dialektischem Vorteil, wenn sie sich – gewissermaßen in dissipativen Strukturen fern vom Gleichgewicht – aus *Gegenkulturen* bildet, die in Kontrast zueinander und zur vorherrschenden Lebensweise sich auszeichnen. Die Produktivität jeder in einer gegebenen gesellschaftlichen Situation besteht darin, als alternativer Entwurf zu fungieren und so sie nicht allein ästhetisch zu *bewegen*[19].

Politik in Sachen Kultur fördert die Bewegung und schafft ihr Platz, nicht damit sich neben der etablierten Kultur eine weitere etablieren kann, sondern um des kommunikativen Prozesses willen, in dem sie füreinander Kontext und als Ressourcen an Stil und Bedeutung in der Lage sind, das Leben der Bürger auszustatten. Deren vielsinnig überformten Verhaltensweisen bilden wiederum die aktuellen Muster des Sprachspiels, das als ganzes die Kultur unterhält. In ihrem eigenen Medium unterschiedlich ausgelegt, existiert die ideelle Metasprache, aus der die geistige Subsistenz Sinn und die Regeln für die gewöhnliche Praxis zieht.

Anmerkungen

1 Einleitend zur Essaysammlung "toward an ecology of man" schreibt *Shepard* zur doppelten Perspektive der Humanökologie: "Man is in the world and his ecology is the nature of that *inness*. He is in the world as in a room, and in transience, as in the belly of a tiger or in love. What does he do there in nature? What does nature do there *in him*?" (1969, S. 1).

2 Am Ende mag es unnötig sein, sich gegen den Ideologieverdacht zu wehren: Es wäre ökologisch unverzeihlich ignorant, in bezug auf menschliches Leben und die Anschauung von ihm die hergebrachten, unaufgeklärten, unwissenschaftlichen Vorstellungen nicht gelten zu lassen, die tatsächlich ihre Rolle spielen und mehr als viele wissenschaftlich-rationale „human" genannt zu werden verdienen. Sicher liegt hier eine *petitio principii* vor, wie insgesamt in der ökologischen Behandlung der Kultur, und wir werden uns des öfteren auf *Durkheim* berufen, dem man jenen logischen Beweisfehler gerne nachsagt.

3 *Steward* spricht von *"cultural core"*. Er meint mit diesem Konzept "the constellation of features which are most closely related to subsistence activities and economic arrangements. The core includes such social, political, and religious patterns as are empirically determined to be closely connected with these arrangements. Innumerable other features may have great potential variability because they are less strongly tied to the core.... Cultural ecology pays primary attention to those features which empirical analysis shows to be most closely involved in the utilization of environment in culturally prescribed ways" (1972, S. 37).

4 Vgl. *Cassirers* Auffassung von dem „symbolischen Universum", in welchem wir leben. „Statt mit den Dingen selbst umzugehen, unterhält sich der Mensch in gewissem Sinne dauernd mit sich selbst" (1960, S. 39).

5 Vgl. *Linton*, der dem Begriff der Kultur dreierlei Erscheinungen zurechnet: „*materielle*, nämlich gewerbliche Erzeugnisse; *kinetische*, nämlich sichtbares (offenes) Verhalten (das notwendigerweise Bewegung einschließt); und *psychologische*, nämlich das Wissen, die Einstellung

und die Werte, die von den Mitgliedern einer Gesellschaft geteilt werden. Für unsere gegenwärtigen Zwecke können die Erscheinungen der ersten beiden Kategorien zusammengefaßt werden; sie bilden den *sichtbaren* Aspekt einer Kultur. Die der dritten Kategorie, die psychischen Phänomene, bilden den *nichtsichtbaren* (verdeckten) Aspekt der Kultur" (1974, S. 37).

6 Kulturen als konfigurativ ganze in einem psychologischen Sinne hatte zuerst *Benedict* studiert (1934). *White* setzt jene Ganzheit mit dem Leben gesellschaftlicher Gruppen und politischer Einheiten, Stamm oder Nation, gleich. Diese Auffassung kommt der ökologischen Ansicht entgegen, daß die *polis* in ihrem inneren Leben eine zugleich materielle, soziale und geistige Entität darstellt, deren z. B im Zugehörigkeitsgefühl ihrer Bürger ausgedrückte soziale und politische Wirksamkeit nicht verständlich wäre, separierte man von ihr die Dimension des Sinns und der Bedeutung. *White* grenzt indes seinen systemischen Zugang deutlich ab von Konzepten, die Kulturen resp. Gesellschaften organismisch begreifen, wenngleich solche Modelle in die lange Reihe der Vorläufer des Systemkonzepts gehören (vgl. *Benedict* 1949, S. 119 ff.).

Biologische Konstrukte gestatten überdies, die kulturelle Evolution ohne Bruch mit ihren organischen und verhaltensmäßigen Grundlagen zu verfolgen. Ethologisch modifiziert sich Kultur „innerhalb der genetisch festgelegten Reaktionsbreite für Kulturfähigkeit" (*Kull*, 1979, S. 102) – in offenen, d. h. erlernten, Verhaltensweisen (Sozifakte), materiellen Ergebnissen offener Verhaltensweisen (Artefakte) und möglichen Verhaltensweisen wie Ideen und Bestrebungen (Mentifakte) (1979, S. 103). Das evolutiv geöffnete Verhalten der Individuen besitzt in der Kultur einen eigengesetzlichen (kulturellen) Spielraum, der sich politisch, soziologisch, juristisch, linguistisch usw. studieren läßt.

7 ebenso wie sie immer nur begrenzt mit dem Inhalt einer Kultur vertraut sein und sie nur in bestimmten Hinsichten verstehen können (vgl. *Linton* 1979, S. 150). Weil jeder von seinem Platz in der Gesellschaft aus sich ihre Kultur aneignet, ist deren komplexe Reproduktion institutionalisiert. Die Individuen sind von der Aufgabe, Träger der Kultur zu sein, weitgehend entlastet und können sich umso freier ihrem Konsum hingeben, der wiederum zur Reproduktion in partikularer Vermittlung beiträgt: „Die unvollständige Beteiligung aller Individuen an der Kultur ihrer Gesellschaft spiegelt sich darin wider, daß es in allen Gesellschaften unterschiedliche Übertragungslinien für die verschiedenen Kulturelemente gibt" (1979, S. 155).

8 Vgl. unter den Biologen *Lorenz*, der die in der Evolution erreichte Gemeinschaft von Menschen eine „nie dagewesene Art von lebendem System" nennt, „dessen konstitutive Systemeigenschaft eben jene neue Art von Leben ist, die wir als das geistige Leben bezeichnen" (1977, S. 219). Das normale Individuum hat die Fähigkeit, die Kultur als dieses System zu begreifen und es – wie *Devereux* formuliert – „zu leben", ein System, „das den Lebensraum des Menschen strukturiert, indem es die ‚angemessene' Art und Weise, die natürliche wie auch die soziale Realität wahrzunehmen, zu bewerten und zu leben, definiert. Außerdem verleiht die Kultur nicht nur den *Komponenten* dieses Lebensraums Bedeutung und Wert, sondern sie schreibt auch vor, wie diese Komponenten zu einem signifikanten Ganzen struktuiert werden" (1974, S. 149).

9 In „Über die Teilung der sozialen Arbeit" erläutert *Durkheim* den Begriff erstmals wie folgt: „Die Gesamtheit der gemeinsamen religiösen Überzeugungen und Gefühle im Durchschnitt der Mitglieder einer gleichen Gesellschaft bildet ein bestimmtes System, das sein eigenes Leben hat; man könnte es das *gemeinsame oder Kollektivbewußtsein* nennen. Zweifellos hat es nicht ein einziges Organ zum Substrat. Es ist dem Wesen nach in der ganzen Ausdehnung der Gesellschaft verbreitet. Trotzdem hat es spezifische Charakterzüge, die aus ihm eine deutlich unterscheidbare Wirklichkeit machen. In der Tat ist es von den besonderen Bedingungen abhängig, unter die die Individuen gestellt sind. Sie vergehen, und es bleibt bestehen. Es ist das gleiche im Norden und im Süden, in den großen und in den kleinen Städten, in den verschiedenen Berufen. Es wechselt nicht mit jeder Generation, sondern verbindet die aufeinanderfolgenden Generationen untereinander. Es ist also etwas ganz anderes als das Gewissen eines jeden einzelnen, obwohl es nur bei den Individuen verwirklicht ist. Es ist der psychische Typus der Gesellschaft, ein Typus, der seine Eigenschaften, seine Lebensbedingungen, seine Entwicklungsart hat, genauso wie die individuellen Typen, obwohl in einer anderen Art. In dieser Hinsicht hat es also das Recht auf einen eigenen Namen' (1977, S. 121). *Durkheim* behauptet mit dem Tatbestand des „Kollektivbewußtseins" hier keine abgesonderte Entität.

10 Im Manuskript „Nationalökonomie und Philosophie" heißt es nach einer Erörterung der (gesellschaftlichen) Bewegung, in der die Gesellschaft den Menschen und er sie produziere („mein *eigenes* Dasein *ist* gesellschaftliche Tätigkeit"), es sei „vor allem zu vermeiden, die ‚Gesellschaft' wieder sls Abstraktion dem Individuum gegenüber zu fixieren. Das Individuum *ist* das *gesellschaftliche Wesen*. Seine Lebensäußerung – erscheint sie auch nicht in der unmittelbaren Form einer *gemeinschaftlichen*, mit anderen zugleich vollbrachten Lebensäußerung – ist daher eine Äußerung und Bestätigung des *gesellschaftlichen Lebens*" (Marx 1953, S. 238).

11 Vgl. *Marx* (1974a, S. 176): „Die Gesellschaft besteht nicht aus Individuen, sondern drückt die Summe der Beziehungen, Verhältnisse aus, worin diese Individuen zueinander stehn.

12 Ausgedrückt vielleicht erstmals in fehlender Übereinstimmung von praktischer (Lebens-)-Kultur und – theoretischem – Kult.

13 Reflexivität hier im ethnomethodologischen Sinne verstanden (vgl. *Mehan/Wood* 1976, S. 29 ff.). Wir müssen das subjekthafte Tun derjenigen, die in einen kulturellen Diskurs eintreten, so ernst nehmen wie das der Macher von Handelsbeziehungen usw. Sie kolonisieren.

Auf die Dialektik überdies von äußerer und innerer Kolonisierung einerseits und der Erforschung von (fremden und primitiven) Kulturen (vs. Zivilisation) einschließlich der „Volkskultur" andererseits, auf die Verbindung der sozialen Arbeit im 19. Jahrhundert mit Bestrebungen der Volksbildung oder auch der „inneren Mission" sei nur hingewiesen.

14 In gewisser Weise ist die kulturelle Matrix einer Gemeinschaft in ihrer Wirkung („von oben") der genetischen Matrix vergleichbar, den („von unten") vorgegebenen Anlagen ihrer Mitglieder. Diesen Gedanken führt *Léon* (1976) in Erläuterung des Konstrukts „*ecobase*" aus. Darunter versteht er die ökosystemischen Ressourcen einer Lebensgemeinschaft in ihren physikalischen, biologischen und kulturellen Elementen (1976, S. 302). In der Gemeinschaft werden zwei Arten von Information umgesetzt – '*genetic information*, as a product of a long evolutive process where expressions are the somatic and psychic characteristics of the living organisms, much of which is stored in the potential or genetic reserve of the populations; and *semantic information*, which is a product of the process of the social evolution of man within the ecosystem. It enters into the community through the language, the press, radio, T. V., symbols, money, 'culture', etc." (1976, S. 303). Konzeptuell sind den Genen als biologischen Informationseinheiten *Meme* als „Replikationseinheiten" der Kultur nachempfunden worden, denen sich sodann analoge Funktionen im Prozeß der kulturellen Evolution zuschreiben lassen (*Kull* 1979, S. 173 ff.). Entsprechend hatte schon *Parsons* die Metaebene der Kultur der Subebene der biologischen Organisation entgegengesetzt. „Der genetisch fixierte Gattungstyp einerseits und die Kulturmuster andererseits legen den Rahmen fest, innerhalb dessen die Möglichkeiten für die einzelnen Individuen und Gruppen liegen, unabhängig strukturierte Verhaltenssysteme zu entwickeln" (*Parsons* 1976, S. 123).

Die Analogie von genetischer und kultureller Konstellation zieht *Ruyle* (1973) in seinen Überlegungen zu einer „einheitlichen Theorie biokultureller Evolution" heran. Er spricht von Selektionsprozessen in der soziokulturellen Sphäre, die unter gegebenen Lebensbedingungen von den beteiligten Individuen in ihrem "struggle for satisfaction" (analog zum "struggle for survival") unterhalten werden. Vorab vorhanden sei ein „genetischer Pool" der Population und ein „kultureller Pool': "The sum total of the ideas, including psychological drives, motives, cognitive maps, symbols, behavioral rules, norms, values, and so forth, of all members of a population constitutes the *cultural pool*. As the ideas in the cultural pool are expressed by individuals, they acquire an objective character of their own, confront the individual as an independent reality, and are, in turn, reabsorbed by the individual in the process of enculturation" (1973, S. 203). Wie auf der biotischen und der sozialen Ebene bestimmt auch auf der kulturellen die inhaltliche Beziehung die ökologische Nische, die sich das Individuum „einräumt", – und im kulturellen Stoffwechsel solcher Beziehungen verändern sich sowohl die einzelnen Nischen wie der kulturelle Bestand.

15 Vgl. *Habermas* (1973, S. 100), der gegen die objektivistische Aufbereitung kultureller Überlieferung vorbringt, sie nehme ihr die imperative Kraft, die Kontinuität der Geschichte zu sichern: „Legitimatorische Kraft behalten Traditionen offensichtlich nur, solange sie nicht aus kontinuitätssichernden und identitätsverbürgenden Deutungssystemen herausgebrochen werden." Bezogen auf das Individuum führt *Habermas* an anderer Stelle aus, die klassische Soziolo-

gie habe nie in Zweifel gezogen, ,,daß sprach- und handlungsfähige Subjekte die Einheit ihrer Person nur im Zusammenhang mit identitätsverbürgenden Weltbildern und Moralsystemen ausbilden können. Die Einheit der Person verlangt die einheitstiftende Perspektive einer Ordnung garantierenden Lebenswelt" (1973, S. 162).

16 Vgl. *Garfinkel* (1973, S. 189): ,,Im fachsoziologischen Verständnis bezieht sich das Konzept ,gemeinsame Kultur' auf die gesellschaftlich gebilligten Grundlagen des Folgerns und Handelns – Grundlagen, auf welche die Menschen in ihren alltäglichen Angelegenheiten fußen und von denen sie annehmen, daß andere Gruppenmitglieder sie in derselben Weise für die Bewältigung ihrer Angelegenheiten heranziehen."

17 *Devereux* charakterisiert im Unterschied zu ,,idiosynkratischen" die ,,ethnischen" Erkrankungen wie folgt: ,,Als ethnische Psychose oder Neurose definiere ich jede psychische Störung, die folgende Merkmale aufweist:

1. Der Konflikt, der der Neurose oder Psychose zugrunde liegt, betrifft auch die Mehrzahl der normalen Individuen: der Konflikt des Neurotikers oder Psychotikers ist einfach heftiger als der der anderen; der Patient ist also *wie* jedermann, aber er ist es *intensiver* als jedermann.

2. Die charakteristischen Symptome der ethnischen Neurose oder Psychose sind nicht improvisiert. Sie werden vom Kranken nicht erfunden: sie werden ihm von seinem kulturellen Niveau ,zur Benutzung' bereitgestellt und stellen ,Modelle des Fehlverhaltens' im Lintonschen Sinn dar" (1974, S. 234).

18 Zur Einschätzung der Jugendbewegung als einer tendenziell ökologischen Bewegung und der ökologischen als einer Bewegung vorwiegend der Jugend s. *Mayer-Tasch* (1980, S. 41 ff.).

19 Von Produktivität darf gesprochen werden, wenn etwa die Jugendkultur als Form menschlicher Lebensäußerungen in ihrer Durchführung eine bessere Kommunikation herstellt, die sinnliche Erfahrung qualifiziert und Leistungen erbringt, die ihren Lohn in sich selbst tragen. Einer dermaßen wirksamen sozialen Kultur sollten möglichst alle Menschen und nicht privilegierte Gruppen teilhaftig werden. Kultur müsse ihren herkömmlichen Luxuscharakter überwinden, fordern die Alternativen: ,,Wenn soziale Beziehungsnetze, Umgangsformen und Begegnungen *des Alltags* (behagliches Wohnen, kollektive Spiele und Zeremonien, Quartiergestaltung, die Herstellung von Gegenständen des täglichen Gebrauchs etc.) gepflegt und differenziert werden, so sehen wir darin gesellschaftliche Produktivität, die sich an menschlichen Entfaltungsansprüchen orientiert. Industrielle Warenproduktion, Geld und Lohnarbeit werden nicht gänzlich abgelöst, verlieren aber ihre beherrschende Stellung, wenn kulturelle Betätigung als *alternative Produktionsform* den Alltag verändert. Im kulturellen Schaffen ist persönliches Engagement im Produktionsprozeß ebenso wichtig wie die Eigenschaften des Produkts; es verspricht *authentische Erfahrung* mit Personen und Sachen..." (*Michel-Alder/Linder* 1978, S. 56).

Umwelt und Verhalten:
ökologische Konzepte in Psychologie und Medizin

In der helfenden Beziehung zum einzelnen Menschen und in der Beschäftigung mit seinen Problemen richtet sich soziale Arbeit auf die seelische und körperliche Verfassung des Individuums ein. Psychologische Gesichtspunkte und medizinische Aspekte spielen eine gewichtige Rolle sowohl in der Beratung und Behandlung als auch in der Betreuung und Erziehung von Menschen. Wir haben deshalb fachlichen Anlaß, die ökotheoretischen Fragestellungen auch in der Psychologie und in der Medizin zu beachten. Sie ergänzen überdies das Bild, das wir uns vom Stand des ökologischen Vorgehens in den Humanwissenschaften zu zeichnen vorgenommen haben.

Wenden wir uns zunächst der Psychologie zu. Die Erforschung der Person-Umwelt-Beziehung hat hier eine längere Geschichte, sich aber erst seit wenigen Jahren das Signet des ökologischen Ansatzes zugelegt. Wichtiger als manch früher und noch flüchtiger Blick auf Umwelteinflüsse war historisch der Beitrag, den die *gestaltpsychologische* Schule zur Ökotheorie geleistet hat, betonten ihre Vertreter doch den Vorrang des Ganzen vor den Teilen bzw. den systematischen Zusammenhang von Elementen, wie er in den „Gestaltgesetzen" formuliert wurde. (Selbst-)Organisation und innere Ordnung erkannte man als Prinzipien, die im Bereich der Wahrnehmung und in den psychophysiologischen Prozessen Geltung haben. Und nicht nur die Umwelt ist gestaltet, auch der Mensch tritt ihr in einer leiblich-seelisch-geistigen Ganzheit gegenüber. Die von *Goldstein* u. a. entwickelte „Organismische Psychologie" betonte in ihrer Lehre von der Persönlichkeit deren Integration, Konsistenz und Kohärenz. Das „souveräne Motiv", das die Person bewege, sei (Selbst-)Verwirklichung, ein Streben, die vorhandenen Entwicklungsmöglichkeiten, wo immer es geht, zu realisieren. In dieser ihrer Zielstrebigkeit stelle die Person ständig die Einheit her, aus der sich ihr Handeln im einzelnen verstehen läßt (vgl. *Hall/Lindzey* 1978, S. 337f.). – Die übrige Disziplin vernachlässigte indes die ganzheitliche Betrachtung. In ihrem Bemühen, es der Naturwissenschaft methodisch und im Ergebnis gleichzutun, verfuhr die Psychologie mit ihren Gegenständen, der Person und menschlichem Handeln elementaristisch und reduktionistisch, und sie erreichte damit – nicht nur zeitlich parallel zum Taylorismus in der Arbeitswelt – eine rationelle Psychotechnik, deren Erfolge in der Diagnostik, in der Verhaltensbeeinflussung oder in der Kindererziehung zweifelhaft blieben.

Umwelt als Kontext

Im Anschluß an die Gestaltpsychologie bedeutsam geworden[1] sind in unserem Zusammenhang die Konzepte, die *Lewin* in die Sozialwissenschaften eingeführt hat. Mit dem Feldbegriff und dem topologischen Modell des

Lebensraums (der die *psychische* Repräsentation der Umwelt und des Individuums enthalten soll) werden Mensch-Umwelt-Beziehungen mit ihrem gesamten erlebten Tatbestand abbildbar. *Lewin* gebrauchte als erster den Begriff ,,psychologische Ökologie". Er meinte damit den Forschungsbereich, in dem nicht-psychologische Daten untersucht werden, ,,um die Bedeutung dieser Daten für die Grenzbedingungen des Lebens des Individuums oder der Gruppe kennenzulernen" (1963, S. 206). Da Verhalten als eine Funktion von (psychologischer) Person *und* Situation (psychologischer Umwelt) aufgefaßt wird, gehört auch die sächliche Seite der Situation in der Beschreibung seiner Dynamik berücksichtigt. Außerhalb von *Lewins* Konstruktion des Lebensraums bedeutet die Nennung der Umwelt-Daten getrennt von den psychologischen indes praktisch, nicht deren Einheit oder inneren Zusammenhang, sondern bloß den äußeren situativen Rahmen faktoriell zum Erleben und Verhalten in Beziehung zu setzen. Um derlei Abhängigkeiten kümmerte sich ansatzweise immer schon eine *Umweltpsychologie*; namentlich *Hellpach* (1924) hatte sich expressis verbis mit ihr beschäftigt. Anders als eine psychologische Ökologie, die primär an der (kontextgebundenen) Tätigkeit und Lebensweise von Menschen interessiert sein dürfte, nimmt sich die Umweltpsychologie (Environmental Psychology) vor, den Einfluß der physischen und sozialen Umwelt auf den Menschen und sein Verhalten zu beleuchten. Sie erforscht z. B. die Auswirkungen gebauter Umgebung, von Wohn- und Freizeiträumen, Arbeitsplätzen, des Wetters und der Umweltverschmutzung gerichtet auf einzelne Variable des Verhaltens, aber auch (ungerichtet) des ,,psychosozialen Klimas" (*Moos*) etwa in Familien oder Erziehungseinrichtungen (vgl. *Ittelson* et al. 1977, *Kaminski* 1976, *Graumann* 1978). Sie registriert und analysiert (komplexe) *Bedingungen*, – welche ökotheoretisch wiederum im Ganzen des Raumes zusammenkommen, in dem sich die Lebenstätigkeit von Menschen entfaltet.[2]

Weil sie systematisch das Gefüge der Bedingungen ,,im Feld" anerkennt, nimmt die Umweltpsychologie korrigierend Einfluß auf das im traditionellen Sinne empiristische Selbstverständnis einer Psychologie, welche am liebsten Laborforschung betreibt, um ohne störende Außeneinflüsse die Abhängigkeit isolierter Variabler voneinander nach dem S-R-(Reiz-Reaktions-) Schema zu untersuchen. In der künstlichen Situation des Labors trete ,,die konkrete Raum- und Sachumwelt alltäglichen Erlebens und Verhaltens", so die Kritik von umweltpsychologischer Seite, nur als Hintergrund in Erscheinung und werde ,,im günstigsten Fall als partielle Randbedingung des Verhaltens oder sogar, um den sonderbaren Lewinschen Ausdruck zu bemühen, als ‚fremde Hülle', vielleicht aber auch nur als Quelle der Fehlervarianz angesehen oder eben ganz übersehen" (*Kruse* 1978, S. 176f.). *Kruse* spricht sich demgegenüber für eine ökologisch orientierte Sozialpsychologie aus, die das Verhalten von Menschen in der konkreten Umwelt unter Beachtung sozialer Kontexte studiert. Das wäre eine ,,Situationspsychologie" (1978, S. 195); für die Anwendung in der sozialen Arbeit besäße sie manche Vorteile.

Der Mensch ist von vornherein auf die Umwelt, in der erlebt, bezogen; sie jedoch auch auf ihn (ontogenetisch insbesondere in der Mutter-Kind-Dyade). Diese Annahme erlaubt das Problem der „Übersetzung" äußerer objektiver Daten in (subjektive) seelische Einflußgrößen anzupacken, das sich in jeder Art psychologischer Umweltforschung stellt. Der Vorgang der Transformation und Verarbeitung selbst darf als eigentlich *psychologischer* Gegenstand im Studium der Mensch-Umwelt-Beziehungen angesehen werden; die Entwicklungspsychologie, welche sie diachronisch verfolgt, spielt daher in ihrem Studium eine hervorragende Rolle. Mit einem biologischen Vorverständnis hat bekanntlich *Piaget* dargestellt, wie der aktiv seine Umwelt verarbeitende Organismus des heranwachsenden Menschen für sich die Realität gewinnt: in Prozessen der einander bedingenden, in systemischer Einheit verlaufenden *Assimilation* und *Akkomodation*. Unter der ersteren versteht *Piaget* die Einordnung äußerer Wirklichkeit in die innere Organisation des Lebens, unter Akkomodation dessen Anpassung an die relevante Umgebung. Assimilation und Akkomodation sieht er als komplementäre Prozesse an. „Die Anpassung der Vernunft an die Erfahrung umfaßt sowohl die Einverleibung der Gegenstände in die Organisation des Subjekts als auch eine Akkomodation dieser Organisation an die äußeren Umstände" (*Piaget* 1975, S. 412). Beides entwickele sich „streng parallel" im Verlauf der umfassenden Interaktion von Subjekt und Umwelt; „das Bewußtsein beginnt nicht mit dem Wissen um die Gegenstände noch mit dem Wissen um die eigene Tätigkeit, sondern mit einem Zustand der Undifferenziertheit. Diesem Zustand entspringen zwei komplementäre Bewegungen, die eine verleibt die Dinge dem Subjekt ein, die andere akkomodiert seine Schemata an die Dinge" (1975, S. 418).

Nun sind beide Bewegungen *kognitive* Vorgänge, innere Seiten des ganzen Prozesses der Tätigkeit, in welcher der Mensch sein Verhältnis zur physischen und sozialen Umwelt bestimmt und fortwährend gestaltet: menschliche Tätigkeit organisiert die menschliche Wirklichkeit. Verwenden wir den Tätigkeitsbegriff von *Rubinstein, Leontjew* u. a. marxistischen Autoren[3], so gilt die psychische Aneignung und Vergegenständlichung der Welt als organisch entfalteter Teil und intervenierender Prozeß des tatsächlichen Umgangs. Das Subjekt handelt mitsamt seinem psychischen inneren Leben real und objektiv; es produziert sich dabei in subjekthafter Weise. Ein auf diesen Denkansatz, wie sich menschliches Leben produziert und reproduziert, gegründetes Handlungsmodell zur Rekonstruktion der Mensch-Umwelt-Beziehungen[4] vermeidet die Innenwelt-Außenwelt-Spaltung und damit die Verdoppelung der Wirklichkeit in eine objektive, unabhängig von unserem Bewußtsein existierende, und eine wahrgenommene Welt, eingekapselt als kognitiver Lebensraum. Im materialistischen Modell dominiert die Aktivität des Menschen die Wechselbeziehung zur Umwelt. Als fortgesetzte eignet der konkreten Beziehung eine historische Dimension; der Bezug ist jederzeit das Resultat der Arbeit der Gattung. Die Psychologie muß also die Geschichte berücksichtigen, die der menschlichen Lebenswelt innewohnt und sie bewegt.

Diese Einsicht kompliziert die Theorie und Forschungspraxis des neuen Wissenschaftszweigs beträchtlich. Er wird ohnehin nicht gleich mit nach allen Seiten befriedigenden Konstrukten aufwarten können. Viel scheint schon erreicht, wenn die materiellen, sozialen und kulturellen Momente in der Lebenswelt in einem phänomenologischen Zusammenhang begreifbar werden. Dahin hat vor allem die ,,ökologische Psychologie" *Barkers* (1968) einen wichtigen Schritt getan. Sie macht Umwelt- und Verhaltensmuster in raumzeitlichen Konstellationen fest, in ökologischen Einheiten (,,physical-behavioral units") von einer mittleren, der individuellen Wahrnehmung angemessenen Größenordnung. Es sind verortete, milieuspezifische Verhaltenskomplexe bzw. soziokulturell ausgestattete Topoi. In *Barkers* Konzept kommt das *Milieuverhalten* mit dem *Verhaltensmilieu* überein; es wird eine *Synomorphie* zwischen physischen Strukturen und beobachteten Verhaltensmustern angenommen: sie passen – in ihrer historisch und sozial herausgearbeiteten Form – zueinander. *Barker* spricht von ,,*behavior settings*" – objektiven Verhaltenssituationen, in die Menschen eintreten und in denen sie auf typische Weise sachbezogen interagieren: ein Kleinstadtcafe, eine Schulklasse, ein Spielplatz, ein Geschäft – jeweils ,,in Betrieb", ethnomethodologisch in Durchführung begriffen. *Behavior settings* erfassen menschliches Verhalten und seine Bedingungen *in situ*, soweit es in standardisierten Mustern vorkommt.

Ein *behavior setting* meint sowohl, wie *Barker* betont, das Verhalten in der phänomenalen Lebenswelt wie die objektive, ,,präperzeptuelle" Situation.[5] Die ökologische Psychologie untersucht auf molarer Ebene die ,,extraindividuellen" Verhaltensmuster der Menschen in ihrer Alltagswelt in typischen, an soziokulturell definierte Örter gebundenen Situationen. Allerdings greift *Barker* in behavioristischer Manier nur zur Methode der Fremdbeobachtung und kommt damit über Deskription nicht hinaus. Die Verklammerung von Verhaltensmustern und topologischen Strukturen hat jedoch andere angeregt, deren Wechselwirkung in einer speziellen ,,Verhaltensökologie" (behavioral ecology, *Willems* 1977) weiter zu verfolgen. Das routinierte tägliche Tun des einzelnen Menschen wie seine lebenslange Geschichte läßt sich im Hindurchgang durch Settings (im Familienmilieu, in der Schule, im Berufsleben, am Wohnort, bei Treffen der Altersgruppe) beschreiben (vgl. z. B. *Newman* 1976, der so das Leben von Jugendlichen ,,erörtert"), wobei man nicht unbedingt vollständig sein muß, sondern sich auf ,,ökologische Schlüsselsituationen" (*Trudewind/Husarek* 1979)[6], auf wichtige Episoden, oder nach dem epigenetischen Prinzip von *Erikson* (1966) auf phasenspezifische psychosoziale Krisen im Lebenslauf beschränken kann.

Der Begriff der Verhaltenssituationen integriert in wissenschaftlicher Betrachtung ansonsten aufgelöste Bestände. Die Settings lassen sich auch als Elemente in umfangreicheren sozialökologischen Gebilden lokalisieren, in einer Institution oder einer Kommune, womit die Ökopsychologie mit dem makroskopischen Ansatz der Sozialökologie verknüpft wäre (*Caesar* 1979, S. 149). Die erstere ist ohnehin nicht auf den kleinteiligen Nahraum des

Individualverhaltens beschränkt. Sie gewinnt noch weitreichenden Verhaltensumfeldern psychologische Bedeutung ab. Beispielsweise ist der „athmosphärische" Einfluß sozialer Umgebungen von *Moos* thematisiert worden (1976). Der Aufenthalt in einer Familie, Schule oder Heim bewirkt langfristig mehr als gezielte methodische Einflußnahmen hier oder dort es vermögen. Umgebungen können einengend und kontrollierend, ansprechend, freundlich oder abweisend sein. *Moos* spricht von *sozialen Klimata* (1976, S. 320 ff.).[7] Sie in ihrem spezifischen Charakter zu beschreiben, gelingt eher einem Romancier als einem wissenschaftlichen Beobachter. Dieser kann sich aber an gewisse Gesichtspunkte halten, unter denen der positive oder negative Einfluß der relevanten Umgebung zu beurteilen ist. *Moos* nennt deren drei.

Umgebungen seien erstens ihren „Beziehungsdimensionen" nach, zweitens nach den Dimensionen „persönlicher Reife oder Zielorientierung und drittens nach Dimensionen der Systemerhaltung und Systemveränderung zu betrachten. Ein bestimmtes Milieu erlaube persönliche Beziehungen der einen oder anderen Art und Intensität; es komme zu einem gewissen Ausmaß an Spontaneität, Anteilnahme und Hilfsbereitschaft; zum zweiten unterscheiden sich Milieus nach dem Grad und der Vielfalt persönlicher Entfaltung (Unabhängigkeit, Kultur, Orientierung), die sie ermöglichen, und schließlich differieren sie noch nach der vorhandenen Ordnung, Kontrolle und Innovationsfähigkeit (1976, S. 330 ff.). Das soziale Klima in dieser letzten Hinsicht fördert oder behindert die Wirkung der Umgebung unter den beiden anderen Gesichtspunkten. Als zentral erweist sich der Charakter der sozialen Beziehungen, mithin alles das, was in die Kategorie der „Gemeinschaft" fällt.[8]

Es scheint nicht erforderlich, an dieser Stelle weitere Konzepte und Forschungen zu registrieren, in denen sich die Ökopsychologie seit neuerem verbreitet (s. die Beiträge bei *Graumann* 1978, *Kaminski* 1976, *Walter/Oerter* 1979). Wegen seiner Bedeutung für die soziale Arbeit und Pädagogik beansprucht jedoch der theoretische Bezugsrahmen gesonderte Beachtung, den *Bronfenbrenner* (1976) für eine Ökologie der menschlichen Entwicklung entworfen hat. Auch er setzt sich von der Verfolgung unilinearer (eindimensionaler und monokausaler) Abhängigkeiten nach dem S-R-Modell in der experimentierenden Sozialforschung ab. Er möchte auf die konkreten Fragen der Sozial- und Jugendpolitiker Antworten geben, also nach Untersuchung der ökologischen Zusammenhänge beispielsweise sagen, welche außerhäusliche Betreuungsform für kleine Kinder welche Vor- und Nachteile hat (*Wendt* 1977b), wie die Auswirkungen des Fernsehkonsums auf junge Menschen oder der Berufstätigkeit von Müttern auf das Familienleben wissenschaftlich zu beurteilen sind. In diesem Feld der Empirie braucht man ein Forschungsdesign, das der Komplexität des Gegenstandes angemessen ist. Ökologisch betrachtet, besteht im sozialen Bereich immer ein Gefüge von interdependenten Bedingungen, eine – wie *Bronfenbrenner* im Anschluß an *Lewin* formuliert – „gleichzeitige, nicht-additive Wirkung eines Bündels von unabhängigen Variablen, die in nicht-linearer Weise zusammenspielen und ein integriertes System bilden" (1976, S. 207). Ein Organismus hat seinen „ökologischen Ort", an dem es in nähere und weitere Beziehungen zu seiner ihn beinhaltenden Umwelt gebettet ist. Menschen befinden sich dabei jeweils nicht nur in einem konkreten Setting (sensu *Barker*), sondern sie verhalten sich gleichzeitig relational zum Umweltaspekten, zu Kontexten jenseits des Kreises der unmittelbaren Erfahrung (*Bronfenbrenner* 1978b, S. 34).

Ein Setting ist auf der gleichen oder auf einer anderen Systemebene eingelagert in größere Zusammenhänge. In seinem Bezugsrahmen unterscheidet *Bronfenbrenner* als „Parameter der sozialen Ökologie menschlicher Entwicklung" (1976, S. 203f.) Variable aus vier Bereichen, die er topologisch als verschachteltes Arrangement von Strukturen aufgebaut wissen will (1978a, S. 6)

1. aus dem *Mikro-System* der unmittelbaren Umgebung. D. i. die erlebte alltägliche Umwelt von Haus, Schule, Spielplatz usw. mit ihren räumlichen und materiellen Gegebenheiten, den in ihr handelnden Personen und den sozialen Bedeutungen, die sich hier realisieren. Das Mikro-System ist entwicklungspsychologisch als ein Komplex von Beziehungen zwischen dem heranwachsenden Menschen und seiner unmittelbaren Umgebung anzusehen, in dessen Setting er sich bewegt.

2. aus dem *Meso-System*. Es umfaßt die Wechselbeziehungen zwischen den hauptsächlichen Settings, an denen ein junger Mensch zu einer bestimmten Zeit in seinem Leben teilhat. Es ist also ein System, das die Mikro-Systeme umfaßt: Familie, Schule, Altersgruppe und andere, in denen man seinen Alltag verbringt. Das Meso-System setzt sich fort in

3. dem *Exo-System* der formellen und informellen sozialen Strukturen und Netzwerke, welche die konkreten Settings, in denen sich der einzelne Mensch bewegt, beeinflussen. Zu ihm gehören das Beschäftigungssystem, das System der lokalen und staatlichen Verwaltung, das Verkehrssystem, die Massenmedien.

4. aus dem *Makro-System*. Mit ihm wird „sowohl die übergreifende soziale Struktur wie auch die darin eingebettete alltägliche Umgebung von einem *ideologischen System* umschlossen, das die sozialen Netzwerke, Institutionen, Rollen, Tätigkeiten und ihre Verbindungen mit Bedeutungen und Motiven ausstattet" (*Bronfenbrenner* 1976, S. 204). Anders ausgedrückt: das Makro-System beinhaltet (prototypisch) die „*blueprints*" der Settings und Institutionen, die genannt wurden. Gemeint ist im ganzen die Kultur oder Verfassung der Gesellschaft in ökonomischer, sozialer, rechtlicher, erzieherischer und politischer Hinsicht. Sie manifestiert sich in allen Systemen und konkreten Situationen, die sie einschließt; sie drückt ihnen ihren Stempel auf. *Bronfenbrenner* findet z. B. ideologisch geregelt und informell wie implizit bestimmt, welchen Platz Kinder in einer Gesellschaft einnehmen und welche Priorität ihre Bedürfnisse genießen (1978b, S. 36).

Die Entwicklungspsychologie muß sich auf eine Mehrebenenanalyse einlassen.[9] *Bronfenbrenner* schlägt vor, in „ökologischen Experimenten" ganze

Umgebungen, in denen Kinder aufwachsen, mit all ihren strukturellen Komponenten einander gegenüberzustellen – unter Berücksichtigung der Kontexte, in die sie wieder eingebunden sind, der systemischen Wechselwirkungen zwischen den beteiligten Personen und äußeren Umständen und des Einflusses vorhandener Settings und deren weiteren Rahmens. Solche „Experimente" werden besser den gestellten praktischen und sozialpolitischen Anforderungen gerecht. Sie können „ökologisch valide", d. h. ihrem Gegenstand – der vorgefundenen Umwelt, den in ihr handelnden Subjekten sowie deren aktueller Interdependenz (kurz: der tatsächlichen Sprache, auf welche die Forschung sich einläßt) – gewachsen sein.[10] Die Lebensbedingungen in einer Kindertagesstätte, „Familienzerrüttung", die psychologische Relevanz von Wohlverhältnissen, „Jugendunruhen" zu erforschen, verlangt die Berücksichtigung nicht nur von aus der Sicht des Wissenschaftlers *objektiven* Sachlagen und Verhaltensmerkmalen, sondern auch der Art und Weise, wie sie von den Betroffenen und Beteiligten *erlebt*, subjektiv interpretiert und deshalb subjekthaft arrangiert und zum tatsächlichen Problem gemacht worden sind (denn „wenn Menschen Situationen als real definieren, so sind diese real in ihren Folgen", *Thomas*), sowie der „Geschichte", der die Interpretation angehört. In Deutschland nach 1945 eine Mehrzimmerwohnung verfügbar gehabt zu haben, bedeutete für eine Familie real etwas anderes als dreißig Jahre später; analog „zeichnete" die unvergleichliche Konstellation von Erfahrungen und Perspektiven das Leben von Jugendlichen jeweils verschieden „aus".

Beiläufig zu der Erörterung, welche Einflußgrößen der Psychologe bei ökologischen Experimenten zu berücksichtigen hat, gibt uns *Bronfenbrenner*s Bezugsrahmen allgemein an, in welchen Horizonten soziale Praxis zu sehen und mit politischer, therapeutischer oder pädagogischer Zielsetzung auf Begriffe zu bringen ist. Dem Jugendprotest etwa, der sich an Strukturen des Exosystems festmacht – z. B. an der Versorgung mit Wohnungen und der Situation auf dem Arbeitsmarkt –, sind bestimmte Bedingungen im übergeordneten ideologischen System vorausgesetzt (das durchaus widersprüchlich und nicht konsistent ist), ein Stand der gesellschaftlichen Diskussion einesteils, und hinzu kommen die ökonomischen Verhältnisse anderenteils, zu deren Folgen u. a. der Wohnungsmangel zählt (der sich zeitweilig und örtlich durch den Protest gegen ihn noch erhöhen mag, wenn diese Bewegung die Bereitschaft mindert, an jugendliche „Störer" zu vermieten). Aus dem Stand der Diskussion läßt sich das jeweilige Thema des Protests – Atomkraftwerke, psychiatrische Anstalten oder, summa summarum, das „Packeis" – ableiten, welches dann wieder reziprok Einfluß auf die öffentliche Debatte nimmt, der es angehört. Die sozialwissenschaftliche Forschung fügt sich ebenfalls in sie ein und muß deshalb das soziale System berücksichtigen, das bis ins Forschungssetting wirksam ist. *Bronfenbrenner* fordert, „die Totalität des funktionellen sozialen Systems in dem Setting zu erfassen" (1978b, S. 45).

In demselben Beziehungsgefüge setzt soziale Arbeit ein. Sie impliziert auch bei Einzelhilfe im Mikrosystem die übergeordneten Ebenen der Handlungskultur, der eigenen wie der ihrer Adressaten. Man kann davon ausgehen, daß sie niemals allein als Einzelhilfe gemeint ist, so wenig die Probleme und Symptome, mit denen sie es aufnimmt, nur die Sprache des individuellen oder des familiären Lebens sprechen. Der einzelne Sozialarbeiter ist, willentlich oder ohne es zu wollen, Agent des politischen und ökonomischen Systems, Teil seiner Administration, Teilhaber an den in ihm auftretenden Änderungen, und wer immer auch soziale Arbeit leistet, er hat neben den Personen, um die er sich bemüht, die Gruppe im Auge, der sie zuzurechnen sind, und das Gemeinwesen, auf dessen Administration er in seiner Tätigkeit mithin rückbezogen bleibt. In dieser tatsächlichen Einbettung verlieren die Fraktionierungsversuche der Wissenschaften, die er heranzieht, ihren Sinn: das gesellschaftliche Leben hebt die psychologischen, soziologischen etc. Momente in sich auf. Wenn die Forschung die Totalität, von der *Bronfenbrenner* spricht, zu erfassen strebt, erkennt sie sich in der Partikularität des gesellschaftlichen Lebens wieder.

Ansätze der medizinischen Ökologie

Die letzte Feststellung erlaubt uns, von der Psychologie zu ökologischen Gesichtspunkten in der *Medizin* überzugehen, besitzt sie doch in ihrer sozialen Funktion die gleiche reflexive Beziehung. Zugegeben, es erscheint reichlich gewagt, angesichts des gegenwärtigen Medizinbetriebs die Heilkunst in die Nähe von Politik und Ideologie und überhaupt in einen weiten Kontext von Lebensvollzügen zu rücken, während sie selbst auf den organischen (oder wenigstens funktionellen) Befund beim einzelnen kranken Menschen fixiert ist – auf eine Ebene, die an ihrer eindeutigen Natur genug zu haben scheint. Indes gab es einmal eine Zeit, da ,,die Demokratie und der Sozialismus nirgends mehr Anhänger fand, als unter den Ärzten", wie der große *Virchow* 1848 konstatierte, um mit diesem Hinweis seine Feststellung zu belegen, die Medizin sei ,,eine soziale Wissenschaft, und die Politik ist weiter nichts, als Medicin im Grossen" (1879, S. 34).[11] Beide, Politik und Medizin, bemühen sich um einen Regelzustand, Gesundheit genannt, bzw. sind damit beschäftigt, die Abweichungen von der Norm zu bewältigen. Die soziale Medizin merkt, daß die Störungen des Gesundheitszustandes am Ende nicht in der Physiologie zu suchen, sondern in der Lebensweise der Menschen und deren äußeren Bedingungen zu finden sind: zu ihrer gänzlichen Regulation muß das therapeutische Tun in politisches Handeln übergehen. Aus seiner gesellschaftlichen Funktion heraus sieht sich der Mediziner von vornherein mit öffentlicher Gesundheit befaßt.

In der anfänglichen Formation der modernen Medizin war es noch selbstverständlich, alle Seiten des sozialen Lebens auf ihre gesundheitliche Bedeutung hin zu bedenken. Der absolutistische Staat setzte die ,,medicinische Policey" ein, um eine ihm dienliche Wohlfahrt der Bürger zu erhalten bzw. mittels sanitärer Maßnahmen herzustellen.[12] Der ärztliche Eingriff erscheint in dieser Perspektive als Spezialfall der auf Störungen des sozialen Lebens zielenden *interventionistischen* Praktiken. Hält man die gesellschaftliche wie die persönliche Lebensweise ständig „in Ordnung", erspart man sich größere Eingriffe; im Zentrum der medizinischen Lehre stand deshalb bis in die „Hausväterliteratur" des 17. und 18. Jahrhunderts das alte „*regimen sanitatis*". Es auf die herrschenden Zustände allgemein zu beziehen und hygienische Forderungen politischer Art aus ihm abzuleiten, scheuten sich in den folgenden revolutionären Zeiten die Mediziner nicht, – man denke an *Frank*, Verfasser des monumentalen „Systems einer vollständigen medicinischen Policey" (1779), der zu Pavia 1790 seine „Akademische Rede vom Volkselend als der Mutter aller Krankheiten" hielt. Seine und die seiner Zeitgenossen Überlegungen schlossen zudem eine ökologische Betrachtungsweise durchaus noch ein.

Die überkommene Heilkunst führte sie ansatzweise im Repertoire und verband sie gerade in der Aufklärung leicht mit der polizeilichen Verpflichtung, weil sie notgedrungen (aus Mangel an physiologischen Kenntnissen) in äußeren Bedingungen und den Verhaltensweisen der Menschen natürliche Ursachen für krankhafte Veränderungen erblicken mußte. Von alters her nahm die Heilkultur – seit *Hippokrates* und über *Galen* bis *Paracelsus* und am Ende in *Hufeland*s „Makrobiotik" – diverse Momente der Lebensführung als unter Umständen für die physische Wohlfahrt wesentlich an. Sie legte eine ganzheitliche Behandlung nahe, hielt sich an die Idee des Gleichgewichts und der Harmonie, betonte die Interdependenz von Geist und Körper und bezog sich schon in des *Hippokrates* „De aere, aquis et locis" auf den Zustand der Umwelt. Traditionelle Heilkunst beschränkt sich auch nicht auf kuratives Handeln, sondern geht präventiv in aller Breite auf gesundheitsförderndes und die Gesundheit wahrendes Verhalten ein. Darum beinhaltet ihre *Diätetik* den rechten Umgang mit Luft, Wasser, Licht und Wärme, Mäßigkeit in Essen und Trinken, Abwechslung von Bewegung und Ruhe, Belastung und Muße, Schlafen und Wachen, Achtgeben auf die Ausscheidung und Absonderungen des Körpers, schließlich die Beherrschung der Leidenschaften (*Schipperges* 1978, S. 98f.).

Zwar nicht unbehelligt von der Entwicklung der sich spezialisierenden Organmedizin, aber noch vereinbar mit ihr, blieb der „polizeiliche" Bereich öffentlicher Hygiene im 19. Jahrhundert zunächst bei einem umfassenden Konzept der Gesundheitspflege, deutlich insbesondere im Umkreis von *Virchow*s „medicinischer Reform".[13] So läßt sich in der ganzheitlichen und ökologischen Auffassung von der „Hausväterliteratur" noch bis zu *Pettenkofer*s Meinung eine Brücke schlagen, die Hygiene sei eine „Wirtschaftslehre von der Gesundheit", und gleichfalls zu *Reich*s umfassendem „System der Hygiene" von 1870/71, das die moralischen, sozialen, diätetischen und physischen Zustände und Verhältnisse des Menschen gleichermaßen zum Gegenstand hat (vgl. *Rosen* 1977b, S. 317ff.). Jedoch der Fortschritt der naturwissenschaftlichen Medizin drängte die Gesundheitspflege und die Gesundheitsfürsorge an den Rand der ärztlichen Aufgabenstellung und Tätigkeit.

Hundert Jahre später verspricht man sich u. a. eine Aufwertung der Teildisziplinen, die sich mit jenen Diensten beschäftigen, von ihrer Thematisierung unter dem neuen Sammelbegriff der *Medizinischen Ökologie*. Nach der Approbationsordnung gehören heute zum „ökologischen Stoffgebiet" des angehenden Mediziners die *Hygiene* im weitesten Sinne einschließlich der *Epidemiologie*, ferner die *Sozialmedizin*, die *Arbeitsmedizin* und die *Rechtsmedizin*. Als das verbindend Gemeinsame in ihnen wird der Mensch-Umwelt-Bezug angesehen. Aber es handelt sich zunächst nur um eine klassifikatorische Zuordnung. Soweit sie eine theoretische Begründung findet, knüpft man nicht etwa an alte ganzheitliche Vorstellungen, sondern an die naturwissenschaftliche Umweltforschung an, die mit dem Attribut „ökologisch" äußere Einflüsse auf den Menschen belegt. Ein neueres Lehrbuch der Humanökologie für Mediziner (*Freye* 1978) beispielsweise nimmt sich die „Komplex-Umwelt" zum Gegenstand, welche für das biosoziale Wohlergehen bzw. Kranksein vielseitig bedeutsam ist: „Dieses komplexe System der Interaktion zwischen dem Menschen und seiner belebten und unbelebten Umwelt umfaßt neben ökologischen und biologischen auch anthropologische, physiologische, humangenetische, demographische und soziologische Fragen und darüber hinaus auch solche der Städteplanung, des Umweltschutzes, des Bevölkerungswachstums sowie der biologischen und kulturellen Evolution" (1978, S. 17). Der einzelne Mensch wird von *Freye* autökologisch in die verschiedensten Umweltbeziehungen gerückt. Er nennt die folgenden Kategorien von Einflüssen: Chemische Umwelt, physikalische Umwelt, zwischenartliche Umwelt, innerartliche Umwelt, soziale Umwelt (1978, S. 24). Die letztere behandelt er nicht näher, versteht indes unter der „innerartlichen Umwelt die Bezüge: 1. Mensch als Sozialpartner; 2. Mensch als Sexualpartner; 3. Mutter-Kind-Beziehungen; 4. Familienangehörige; 5. Mensch als Mitarbeiter und Arbeitskollege; 6. Mensch als Rivale. – Faktisch beschränkt sich der Biologe *Freye* in seinem Kompendium dann auf die Darstellung abiotischer und biotischer Faktoren der Umwelt des Menschen, auf den Parasitismus zumal, auf Fragen der Population, den „Einfluß des Menschen auf die Biosphäre" und vice versa sowie auf spezielle Gefahren aus der Umwelt.

Das ökologische Denken in der Medizin steht im Prinzip vor den gleichen Problemen wie dasjenige in der Psychologie oder in irgendeiner anderen Humanwissenschaft. Solange sie objektivistisch sammelt, was alles im Ökosystem des Menschen in der einen oder anderen Weise auf ihn wirkt (und welche Effekte sein Handeln hat), bleibt der Tatbestand und Prozeß der Mensch-Umwelt-Beziehung selbst unberührt, und auf sie kann deshalb auch nicht (hier medizinisch) direkt Einfluß genommen werden. Insonderheit wird die cartesianische Scheidung von Leib, res extensa, und Seele, res cogitans, nicht überwunden: die Humanökologie trägt entweder mit dem, was sie über diskrete Umweltgefahren weiß, zu deren Berücksichtigung in der Körpermedizin bei, oder sie nennt Faktoren, die psychosozial mit Blick auf das Wohlbefinden des Menschen von Bedeutung sind. Wie in der Psychologie und zeitlich parallel überwindet die Medizin erst durch Auslegung des Begriffs der *Tätigkeit* die ökologische Dichotomie von Innen und Außen. hierzu haben vor anderen die Theoreme *J. v. Uexkülls* und *V. v. Weizsäckers* beigetragen. Der Biologe *Uexküll* (1970) konnte darstellen, daß prozessual der „Funktionskreis" der Wechselbeziehungen („Merken" und „Wirken") jeweils festlegt, was füreinander Umwelt und Organismus ist.[14] Die gleiche bestimmende Tätigkeit hat als konstitutive Einheit von Wahrnehmen und Bewegen *Weizsäcker* (1973) im „Gestaltkreis" beschrieben. Kognitionspsychologisch ist dieser Zusammenhang später von *Piaget* an den sensumotorischen Abläufen untersucht worden. Ihr Regelkreis-Modell läßt sich variieren und insbesondere in der Theorie der Psychosomatik anwenden (vgl. *Th. v. Uexküll/ W. Wesiak* 1979, S. 7ff.).

Es ist der nämliche Prozeß der Regelung, in dem Subjekt und Objekt einander angepaßt und entgegengesetzt werden, wobei „die organischen Akte den äußeren Naturvorgängen kongruieren und diese ebenso den Bedingungen des Organismus sich einfügen" (*Weizsäcker* 1973, S. 266). Das Subjekt erscheint als innere Bedingung – das durch sich selbst und in Beziehung auf sich selbst tätige Wesen, wie es *Weizsäcker* in die Medizin einführt (1973, S. 23) –, indem es ontogenetisch per Individuation aus dem undifferenzierten Zustand der psychophysiologischen Einheit in der frühen Kindheit erzeugt und durch stete Reproduktion der Selbständigkeit im Anpassungsprozeß erhalten wird. Diese einheitliche Tätigkeit muß hier deshalb konzeptuell Gewicht beanspruchen, weil in ihr die physische, mentale und soziale Relation Mensch-Umwelt ungeschieden vorkommt. Der sich bewegend-wahrnehmende und sich wahrnehmend-bewegende Mensch erfährt sich als Körpersubjekt, in der sozialen Übereinstimmung und Widerspiegelung seines Verhaltens als fühlendes Subjekt in Genossenschaft, das zudem seine Äußerungen regeln und sie in der Begegnung als mentales Subjekt zeichenhaft verwenden kann.

Die subjekthaft verantwortete Tätigkeit verträgt keinen stückwerkhaften Umgang mit der Physis und der Psyche. Sie intendiert ein „gutes Leben" in jeder Dimension *ganz*, wenngleich das Subjekt es so kaum erreicht; es strebt danach. In diesem Sinne definiert die WHO, Gesundheit sei ein Zustand vollständigen physischen, geistigen und sozialen Wohlbefindens und nicht nur die Abwesenheit von Krankheit oder Gebrechen. Das Subjekt nähert sich diesem Zustand positional in seiner Tätigkeit. Ökologisch kann ihm Gesundheit zugesprochen werden, insoweit ihm in seinem Lebensraum und zeitlich in seiner Lebensgeschichte Anpassung (und Abwehr) gelingt, mit anderen Worten: wenn es sich seine Nische zu erhalten weiß. Sie zeichnet individuelles Wohlbefinden aus; folglich generiert sich das Subjekt seine Norm selbst (weshalb personenübergreifend über Gesundheit nur in dem Maße Aussagen gemacht werden können, wie Menschen objektiv in Konstitution und Lebensweise übereinstimmen). Ein Organismus erweist sich als mehr oder minder fähig, mit Belastungen oder Beeinträchtigungen, egal ob diese chemischer, physikalischer, infektiöser, psychologischer oder sozialer Natur sind

(*Audy* 1974a, S. 327), physiologisch, immunologisch, psychisch und sozial fertig zu werden. Der jeweilige Erfolg oder Mißerfolg wird ganzheitlich erfahren und verarbeitet, wiewohl der letztere gewöhnlich nach der einen oder anderen Seite hin symptomatisch aufzufallen pflegt.

Die Bewältigung geschieht nun nicht bloß in der einen Richtung, in welcher der Organismus äußeren Beanspruchungen begegnet. Im System der Lebensverhältnisse ist auch der gesundheitliche Status von den Wechselwirkungen auf mehrere Ebenen abhängig. Der Mensch produziert selbst in seiner Lebensweise und Kultur gesunderhaltende und krankmachende Faktoren. Er überholt, wie *Audy/Dunn* finden, die biologische Determination in bezug auf sein Gesund- oder Kranksein: ,,the undoubted genetic evolution of man into a highly polymorphous species has been overriden by sociocultural evolution in which DNA is represented by ideas and symbols and the tempo is enormously accelerated. Sets of cocoons for each culture have been developed to protect individuals from being forced to adapt at intolerable rates, but these protective devices have broken down in several ways" (1974a, S. 334). Zu einer wirksamen ,,genetischen Information" kommt eine ebenfalls konstellierende ,,semantische Information" (*León* 1976, S. 303) hinzu; sie kann fehlerhaft sein wie die erste und in ihren kulturellen Mustern unpassend zu körperlichen oder zu sozialen Bedingungen.[15]

Die ,,Kokons" der Kultur, von denen bei *Audy/Dunn* die Rede ist, filtern gewissermaßen das Verhaltensrepertoire, wodurch die Anpassung der Lebensweise insgesamt (der individuellen und der kollektiven) mit positiven und negativen Folgen verändert wird. Es ist eine sozialhygienische Aufgabe, an diesen ,,Kokons" zu arbeiten – z. B. die familiale Kultur oder das Gemeinschaftsleben von Jugendlichen zu fördern. Dabei kompliziert sich mit den Einflüssen aus der Metaebene der Kultur, auf der auch Konzepte von Gesundheit für jedermann vorrätig gehalten werden, die Bilanzierung des Systems Mensch-Umwelt weiter. Das Individuum ist den kulturellen Faktoren sozial konfrontiert (biologisch den physischen Außenbedingungen), und sie figurieren andererseits (wie der innere physiologische Status) als sein eigenes Programm. Wenn nun der Terminus ,,environmental health" gebraucht wird, wie es die WHO seit 1972 tut, anerkennt der Begriff, daß Gesundheit im Grunde die Zustandsbeschreibung eines Feldes ist, welches den Organismus *und* seine Umwelt einschließt. Es wird im günstigen Fall ein ökologisches Gleichgewicht beider Seiten postuliert, das, von optimalen Beziehungen getragen, Wohlbefinden herstellt (WHO 1976, S. 12). Ebenso ist für Behinderungen und Krankheiten die gesamte prozessuale Situation verantwortlich zu machen: ,,Human health and diseases are viewed ecologically as the consequences of the interactions between the human organism and the interlocking networks of environmental factors at a specific place and time" (WHO 1976, S. 13). Das verbindende Geschehen vollzieht sich in angemessener Ordnung bzw. mit eingegrenzten oder ausgreifenden Störungen.

Selbstverständlich ist an einem Gesundheitskonzept, das den ganzen Oikos einbezieht, die soziale Arbeit besonders interessiert, stellt es doch ihr Tätigkeitsfeld unter ein einheitliches Prinzip. *Audy* und *Dunn* (1974b) sprechen von ,,community health". Der einzelne Mensch im Gemeinwesen ist von ihr, dem materiellen, sozialen und geistigen Zustand in der Gesellschaft, abhängig. Das gilt speziell im Feld der mentalen Hygiene. Sie nimmt es mit einer ,,Innenweltverschmutzung" (*v. Scheidt*) durch verbreitete Ideen bzw. herrschende kulturelle, religiöse und politisch-soziale Vorstellungen auf. ,,It has long been recognized that ideas may be likened to infectious particles, transmitted among people who may be suceptible or who may also develop resistance (immunity)" (*Audy/Dunn* 1974b, S. 349). Man kann in diesem Horizont geradezu von einer *Epidemiologie der Ideen* reden, wobei nicht so sehr an die eher das Gefühlsleben betreffenden Phänomene der Massenpsychologie zu denken ist als ganz nüchtern an systemstabilisierende (oder auflösende) Vorstellungen und ideelle Haltungen. ,,For example, religions have both healing and preventive functions in preserving societal health through the social and mental health of individuals" (1974b, S. 353). Der religiöse, rückbindende Komplex gehört mit anderen, die Lebensordnung und ,,Lebenskunst" betreffenden Komplexen, Wert- und Sinnbezügen zusammen wohl zu den vorhandenen (resp. ausbleibenden) ,,heilsamen" Leitmotiven, die das personale Dasein regulieren. Man hat sie ,,ideo-existentielle Phänomene" (*Emery/Trist* 1972, S. 132ff.) genannt. Sie integrieren menschliche Gemeinschaften, wenn sie von einem entsprechenden Sozialverhalten (erfolgreicher Kommunikation und gegenseitigem Verstehen) getragen und begleitet werden. Dahin wirkt nun soziale Arbeit; sie nimmt am Diskurs über die Lebensführung betreffende Ideen teil und fördert die Herstellung von Gemeinschaft (communio). Insofern ist sie eine der Selbstheilung dienende Aktivität der Gesellschaft, Teil ihres institutionellen Inventars, (soziale) Gesundheit zu erhalten bzw. zu erreichen. Zu dieser Haushaltung tragen nichtprofessionelle Bemühungen, beispielsweise in den verschiedenen Selbsthilfegruppen Betroffener, nicht weniger bei als professionell erbrachte Dienstleistungen.

Gesundheit und Bewältigungsverhalten

In den kulturellen Zusammenhang, wie in einem Gemeinwesen Menschen leben, gebunden, kann ihr Krankheitsverhalten nicht allein Sache der kurativen Medizin sein. Abgesehen davon, daß die vorhandene Krankenversorgung und das ,,Gesundheitswesen" insgesamt ins System der sozialen Sicherung gehört und mit ihrem Apparat (als die medizinische Kultur) soziokulturellen Entwicklungen und Ansprüchen genügt, hat das Kranksein – vor, während und nach ärztlicher Behandlung oder der Selbstmedikation – das *Gesundheitsverhalten* zum Kontext und bleibt ihm weithin eingeordnet. Ökologisch, im Feld der menschlichen Daseinsweise, erscheint die medizinische Aufgabe als Prophylaxe – als Vorbeugung, Verhütung von Schlimmerem und Nachsorge. Kontextuell geht es vor allem um die Verminderung von Risiken in der Lebensführung, um die richtige Ernährung, um die Pflege der Grundfunktionen (*Vogler*), des Körperbewußtseins und der Bewegung (Leibeserziehung), um Gesichtspunkte der Psychohygiene und der Umwelthygiene. Als *primäre Prävention*, soweit sie betrieben wird, löst sich das gezielte ärztliche Tun in ein Kontinuum von Bemühungen (Aufklärung, Öffentlichkeitsarbeit, Planung, Verhaltenstraining und Gesundheitsschutz), deren spezielle Natur ihre allgemeine soziokulturelle Bedeutung noch unterstreicht und nicht mehr einschränkt – wie im Falle der *sekundären Prävention*, wo die ärztliche Beratung und Behandlung bereits Grund hat, sich auf ausgemachte Gefahren und Schädigungen und entsprechende therapeutische Maßnahmen zu konzentrieren, aus denen die Patienten schließlich in der *tertiären Prävention* entlassen werden: Rehabilitation ist als Widereingliederung in der Einzelhilfe und in Gruppen so breit zu betreiben wie die primäre Prävention in ihrer gesellschaftlichen Allgemeinheit. An beiden Enden des Kontinuums geht die medizinische in soziale Arbeit über.

Aber auch das System der medizinischen Behandlung im engeren Sinne beginnt, umfassender zu werden und auf ihrer Ebene Aspekte der sozialen, emotionalen und geistigen Gesundheit zu berücksichtigen, schon um der eigenen fortwährenden Spezialisierung zu begegnen und mit einer „Humanisierung" ihres klinischen Betriebes anzufangen.

Man beteiligt Psychologen an der Diagnose und der Therapie, richtet einen Sozialdienst im Krankenhaus ein, versucht etwas gegen seine unpersönliche Atmosphäre zu tun, erlaubt das „rooming in", hebt Besuchsbeschränkungen auf etc. Komplementär kommt eine andere Tendenz aus den Randgebieten der medizinischen Wissenschaft, von ihren Außenseitern hinzu: eine stärkere Einbeziehung traditioneller Heilmethoden und lange vernachlässigter „natürlicher" Verfahren. Die von romantischen Rückgriffen nicht freie „Ganzheitsmedizin" (holistic medicine) gewinnt an Wertschätzung und an Boden (*Sobel* 1979). Sie wird von der alternativen Bewegung gefördert, die sich gegen eine Reduktion der Behandlung auf physikalisch-chemische Methoden richtet. Überdies muß der industrielle Medizinkomplex den Vorwurf hinnehmen, die Menschen von sich abhängig zu machen und damit am Ende zu einer Schwächung des Gesundheitsverhaltens beizutragen. *Illich*, unter den Kritikern des Medizinbetriebs der schärfste, greift in „Medical Nemesis" (1975) insbesondere das privilegierte Expertentum in der Heilkunde an, das den Leuten ihre Gesundheit „enteigne"[16], und er weist auf die schädlichen Wirkungen und Nebenwirkungen ärztlicher Behandlung hin: Iatrogenesis im klinischen Bereich, in der Gesellschaft durch Züchtung von Patienten (soziale Iatrogenesis) und durch Paralysierung gesunder Reaktionen auf allfällige Leiden (strukturelle Iatrogenesis). Ganzheitliche Medizin wird solche „Umweltfolgen" berücksichtigen und von ihrer Anlage her einfacher und verständlicher sein bzw. mehr auf die vitale Autonomie und die Selbstheilungskräfte an ihr partizipierender Menschen bauen, folglich medizinische Interventionen, wo immer möglich, zu vermeiden trachten. Umfassendere Behandlung beinhaltet konzeptuell eine eher homöopathische Strategie: mehr Beistand und weniger Eingriff.

Indes sind die Erfolge der klassischen somatischen Medizin unbestreitbar. Der Umdenkungsprozeß in Theorie und Praxis verläuft auf der sicheren Grundlage ihrer Leistungen (zumal in der Beherrschung akuter Erkrankungen). Das biomedizinische Modell gestattet durchaus eine Metamorphose in der angedeuteten Richtung, wenn es die *Physiologie* als Lebenslehre begrifflich ausreichend breit anlegt.[17] Diese ist heute differenziert genug, um noch der Sozialmedizin kategorial das Gepräge geben zu können. Der Organismus, als *primär aktives*, offenes System verstanden, muß einer ebenfalls belebten Umwelt im Handlungssystem der Situation und in einem übergeordneten gesellschaftlichen System korrespondieren.[18] Unter ihren komplizierten Umständen ist der Betrieb der funktionellen Koordination störanfällig. Die multifaktorielle Genese von Krankheiten samt ihrer Vorstadien läßt sich in der Physiologie verfolgen. Viel beigetragen hat dazu das *Stress*-Konzept von *Selye*. Es erlaubt eine integrale bzw. systemische Betrachtung der krankmachenden Aspekte in der Mensch-Umwelt-Beziehung nach einem *Grundmuster*. Als allgemeine, unspezifische Anpassungsreaktion des Organismus bei bedeutsamen Änderungen in seinem Milieu dient Stress der Erhaltung der Gesundheit. Er ist ein phylogenetisch alter Bewältigungsmechanismus, der allerdings seinerseits den Organismus strapaziert. Sein physiologischer Ablauf wird sowohl durch äußere (alarmierende) Ereignisse wie auch durch die innere Verarbeitung von Erlebnissen und durch Wechselwirkung von beiden als *psychosozialer Stress*, ja bereits durch (alarmierende) Vorstellungen allein hervorgerufen (oder auch durch das *Ausbleiben* von Anregungen aus der Umwelt, bei zu wenig Stimulation). Kognitive Einschätzung und emotionale Dispositionen beeinflussen offenbar diesen Prozeß (*Lazarus* 1977, S. 145ff.). Solange der Organismus in der Lage ist, aktiv den Stressoren zu begegnen, ist die „Herausforderung" nützlich: in der Beanspruchung (als Eustress, wie *Selye* sie nannte) erhält sich die Gesundheit; bewältigt er sie physisch, seelisch und sozial nicht, so machen sich im „Distress" bald Verschleißerscheinungen und Störungen bemerkbar. Der Mensch ist heute einer Vielzahl von Stressoren ausgesetzt, ohne mit Bedacht ihre Bewältigung zu üben oder sich von ihnen fernzuhalten. Er treibt häufig Raubbau an seiner Gesundheit, geht mit seinen inneren Ressourcen selbstvergessen um – ähnlich wie mit denen der äußeren Natur.

Als Individuum wird er dazu von gesellschaftlichen Determinanten gedrängt und verführt. Deren *Ökonomie* veranlaßt ihn zu Arbeitshetze, unphysiologischem Freizeitverhalten, falsche Ernährung, sozialer Konkurrenz usw., und die gleiche Ökonomie beweist ihm allemal, ein Versager zu sein. Medizinisch belegt das Phänomen Stress nun, daß im Körper des Menschen soziale und psychische Faktoren (zu dessen Gesundheit sie in Maßen beitragen) pathogen sein können. Die soziale Existenz und ihre Probleme beherrschen, weil sie in der Lebensführung des Individuums bestimmend sind, über den Stresszustand und andere psychosomatische Zusammenhänge den Gesundheitszustand wesentlich. Soziale Situationen, welche die Person für bedeutsam hält und die sie deshalb emotional belasten, lösen körperliche

Veränderungen aus. „Koppelung von körperlichen Reaktionen, direkt oder durch Vermittlung von symbolhaften Reizen, als Folge emotional belastender Umweltsituationen", das ist nach *Schaefer* der „Mechanismus, nach welchem Krankheiten entstehen können" (1979, S. 84). Wie bereits aus der ontogenetisch grundlegenden psychophysiologischen bzw. soziophysiologischen Einheit evolutionär abzuleiten wäre, darf die *Soziogenese* von Krankheiten als physiologisch erklärt gelten. Der Leib wird, so *Schaefer*, u. a. durch gesellschaftliche Einflüsse krank (1975, S. 94).

Das gilt insbesondere für die von *Schaefer* in den Mittelpunkt seiner Betrachtungen gerückten *chronischen* Erkrankungen. Sie werden (korrespondierend mit genetischen und naturbedingten Faktoren) von einer Vielzahl sozialer „Risiken" ätiologisch, also letztursächlich, oder pathogenetisch unterhalten. *Schaefer* rechnet zu ihnen technische Faktoren und ihre Folgen, gesellschaftliche (Un-)Sitten wie Suchtverhalten und Bewegungsarmut, psychosoziale Reaktionen (z. B. Angst) und soziale (Fehl-)Prägungen der Persönlichkeit. Zumindest die an Häufigkeit stark zunehmenden Todesursachen koronare Herzkrankheiten, Lungenkrebs, Straßenverkehrsunfälle, Leberzirrhose, Bronchitis und Diabetes seien „sämtlich durch Umweltfaktoren und Verhaltensformen bedingt, die sich die Menschen selber geschaffen haben" (1979, S. 150f.). *Schaefer* empfiehlt dagegen eine ethische Korrektur der Lebensführung; es müsse eine neue Form der Freude am einfachen Leben erreicht werden. Eine solche Gesundheitspraxis würde an die alte *Diätetik* (von diaita – Lebensordnung, Lebensweise) anknüpfen, die von der leiblichen und mentalen Übung und Zucht, der richtigen Ernährung und vom Rhythmus von Arbeit und Erholung handelte. Zusammenfassend vertrat sie noch *Hufeland* in seiner *Makrobiotik*, der Kunst, das menschliche Leben zu verlängern (1976). Er hatte ein zentrales Prinzip, Gesundheit zu erhalten, in einer „Retardation der Lebenskonsumption" gefunden und im übrigen von Verwöhnung und Schonung abgeraten.

Nun scheint es ein billiger Ratschlag, den einzelnen Menschen aufzufordern, gesünder zu leben, als ob es die Verschränkung seines Verhaltens mit den sozialen Lebensbedingungen nicht gäbe. Erst ein gesellschaftlicher, ein – in noch zu erläuterndem Verständnis – politischer Prozeß stellt den Kontext her, in welchen ein verändertes individuelles Tun und Lassen paßt. Soziale Arbeit als kleinteilige Vermittlungstätigkeit zwischen Gesellschaft und Individuum trägt zu dem Prozeß bei, wenn sie sich zugleich als *sozialhygienische* Intervention versteht, sich also leiten läßt von den gewonnenen medizinischen Kenntnissen und sie anwendet. Dazu gehört, das Kranksein von Menschen als Folge ihrer Lebensweise und der gesellschaftlichen Umwelteinflüsse erklären und Modelle gesunden Verhaltens entwickeln zu können. Diese Arbeit wird auf gesundheitspolitischer Ebene wenig durch unidirektionale Leistungen gefördert und mehr, indem ökologisch abnorme Bedingungen des Gesundheitsverhaltens ausgemacht und abgeschwächt, wo nicht beseitigt werden.[19]

Ihre Ökologie ist Gegenstand der medizinischen Forschungsrichtung der

Epidemiologie, die sich längst nicht mehr darauf beschränkt, die Verbreitung ansteckender Krankheiten in der Bevölkerung zu studieren.[20] Sie wird heute nicht selten mit „medical ecology" gleichgesetzt *(Harding le Riche/Milner* 1971, S. 35). Da sie das ganze Feld der Faktoren untersucht, die mit in der Population beobachtbaren Krankheitssymptomen korrelierbar sind, diagnostiziert sie sozusagen die soziale Aufgabe der Medizin. „The science of epidemiology is concerned with cause, natural history and interrelationships of disease. It could be regarded as the analytical arm of public health and preventive medicine" (1971, S. 34f.). Die Epidemiologie vermag durch statistische Analyse empirischer Daten auf der Aggregatebene die multifaktorielle Genese von Krankheiten aufzuzeigen. Sie ergeben sich in der vielfältig bedingten Situation, in der Menschen jeweils leben, haben also ihr Setting, in dem genetische Anlagen und die Nachwirkungen vergangener Umwelteinflüsse einerseits und die gegenwärtige physische, soziale und kulturelle Konstellation andererseits in Wechselwirkung zusammenkommen. Gesund- oder Kranksein ergibt sich darin als eine Anpassungsleistung *(Dubos* 1965), für die überindividuell die Epidemiologie die Bilanz aufmacht. Sie beobachtet im Feld mannigfache Verschiebungen im Gleichgewicht des Lebens, Verschiebungen, die sich nicht allein in somatischen Befunden, sondern auch ideell und sozial äußern.

Es ist unsere humanökologische Absicht, die Einheit des Gesundheits- und des Sozialwesens herauszustreichen. Den Haushalt des Zusammenlebens und der Daseinsgestaltung erfährt jedermann sowohl „am eigenen Leibe" wie in seinem Kopf und in den Alltagsbeziehungen; er balanciert in allen Dimensionen (vernachlässigt oder überlastet zuweilen die eine zugunsten der anderen) entsprechend den Außenbedingungen, die er antrifft. In der Medizin wird fallweise deutlich, daß das Ziel des Arztes zu heilen letztlich der sozialen Tätigkeit, wenigstens der Ergänzung durch sie, bedarf, – und sozialpädagogisch gelangt man zu der Auffassung, daß es in der sozialen Arbeit im großen und ganzen um die Gesundheit des Individuums, d. h. menschlich leben zu können, geht. Verstünde man dieses Leben in seiner konkreten Durchführung allein aus soziologischer Sicht, käme das Verständnis abhanden, es mit körperlich lebenden, sich physisch und sinnlich wohlfühlenden oder leidenden Menschen zu tun haben; umgekehrt entgeht der körpermedizinischen Sicht, wie der physische Einsatz im Alltag Teil der personalen Verfassung in *Lebenssituationen* ist, in denen psychosozial ausgemacht wird, ob er gelingt oder mißrät. Zumindest wer in gesundheitsfürsorgerischen oder gesundheitspflegenden Diensten und Einrichtungen tätig ist, wird deshalb auf ein konzeptuelles Kontinuum Wert legen, das die somatische Behandlung mit der gesellschaftlichen Aktion verbindet.[21]

Die Adressaten seiner Tätigkeit bewegen sich in diesem Kontinuum. Sie entwickeln von alleine eine Strategie der Situationsbewältigung, die notwendig soviele Seiten hat wie die begegnende Umwelt Aspekte und Verfahrensweisen anbietet. Indem ich unter ihnen auswähle, mich ihnen entziehe oder sie akzeptiere, sie verschiebe oder in anderer Weise meine Abwehrmechanismen in Anwendung bringe, erhalte ich aktiv meine Nische: beherrsche mich und körperlich, emotional und kognitiv meine Situation, finde einen Weg durch sie und die Geschichte ihrer Abfolge hindurch, bin ein „guter Verlierer", schließe mich im Verlauf anderen Menschen an oder halte mich von ihnen fern, leide im stillen oder wage mich öffentlich vor. Soweit das Subjekt in seiner Strategie erfolgreich ist, hat es ökologisch auch für seine Gesundheit gesorgt. Gesundheitshilfe besteht an ihrem sozialen Ende darin, an die individuelle Strategie anzuknüpfen, ihre Fehler aufzuweisen, die Verhaltensplanung mit anderen sozialen Strategien zu verbinden – so wie am kurativmedizinischen Ende der Hilfe bei biotischen Vorgängen eingegriffen wird, die fehlgesteuert wurden und sich pathologisch bemerkbar machen. Das Subjekt soll gegenüber seinem äußeren und seinem inneren Milieu entscheidungsfähig bleiben und aus seinem physischen und kulturellen Lebensfond heraus individuell handeln können.

Die englische Sprache hält für das Bewältigungsverhalten des Subjekts den knappen Ausdruck „*coping*" bereit. Der einzelne Mensch nutzt die verschiedensten Methoden und Kombinationen von ihnen, um mit seinen Alltagsproblemen fertigzuwerden. *Lazarus* hat diese Verfahren als „coping behavior" in Stress-Situationen beschrieben. „There seems to be growing agreement among professionals that coping refers to efforts to master conditions of harm, threat, or challenge when a routine or automatic response is not readily available. Here, environmental demands must be met with new behavioral solutions or old ones must be adapted to meet the current stress" (*Monat/ Lazarus* 1977, S. 8). Er unterscheidet in seiner Taxonomie des Bewältigungsverhaltens zwei Kategorien: direkte Aktionen und „bemäntelnde Bräuche" (palliative modes), – die einen psychosozial und psychosomatisch so wichtig wie die anderen. „*Direct actions* are behaviors, such as fight or flight, which are designed to alter a troubled relationship with one's social or physical environment. *Palliative modes* of coping refer to thoughts or actions whose goal is to relieve the emotional impact of stress" (S. 8 f.). Das Attribut „palliativ" wird also verwandt, weil die mit ihm belegten Methoden tatsächlich nichts ändern: die Person fühlt sich nur besser; sie arrangiert sich immerhin auf solche Weise in ihrer Situation – bei subjektivem Erfolg in ihrem Erleben (S. 10). Heutzutage gebrauchen viele Menschen die Angebote der Medizin als Hilfsmittel und -wege, um Entlastung zu erfahren. Außerdem sind zudeckende Praktiken bereits nützlich, weil sich mit ihnen der Informationsdruck mindern und die fortwährende Irritation in Hinsicht auf den eigenen Zustand unterbrechen läßt. Gegen ärztliche Prozeduren, die diesen Erfolg haben, ist umso weniger etwas einzuwenden, als sie die Selbstheilungskräfte der Person nur stützen und nicht an ihre Stelle treten. So wahren sie die Autonomie des Subjekts. Medicus curat, natura sanat. Das Subjekt verlangt nach medizinischem Beistand auch als eine besondere Art von Versorgung, weil und soweit naturale, seinem Lebenskreis verbundene Hilfesysteme ausfallen. Das Gesundheitssystem wie das System der sozialen Dienste treten als gesellschaftlich organisierte *Ressourcen* in Erscheinung, die im positiven Fall dem Coping das Patienten verfügbar sind, – falls sie nicht mit dem Gewicht der Institution eine gegenteilige Wirkung ausüben (und etwa das ,,Krankengut" zur Ressource *institutionellen* Copings machen).

Die sozialepidemiologische Forschung vermag an vielfältigen Beobachtungen zu zeigen, auf wie komplexe Weise bei der Entstehung und im Verlauf von Krankheitsepisoden bzw. bei der Erhaltung von Gesundheit biotische, sozialemotionale und kognitive, innere und äußere Komponenten mitwirken und ineinandergreifen. Sozialen und anderen Stressoren stehen psychosoziale (persönliche) und soziale Ressourcen gegenüber (vgl. *Waltz* 1981), den Belastungsmomenten die verschiedensten Schutzfaktoren.[22] Jede Belastung wird subjektiv verarbeitet (wahrgenommen und bewertet) und von daher unterschiedlich ,,vertragen". Soziale Unterstützung ergänzt oder aktiviert die persönlichen Ressourcen, wenn es gilt, eine Belastung zu bewältigen. Es zeigt sich, daß die belastenden und die schützenden Komponenten nicht unabhängig voneinander in Erscheinung treten; die letzteren sind nur, wenn sie herausgefordert werden, bemerkbar (*Cassel* 1975). Sie kommen alle in einem Oikos vor, subjektiv im Horizont lebensweltlichen Geschehens und objektiv im Zustand der Beziehungen, die eine Person mit ihrer Umwelt unterhält. Der dynamische Komplex des Oikos verhindert in jedem Fall, daß bei einem medizinischen Eingriff oder einer anderen Einzelmaßnahme die Wirkung genau berechnet werden kann. Für die Behandlung des Oikos ist das medizinische Modell zu eng.

Von jeher hat es aber neben ökotheoretischen Überlegungen in der Medizin praktische quasi ökologische Verfahren gegeben, die indirekt und medial, dafür aber mit einer ,,Rundum"-Versorgung am Patienten ansetzen: Kurortbehandlungen, welche eine Regeneration, Funktions- und Konditionsübung bewirken sollen, zuvörderst aber ihren Effekt durch den Wechsel des Milieus und die therapeutische Atmosphäre am Ort erzielen. Das Therapieregime einer Badekur unterscheidet sich von anderen Behandlungsprogrammen dadurch, daß es das ganze an den Ort gebundene, physische und soziale Milieu zur Anwendung bringt – und füglich auf die Effizienz der Mittel je für sich nicht das Gewicht legen muß, – auch Mühe hätte, diese Wirksamkeit im einzelnen nachzuweisen. Wir wollen im folgenden die ,,Kur" als ein Beispiel aus der traditionellen Heilkultur ansehen – für den *Behandlungsraum*, welchen die soziale Fürsorge und Therapie in ihren stationären Einrichtungen herzustellen bestrebt ist.

Anmerkungen

1 Vgl. zu einer anwendungsbezogenen Fortentwicklung der Gestaltpsychologie unter Einschluß der *Lewin*schen Theorie und der Gestalttherapie *Guss* (1975) und in Anwendung auf die Sozialarbeit *Guss* (1979).

2 Es läßt sich deshalb ein Begriff von psychologischer Ökologie umreißen, der die Umweltpsychologie als Teilbereich in seinen weiteren Rahmen aufnimmt. Mit Bezug auf die gegenwärtige Entwicklungspsychologie hat *Thomae* dem Terminus Ökologie folgende auch in unserer

Übersicht vorkommende Bedeutungen zugeschrieben (*Thomae/Endo* 1974, S. 2) „(1) ecology as the study of behavior of children and adolescents *in situ*. This approach is oriented on the construct of ‚life-space' and is outlined in the most impressive way in the studies of Barker; (2) ecology as the study of environmental influences as defined by the habitat, i. e. geographical, climate, urban-rural living conditions, air pollution, population density, etc.; (3) ecology as a ‚systems application of all sciences', which tries to trace communications between and within systems and to analyze ways, sources, and integrative functions of messages; (4) ecology as the science of the optimal therapeutic milieu; (5) ecology as the study of environment in *all* its aspects and its impacts on the behavior of individuals and groups.

3 Vgl. *Rubinstein* (1977, S. 276): „*Die grundlegende Daseinsweise des Psychischen ist seine Existenz als Prozeß, als Tätigkeit*. Diese These hängt unmittelbar damit zusammen, daß man die psychische Tätigkeit als eine reflektorische Tätigkeit auffaßt, mit der Behauptung also, daß die psychischen Erscheinungen nur in der ununterbrochenen Wechselwirkung zwischen Individuum und Umwelt entstehen und existieren, im unaufhörlichen Strom der Einwirkungen der Außenwelt auf *das Individuum und in dessen Antworthandlungen*, wobei jede Handlung von den inneren Bedingungen abhängt, die sich in jedem Individuum entsprechend den äußeren Einwirkungen formten, welche dessen Geschichte ausmachen."

4 der Gattung und des Individuums. Vgl. hierzu die Gegenstandsbestimmung ökologischer Psychologie bei *Bartl* (1979) und *Oerter* (1979).

5 So seine einleitende Bemerkung: „ecological psychology is concerned with both molecular and molar behavior, and with both the psychological environment (the life-space in Kurt Lewin's terms; the world as a particular person perceives and is otherwise affected by it) and with the ecological environment (the objective, preperceptual context of behavior; the real-life settings within which people behave" (*Barker* 1968, S. 1).

6 „Unter Schlüsselsituation verstehen wir einen raum-zeitlich abgrenzbaren und für eine größere Gruppe von Individuen in der Zielsetzung und den Rahmenbedingungen gleichartigen Handlungsvollzug oder Handlungszusammenhang, dessen individuelle Ausgestaltung von den jeweils spezifischen Umweltbedingungen und von Merkmalen und Verhaltensweisen der beteiligten Personen abhängt" (*Trudewind/Husarek* 1979, S. 230). Gemeint sind für die menschliche Entwicklung thematisch wichtige Handlungszusammenhänge im Alltagsleben.

7 Für die pädagogische Beziehung, also den Umgang zwischen einzelnen Menschen hat dergleichen *Bollnow* (1970) im Begriff der „pädagogischen Atmosphäre" gefaßt: „Unter pädagogischer Atmosphäre verstehe ich das Ganze der gefühlsmäßigen Bedingungen und menschlichen Haltungen, die zwischen dem Erzieher und dem Kind bestehen und die den Hintergrund für jedes einzelne erzieherische Verhalten abgeben" (1970, S. 11). Sie kommt mutatis mutandis als *therapeutische* Atmosphäre vor – in Einrichtungen der Psychiatrie, der Erziehungs- und der Behindertenhilfe. *Moos* bezieht sich aus der klinischen Perspektive zumeist auf das soziale Klima in solchen Institutionen.

8 Vgl. zusammenfassend *Moos* (1976, S. 415): „In general, the dominant findings on the effects of social climates concern what we have termed the Relationship dimensions, which appear to exert a consistent positive influence on moral and satisfaction in all environments. However more objective behavioral and performance effects may depend on a combination of warm and supportive relationships, an emphasis on specific directions of personal growth, and a resonably clear, orderly, and well-structured milieu. It appears that too much emphasis on personal growth may have destructive effects (e. g. ‚the failure of success'), and overly rigid control may inhibit curiosity and spontaneity.

In practical terms, each individual should probably participate in a variety of social environmental conditions, particularly in relation to the Personal Development dimensions."

9 *Bronfenbrenner* definiert: „Die Ökologie der menschlichen Entwicklung ist die wissenschaftliche Untersuchung der fortschreitenden, lebenslangen, wechselseitigen Anpassung von einem sich entwickelnden Organismus und den sich verändernden unmittelbaren Umwelten, in denen er lebt, der Art und Weise, wie dieser Prozeß durch Beziehungen innerhalb und zwischen diesen unmittelbaren Settings bzw. durch die größeren sozialen Kontexte beeinflußt wird, sowohl informeller als auch formeller Art, in denen die Settings eingebettet sind" (1978b, S. 35).

10 Um den Umweltkontext und die Wahrnehmung der Subjekte in ihm miteinzubeziehen,

definiert *Bronfenbrenner* (1978 b, S. 38): „Ökologische Validität bezieht sich auf das Ausmaß, in welchem die von Subjekten in einer wissenschaftlichen Untersuchung erfahrene Umwelt die Merkmale aufweist, die sie nach Vermutungen oder Annahmen des Forschers besitzt."

11 *Virchow* beginnt seine „*medicinische Reform*" von 1848 mit der oft herangezogenen Bemerkung: „Die Ärzte sind die natürlichen Anwälte der Armen und die sociale Frage fällt zu einem erheblichen Theil in ihre Jurisdiction" (1879, S. 4). Bei *Virchow* selbst zeichnet sich in der Folgezeit die Positionsveränderung ab, welche die Medizin auch da auf Körpertechnik beschränkt, wo sie diese soweit perfektioniert, um sie auf geistige und soziale Probleme (des „Volkskörpers") für anwendbar zu halten. Die Medizin verbindet sich erfolgreich der waltenden ökonomischen Ratio, eklatant im Sonderfall der Psychiatrie (vgl. *Wendt* 1981 a). Zu den medizingeschichtlichen Zusammenhängen allgemein s. *Deppe/Regus* (1975).

12 S. hierzu *Rosen* (1977 a, S. 122): „Wir definieren die Medizinische Polizei als das System, das sich auf die theoretischen, politischen und praktischen Verfahrensweisen bezieht, die aus der politischen und sozialen Grundlage des absolutistischen, merkantilistischen deutschen Staates des 17. und 18. Jahrhunderts hervorgingen. Diese Verfahrensweisen verlangten das Eingreifen des Staates auf den Gebieten der Gesundheit und der Wohlfahrt, um dem Herrscher und dem Staat einen Macht- und Reichtumszuwachs zu sichern."

13 Vgl. *S. Neumanns* Entwurf für ein Gesetz zur öffentlichen Gesundheitspflege von 1849 (zit. n. *Rosen* 1977 b, S. 293): „§ 1. Die öffentliche Gesundheitspflege besteht: 1) in der Sorge für die gesundheitsgemäße Entwicklung der Staatsangehörigen in geistiger und leiblicher Beziehung, 2) in der Abwehr der die Gesundheit beeinträchtigenden Schädigungen, 3) in der Beseitigung von Krankheiten. § 2. Die öffentliche Gesundheitspflege hat zu sorgen: 1) Für die Gesellschaft im Ganzen durch Berücksichtigung der allgemeinen natürlichen und gesellschaftlichen Verhältnisse, welche der Gesundheit hemmend entgegentreten. (Boden, Wohnung, Nahrungsmittel, Industrie) 2) Für das einzelne Individuum durch Berücksichtigung derjenigen Verhältnisse, welche das Individuum hindern, selbst für seine Gesundheit einzutreten. Diese sind doppelter Art: a) wo der Einzelne das Recht hat, die Hülfe des Staats in Anspruch zu nehmen (Armuth, Gebrechlichkeit); b) wo der Staat das Recht und die Pflicht hat, in die persönliche Freiheit des Einzelnen im Interesse der Gesundheitspflege bestimmend einzugreifen. (Unzurechnungsfähigkeit, ansteckende Krankheiten.)"

14 *Uexküll* hat sich zwar als erster (1909) dem Begriff „Umwelt" biotheoretisch gewidmet, aber er hat mit seiner Unterscheidung von (subjektiver) Umwelt und (objektiver) Umgebung bei Beschränkung auf die erstere eine für das ökologische Denken hinderliche Position bezogen. Ökologisch sehen wir die subjekthafte Lebenstätigkeit aus einer realen und insoweit „objektiven" materiellen Struktur und in einer ebensolchen Situation hervortreten – und in ihr bleiben. Vgl. zur Einschätzung der *Uexküll*schen Umweltforschung *Küppers* et al. (1978, S. 68 ff.).

15 Wie schon *Rousseau* in seiner Zivilisationskritik „traurige Beweise" dafür hatte, „daß die meisten Leiden, die uns widerfahren, von uns selbst verursacht wurden und daß wir sie alle hätten vermeiden können, wenn wir so ungekünstelt, so einfach und so zurückgezogen lebten, wie es uns die Natur vorschreibt" (1978, S. 52 f.).

16 *Illich* leitet sein Buch mit den Sätzen ein: „Die Zunft der Ärzte ist zu einer Hauptgefahr für die Gesundheit geworden. Die Abhängigkeit von professionell ausgeübter Gesundheitspflege wirkt sich auf alle sozialen Beziehungen aus. In den reichen Ländern hat die medizinische Kolonisierung des Menschen gesundheitsschädigende Ausmaße erreicht; die armen Länder folgen auf dem Fuß." Diesen Vorgang bezeichnet *Illich* als „Medikalisierung des Lebens" (1975, S. 9).

17 Vgl. *Schaefer* (1979), der dem Grundsatz, Medizin müsse Naturwissenschaft sein, beipflichtet, „wenn man Naturwissenschaft modern versteht als eine Wissenschaft von der Natur (griechisch: Physiologie), welche auch die menschlichen Phänomene von Geist und Gesellschaft umfaßt" (1979, S. 22). Obwohl er *Illichs* entschiedene Kritik ebenso entschieden zurückweist (1979, S. 36 ff.), kommt er aus Gründen der Physiologie zu ähnlichen Resultaten, so zu der Feststellung, das Konzept der modernen Krankheitsverhütung heiße *Askese*.

Auf die historischen Begriffsverschiebungen der Physiologie, die als Lehre von den Naturerscheinungen einmal weiter reichte als die Medizin und insbesondere die Psychologie einschloß, weist *Uexküll* hin (1979, S. 95 ff.).

18 Vgl. die systemtheoretischen Überlegungen zum Thema bei *Uexküll/Wesiak* (1979, S. 56 ff.).

19 Bereits *Virchow* sah in Erkrankungen die Anzeige von Störungen, die zu beheben aus sozialmedizinischer Sicht eine politische Aufgabe sei: ,,Wir betrachten die Krankheit nicht als etwas Persönliches und Besonderes, sondern nur als die Äußerung des Lebens unter veränderten Bedingungen, aber nach denselben Gesetzen, wie sie zu jeder Zeit, von dem ersten Moment an bis zum Tode, in dem lebenden Körper gültig sind. . . . Jede Volkskrankheit, mag sie geistig oder körperlich sein, zeigt uns daher das Volksleben unter abnormen Bedingungen, und es handelt sich für uns nur darum, diese Abnormität zu erkennen und den Staatsmännern zur Beseitigung anzuzeigen" (1879, S. 119). *Virchow* leitete 1848 in seinen ,,Mitteilungen über die in Oberschlesien herrschende Typhus-Epidemie", einer alle Seiten der Lebensweise – von den geographischen, klimatischen und ethnischen bis zu den Wohnungs- und Ernährungs-Bedingungen – einschließenden Beschreibung, radikale demokratische Forderungen aus den vorgefundenen Verhältnissen ab.

20 Die Epidemiologie sucht auf statistischem Wege aus der Verbreitung von Krankheitssymptomen in der Bevölkerung auf ursächliche Einflüsse zu schließen. Die Weltgesundheitsorganisation definiert: ,,Epidemiology is the systematic study of states of health in population groups and of the factors that influence them" (WHO 1972, S. 279).

21 Es ist zugleich die innere Verbindung gemeint, die zwischen ärztlichen und pädagogischen, zwischen therapeutischen resp. rehabilitativen und soziokulturellen Maßnahmen besteht. Wie im nächsten Abschnitt näher zu zeigen sein wird, kommt es in sozialen bzw. therapeutischen Einrichtungen darauf an, die Einheit jener so herzustellen, daß ihr medizinischer oder pädagogischer Charakter, ihre Differenz als Maßnahmen, aufgehoben wird. Um noch einmal *Virchow* zu zitieren, der 1949 über die ,,Volkskrankheiten" bereits schreibt (1879, S. 124): ,,Von unserm Standpunkte aus, der der naturwissenschaftlich-materialistische ist, sind die öffentliche Gesundheitspflege und der öffentliche Unterricht nicht zu trennen, da sie beide auf die Cultur, auf die normale Entwicklung und Erhaltung derselben, durch die Lebensvorgänge einheitlich verbundenen Körperteile hinauslaufen und sich, nicht gegenseitig bedingen, sondern durchaus einschließen. An den Waisenhäusern tritt es so recht heraus, wie Beides nur dasselbe ist, und wenn man zwischen der Schule und dem Irrenhaus, dem Turnplatz und der Krankenanstalt noch einerseits Anstalten für Blödsinnige und Taubstumme, Bewahranstalten für verwahrloste Kinder, Besserungsanstalten für Verbrecher, andererseits gymnastisch-orthopädische Institute, Schwimm-, Bade- und Wasserheil-Anstalten eingeschoben hat, so drückt sich darin mehr das Bedürfnis nach einer Theilung der Arbeit, welches in unserer Zeit überall hervortritt und in seinem Gefolge wiederum das Associations-Bedürfnis hervorbringt, weniger eine wirklich innerliche Differenz aus."

22 In der Gliederung von *Badura* seien unter *persönlichen Ressourcen* ,,Persönlichkeitsmerkmale, wie Selbstgefühl, Ich-Stärke oder der Glaube an die Beeinflußbarkeit persönlicher Lebenschancen, verstanden, Eigenschaften, die die persönliche Belastbarkeit und individuelle Widerstandskraft in kritischen Situationen oder gegenüber chronischen Problemen beeinflussen". Unter *sozialen Ressourcen* werden verstanden ,,zum einen Umfang und Qualität persönlicher sozialer Netzwerke und die im Kontext dieser Beziehungen und Kontakte beziehbaren sozialen Unterstützungen und zum zweiten Bewältigungsstrategien: Anstrengungen und Verhaltensweisen, die Menschen selbst im Umgang mit Lebensproblemen an den Tag legen" (1981, S. 176). *Institutionalisierte* Ressourcen können ersatzweise z. B. per soziale Arbeit herangezogen werden. – Bei Behandlung der Aufgaben von Sozialarbeit wird auf dieses Thema zurückzukommen sein.

Das therapeutische Milieu
als Gehäuse der Gemeinschaft

Jeder existiert, um einen vorerst undeutlichen Begriff zu gebrauchen, in einem sozialen Milieu, welches seine alltägliche Lebenswelt beinhaltet und das Feld seiner Wahrnehmungen und seiner Handlungsmöglichkeiten ist.[1] In ihm sind wir mit anderen Menschen verbunden und teilen mit ihnen die Bezugsrahmen für die Durchführung unseres individuellen Daseins. Rechtens lastet man deshalb dem Milieu an, in dem einer lebt, auch den Boden zu bilden für seine Verhaltensprobleme und gewöhnlichen Schwierigkeiten. Das soziale Milieu strukturiert unsere Tätigkeit kontextuell vor, unterwirft sie seinen ökonomischen, politischen und kulturellen Verhältnissen und fängt uns in dem Netz der sozialen Beziehungen, die sein Gerüst sind. Das Familienumfeld, in dem wir aufwachsen, das Milieu am Arbeitsplatz, die kommunale Umgebung, der Freundeskreis usw. bestimmen weitgehend unseren Weg und die realen Chancen, die wir auf ihm haben. Auf welche Weise immer das besondere soziale Milieu, dem einer angehört, zustandegekommen ist, sich legitimiert oder sich wandeln läßt, das Subjekt in ihm wird seine soziale Lage als ganze hinnehmen oder als ihm äußerliche ablehnen und das Milieu im letzteren Falle vielleicht einfach verlassen und ein anderes aufsuchen. Für Menschen, die unter besonders belastenden Bedingungen leben, erfüllen Institutionen zur stationären Behandlung und Pflege den Zweck, ein für sie vorbereitetes und speziell eingerichtetes Umfeld zu sein. – Von dem Behandlungsraum des *therapeutischen Milieus* soll nun unter humanökologischen Gesichtspunkten die Rede sein. Wenn die Umgebung, aus der sich die Hilfsbedürftigen entfernen, für sie nachteilig war, dann verspricht der Charakter der Einrichtung, in die sie sich begeben, offenbar günstigere Verhältnisse. Wenn es Erfolg hat und seinen Namen wirklich verdient, dürfte das therapeutische Milieu Muster einer sozialen Lebensgestaltung aufweisen, die generell von Vorteil und im Alltag zu empfehlen sind.

Aber unsere Überlegung stellt an stationäre Behandlungsräume wie Spitäler und Heime einen Anspruch, den sie herkömmlich nicht erfüllen und gar nicht erheben wollen. Man hat sie geschaffen, um Krankheiten zu behandeln, Obdach und Pflege zu gewähren, störendes Verhalten zu ändern und um bestimmte pädagogische Ziele zu erreichen. Das *Leben* der Menschen in den Anstalten war, soweit nicht unmittelbar von der Zwecksetzung betroffen, von untergeordneter Bedeutung. Handelte es sich ausnahmsweise um eine reine Zufluchtsstätte, konnte man in ihr nur Herberge und eine notdürftige Versorgung erwarten. Die Geschichte des modernen Anstaltswesens ist eng mit der rationalistischen Ökonomie der Industrialisierung verbunden. Sie kalkuliert um objektiver Effekte willen die Zweck-Mittel-Verhältnisse, die zu ihnen führen. Für ein absolutistisches Regime war es die vernünftige Lösung, die ihm die Projektemacher und Kameralisten des 17. und 18. Jahrhunderts vorschlugen, Randständige und Aussteiger gleich welcher Kategorie in ein

Zuchthaus oder ein *hôpital général* zu sperren – Bettler und Irre, Straftäter und streunende Kinder. *Foucault* hat die Mechanismen des Denkens und Handelns beschrieben, die bei der ,,Geburt der Klinik" (*Foucault* 1976 b) und des modernen Gefängnisses (*Foucault* 1976 a) zugegen waren; die Absicht, Menschen einen ihnen gemäßen Lebensraum zu schaffen, war nicht darunter.

Die Kur im Refugium

Die romantische Vorstellung, der verwahrloste oder verwirrte Mensch könne sich, aus der zivilisatorischen Überreizung und Anarchie (zurück) versetzt in die *Natur* – in ländliche Umgebung und einen sittenstrengen Lebenswandel –, ihrem wohltätigen Einfluß nicht entziehen, dieser Optimismus brachte jedoch im Irrenwesen eine Behandlungsweise auf, welche die beiden wichtigsten Seiten eines therapeutischen Milieus erstmals überlegt einsetzte: den ausgesuchten, als heilsam erkannten Ort und die spezifische soziale Konstellation einer Lebensgemeinschaft, die dem Kranken, der in einem doppelten und deshalb dialektischen Sinne die Vernunft verloren hat und (psychisch gleich moralisch) verwahrlost ist, ständig Natürlichkeit und soziale Vernunft ineins zumutet. Man traf ein familiäres Arrangement, in das sich der Verirrte bei zunehmender Selbstkontrolle (selfrestraint) schicken sollte. So im für psychisch kranke Glaubensgenossen eingerichteten *Retreat* des Quäkers *S. Tuke* im englischen York (1796) und nach seinem Vorbild später eine zeitlang in vielen Heil- und Pflegeanstalten, solange das ideologische Klima dem Gartenhaus noch Vorrang vor der Kaserne ließ.[2] Neben ihrer Wendung zu einer postuliert natürlichen Ordnung teilten diese Einrichtungen den pädagogischen Impetus mit den gleichzeitigen *Rettungshäusern*, die in *Pestalozzis* Nachfolge in Deutschland für elternlose und unversorgte Kinder entstanden. Jener hatte die Vorzüge der ,,häuslichen Verhältnisse der Menschheit" gepriesen und versucht, wie er im ,,Stanser Brief" schreibt, sein Zusammenleben mit den Kindern ,,in den einfachen Geist einer großen Haushaltung zusammenzuschmelzen", seine Zöglinge derart ins Leben zu verwickeln und ihre Erziehung darauf zu gründen, bloß ,,*die die Kinder umgebene Natur, die täglichen Bedürfnisse und die immer rege Tätigkeit derselben selbst als Bildungsmittel zu benützen*". Wo das gelang – und auch heute erreicht wird, verschwindet in der Gemeinschaft betroffener Subjekte ihre objektive Ausgrenzung.

Aber dem klinischen Blick und der Ökonomie der Fürsorge hielten weder die Arrangements der ,,psychischen Cur" noch das Familienprinzip im sozialpädagogischen Raum lange stand. Dem Kalkül der Anstalten gemäß wurde bald nur noch von Betten, Fällen, Stationen und Abteilungen gemäß der objektiven Klassifikation der Krankheiten bzw. der Verwahrlosung und der Behinderung gesprochen. Erst nachdem ihre Fortschritte die segmentären Therapien an die Grenze gebracht hatten, wo sie allein keinen weiteren

Erfolg mehr versprachen, geriet das soziale Milieu der Behandlung aus dem Hintergrund, in den es verdrängt worden war, ins Licht der Aufmerksamkeit zurück. Merkwürdigerweise geschah das wieder nahezu gleichzeitig in der Psychiatrie und in der Heilpädagogik. Nachdem bereits einige Versuche im Klinikbereich gemacht worden waren (z. B. von *Menninger, Sullivan, Foulkes*)[3], richtete *Jones* in England 1947, um eine sehr große Anzahl psychisch gestörter Menschen (vorher ehemalige Kriegsteilnehmer, nun „charaktergestörte" Patienten, vgl. *Jones* 1976, S. 9 ff.) gleichzeitig intensiv behandeln zu können, eine Rehabilitationsgemeinschaft ein, für die er die von *Main* erstmals gebrauchte Bezeichnung „*therapeutic community*" übernahm. Unabhängig davon hatten in jenen Jahren in den USA die Psychoanalytiker und Pädagogen *Bettelheim* und *Redl* ihre Arbeit mit Kindern, die in ihrem Sozialverhalten schwer gestört waren, begonnen und für sie ein Behandlungsmilieu geschaffen, das insbesondere *Bettelheim* (1975) in langjähriger Praxis als „*therapeutisches Milieu*" ausgebaut und detailliert beschrieben hat.

Die therapeutische Gemeinschaft, die *Jones* einrichtete, bedeutet für die beteiligten Patienten (und Therapeuten) ein Lern- und Übungsfeld. Das Zusammenleben, tägliche Gruppengespräche, gemeinsame Arbeit und Freizeitbeschäftigung, demokratische Mitbestimmung des Tagesablaufs werden als wichtige Faktoren im Gesundungsprozeß genutzt. Da die Probleme des Patienten gewöhnlich auf der Ebene der sozialen Interaktion zustandegekommen sind oder auf ihr unterhalten werden, sind es auch in erster Linie die menschlichen Beziehungen, welche die Probleme auflösen können. Außerdem bringen die Gruppendynamik, die Auseinandersetzung und das Zusammensein mit anderen Menschen, Mitbetroffenen wie Therapeuten, per se eine „Ablenkung" von vorher eingefahrenen Reaktions- und Handlungsweisen mit sich. „Ein wechselseitiges Kommunikationssystem, das Diskussion und Lernen ermöglicht, und die Gelegenheit, auf allen Ebenen der Spitalgemeinschaft Entscheidungen zu treffen, bilden die Grundlage einer sozialen Struktur, die es praktisch jedem einzelnen erlaubt, eine aktive Rolle in irgendeiner Form zu übernehmen", schreibt *Jones* (1976, S. 36). Das System des Zusammenlebens trägt sozusagen die Therapie prozessual aus. Der Arrangeur darf sich als „Sozialökologe" ansehen.[4]

Für *Bettelheim* schließt das *therapeutische Milieu*, das er in seiner „Orthogenic School" in Chicago etablierte, an eine weit zurückreichende Tradition an. Er sieht eine Verbindung zu den Wallfahrten früherer Jahrhunderte und zu den Badekuren unserer Tage (1975, S. 205 ff.), in denen man sich psysisch und psychisch einer Umgebung aussetzt, die durch ihre Gestaltung und über die Medien, welche sie erfüllen, einen heilenden Prozeß ermöglicht: Das Milieu hat soziale Beziehungen zum Inhalt, die eine weitgehende Bedürfnisbefriedigung, die Wiederholung unerledigter Selbst- und Fremderfahrung und sodann einen allmählichen Aufbau konstruktiven Verhaltens zulassen. Für die Zeit des Aufenthalts findet sich der Patient von den Belastungen und Anforderungen der Realität „draußen" zunächst freigestellt. Er wird mit seinen Auffassungs- und Verhaltensweisen vollständig akzeptiert und gänzlich in den Behandlungsraum hineingenommen, der, auf seine infantilen und archetypischen Neigungen abgestellt, beinahe sein *Wunschraum* ist. Den Patienten erwartet eine totale, somit auch unausweichliche Betreuung und Versorgung.

Das therapeutische Milieu wendet Rahmenbedingungen ins positiv Heilsame, die in herkömmlichen Anstalten meist unbedacht, zuweilen auch absichtlich, nachteilig wirken. Die geschlossene Welt eines Hospitals und eines Heimes legt ihre Insassen auf ihre institutionellen Bedingungen fest und verwehrt ihnen alle Optionen, welche sich nicht aus ihrer eigenen Ordnung ergeben. Sie kumuliert allerdings nur im kleinen, was ohne Plan und offen, wie es aussgeht, die ethnische Einheit und der Prozeß der Gesellschaft unüberschaubar stets mit ihren Angehörigen vollbringen. *Goffman* hat in ,,Asyle" (1974) die Merkmale totaler *Institutionen* und die ,,moralische Karriere" derjenigen, die ihnen ausgeliefert sind, ethnographisch dargestellt. Er untersuchte das soziale Milieu der Insassen, so wie es von ihnen subjektiv erlebt wird. ,,Eine totale Institution läßt sich als Wohn- und Arbeitsstätte einer Vielzahl ähnlich gestellter Individuen definieren, die für längere Zeit von der übrigen Gesellschaft abgeschnitten sind und miteinander ein abgeschlossenes, formal reglementiertes Leben führen" (1974, S. 11). *Goffman* zählt zu den totalen Institutionen Fürsorgeanstalten jeder Art, Sanatorien, Gefängnisse, Kasernen und Internate, Klöster. Sie vereinnahmen alle Lebenstätigkeiten, um die Ziele der Institution zu erreichen. Der Soziologe interessiert sich für diese Anstalten, weil sie *Treibhäuser* darstellen, ,,in denen unsere Gesellschaft versucht, den Charakter von Menschen zu verändern. Jede dieser Anstalten ist ein natürliches Experiment, welches beweist, was mit dem Ich des Menschen angestellt werden kann" (1974, S. 22). Auch das therapeutische Milieu verdient, so wie es sich institutionell ausbildet, ein spezielles Treibhaus genannt zu werden, – nun mit der Zielsetzung, die persönliche Entwicklung zu fördern, statt sie zu behindern. Unter diesem Gesichtspunkt erscheint das Selbe als etwas durchaus (deshalb aber nicht ungefährliches) Anderes.

In einer Atmosphäre des Vertrauens und der Sicherheit verhilft das Milieu – die Anmutung der Umgebung, bei *Bettelheim* als symbolisches Ambiente gestaltet, und die Verhaltensweise der Betreuer – dem Ich des Betreuten dazu, allmählich seine Funktionen in der Wahrnehmung der Realität, in der Verhaltenssteuerung und in der Lösung von Problemen der Persönlichkeit zu erfüllen. Das therapeutische Arrangement soll das Ich durch Bereitstellung von Probe- und Spielräumen, durch Wegmarken, Angebote von Verhaltens- und Interpretationsmustern, durch Ernährung mit Beweggründen stärken, nicht etwa schwächen. ,,Wesentlichste Aufgabe der äußeren Umwelt ist es, eine Umgebung zu schaffen, in der der Patient durch ein Gefühl der Vertrautheit und Kontinuität unterstützt wird und seine Betreuer ihn ungehindert zu Ich-Wachstum verhelfen können" (*Cumming/Cumming* 1979, S. 78). Dazu brauchen Menschen, die ihre Gefühle lange unterdrücken und verdrängen mußten und komplizierte Abwehrstile entwickelt haben, erst einmal eine

Phase, in der sie ihre Affekte ausagieren können, und anschließend Zeit, sich neu zu orientieren. Schließlich gewinnt das Ich seine Stärke in der Bewältigung von Anforderungen und im Durchstehen von Krisen. Man fördert es in der Therapie wie allgemein pädagogisch durch Forderungen (*Makarenko*), indem man das Individuum „abgestuften Krisen unter Umständen aussetzt, die seine Chancen, diese Krisen zu bewältigen, vergrößern", wie *Cumming/ Cumming* (1979, S. 43) in ihrer allgemeinen Theorie der therapeutischen Beziehung von Milieu und Ego fordern. Das therapeutische Milieu stellt Mittel und Methoden bereit, die das Ich sich aneignen kann, um mit ihrer Hilfe besser den realen Bedingungen und den Problemen, vor die es (künftig) gestellt wird, gerecht zu werden. „Eine Ich-Restitution kann eine Reorganisation, eine Redifferenzierung, den Ersatz verlorener Einstellungen, Erwerb neuer Einstellungen oder eine neue hierarchische Anordnung der Einstellungen erfordern. Damit all dies geschehen kann, muß das Milieu dem Patienten eine klare, organisierte und unzweideutige Sozialstruktur, Probleme, die in geschützten Situationen zu lösen sind, und eine Vielzahl von Settings bieten, in denen diese Probleme gelöst werden können" (1979, S. 54).

Die Betreuer im therapeutischen Milieu ziehen situative Möglichkeiten heran, damit das Ich seine Fähigkeit zur inneren Kontrolle und seine äußere Handlungsfähigkeit erweitern kann. In der Behandlung von Kindern hat vor allem *Redl* (1971) verschiedene Methoden der „Ich-Stützung" entwickelt. Humanökologisches Interesse darf seine Technik des „Life-Space-Interviews" (1971, S. 52 ff.) beanspruchen, unter der er ein „situationsbezogenes therapeutisches Gespräch im aktuellen Lebenskontext" versteht. Der Erzieher, der in einem Heim mit jungen Menschen zusammenlebt, kann und soll das alltägliche Leben für die Behandlung der Kinder, d. h. für die Stärkung ihrer Fähigkeit, mit diesem Lebensalltag zurecht zu kommen, verwenden. Treten in einer Situation Verhaltensstörungen auf, interpretiert der Betreuer sie „hier und jetzt", wie sie gerade vorfallen, möglichst vielseitig in den gegebenen mitmenschlichen und umweltlichen Bezügen bzw. spricht das Geschehen mit den Beteiligten durch, macht also in gewissem Sinne das Gewebe des sozialen Lebens durchsichtig und emotional wie kognitiv reproduzierbar für das betroffene Kind. Dadurch kommt man auf mancherlei Umwegen dem Ziel ein Stück näher, es für das normale Leben stark und verantwortungsbewußt genug sein zu lassen.

Mit dem therapeutischen Milieu ist vor allem eine *menschliche* Umgebung gemeint: das unvermittelte und persöndliche Aufeinander-eingehen der in der stationären Einheit lebenden Individuen. Die „totale Institution" zumal könnte ihre positive Rolle nicht bzw. nicht flexibel genug spielen, dominierte ihr Reglement, ihre objektive Zielsetzung oder äußere Effizienz das Geschehen. Die Verfahren der Institution dienen vielmehr der Transaktion der beteiligten Menschen. Vergegenwärtigen wir uns, was der Begriff des therapeutischen Milieus enthält: *Redl* (1971, S. 86 ff.) zählt zu ihm die soziale Struktur; das Wertsystem, das in der Einrichtung aufrechterhalten wird; Gewohnheiten, Rituale und Verhaltensregeln; den Gruppenprozeß bzw. seine Auswirkungen; bezogen auf den einzelnen Insassen die jeweils anderen Mitglieder der Gemeinschaft, ihre Einstellungen, Gefühle und ihr tatsächliches Verhalten; Struktur und konstituierende Elemente der Tätigkeiten, in welche die Person einbezogen wird oder die Kontext zu ihrer Tätigkeit sind; Raum, Zeit und das, was *Bettelheim* als das Ambiente, die äußere Struktur des Lebens, bezeichnet; das Eindringen der Realität von „draußen"; „Verkehrsregelungen" in der Einrichtung – und „therapeutische Elastizität": das Milieu muß endlich, wie *Redl* es ausdrückt, *sensibel* dafür sein, „daß sich die Bedürfnisse des Patienten während der verschiedenen Phasen des Behandlungsprozesses verändern" (1971, S. 95). Diese Wandlung vollzieht sich wiederum unvermittelt in der Transaktion der Beteiligten. Folglich vermag das Milieu flexibel in dem Maße zu sein, wie es *subjekthaft* konstituiert ist.

Jones hat deshalb von Anfang an versucht, im Behandlungsraum eine *demokratische* Entscheidungsstruktur herzustellen, die es den Betroffenen erlaubt, ihre eigene Sicht der Dinge zu vertreten und nach einem Konsensus zu streben. Er erklärte den Patienten, sie kämen nur durch ihr Zutun, bei Übernahme von Verantwortung und in gemeinsamen Bemühen dem Behandlungsziel näher. Für die demokratischen Verfahren auf der Station müssen zunächst die Kommunikationswege gebahnt, Treffen vereinbart und die Zusammenarbeit institutionell organisiert werden. Häufige Gemeinschaftsveranstaltungen verschaffen eine wachsende Gruppenerfahrung, die den einzelnen Teilnehmer darin bestärkt, seine Probleme zur Sprache zu bringen, Gefühle offen auszudrücken, sich mit denen der anderen und den Problemen der ganzen Gruppe zu beschäftigen. Die gemeinsame Tätigkeit und das alltägliche Leben miteinander sind das Feld, in dem sich die Probleme konkretisieren lassen und in denen sich gefundene Lösungen zu bewähren haben. Das Zusammenleben erzeugt die Veränderungen, mit denen sich die Subjekte demokratisch befassen. Das Laboratorium des therapeutischen Milieus setzt einen sozialen Lernprozeß in Gang, den *Jones* gerne gesellschaftlich verallgemeinert sähe.[5] Jeder soll eine aktive Rolle übernehmen; es ist gerade sein subjekthaftes individuelles Reagieren und Verstehen, das katalytisch zur Therapie der anderen beiträgt.

Mag es theoretisch gestattet sein, die therapeutische Gemeinschaft als propädeutisches Muster einer politischen zu verstehen, *praktisch* verhindert weithin die *Politik der Institution* psychiatrische Anstalt, in der mit jener Gemeinschaft experimentiert wird, diese Verallgemeinerung. Die Einrichtung schafft es in einer Art repressiver Toleranz sogar, die Reform der Anstalt, ihre *interne* Umstrukturierung auf eine demokratische Verfassung hin zur besseren Bemäntelung ihrer wahren Funktion zu verwenden: Die Patienten wirken nun an ihrer eigenen Verwaltung und Befriedigung mit, und sie werden „einsichtig", daß ihnen recht geschieht und sie das Asyl benötigen. Die Demokratische Psychiatrie Italiens (*Basaglia, Pirella* u. a.) hat deshalb die *Negierung der Institution* zum Programm gemacht, und sie praktiziert inzwischen die tatsächliche Aufhebung der Ausgrenzung mit

Erfolg. In der therapeutischen Gemeinschaft von Betroffenen, Ärzten und Pflegern genüge es nicht, eine Enklave der offenen Kommunikation zu haben, während die sie umschließenden Gewaltverhältnisse außen vor und von der Therapie unberührt bleiben. Die Italiener bestehen darauf, daß von den Beteiligten eine *kollektive Überprüfung* aller Lebensumstände vorgenommen wird, welche das psychische Leiden bewirkt haben – und es auch im Spitel *veranstalten*, solange der Kranke, der Arzt und der Pfleger ihre gesellschaftlich organisierten Rollen spielen und sich in ihnen verdinglichen lassen. Das Verfahren der *Verifizierung* der Umstände, der *Historisierung* des persönlichen Verhaltens (des Aufweises seiner gesellschaftlichen Entstehungsgeschichte) soll dahin führen, daß die an jedem vollzogene psychosoziale Kolonisierung in ihrem Zusammenhang begriffen, im gemeinsamen Leiden gefühlt und die therapeutische Aufgabe unmittelbar als *politische* und als *Machtfrage* verstanden wird (vgl. *Pirella* 1975 u. *Basaglia* et al. 1980).

Dieser Übergang bringt jedoch leicht eine Art „ökologischen Fehlschluß" in der umgekehrten Richtung mit sich – dann nämlich, wenn die Ebene der persönlichen Beziehungen und Erfahrungen und ihres psychosozialen Kontextes kurzerhand verlassen und (argumentativ) auf das Niveau der makrosozialen Verhältnisse (etwa des Klassenkampfes) gesprungen wird. Das individuelle Schicksal und die Beziehungen von Insassen und Therapeuten untereinander sind *nicht unvermittelt* strukturell und politisch determiniert. Die Beschäftigung mit objektiven Gewaltverhältnissen ersetzt deshalb nicht die therapeutische Arbeit *am Subjekt*, an dessen Bedürfnissen, seiner Selbst- und Fremdwahrnehmung und seiner individuellen psychischen Deformation.[6] Allerdings kann diese Aufgabe kaum erfüllt werden, wenn der Therapeut seine (vor allem diagnostische) Macht, seine Verfügungsgewalt über die Patienten und ebenso den administrativen Rahmen ihrer Ausgrenzung unbefragt läßt. Der Rahmen behindert die Kommunikation. Um nun die Grundmuster des Lebens im therapeutischen Milieu weiter nachzeichnen zu können, seien die politischen Aspekte – wiewohl unerläßlich – vorläufig als Merkposten zurückgestellt, und wir wenden des besseren Verständnisses wegen unser Augenmerk jetzt der Heimerziehung von Kindern und Jugendlichen zu. Der Umgang der Erzieher mit ihnen ist naturgemäß weniger rollenspezifisch und offener als das Therapeuten-Patienten-Verhältnis auf einer psychiatrischen Station.

Die geringere Distanz des Kindes zu ihm als unter Erwachsenen üblich erlaubt dem Sozialarbeiter ein (vordergründig) weniger verstelltes und spontaneres Verhalten. Die pädagogische Aufgabe verlangt überdies von ihm eine breite subjekthafte Kommunikation, durch die das Kind eine allseitige Förderung erfährt, den Einsatz der Person als Vorbild und als erwachsener Partner. Der Heimerzieher soll nicht in erster Linie – fachlich fixiert auf die Symptomatik – Verhaltensstörungen „therapieren", sondern den Alltag mit schwierigen jungen Menschen teilen und dabei ihren Lebensraum gestalten.[7] Mit den Kindern leben heißt für ihn: auf sie eingehen, ständig neu das Zusammensein mit ihnen (im vollen Wortsinne) *aushandeln* und sich in diese

Situation „einbringen", so daß auch sein Gegenüber sich offen verhalten kann und ein wirklicher Austausch mit ihm möglich wird. Der persönliche Umgang miteinander bezieht die verschiedenen Komponenten des therapeutischen Milieus in seinen Prozeß ein; er realisiert die soziale Struktur für die Beteiligten, macht für sie die behaupteten Werte glaubwürdig und verleiht der Umgebung das eigentümliche Kolorit, seine gefühlsmäßige Färbung. Das Kinderhaus als Oikos verkörpert die Lebensweise, der in ihm Raum gegeben wird.

Der ganzheitliche persönliche Umgang darf als erstrangiges Merkmal der therapeutischen Gemeinschaft von professionellen Mitarbeitern und betreuten Menschen gelten. Darin unterscheidet dieses Arrangement sich von den eher unpersönlichen Beziehungen in einem herkömmlichen („anonymen") Krankenhaus oder in einer („seelenlosen") Schule, welche beide sich Kriterien einer spezifischen Objektivität und Effizienz verschrieben haben, die nur nach außen gerechtfertigt sind, im Innenverhältnis von den betroffenen Subjekten aber absehen müssen, da ihnen die Personen nur fragmentiert (als Krankengut bzw. qua Schüler) entsprechen. Die innere Seite des therapeutischen Arrangements hingegen erweist sich heilend als ein Milieu der konkreten Teilhabe am gemeinsamen Leben einschließlich seiner Schwierigkeiten, Konflikte und Freuden. Sie ist im wesentlichen eine emotionale Partizipation und *Solidarität*. Auf sie legt *Bettelheim* den größten Wert: „Ich möchte klarstellen, daß, wie ich glaube, die Struktur eines ‚totalen' therapeutischen Milieus als Struktur sozialer Solidarität beschrieben werden müßte" (1975, S. 250). Der isolierte, an sich und (seinen Beziehungen zu) der sozialen Umwelt leidende Patient wird in sie hineingenommen, kann sie prüfen und belasten, bis er sie als tragfähig für sich akzeptiert. Die Einrichtung verfügt über die Solidarität; sie ist zunächst die Grundhaltung der Beschäftigten, eine Solidarität untereinander. „Das therapeutische Milieu, welches das richtige Gefühlsklima für die Herstellung von seelisch-geistiger Gesundheit vermitteln will, kann das in dem Grade erreichen, in dem es fähig ist, eine menschliche und soziale Umgebung aufzubauen, welche die soziale Solidarität des Mitarbeiterteams fördert" (1975, S. 246). Offenbar vollbringt allein die *Gemeinschaft*, angezeigt durch die in ihr erreichbare Solidarität, – ob das Milieu in jeder anderen Hinsicht nun reich oder arm anmutet – den Effekt, daß derjenige, der an ihr teilzuhaben Gelegenheit bekommt, sich gut aufgehoben fühlt, „aufgehoben" in der dreifachen Bedeutung des Wortes und wie es mit dem vorherigen Zustand geschehen muß, wenn einer gesunden will. „Die kleine, überschaubare Gemeinschaft ist unsere natürliche und deswegen optimale Umwelt. Sie entspricht dem humanökologischen Urzustand, das heißt, unserer ursprünglichen menschlichen Heimat", bemerkt *Moeller* in „Anders helfen" (1981, S. 19) zur Wirksamkeit von Selbsthilfegruppen.

Die soziale Umgebung disponiert, indem sie ihn in ihre Gemeinschaft einschließt, den Verstörten zur Heilung. Er wird gewissermaßen in sein primordiales Element zurückgenommen, in dem seine Leiden und Freuden noch als Leiden und Freuden der ganzen (menschlichen) Welt erschienen: zurückgenommen in die kollektive Erfahrung einer Stammesgemeinschaft und in die symbiotische Erfahrung der anfänglichen Einheit des Selbst. Ein Stück weit wenigstens – in Anerkennung unser aller Infantilität; die Gemeinschaft erlaubt die Regression, Auflösung und erneute Identifikation; sie versichert und bestätigt das Subjekt und bietet sich als Medium seiner Versöhnung mit der Welt an. Nun darf man sich die Bekundungen der Solidarität aber nicht einfach harmonisierend als Zug zur Übereinstimmung vorstellen. Sie begleiten vielmehr in analoger Kommunikation einen dialektischen Vorgang: Alle Akteure, die an der Gemeinschaft beteiligt sind, behalten ihre Unverwechselbarkeit; sie haben persönliche Meinungen und vertreten Auffassungen, die denen des Patienten durchaus entgegengesetzt sind; zugleich demonstrieren die Mitarbeiter und Mitpatienten in ihrer Zugehörigkeit die personale Differenz, durch die sich von der Gruppe unterscheiden: ein Beispiel für den Patienten, daß ihm sowohl Übereinstimmung wie Eigenständigkeit in der Gemeinschaft zukommt. Die Diskussion der unterschiedlichen Verhaltensweisen und ihrer Zusammenhänge verläuft kontrovers, aber die Auseinandersetzung belegt doch, wie sehr jeder engagiert, weil gleicherweise betroffen – und beteiligt ist. Die Gemeinschaft lebt von dieser Dialektik; sie existiert als der konkrete Prozeß, in dem der einzelne Teilhaber seine Schwierigkeiten verallgemeinern, objektivieren, vergesellschaften, historisieren kann. Die konstellierte Gemeinschaftserfahrung ist Bedingung und Ergebnis des Vorganges, in dem man sich untereinander mitteilt; die bloße Konnexion bereits erlaubt eine weniger gehemmte, lösende persönliche Auseinandersetzung: das Übermaß an Emotion, an Trauer, Furcht oder agressiven Gefühlen, fließt ab; Gemeinschaft entgrenzt. Idealtypisch erweist sie sich als akzeptierende Einheit dadurch, daß sie in der Kommunikation die menschliche Verfassung herstellt, in der meine Probleme, Fehler, Schwächen und Sinnfragen die von jedem anderen geteilten allgemeinen sind.

Der komplexen Problematik und der Konflikte wegen, welche in dem therapeutischen Milieu vorkommen, braucht es komplementär und kompensatorisch ein freundliches, ruhiges Äußeres. Für den, der neu in die stationäre Einrichtung aufgenommen wird, weisen die baulichen Gegebenheiten und die ganze Ausstattung schon zeichenhaft und symbolisch hin auf die (angestrebte) Verfassung des Lebens in ihr, und sie erinnern auch die Bewohner unaufdringlich aber beständig an das heile Leben, das sie wünschen und suchen. Die Bedeutungsträchtigkeit der gebauten und eingerichteten Umgebung nimmt in der Erwartung die gemeinschaftliche Lebenstätigkeit vorweg und begleitet sie fortan. In Wechselwirkung mit den Weisen und Inhalten der Interaktion vermag die überlegte materiale Gestaltung des Behandlungsraums, wie *Bettelheim* sie schildert, die Wirkung der Therapie vorzubereiten und zu intensivieren, – und bekanntlich hindert die bauliche Struktur so mancher psychiatrischen Anstalt, um vom gewöhnlichen Krankenhaus zu schweigen, an der Sanierung des Verhaltens und der psychophysischen Regulation. Wenn das äußere Milieu ihr in den symbolischen Botschaften, die es mitteilt, kongruent ist, kann die therapeutische Gemeinschaft nach und nach phänomenal mit ihm verschmelzen. Das Gehäuse nimmt den Charakter dessen an, was in ihm geschieht; man fühlt sich in ihm geborgen, angenommen, zugehörig, *zuhause*. Nicht weniger verkörpert es dann aber auch die strengen Forderungen, welche die Gemeinschaft erhebt. Die Anmutung der Umgebung enthält in der nämlichen sinnlichen Weise den Zwang, der uns am Ort *zugemutet* wird. Es sei an die topischen Einheiten von Verhalten und Umwelt erinnert, wie sie *Barker* beschrieben hat. Das gestaltete Milieu versinnbildlicht mit dem Leben auch die Moral, auf die es sich versteht.

Der Korpus der Gemeinschaft

Fassen wir die materialen und die sozialen Formen zusammen, die das therapeutische Milieu aufweist, so können wir es unter den integralen Anspruch einer *therapeutischen Kultur* stellen. *Jones* hat diesen Terminus gebraucht, um die Fähigkeit und die Art und Weise zu charakterisieren, in der die Insassen einer stationären Einrichtung ihre Beziehungen gestalten, dabei mit ihren Problemen umgehen und sie täglich reflektieren. Ist das therapeutische Ziel darin zu finden, eine individuell angemessene Lebensweise zu bewerkstelligen und zu befestigen, dann versteht sich die Abstimmung ihrer Elemente auf eine Einheit, einen Sinnzusammenhang und Stil von alleine. Es sei an die Aspekte erinnert, die uns im größeren Rahmen der Kulturökologie beschäftigten. Auch eine Gruppe, die an der menschlichen Verfassung ihrer Mitglieder im Alltag arbeitet, pflegt äußerlich-materielle, soziale und geistige Formen, welche die Kommunikation im einzelnen bestimmen. *Ploeger* hat für den klinischen Bereich den Begriff „therapeutische Kultur" aufgegriffen und wie folgt definiert: „Therapeutische Kultur liegt dann vor, wenn ein freies Spiel der individuellen Psychodynamismen sich zu Interaktionen verbindet und eine vertiefte Schau in ihre Motivationsgründe oder ein soziales ‚Umüben' zu einer mehr oder weniger umfassenden Umstrukturierung der Mitglieder der therapeutischen Gemeinschaft oder zumindest zum Verschwinden psychopathologischer Symptome führt. Die Mitglieder unterstützen sich gegenseitig verantwortlich in diesem Wandlungsprozeß" (*Ploeger* 1972, S. 79). Die gemeinte Kultur, hier final gefaßt, ist in den (expliziten oder impliziten) Regeln und Ordnungen greifbar, die sich die Gruppe auferlegt, in dem Ton, der in ihrem Hause „herrscht", in den Sitten, an die man sich hält und die zu Traditionen werden, mit denen sich ein neues Mitglied nach und nach vertraut machen muß. In der Pädagogik Schwererziehbarer hat besonders *Makarenko* auf alle diese Komponenten Wert gelegt und daraus für seine Kollektive eine Tugendlehre geformt.

Kultur bedeutet hier für das Individuum aktive – womöglich schöpferische – Anpassung: es assimiliert in der Gesellschaft vorhandene Muster des Verhaltens und adaptiert damit das eigene an normative Anforderungen. Psychodynamisch gesehen, unterwirft es sich dem Realitätsprinzip – bewahrt sich jedoch nachgerade im kulturellen Horizont die Spielbreite, um aus den tiefen Gründen der Motivation Wünsche in den Nischen seiner Anpassung zu placieren. *Ploeger* verweist auf die Dialektik von subjektiven Bedürfnissen und objektiven Anforderungen, die in die Heilung als eine Synthese mündet. „Die therapeutische Kultur ist somit eine Voraussetzung für den individuellen Prozeß, den wir Therapie nennen" (1972, S. 80). Die dialektische Spannung muß umso größer sein, je weiter das persönliche Tun und Lassen von einem reifen Sozialverhalten entfernt ist. In der Behandlung von Süchtigen haben sich Anforderungen harter Arbeit und einer rigiden Gruppenmoral – bei unerbittlicher Auseinandersetzung mit der Vergangenheit des Süchtigen – am besten bewährt, wofür exemplarisch die Gemeinschaft *Synanon* genannt sei (vgl. *Yablonsky* 1975). Zum therapeutischen Milieu gehört keineswegs ein Schonklima; es stärkt das Ich und heilt auch durch die Prüfungen, die es bereithält.

Verwenden wir die Bezeichnungen „therapeutisches Milieu" und „therapeutische Gemeinschaft" idealtypisch[8] in einem Rahmen, der sowohl Modelle psychiatrischer Gruppenarbeit, der Heimerziehung wie therapeutischer Wohngemeinschaften[9] umfaßt, dann lassen sich nach den bisherigen Ausführungen folgende Merkmale herausstreichen, die für den Übertrag in die soziale Arbeit allgemein Bedeutung haben:

1. Das therapeutische Milieu stellt einen *Raum* dar, in dem man sich aufhalten kann und der einen freien Bereich für die Lebenstätigkeit garantiert: Raum zu wohnen, zu schlafen, zu spielen und zu arbeiten. Wie banal diese Feststellung erscheinen mag, sie nennt ein fundamentales Erfordernis.
2. Der Aufenthalt im therapeutischen Milieu ist prozessualer Natur; er hat eine *zeitliche* Erstreckung. Das Milieu gestattet über eine gewisse Zeit hin die Durchführung des Lebens und persönliche Entwicklung als Geschichte.
3. Das Milieu hat einen *Versorgungs-* und einen *Schutz*aspekt, wobei die materielle Versorgung als Unterstützung von außen kommen oder durch Eigenarbeit erbracht werden kann; ebenso stellt sich die Geborgenheit mit professioneller Hilfe oder allein im Zusammenhalt der Gruppe emotional ein.
4. Im therapeutischen Milieu existiert eine *Kommunikationsgemeinschaft*, die im Idealfall jedem der Angehörigen eine Selbstdarstellung und Selbsterfahrung ermöglicht und zwar so, daß sie sich in der offenen und (der Tendenz nach) vollständigen Auseinandersetzung und Einigung mit den anderen, also per Darstellung und Erfahrung der Partner transaktional ergibt (man wird zum Therapeuten aneinander). Der ganzheitliche Umgang läßt sich zwar organisatorisch und methodisch fördern, zunächst kann ihn aber jeder erwarten; die Bereitschaft dazu darf als Eingangsbedingung gelten.
5. Der Inhalt der Kommunikation im therapeutischen Milieu steht unter dem Regiment ihn einigender Figurationen. Das gemeinschaftliche Leben hält sich an bestimmte *kulturelle* Formen: vorgegebene oder verabredete Regeln, Traditionen, von allen geteilte Perspektiven, gestellte Aufgaben. In ihnen konkretisiert sich die jedem auferlegte Verantwortung. Die Lebensgestal-

tung zielt auf die Verwirklichung humaner Ziele, welche die Angehörigen der Gemeinschaft teilen und wozu sie ein Arbeitsbündnis eingehen.[10]

Sichtlich kommt diese Charakterisierung der Hierarchie der Grundbedürfnisse entgegen, wie sie *Maslow* beschrieben hat. Wieder ist die Bereitstellung von nutzbarem Raum und erfüllbarer Zeit, einer elementaren Versorgung und von genügend Sicherheit die Voraussetzung, daß soziales und geistiges Leben wachsen und sich in einer neuen Orientierung entfalten kann. Für die menschliche Subsistenz sind also bestimmte Leistungen des Milieus teils unabdingbar, teils günstig; eben sie versucht man nach Erfahrungswerten im therapeutischen Milieu zu installieren. Rekapitulieren wir den bioökologischen Ansatz, dann läßt sich allgemein sagen: die Umwelt eines Organismus muß Erfordernissen genügen, die sich aus elementaren Lebensansprüchen und spezifischen Ansprüchen ableiten, welche nach Art, Individualität und Entwicklungsstand des Organismus differieren (*Tembrock* 1980, S. 15). Die oben genannten Merkmale des therapeutischen Milieus korrespondieren nun den Kategorien, denen sich die biosozialen Ansprüche an die Umwelt, verhaltenswissenschaftlich verallgemeinert, zuordnen lassen. Das sind nach *Tembrock* (1980, S. 49 ff.) topische Ansprüche (an den umgebenden Raum), temporale Ansprüche (Zeit zu haben und sie nach „sozialen Zeitgebern" einteilen zu können), trophische Ansprüche (ernährt zu werden, bis hin zur sozialen Versorgung), protektive Ansprüche (geschützt und nötigenfalls sozial unterstützt zu werden), Partneransprüche (Gewährleistung sozialer Interaktion einschließlich der sexuellen), Informationsansprüche (Verfügung über die zur Realisierung der vorgenannten Ansprüche erforderlichen Informationen sowie der Kommunikation darüber). Diese Einteilung ist zwar vor allem auf tierisches Verhalten zugeschnitten, wird aber nach Einschluß von kulturellen (gesellschaftlichen) Umweltansprüchen höherer Ordnung, welche die elementaren überformen, auch der menschlichen Bedürfnislage gerecht. Je weniger das Alltagsleben in der gegenwärtigen Gesellschaft ihr nachkommt, desto eher sprechen wir von „krankmachenden" Umständen – und benötigen für die durch sie „gestörten" Individuen zur Rehabilitation ein therapeutisches Milieu. Wir müssen sie in einem besonderen Raum behandeln, weil wir das gewöhnliche Milieu schlecht kontrollieren und es nicht selbst in ein heiles oder gar heilendes verwandeln können.

Nun lassen sich heutzutage die Ansprüche an Raum, Zeit und materielle Versorgung – zumal in der künstlichen Sphäre stationärer Behandlung – leichter befriedigen als die an eine Gemeinschaft gestellten sozialen. Die psychische Tätigkeit verbindet indes von vornherein die elementaren Bedingungen der physiologischen Subsistenz mit den sozialen Ansprüchen und bringt sie damit in eine Abhängigkeit voneinander, in der eine noch so großzügige Konsumtion in einem Bereich von den Desideraten in anderen in Mitleidenschaft gezogen wird. Wessen mitmenschliche Beziehungen gestört sind (vielleicht aus Mangel an gesicherter Information), der kann sich am Ort dieser Störungen nicht wohl und zuhause fühlen. Der allgemein beklagte „Heimatverlust" des modernen Menschen (vgl. *Berger* et al. 1975, S. 74) ist nicht als Ursache, sondern als eine Folge von Ungeborgenheit im sozialen und kulturellen Sinne anzusehen (die das Individuum in seiner Lebensgeschichte erfährt). Erinnern wir uns der ursprünglichen Einheit von materieller und sozialer Versorgung in der Ontogenese, dann verstehen wir die systemische Integration der einzelnen Ansprüche an die Umwelt im psychischen Prozeß aus der primärnarzißtischen Situation des Selbst, dem sich räumliche, zeitliche, trophische, kommunikative, soziokulturelle Aspekte erst durch (sensumotorische, emotionale und kognitive) Differenzierung seines In-der-Welt-seins erschließen und damit auf die anfängliche Einheit, welche die Differenzierung *sozial* (im Zusammenleben von Bezugsperson und Kind) gestattet, immer rückbezogen bleiben.

Fazit: das Milieu, das jedermann wünscht und stets, bei aller Auseinandersetzung, wieder erwartet, muß ein *mütterliches* genannt werden: die akzeptierende, wärmende, nährende, vertraute, uns gewähren lassende und uns herausfordernde soziomaterielle Realität; und wir erkennen wohl an, daß alles humanökologische Bemühen der heimlichen Sehnsucht anhängt, die Umwelt als mütterliche *Welt* – der Bedürftigkeit von uns selbst wegen – zu erhalten oder wiederzugewinnen. Nun scheint die Illusion zwar unausweichlich, daß die Umgebung – Menschen und Dinge – für sich allein schon Wärme spendet oder kalt und abweisend ist. Wir brauchen diese halluzinatorische Gewißheit.[11] Aber tatsächlich äußert sich objektiv so nur der Charakter des Milieus als eines Gefüges von Beziehungen. Da die letzteren sozial in der Weise, wie wir uns aufeinander verstehen, unterhalten werden, kommt es bei der Wohlfahrt von Menschen auf die *soziale Gestaltung* des Zusammenlebens an. Auch dafür gibt die therapeutische Gemeinschaft ein Beispiel. Sie „materialisiert" sich gewissermaßen in dem Milieu und ihrer Einrichtung als Hintergrundserfüllung des vorhandenen Interesses. Durch seinen tätigen Einsatz (indem er sich effektiv in eine Gemeinschaft „einbringt") trägt jeder zu dem Ergebnis bei, das er erwartet, und verantwortet den Erfolg mit. Der an das Milieu gerichtete Versorgungsanspruch weist auf den Kreis der Beteiligten zurück; sie sind mit ihren realen Beziehungen die Elemente, welche das „mütterliche" Milieu in seinen emergenten Eigenschaften konstituieren, an denen sie hängen.

Gemeinschaft zu erfahren, bereitet der Selbsterfahrung nicht nur in einem frühen Stadium der Entwicklung den Boden; ständig gibt es einen Prozeß des Übergangs vom persönlichen zum gemeinsamen Dasein, den Vorgang der Identifizierung; allein im autistischen Zustand gelingt er nicht. Dadurch, daß einer sich vital *einsfühlen* kann mit dem anderen, bringt er es fertig, ihm nachzufühlen und ihn emotional zu verstehen. *Scheler* sieht die Formen der Sympathie im Funktionieren von Einsfühlung fundiert (1973, S. 105 ff.): sie erlaube über das Nachfühlen und das Mitgefühl die Menschenliebe (Humanitas), so daß die letztere der Funktion nach gewissermaßen ein Bewußtseinskorrelat unserer biotischen Verfassung darstellt. Unser psychophysischer Apparat ist ein Resonanzkörper. Jederzeit reagieren wir somatisch auf die bloße Gegenwart anderer Menschen und sind affektiv unweigerlich auf sie wie kognitiv auf ihre soziale Situation bezogen. Wir verständigen uns mit ihnen, weil wir uns auf sie verstehen – nicht umgekehrt. Wenn dieses Sichverstehen-auf (nach erfahrener Ablehnung oder in einer Doppelbindung) zu Interpretationen geführt hat, welche die nachfolgende Verständigung fehlerhaft und (neurotisch oder psychotisch) gestört erscheinen lassen, vermag eine Neubegründung der Gemeinschaft, ein Zurechtrücken des Miteinanderlebens in all seinen Dimensionen die kommunikative Situation und über sie das Selbst für eine heilsame Verständigung zu erschließen.

Die Psychoanalyse hat in den Mechanismen der *Übertragung* und der *Gegenübertragung* die unbewußten Verfahren entdeckt, die nicht erst in der therapeutischen Beziehung, sondern überall die menschliche und persönliche Basis herstellen, auf der jeder sich im individuellen Umgang des anderen affektiv versichert. Man zieht sein Gegenüber in seine Selbsterfahrung, macht ihn zum Gegenstand eigener Wünsche und baut Brücken der Phantasie zu ihm. Es wird über sie deutlich, daß man ihn als Subjekt einer Kommunikation braucht. Man fordert ihn auf, in der gewünschten Weise in sie einzutreten und sie gemeinsam zu veranstalten. Zwar sind die Übertragung und die Gegenübertragung für die Analyse ein ernstes Hindernis, aber im Widerstand gegen ihre Auflösung bewahren wir unseren Wunsch nach Einheit und Verbindung im Positiven wie im Negativen. Per Übertragung teilt der andere unsere Lebensgeschichte, die in diesem Augenblick inszeniert wird mit ihm als Partner. Er kann das Stück, was die ihm übertragene Rolle betrifft, in der gewohnten Manier fortsetzen oder so, wie er (als Therapeut) mitspielt und auf gemeinsames Leben sich versteht, der Partie psychodynamisch eine Wendung geben.

Das transaktionale Geschehen in der Behandlung verweist neuerlich auf den Schlüsselbegriff der *Gemeinschaft*, den in Zusammenhang mit sozialer Arbeit zu erläutern noch nicht Gelegenheit war. Aus ökologischer Sicht ist er ein für sie – ob die Arbeit nun professionell oder freitätig geleistet wird – zentrales Konzept[12], gibt es doch an, worauf sich all die Mühe und Hilfeleistung über die Einzelfälle und Gruppen hinaus, mit denen man es zu tun hat, letztenendes bezieht, soll die soziale Arbeit nicht Selbstzweck und unergiebig bleiben. Gearbeitet wird konkret am menschlichen Leben, das in aller Individualität und wie immer problematischen Situation inhaltlich Sinn macht und die Akteure in Beziehung auf ihn (anteilnehmend) verbindet. Gemeinschaft meint ein substantielles Geschehen, zu dem der Helfer wie derjenige, dem geholfen wird, überhaupt Menschen, die sich aufeinander verstehen, beitragen. Wie im engeren Behandlungsraum einer Anstalt die Insassen aufgefordert werden, in der Art und Weise ihres Umgangs sich selbst zu bestimmen und also authentisch zu leben, so müssen allgemein die Koexistierenden erkennen, daß sie a priori durch das verbunden sind, was ihr Menschsein füreinander ausmacht. Konkret wird diese Gemeinschaft in Erlebnissen, gemeinsamer Freude und geteiltem Leid, in gemeinsamer Arbeit, kurz: in Kommunikation hergestellt; sie resultiert daraus, daß Menschen vektoriell in ihrem Handeln aufeinander angewiesen sind.

Unter Gemeinschaft sei also zunächst ein Erlebnis verstanden: die symbolische Botschaft, die im eben beschriebenen Geschehen metakommunikativ verbreitet ist, – keine selbständige Entität; in einer Gruppe nimmt sie nur intermediär Gestalt an; gerade dadurch aber ist sie der ganzen materiellen Lebensweise der Beteiligten präsent. Sie verbreitet sich als ständige Erfahrung des „Wir", welche qua verinnerlichte Vereinigung von Laing „*Nexus*" genannt worden ist (*Laing* 1969, S. 78): „Der Nexus existiert nur, insoweit jede Person den Nexus inkarniert". Die Resultante in der Gruppe besitzt eine mehr oder weniger überzeugende sinnlich-emotionale und auch kognitive Qualität. In jeder Begegnung schwebt der sie übergreifende Konsens vor; noch die Schranken, welche uns von dem Fremden, von irgendwie andersartigen Menschen trennen, belegen als Schranken ihre mögliche Überwindung bei entdeckter Gemeinsamkeit. In der sozialen Arbeit freilich setzen wir sie – *als Menschen* miteinander verbunden zu sein – immer schon voraus, – paradoxerweise weil wir uns auf den Nexus einer Gruppe nicht verlassen können und zuweilen Grund haben, uns vor ihm zu fürchten. Denn entweder existiert die Lebensgemeinschaft eines Klienten (der Zusammenhalt seiner Ehe oder Familie, ihre Fürsorgegemeinschaft, das Arbeitsbündnis im Beruf, eine Sinn austragende und Halt gewährende Gemeinde) nicht mehr oder sie ist zur Zwangsgemeinschaft geworden und hat sich gegenüber den Bedürfnissen ihrer Mitglieder verselbständigt. Sie nimmt totalitäre Züge an, und das Individuum läuft Gefahr, ihr im Denken und Handeln zu unterliegen. Dagegen bleibt für *Laing* am Ende nur die Hoffnung auf eine Transformation, daß Menschen „soweit kommen können, sich selbst zu erfahren als ‚*Einer* von *Uns*'" (*Laing* 1969, S. 90). Eine solche Auffassung beschreibt die Einstellung des Sozialpädagogen in Konsequenz. Wie abweichend und eigentümlich auch Verhaltens- und Lebensweisen eines Hilfesuchenden erscheinen, ihn in seiner Situation und sich der Totalität des Humanen zugehörig zu wissen, beansprucht (wenn nicht ideologisch, so doch wenigstens intermediär) denjenigen, der sich auf soziale Arbeit einläßt. Dieser Konnex kann als ihr generelles Motiv angesehen werden.

Die soziale Hilfe (Beratung, Fürsorge und Therapie) bezieht je schon ihre Legitimation aus der Gemeinschaft, der man sich angehörig und verantwortlich fühlt. Sie ist eine transzendentale Voraussetzung, ein Apriori, das ohne Frage gilt. Solange eine Stammes- oder eine Dorfgemeinschaft noch intakt ist, versteht sich die gegenseitige Hilfe und Unterstützung der Menschen, die in ihr leben, von alleine, und außerhalb der eigenen Gruppe erwächst die Verpflichtung, einem Armen sein Brot zu geben, einem sozial Schwachen beizustehen, aus dessen Zugehörigkeit etwa zum gemeinsamen *corpus christianum*. Die neuzeitliche Philanthropie und soziale Pädagogik indes fand solche Obligationen in Auflösung und verwandte viel ideologische Begründung darauf, den Körper der Bindungen wenigstens *moralisch* zu erhalten oder wiederherzustellen. Während die revolutionäre Vernunft in der Egalität der Menschen den Grund für deren rechtmäßige Ansprüche an die Gesellschaft fand und auf der politischen und der ökonomischen Ebene der Sozietät versuchte, Verhältnisse umzustürzen, die der tatsächlichen Gleichheit hinderlich schienen, erblickte der romantische Individualist in der Ausbildung der sittlichen Lebensweise eines jeden die Lösung der „sozialen Frage". Die Sozialpädagogik im Deutschland der Restaurationszeit nach den napoleonischen Kriegen hing auf vielfältige Weise unrealistischen, aber eben handlungsleitenden Vorstellungen von einer wohlgeordneten Gesellschaft und der Einbindung des einzelnen in sie an. Die nicht nur den Moralisten erschreckende Verwahrlosung der „niederen Stände" und insbesondere der Jugend im Frühkapitalismus betrachtete man als Folge der „Auflösung überlieferter Gemeinschaftsformen" (vgl. *Mollenhauer* 1959). Ihrer Erhaltung bzw. neuen Einrichtung galt die theoretische Aufmerksamkeit und manch praktischer Versuch. In der Literatur dieser Zeit sei die Betonung neu, meint *Mollenhauer*, „mit der das persönliche, auf Stimmungen und Neigungen, Gefühl und Vertrauen gegründete Verhältnis der Glieder einer Gruppe zueinander hervorgehoben wird", und neu sei auch die „Meinung, daß Gemeinschaft – nicht als Institution in den Formen von Familie, Werkstätte oder Gemeinde, sondern als formales Prinzip des Miteinander-lebens – vor den Gemeinschaftsformen der realen Gesellschaft eine primäre Erziehungsaufgabe darstelle" (1959, S. 62). Man gründete Erziehungsvereine, baute Rettungshäuser, suchte das Gemeindeleben und überhaupt „geselligen Verkehr" in vielerlei Vereinigungen zu fördern.

Auf solche historischen Ansätze sozialer Arbeit auch bei Gelegenheit unserer Beschäftigung mit dem Konzept Gemeinschaft hinzuweisen, besteht Anlaß, weil in der Theoriediskussion die marxistisch geprägte Einschätzung vorherrscht, der Sozialarbeit komme objektiv – während man sich subjektiv darüber Täuschungen hingebe – die Funktion zu, die herrschenden Verhältnisse zu reproduzieren („Fürsorgeregelungen dienen der Wirtschaftsordnung", *Piven/Cloward* 1976, S. 76), insbesondere die Arbeitskraft durch soziale Behandlung wiederherzustellen, Sanitäter für die „industrielle Reservearmee" zu sein und diejenigen zu alimentieren, die endgültig aus dem Produktionsprozeß der Gesellschaft ausgeschieden wurden (*Hollstein/Meinhold* 1973, S. 186). Gewiß erfüllt die Sozialarbeit im prozessualen Zusammenhang einer sozioökonomischen Formation solche regulierenden Funktionen. Aber wie etwas in einem Ganzen funktioniert, erklärt weder sein Vorhandensein, noch erniedrigt die Dienlichkeit alle seine anderen Zwecke und Bedeutungen. Das System zu stützen, ist nicht der Beweggrund der sozialen Arbeit (oder war etwa *Rousseau* ein Agent der herrschenden Ordnung?); sie wird von Vorstellungen vom menschlichen Leben geleitet, auch während sie faktisch Mängel des Systems kompensiert und sich über dessen Charakter u. a. durch ihre leitenden Vorstellungen hinwegtäuschen mag. Die moralischen und pädagogischen Vorsätze, wie sie uns in der Romantik begegnen, gehören konstitutiv zur Aufgabe und in die reale Bedeutung der sozialen Arbeit. Diese (in ihrer Breite von der allgemeinen „Volkserziehung" und sozialen Reform bis zur privaten „Liebestätigkeit") einfach mit der Armenhilfe gleichzusetzen, ist ein ökonomistisches Mißverständnis.[13] Wir können weder die Almosenregelungen des Mittelalters noch die Hilfeleistungen, die ein Entwicklungsland bei einer Hungersnot erhält, zur Sozialarbeit rechnen – und haben nicht von ungefähr zunächst das Muster des therapeutischen Milieus gewählt, um uns mit ihrer Praxis zu beschäftigen. Die therapeutische Gemeinschaft bedeutet eine Alternative zur gewöhnlichen Lebenssituation in unserer Gesellschaft für den, der unter ihren Verhältnissen psychosozial leidet; dagegen darf durchaus als zweitrangig gelten, daß der Aufenthalt dort die Menschen wieder arbeitsfähig macht. Es wird nicht die gleiche Brauchbarkeit wie zuvor sein, wenn die neu gewonnene Fähigkeit zu leben (zu arbeiten und zu lieben) denn eine Heilung beweisen soll.

Aber verfolgen wir den Zusammenhang von Gemeinschaft und Sozialarbeit noch ein Stück weiter. In einer nüchtern rationalen Betrachtung nähert sich ihm *Simmel*, der in seiner 1908 erschienenen ,,Soziologie" die ,,Auffassungen der Armenunterstützung" untersucht. Er findet in der Geschichte verschiedene Typen von Begründungen für den Anspruch auf Hilfe vor.[14] Solange es eine ,,organische Verknüpfung" in einer bestehenden Einheit von Gruppengenossen gebe (1968, S. 348), leite sich aus ihr ein Recht des Empfangenden ab, an dessen Stelle später eine Pflicht des Gebenden trete. Sie werde abgelöst von einer Motivation, die Armen nicht zu Gegnern und Schädigern der Gesellschaft werden zu lassen und sie deshalb zum Wohle des sozialen Ganzen zu unterstützen. Dieses ,,prosoziale Verhalten"[15], bemerkt *Simmel*, widme sich nicht dem Armen als Person; es wolle nur die Folgen der ,,sozialen Differenziertheit" im Interesse der *öffentlichen* Wohlfahrt mildern (1968, S. 349 ff.). Man gewährt materielle Hilfen und verteilt Geld, während die ganz andersartigen persönlichen Hilfen, auf Gemeinschaft bezogen, außerhalb der Armenpflege gesondert thematisiert werden. ,,Die Beziehung des Helfens und Dankens", heißt es bei *Luhmann*, werde nun – ,,sehr deutlich bei Adam Smith und im gesamten Freundschaftskult des 18. Jahrhunderts – privatisiert und sentimentalisiert" (1973, S. 31). Die soziale Arbeit, soweit sie sich auf das Los einzelner Menschen bezieht, konzentriert sich auf Menschenbildung; die privaten karitativen Agenturen im Amerika des 19. Jahrhunderts geben die Parole aus: ,,not alms, but a friend".

Die private und die öffentliche Wohltätigkeit sind nun nicht einfach durch ihre unterschiedlichen Intentionen getrennt – hier Interesse an der Person und dort eine ökonomische und politische Strategie –, sondern in aller Widersprüchlichkeit aufeinander bezogen. Die freitätigen und professionellen Helfer stellen eine öffentliche Bewegung dar. Sie machen deutlich, wo und wie zu helfen ist, zeigen gesellschaftliche Ursachen auf, rühren an das allgemeine Gewissen und verlangen nach Mitteln für ihre Unterstützungs- und Behandlungsaktionen. Die Gesellschaft und ihre staatliche Organisation bedient sich der Träger und Akteure in der sozialen Arbeit, um die deutlich gewordenen Mißstände zu bewältigen. Innerhalb des Ganzen des gesellschaftlichen Lebens verbindet eine historisch gewachsene Überzeugung beide Seiten, daß man sich um die Lösung sozialer Probleme bemühen muß. Der freie, darum aber seiner vitalen Gemeinschaftserfahrung nicht ledige Bürger sucht seine kommerziellen, notwendigerweise rücksichtslosen Unternehmungen durch soziale Wohltaten auszugleichen, bzw. er unterstützt ersatzweise den öffentlich unternommenen Ausgleich. Das kollektive Unbewußte drängt auf komplementäre Aktionen; dem Individualismus im gesellschaftlichen Leben wird in theoretischen und praktischen Versuchen ein *Kommunalismus*, genossenschaftliches Denken und Handeln entgegengesetzt. Zumindest behauptet man die Zugehörigkeit des Armen zur Totalität des Gemeinwesens und läßt den Anspruch des sozial Schwachen auf Hilfe rechtlich zu.

Die untergründige Verbindung, die zwischen dem Interesse, das der einzelne Bürger an einem guten Leben hat, und der Sorge für das soziale Ganze besteht (welches das individuelle Leben sichert und ihm seine „Güte" mitteilt), schließt alle Glieder des sozialen Körpers ein. *Simmel* folgert deshalb aus seinen zweckrationalen Überlegungen, es sei „eine durchaus einseitige Auffassung, wenn man die Armenpflege als ‚eine Organisation der besitzenden Klassen zur Verwirklichung des mit dem Besitze verbundenen sittlichen Pflichtgefühles' bezeichnet hat. Sie ist vielmehr ein Teil der Organisation des *Ganzen*, dem der Arme ebenso zugehört wie die besitzenden Klassen: so sehr die technischen und materiellen Bestimmtheiten seiner sozialen Position ihn als bloßes Objekt oder Durchgangspunkt eines über ihn hinwegreichenden Gesamtlebens hinstellen, so ist dies im letzten Grunde überhaupt die Rolle jedes einzelnen konkreten Mitgliedes der Gesellschaft, von der gemäß dem hier momentan eingenommenen Standpunkt gilt, was Spinoza von Gott und den Einzelwesen sagt: wie können zwar Gott lieben, aber es sei widerspruchsvoll, daß er, die uns einschließende Einheit, uns wieder liebte; vielmehr sei die Liebe, die wir ihm weihen, ein Teil der unendlichen Liebe, mit der Gott sich selbst liebt" (1968, S. 354 f.). Ohne Zweifel besteht eine gesellschaftliche Selbstreferenz darin, sich einem Individuum in seiner Not zuzuwenden. Es ist Arbeit am sozietären Ganzen bei Wahrnehmung seines Zustandes im lebendigen Detail. Obzwar ein Objekt der Dienstleistung, wird der Arme in der gesellschaftlichen Tätigkeit, die ihm gewidmet wird, als notwendiges Glied und in seinem Subjektsein anerkannt. Jedoch so leicht läßt sich die Hinwendung zu ihm mit der sanitären Aufgabe der sozialen Arbeit, dem „gemeinen Besten" zu dienen, läßt sich individuelle Befriedigung mit sozialer Befriedung nur in den theoretischen Anschauung versöhnen.

Praktisch muß man schon – paradox gesprochen – aus dem System heraustreten, um die reproduktive Funktion der Beteiligten im Hilfeprozeß hinter sich zu lassen. *Zusammen*, in subjekthafter Beziehung aufeinander, sind der Helfer und der Adressat der Hilfe nicht mehr bloß Objekt einer sozialen Verwaltung und kommen wechselseitig ihrem menschlichen Anspruch (dem Interesse und der Sorge) nach. „Privat" und punktuell setzen sie sich in der Wendung auf sich selbst mit Lebensproblemen auseinander, die einen von ihnen belasten, aber beide betreffen und deren systemischer Charakter ihnen (während sie ihn – ihren soziologischen Ort – ausklammern) durchaus geläufig ist. Sie lösen sich, einander zugewandt, aus der Abhängigkeit von ihm, tauschen sich persönlich über ihre Probleme aus und suchen sie mit den ihnen verfügbaren Mitteln zu bewältigen. Dabei bildet sich im Körper der Beziehung tatsächlich eine neue Sozialität aus: die Liebe nimmt, mit oder ohne metaphysische Rückbindung, Gestalt an. Der Helfer als Subjekt und sein Klient, wenn er als Subjekt ernstgenommen wird, konstituieren im Umgang eine Gemeinschaft. Sie erschließen sie wechselseitig, bemerken Gemeinsamkeiten, genießen sie, leiden an ihnen (wer seiner Klientel herkunftsverbunden ist, teilt ihre Passion), transformieren sie, finden Halt und stärken sich an ihnen. So erweist sich zumal in der größeren Gruppe oder in einer festen Einrichtung die therapeutische – oder, ihrer quellenden und versorgenden Natur wegen, die „mütterliche" Qualität der Gemeinschaft.

Das gewonnene Verhältnis kann nun auch theoretisch nicht mehr an der für die soziale Arbeit abstrakten materiellen Armenunterstützung, wie bei *Simmel*, sondern nur an den Formen der persönlichen Hilfe diskutiert werden. Die genossenschaftliche Aktion, in der ein Hilfesuchender wirklich Beistand findet, ist zudem diejenige, welche der wohlsituierte Bürger, mag er erfolgreich seinem Gewerbe nachgehen, für den Armen und Schwachen ein Scherflein und Zuspruch übrig haben und für soziale Verbesserungen eintreten, selber benötigt. Ja, dieser Mann nimmt sie täglich in Anspruch: erhält sich privat ein familiäres Milieu, persönlich befriedigende Beziehungen, Fürsorge in seinen „eigenen vier Wänden", und er verteidigt seine solchermaßen ausgebaute Lebensbasis hartnäckig. Es ist seine private soziale Selbsthilfe, in der er die generelle gesellschaftliche nicht wiedererkennt, wenigstens solange nicht, wie ihm die eigene – mit viel Aufwand und in bedrohlicher Isolation veranstaltet – gelingt. Scheinbar selbst nicht betroffen, bringt er kaum Interesse für die alternativen Lebensformen auf, in denen unterdessen soziale Gemeinschaft geprobt wird. In ihnen fangen sich (präventiv) Menschen auf, welche – vielleicht nur vorübergehend – den Rückzug in ein privates Asyl zu vermeiden trachten. Ihre Versuche nähern sich den kurativen. Das therapeutische Milieu, von dem wir feststellen, es sei historisch zuerst dem moralischen Regime einer Familie, eines ländlichen Haushalts nachgebildet gewesen, bis jetzt professionell in Beschlag genommen, um ihrer familiären Lebensbasis entrissenen oder unter deren Entfremdung leidenden Patienten zur sozialen Wiederherstellung zu dienen, gelangt in dieser Annäherung über Selbsthilfegruppen und Initiativen im Gemeinwesen endlich über seine stationären Grenzen hinaus. Wenn dem Durchschnittsbürger als Individuum bewußt ist, wie sehr ihm nach der äußeren Fragmentierung seines Daseins der Zerfall seiner Beziehungen, die Aushöhlung seiner privaten Nische droht, beteiligt er sich an der Suche nach Heilung, und er findet in den bezeichneten Gemeinschaften schon gängige Muster vor.

Parallel dazu bemerken wir Veränderungen im allgemeinen Bewußtsein. Während die Bedeutung der materiellen Versorgung in der Lebenstätigkeit (und in der sozialen Lebenshilfe) zurücktritt, legt man mehr Wert als zuvor auf familiäre und nachbarschaftliche Kontakte, auf Mitwirkung in Gruppen und Vereinen; die vage Auffassung hat sich überallhin verbreitet, daß die zwischenmenschliche Kommunikation in unseren Zeiten objektiv erschwert ist und jeder selbst für sie etwas tun müsse. Die Wahrnehmung dessen, was im sozialen Leben an vermeintlicher oder tatsächlicher Selbstverwirklichung möglich wäre, verdeutlicht die Diskrepanz zu den realen Bedingungen und verschärft sie. Die gewachsenen biosozialen Ansprüche an die Umwelt lassen nach dem Handlungsrahmen fragen, in dem ihre Befriedigung geregelt wird. Während sich der Einzelmensch in seinem privaten Raum monadenhaft um die Sozialität seines Lebens müht und andererseits in Gruppen und sozialen Einrichtungen, jedoch auch nur im geschlossenen Kreis, ein gutes Beispiel gegeben wird, scheint die gesellschaftliche Verfassung des Zusammenlebens diesen Bemühungen gegenüber diskordant zu bleiben. Soziale Arbeit beschränkt sich nun aber nicht auf Probleme des Übergangs (der Adaptation und des psychosozialen Ausgleichs), welche Individuen haben, nicht auf das Wachsen von Gruppen (die Transaktion und die Gemeinschaftsbildung in ihnen), sondern sie setzt auch methodisch am Gemeinwesen an, wo die Art und Weise des Wirtschaftens und die politische Kultur die entscheidenden Merkmale des Milieus sind, in dem zu leben die einzelnen und die sozialen Gruppen nicht umhin können.

Anmerkungen

1 Vgl. *Schütz/Luckmann* 1979, S. 25 ff.
2 *Foucault*, archäologisch an den Mustern (des Denkens) und nicht am Milieu (des Lebens) interessiert, schreibt zur „moral treatment" bei *Tuke* und der romantisch orientierten Psychiatrie u. a.: „In der *retreat* wird die menschliche Gruppe auf ihre ursprünglichsten und reinsten Formen zurückgeführt. Es handelt sich darum, den Menschen in sozial elementare Beziehungen zurückzuversetzen, die dem Ursprung absolut entsprechen; das heißt: diese müssen zugleich streng begründet und streng moralisch sein" (1976 a, S. 495). – Zur Hospitalgeschichte allgemein s. *Jetter* (1966), und zum Irrenwesen in der ersten Hälfte des 19. Jahrhunderts s. *Dörner* (1969), der die romantische Praxis mit den (ökologischen) Perspektiven „Familie, Landschaft, Religion und moralische Innerlichkeit" als Fluchtbewegung beschreibt, sowie *Castel* (1979).
3 Zur historischen Entwicklung s. *Krüger* (1979).
4 *Jones* hat im Nachhinein auf den Zusammenhang von sozialer Systemveränderung und Psychotherapie hingewiesen und betont, noch ohne Kenntnis der Systemtheorie einer Strategie des sozialen Lernens gefolgt zu sein. „Durch unsere ... empirischen Versuche lernten wir nach und nach die Bedeutung der sozialen Umgebung erkennen, um Veränderung herbeizuführen. Zwanzig Jahre später und im Jargon der mittleren Siebzigerjahre möchte ich mich etwa als ein „change agent" oder ein Sozialökologe bezeichnen. Bei den gewaltigen Neuerungen in der Systemtheorie und in der Organisationsentwicklung komme ich mir nicht mehr wie ein abtrünniger Psychiater vor" (1976, S. 14).
5 Er betrachtet die psychiatrische Klinik als „Mikrokosmos der äußeren Gesellschaft", in dem sich die soziale Struktur und das geistige Klima leichter verändern lassen als im makrosozialen Rahmen (*Jones* 1976, S. 18). Er empfiehlt sodann die therapeutische Technologie unvermittelt als politische. Im kommunalen Bereich soll die Sozialarbeit eine neue soziale Struktur entwickeln helfen und Vorgehensweisen, die es gestatten, wie *Jones* schreibt, „die Krankheiten unserer Gesellschaft gesamthaft zu bekämpfen" (1976, S. 121) – ungeachtet der makrosozialen, systemisch vorgeordneten Antagonismen.
6 Psychotherapie könne günstigenfalls „politische Propädeutik" sein, meint dazu *Bopp*, (1980, S. 167) nach Erörterung der Grenzen von Reformversuchen per therapeutischer Gemeinschaft einerseits und Hinweis auf die Gefährdungen antiinstitutioneller Praxis andererseits. An

der therapeutischen Gemeinschaft kritisiert er u. a. (1980,S. 33 ff.), sie sei auf einen gesellschaftlichen Freiraum angewiesen und darum in der doppelten Gefahr, die Insassen von der äußeren Realität zu isolieren und weitgehende Kompromisse mit ihr einzugehen, welche den therapeutischen Erfordernissen entgegen eine repressive Funktion haben. Gefährdung des italienischen Weges antiinstitutioneller Praxis erblickt *Bopp* (1980, S. 162 ff.) in ihrer Beschränkung auf kognitive Auseinandersetzungen ohne genügendes Eingehen auf tiefenpsychologische und leibliche Aspekte von psychischen Störungen. Die Phantasie, wie regredierend immer, komme nicht zu ungehemmter Entfaltung. Dafür aber und für die „Ausweitung von Sinnlichkeit und Emotionalität" spricht sich *Bopp* aus. „Dadurch, daß die Patienten lernen, für sich selbst zu sprechen und nicht die Psychiater für sich sprechen zu lassen, durch Einsicht in die gesellschaftliche Bedingtheit der Bedürfnis- und Erkenntnisblockaden, durch Abbau der Hierarchien in den Anstalten, durch kritische Auseinandersetzung mit den therapeutischen Autoritäten, durch das Einüben in kollektives Handeln, durch Sensibilisierung für die Eigendynamik und Schwerkraft einer Institution, durch verantwortliche und solidarische Teilhabe an der Lösung der Probleme der gesamten Institution, durch diese Aktivierung der Patienten ... wird in kritischen Therapiemodellen – und nur in ihnen – eine ‚Vorschule' für Gesellschaftskritik und politisches Handeln eingerichtet" (1980, S. 167). Auch humanökologisch ziehen wir diese Modelle propädeutisch heran, aus gleichen, nur anders angeordneten bzw. anders gewichteten Gründen.

7 Bezeichnenderweise können Kinder in einem Heim die Tätigkeit der Sozialpädagogen nur schwer als „Arbeit" begreifen (und Therapie deshalb weniger als instrumentalen Vorgang). Das Leben mit den Erwachsenen ist erzieherisch umso wirksamer als es bei aller impliziten Zurichtung auf seinen Zweck freier Umgang, Begegnung bleibt. Die Unterordnung der Kinder (soll heißen: unter einer vorgegebenen Ordnung leben zu müssen) erscheint noch naturwüchsig festgelegt, so daß sie im Unterschied zur Behandlung von Erwachsenen die Machtfrage nicht aufwirft. – Über den Unterschied von objektiver Versorgung und subjekthafter Fürsorge geben im übrigen die „Pflegeschäden" in den früheren Säuglingsheimen Auskunft. Der Hospitalismus (das Syndrom der Deprivation), der zu beobachten war, ist nicht ein quantitatives Problem (der Verabreichung von genügend entwicklungsfördernden Stimuli), wie zuweilen behauptet, sondern ein qualitatives, die Lebensweise im sozialen Milieu betreffend.

8 *Almond* hat den allgemeinen Terminus „heilende Gemeinschaft" gewählt, weil er in seiner Übersicht zeigen will, "that this pattern of organization is a general phenomenon found in different cultures and in different niches of our society." Er definiert: "Healing communities are small collectivities (usually between 15 and 100 members) characterized by intense commitment to the group and by a common interest in healing some range of psychological, behavioral, or spiritual maladies" (1974, S. XXI). *Almond* beschreibt neben dem psychiatrischen Modell, Synanon, Encounter Groups u. a. den Zar-Kult in Äthiopien und die heilende Gemeinschaft einer religiösen Sekte auf Hawaii. Als die beiden entscheidenden Charakteristiken heilender Gemeinschaften sieht er an: "(1) an internal sense of specialness attributed both to individuals in their relation to one another (healing charisma) and the group as a whole (communitas); (2) translation of this specialness into charismatic roles and into behavior norms that reflect the cohesiveness of the community and its espousal of a specific set of beliefs and practices" (1974, S. 319).

9 Siehe *Heckmann* 1980, *Petzold/Vormann* 1980.

10 Es sei noch einmal darauf hingewiesen, daß die Praxis einer therapeutischen Gemeinschaft sich ihrer idealtypischen Gestalt höchstens annähert (und sich auch wieder von ihr entfernen kann). Die Schwierigkeiten der Verwirklichung beruhen nicht zuletzt auf den nachhaltigen Einflüssen der weiteren Umgebung und der gesellschaftlichen Verhältnisse – gegen welche Bedingungen das Muster der therapeutischen Gemeinschaft praktisch und hier konzeptuell gerade hochgehalten wird.

11 Psychodynamisch verbindet sie uns immer neu mit den Objekten um uns. Vgl. die Ausführungen *Winnicotts* zu den „Übergangsobjekten und Übergangsphänomenen" (1973, S. 10 ff.). Er hält die illusionären Erlebnisse in der frühen Kindheit für eine natürliche Wurzel der Gruppenbildung bei Menschen (S. 12). Dabei kommen die innere (subjektive) und die äußere (objektive) Realität in einem „*intermediären Erfahrungsbereich*" überein (S. 24), den *Winnicott* als den des Kulturerlebens oder des kreativen Spiels identifiziert (S. 124). Das therapeutische Milieu, dürfen wir schlußfolgern, erlaubt eine Regression in den anfänglichen Zustand, in dem eine grundle-

gende Neuordnung des Verhaltens in Abstimmung von Phantasie und Realität, eine schöpferische und kulturelle Abstimmung möglich wird. *Winnicott* nennt als natürlichen Ort, „an dem sich kreatives Spiel und Kulturerfahrung einschließlich ihrer differenziertesten Erscheinungsformen ereignen, das *Spannungsfeld* zwischen Kleinkind und Mutter" in einer Phase, in der das Kind die Mutter vom eigenen Selbst trennt und diese das Ausmaß ihrer Anpassung an die Bedürfnisse des Kindes einschränkt (ebenda).

12 Auf die Implikationen von „Gemeinschaft" in der Theorie der Sozialarbeit und der Heilpädagogik bin ich an anderer Stelle schon eingegangen (*Wendt*, 1979 a, 1981 b). Ich beschränke mich deshalb hier auf für den Fortgang der ökologischen Begründung sozialer Arbeit nötige Bemerkungen.

13 Vgl. etwa die Definition bei *Burghardt*: „Gegenstand der freien Wohlfahrtspflege ist die Armut, soweit diese (heute) Gegenstand öffentlicher Maßnahmen ist. Daher wird die Wohlfahrtspflege vielfach mit Armenpflege gleichgesetzt" (1979, S. 16). Und: „Die Sozialhilfe hat den Charakter einer öffentlich-amtlichen Armenpflege und wird auch als Wohlfahrtspflege, in angelsächsischen Ländern als social work gekennzeichnet" (1979, S. 27).

14 S. auch *Scherpner* (1974) und *Luhmann* (1973), der „im Wandel gesellschaftlicher Bedingungen" drei Grundformen des Helfens unterscheidet: „In archaischen Gesellschaften gehörten Hilfs- und Dankenserwartungen unmittelbar zur Gesellschaftsstruktur, dienten der Konstitution des Zusammenhanges gesellschaftlichen Lebens. In hochkultivierten Gesellschaften beruhte das Helfen noch auf moralisch generalisierten, schichtenmäßig geordneten Erwartungstruktur, ohne in seiner konkreten Ausführung die Gesellschaft selbst zu tragen. In der modernen Gesellschaft hat sich auch dieses Verhältnis gelöst. Weder beruht unsere Gesellschaft auf Interaktionen, die als Helfen charakterisiert werden könnten, noch integriert sie sich durch entsprechende Bekenntnisse; aber sie konstituiert eine Umwelt, in der sich organisierte Sozialsysteme bilden können, die sich aufs Helfen spezialisieren" (1973, S. 32). Immerhin findet *Luhmann* neben der *Organisation* als „dominanter Form des helfenden Bedarfsausgleichs" heute noch die Reste „archaisch-symbiotischer Verhältnisse" sowie „moralisch generalisierte Formen des Helfens" vor (1973, S. 36).

15 Behavioristisch läßt sich nicht erkennen, ob bei einem prosozialen Verhalten Menschen als Mittel oder als Zweck gebraucht werden. Praktisch kann sich nur im gemeinschaftlichen Leben, im Prozess der wechselseitigen Abstimmung von Erwartungen ergeben, wieweit die Belange der einzelnen Beteiligten gewahrt sind. Ohne diesen konkreten Zusammenhang ist unentschieden, ob das prosoziale Tun eines Akteurs gesellschaftlichen oder individuellen oder beiden Anforderungen genügt. Soziale Arbeit beginnt mit dem Widerspruch zwischen ihnen, – den der Begriff des prosozialen Verhaltens eher verdeckt. Vgl. z. B. *Mussen/Eisenberg-Berg*: „Eine Grundvoraussetzung unserer hochzivilisierten Gesellschaft ist die Bereitschaft jedes einzelnen, sich für die Gesamtheit verantwortlich zu fühlen und für die Belange des anderen aktiv einzusetzen" (1979, S. 9).

Aspekte politischer Ökologie in der sozialen Arbeit

Der Makrosoziale Haushalt des Zusammenlebens wird durch politisches Handeln geregelt. Die Absicht in der sozialen Arbeit, Lebensverhältnisse zu bessern, richtet sich nicht allein helfend an Individuen und Gruppen, sondern immer auch innovatorisch an die Administration des Oikos mit der Zumutung, daß sie politisch bei der Wahrnehmung seiner Geschäfte den biosozialen Erfordernissen nachkommt. Haben die Adminstration und die ihr vorangehende Willensbildung und Entscheidungstätigkeit das „gute Leben" in der Gesellschaft zur causa finalis, überlegt man sich humanökologisch zum politischen Geschehen, wie es dem Zweck entsprechend günstig eingerichtet sein sollte. Wer *soziale* Praxis unter ökologischen Gesichtspunkten betrachtet, kann die *politische* Praxis nicht auslassen. Allerdings gerät er leicht in die Gefahr, hier die Komplexität seines Gegenstandes zu vergessen, einfach ein ökologistisches Programm des Wünschenswerten aufzustellen, im übrigen die alternative Bewegung zu kommentieren oder gleich tagespolitisch Farbe zu bekennen. „Ökologische Politik", etwa die von der grünen Sorte, ist aber nicht gleich *politische Ökologie*. Während jene *eine Richtung* politischen Handelns vertritt, geht es hier um die Untersuchung von Methoden und Prinzipien politischer Tätigkeit, speziell derjenigen, die nach ihrer Anlage verspricht, dem gemeinschaftlichen Interesse zu folgen (über welches Interesse erst einmal – das ist bereits Prinzip und Methode – politisch Meinungen auszutauschen sind und öffentlich entschieden werden muß).

Unser Gegenstand sind dem Ökosystem der Gesellschaft *immanente* Prozesse. Nicht Thema soll das Verhältnis des Menschen zur äußeren Natur sein. Wie in jedem Fachgebiet bisher, haben wir zunächst die Ökotheorie abzugrenzen von der Beschäftigung mit der Umwelt und ihrem Zustand: es gibt dafür eine Umweltpolitik (environmental policy)[1], die sich komplementär zu (den Folgen) üblicher ökonomischer und politischer Praxis verhält und demgemäß – aus politischen und ökonomischen Gründen – als ein Sektor und mit eigener Sachkompetenz in jene Praxis einbezogen zu werden pflegt. Jedenfalls beschränkt sich ihre Funktion auf Bereiche außerhalb der sozietären Binnenstruktur. Andererseits ist zuzugeben, daß Umweltpolitik begrifflich und praktisch in politische Ökologie übergeht, wenn die Sorge um den Zustand unserer Umwelt sich verbindet mit der Frage nach dem Zustand eines menschlichen Gemeinwesens, das derart schädliche Wirkungen zeitigt – und offenbar selber ähnliche Störungen aufweist, wie es sie extern anrichtet. Die Belange der Biosphäre sind mit denen des Menschen, seiner gesellschaftlichen Lebenssphäre, verknüpft. Simpel ausgedrückt, orientiert sich politische Ökologie hier wie dort an der *Natur* (den Lebensbedingungen) und ihren Zusammenhängen. Als materielle schließen sie im politischen Horizont die lebendige Umwelt und ihre Ressourcen ein. Politik läßt sich in dieser Perspektive verstehen als „öffentliches Handeln zur Wahrung und Gewinnung von Wohnräumen und Lebenschancen aller Arten" (*Zellentin* 1979, S. 11).

Politisch zu handeln, bedeutet für sich allein schon eine solche Chance, und das Feld dieser Betätigung ist ein für jedermann zu wahrender und (dem Anspruch nach) ihm zugänglicher Raum. Folgerichtig befaßt sich die politische Ökologie mit alternativen Konzepten, wie sich systemisch das Zusammenleben in der gesellschaftlichen Sphäre ordnen läßt, wobei die Mitwirkung der betroffenen Personen bzw. von Gruppen an den Entscheidungen darüber besonderes Augenmerk verdient. Von den biosozialen Grundbedürfnissen, von den ,,Graswurzeln", kurz: von uns selbst ausgehend, leiten sich ,,basisdemokratische" Ansätze ab. Sie rechnen mit den interagierenden Subjekten und nehmen an, die Akteure werden ihre eigenen Interessen tatsächlich vertreten und an der Willensbildung auf dem Weg zu einem Konsens aktiv teilnehmen. Zwar dürfen in ihm übergeordnete Gesichtspunkte nicht unberücksichtigt bleiben, nimmt man die Abhängigkeiten im Mehrebenensystem gesellschaftlicher Organisation ernst, aber zunächst sind die unmittelbar Betroffenen gefragt. Auf ihrer Ebene der Erfahrung fällt politisches Handeln weitgehend mit sozialer Arbeit zusammen, die nachgerade als *Gemeinwesenarbeit* sich um die ,,Wahrung und Gewinnung von Wohnräumen und Lebenschancen" bemüht. Deshalb kann ihre Übereinstimmung mit politischem Handeln besonders sinnfällig in der kommunalen Sozialpolitik werden, die im günstigen Fall einen Kreisprozeß dadurch in Gang bringt, daß sie über soziale Maßnahmen die Leute politisch aktiviert, sich an der lokalen sozialen Arbeit zu beteiligen, wonach wiederum politische Entscheidungen über deren Fortgang nötig werden.

Grundsätzlich schließt die Orientierung an den Bedürfnissen der ,,Basis" nicht aus, Problemlösung im größeren Zusammenhang des politischen Systems *interventionistisch* zu betreiben, also Agenturen resp. politische Organe einzuschalten, die ihnen übertragene Befugnisse nutzen und Macht ausüben, um eine bestimmte Ordnung aufrechtzuerhalten oder ,,zum Wohle des Ganzen" bestimmte Ziele zu errechnen. Im Zusammenhang eines Ökosystems ist ohnehin jede bewußte Aktion eine Intervention. Auch wer meint, aus dem System ,,aussteigen" zu müssen, um in einem ursprünglichen Sinne anarchistisch zu leben, rechtfertigt auf seine Weise nur den *Leviathan*. Die Freiheit des einzelnen ist wie in jeder, so auch in negativer Beziehung – wenn einer oder eine potente Gruppe sich selbstsüchtig verweigert – Bedingung staatlicher Ordnung und Herrschaftsausübung. Politische Ökologie muß realistischerweise mit dem *gesellschaftlichen Haushalt* anfangen, um den individuellen berücksichtigen zu können; der letztere kommt sonst gar nicht zustande. Haushalten ist in allen Bereichen der Lebensführung eine soziale Angelegenheit, und je komplexer das Leben und sein Milieu werden, umso mehr *ordnende* Handlungen werden nötig, die, falls sie durchgreifen, als Interventionen erscheinen. Politik hat auch im ökologischen Verstande mit Macht und Herrschaft zu tun, u. a. weil mit dem Widerstand (bzw. der Verweigerung) freien Verhaltens gegen sozietäre Regelungen zu rechnen ist. Der Leviathan tritt als der fundamentale Garant des Funktionierens gesellschaftlicher Selbstbestimmung auf; er (die ,,Staatsmaschine") *ist* nämlich diese Funktion.

Staatstätigkeit und Gemeinwesenarbeit

Es sei daran erinnert, daß sich der moderne Staat komplementär zur sich ausweitenden Wirtschaftstätigkeit, also zu einer nur an die eigene Zweckrationalität gebundenen Aktivität, entwickelt hat. Gegenüber der Virulenz von Handel und Gewerbe, derem vagabundierenden Strömen, zugleich um es effektvoll zu kanalisieren, empfahl sich eine interventionistische Staatstätigkeit.[2] In ständiger Ausweitung begriffen, hält sie in der bürgerlichen Lebenswelt tatsächlich und konzeptuell von *Hobbes* bis *Hegel* dem konkurrenzkapitalistisch entfalteten Individualismus die Waage – poietisch im Zugreifen und Herstellen wie das bürgerliche Subjekt.[3] Vom Staatsapparat werden diejenigen Funktionserfordernisse im Gemeinwesen erfüllt, die über die Mechanismen des Marktes nicht zu gewährleisten, zur Absicherung autonomer Tätigkeit und des Besitzindividualismus (*Macpherson*) aber unerläßlich sind. Der Auftrag des Sozialstaats, durch Planung, Regelung und Umverteilung Daseinsvorsorge zu betreiben, verdient in unserem Zusammenhang besondere Erwähnung. Kommt hinzu, daß die Ordnung, in der das bürgerliche Subjekt seine Freiheit finden kann, von der Machart sein soll, welche allgemein der handhabbaren Form effektiver Tätigkeit entspricht: quasi vertraglich geregelt, kalkulierbar und angemessen, – der Staat als ein rationell eingerichtete Maschine zum Erbringen von administrativen Leistungen. Da im Kommerz wie im Maschinenwesen den Subjekten, die sich ihm dissoziiert hingeben, auch der sie in ihrer Tätigkeit verbindende Sinn und die Moral verlorengehen, gewinnt in der romantischen Wendung der Staat die Funktion zurück, auf seine Weise den objektiven Geist zu verkörpern. Es ist aber nur die etablierte Ordnung, und erst in dem *politischen Prozeß*, in dem sie nach einer Seite hin – als das „System"[4] – Zustimmung erheischt oder herausfordert, generiert sie Sinn unter den immanent widersprüchlichen gesellschaftlichen Verhältnissen.

Behauptet er sich einfach als Oikos, dispensiert der Staat von der Teilnahme an und der Auseinandersetzung über Politik. In der feudalen Gesellschaft verhielt sich das Individuum seinem Stand gemäß implizit „politisch": es trug auf hergebrachte und bestimmte Weise zum Ganzen bei, dem es angehörte, nicht aber als autonomer Mensch und aus freien Stücken.[5] Der moderne Staat als System löst die ständische Einheit (civitas sive societas civilis) ab, zugleich trennt das politische wie das ökonomische sich vom sozialen Verhalten. Bei *Hobbes* und bei *Hegel* gibt es den Staat eben nicht von Natur aus, sondern aus Freiheit, als deren „konkreteste Gestaltung" ihn *Hegel* ideal meint kennzeichnen zu müssen (in § 33 Rechtsphilosophie). In der Praxis entpuppt sich jedoch die behauptete „Wirklichkeit der sittlichen Idee" (§ 257 Rechtsphilosophie) oder, wie *Marx* interpretiert, das „*Gattungsleben* des Menschen im *Gegensatz* zu seinem materiellen Leben" (1953, S. 181) als entfremdetes, der Staat als Instrument zur Durchsetzung von Klasseninteressen. Ökologisch ist nun aber wichtig, daß er dazu nur taugt, weil er allgemeine Funktionen ausübt; über die Beherrschung von Klassengegensätzen hinaus kontrolliert die staatliche Gewalt und Administration das ,,System der Bedürfnisse" (*Hegel*) und die differenzierte Willkür einzelner Menschen wir der Interessengruppen, denen er politische Rücksicht abverlangt.[6]

Politik kompensiert in der ihr eigenen Tätigkeit Willkür unter Bürgern, ihre fehlende Assoziation und Übereinstimmung. Theoretisch gelingt zwar auch aus dieser defizitären Situation der unvermittelte Sprung (am staatlichen Regiment vorbei) in die Gemeinschaft, in eine durch ihre Aufgabe und Moral geeinte Kooperative, wie er wiederholt (ebenfalls in einer romantischen Bewegung) von religiösen Gruppen und von utopischen Sozialisten versuchsweise und beispielhaft unternommen wurde und bis heute der anarchistische Wunschtraum geblieben ist: die Staatstätigkeit überflüssig zu machen, indem man ihre Funktion in die Lebenstätigkeit autarker Kommunen einbegreift, Herrschaft und ihre Rahmenwerk aufzulösen in die spontane, mutualistische Aktivität genossenschaftlich organisierter Subjekte, – und somit die herkömmliche Trennung zwischen der Psyche des Individuums und der Gesellschaft zu überwinden (*Bookchin* 1977, S. 19). Gesellschaftliche Beziehungen sollen als freischweifend individuelle glücken. Vielfältige Spontanität, im kollektiven Leben geläutert, müßte hinreichen, um die alten Institutionen durch eine ,,authentische Ordnung" zu ersetzen: ,,Die natürliche Ökologie wird zur gesellschaftlichen Ökologie" (1977, S. 20). In der gegenwärtigen alternativen Bewegung spielt diese Vorstellung eine, zumal für jugendliche Enthusiasten, bedeutende Rolle. Jedoch funktionieren die Kommunen *in der Praxis* – abgesehen von ihrer therapeutischen Wirkung nach innen – nur auf dem Boden einer anderweitig geordneten Zivilisation, zehren ökonomisch und ideologisch von dem Gegensatz, in dem sie sich zu der immer noch maßgebenden Welt um sie herum politisch wenig rücksichtsvoll subjekthaft verhalten. Auf Selbstregierung eines jeden durch jeden und auf spontane Assoziation, wie von *Proudhon* und *Bakunin* erhofft, läßt sich – darin war der Anarchismus stets erfolglos – keine *politische* Ordnung von Dauer bauen.

Dagegen verbreitet sich unter Theoretikern der ökologischen Bewegung inzwischen die Auffassung, im gesellschaftlichen Leben sei komplementär zur Autonomie der einzelnen Menschen und ihrer Gemeinschaften weiterhin eine heteronome Staatstätigkeit erforderlich, also eine *dualistische Lösung* geboten. Der Primat des Individuums und seiner subjekthaften Tätigkeit ebne den Wesensunterschied nicht ein, der zwischen der Lebens- und Arbeitsgemeinschaft, die er zu praktizieren imstande ist, und dem System der Gesellschaft bestehe. Es gäbe eine Sphäre der Notwendigkeit, deren Ausgestaltung wesentlich dazu beitrage, daß die Individuen in einer Sphäre der Freiheit leben können.[7] Zuletzt hat *Gorz* (1980) diese Überzeugung entschieden vertreten: ,,Die Trennung der Notwendigkeits- und Autonomiebereiche, die Objektivierung der Gesetzmäßigkeiten der sozialen Funktionsweise in Gesetze, Verbote, Verpflichtungen, kurz, die Existenz eines von der Gewohnheit verschiedenen Rechts, eines von der Gesellschaft verschiedenen Staates sind die unerläßlichen Bedingungen dafür, daß eine Sphäre sich herausbilden kann, in der die Autonomie der Personen, die Freiheit ihrer Assoziation und Kooperation Geltung haben" (1980, S. 101). Und der Apparat muß umso besser funktionieren, als das Spiel der Subjektivität vielfältiger wird. Sie ist frei bei Einsicht in die Notwendigkeit der Institution. Deren Organisation läßt sich technologisch perfektionieren; für die Erfüllung ihrer sächlichen Aufgaben braucht die Staatstätigkeit nicht moralisch durchgebildet zu sein; ihre technischen Imperative haben mit Moral nichts gemein (1980, S. 94). Allerdings bedeute die dualistische Lösung nicht, hier eine anonyme Administration und dort ein nur auf sich selbst bezogenes Gemeinschaftsleben in zwei Gehäusen etablieren zu wollen. Beide Sphären seien auf Kommunikation miteinander angewiesen. „Die Teilung des Gesellschaftszusammenhangs in einen heteronomen Bereich mit sozial prädeterminierten und relativ anonymisierten Aufgaben und in einen autonomen Bereich mit ungehemmter Phantasietätigkeit darf ... nicht als strikte Abriegelung verstanden werden" (1980, S. 93). Der sozialen Arbeit ist aufgetragen, sie zu überwinden, – und im folgenden wird es vor allem um diese Einwirkung und wechselseitige Durchdringung gehen. Übrigens entspricht das dualistische Konzept in der politischen Ökologie in einigen Zügen den Überlegungen zur Dualwirtschaft, der Ergänzung einer hochentwickelten industriellen Produktion durch individuelle und gemeinschaftliche Eigenarbeit, wobei die erstere die Entfaltung der zweiten sichert – nachdem jene im Grunde immer schon auf sie hat bauen müssen.

Nun hindert an einem einfachen Übergang vom sozialen Handeln der Individuen zur politischen Aktivität und umgekehrt bereits das gewöhnliche Verständnis von Politik, mit ihr werde auf einer Metaebene die Kunst des Regierens betrieben, und sie sei solchermaßen abgehoben von der zwischenmenschlichen Kommunikation über soziale Fragen. In dieser Auffassung lebt der alte einfache Begriff von Politik als Verwaltung öffentlicher Angelegenheiten (Politik im Gemeinwesen entsprechend der Ökonomik im Hauswesen) fort[8], der exemplarisch in der obrigkeitlichen „Policey" der Kameralisten hervorgetreten ist und eine politische Diskussion allein unter den Herrschenden vorsieht. In der historischen Entwicklung bildet sich aber die politische Tätigkeit als von Hörigkeit freie diesseits des staatlichen Regiments wie jenseits den häuslichen Kreises, der societas domestica, aus. Die herrschaftlich wahrgenommene Ökonomik wird in einer besonderen gesellschaftlichen Sphäre zur Disposition von Individuen und Gruppen gestellt.[9] Es entfaltet sich eine Zwischensphäre des Handelns, ein freier Raum der Erörterung und Absprache, behauptet gegen zunehmende Staatstätigkeit und Bürokratie einerseits wie gegen eigenen Interessen folgende oder unpolitische private Betätigung andererseits. Die soziale Freistellung des Politischen bringt ihm bei Erkenntnis der gesellschaftlichen Natur der menschlichen Verhältnisse den Charakter ein, in seiner Thematik nach beiden Seiten hin nicht beschränkt zu sein.

Ich nehme auf diese Entwicklung Rekurs, um auf den inneren Zusammenhang von Individualisierung und Politisierung hinzuweisen. Die Person findet politisch ihr Selbstbewußtsein in der gesellschaftlichen Sphäre als freier Bürger. In dem Maße, wie er seine Geschäftsfähigkeit auch politisch unter Beweis stellt, muß er allerdings entdecken, daß er immer weniger in natürlichen Verbänden lebt, viel mehr in Systemen steckt, über deren Angelegenheiten nun, nachdem die gesellschaftliche Unschuld verloren, debattiert werden darf und auch privat zu verfügen ist, weshalb jeder mit Macht seine Interessen wahrzunehmen sucht. Der Staat, der Betrieb, die Familie erscheinen als *Veranstaltungen*, durchgeführt per verinnerlichte, ansonsten öffentlich kalkulierte Verfahren. Im persönlichen Leben stellt sich allmählich ebenfalls die Frage nach der Durchführung des Lebens im sozialen Zusammenhang und im Netz der jeweiligen Beziehungen. Unter Beteiligten lassen sich – teils bewußt, teils unbewußt – Lebensweisen arrangieren. Man vollführt Manöver miteinander, legt sich eine Strategie zurecht und geht taktisch vor, reguliert und kontrolliert sich und andere nach Möglichkeit (vgl. *Rogers* 1978, S. 14f.). Sind die Verfahren mikroanalytisch erst einmal entdeckt, muß man sich auch, wie *Laing* es tut, mit „the politics of the family" (1974) beschäftigen.[10] Der Prozeß des Aushandelns gemeinsamen Lebens und des Verständnisses, wie unter Menschen sozial „gewirtschaftet" werden soll, überspringt die Ebenen, reicht vom Makro-politischen ins Mikro-politische; er macht Anstalten zu objektiven und zugleich zu subjekthaften Entscheidungen und Lösungen. In seiner Spannweite überbrückt er den Dualismus von Staatstätigkeit und individueller Willensbildung, von Institution (dem organisierten Zusammenhang politischer Handlungsweisen mit einem bestimmten Zweck bzw. einer Funktion im politischen System[11]) und informeller Struktur wenigstens der Möglichkeit nach. Der politische Akt ist dadurch ausgezeichnet, daß er mikrosozial auf das makrosoziale Rahmenwerk und makrosozial auf die mikrosozialen Verhältnisse Bezug nimmt. Diese Referenz von Teil und Ganzem unterscheidet Politik von sozialem Gemeinschaftshandeln auf einer Ebene. Während die Bedingung, voneinander Abstand zu nehmen, *Privatgeschäfte* von *Staatsgeschäften* trennt, entwickelt sich der Zwischenbereich, der weder nur privater Tätigkeit noch allein einer Sphäre institutionalisierter Herrschaft zuzurechnen ist, vielmehr *intermediär* die nach beiden Seiten wirksame Dialektik ist.

Sie fordert gesellschaftliche wie individuelle Bestrebungen in ihre Schranken. Ermuntert vom öffentlich artikulierten Verlangen nach mehr Demokratie, sind die *Bürgerinitiativen* seit Anfang der siebziger Jahre ein Beispiel dafür geworden, wie sich einzelne Reaktionen in der Bevölkerung auf örtliche Umweltprobleme bei einem konkreten Betroffensein zu politischem Engagement verdichten lassen.[12] Menschen organisieren sich in Gruppen und Vereinen, um ein partikulares, in ihrem Lebensraum (ökologisch) relevantes Ziel zu erreichen, ihre Interessen zu vertreten, gegen ein Vorhaben Front zu machen oder um in einer für sie wichtigen Frage mitbestimmen zu können. In der Regel sind es „Inklusivinteressen", welche von den Aktionsgruppen vertreten werden (*Mayer-Tasch* 1976, S. 90ff.), also solche, die auf der Linie einer allgemeinen Diskussion liegen und den Anspruch zumindest erheben können, dem Gemeinwohl gerecht zu werden. Ihre politische Bedeutung gewinnen die Bürgerinitiativen dadurch, daß sie eine Gegenmacht organisieren, es also nicht dabei belassen, eine mehr oder weniger populäre Forderung, häufig eine Minderheitenmeinung[13], bloß zu artikulieren und zu vertreten, die dann „von zuständiger Stelle" aufgegriffen oder zurückgewiesen wird. Sie setzen vielmehr Mittel ein, schließen Bündnisse und nutzen die Potenz ihrer Bewegung auf vielfältige Weise. Indem sie die ihnen angemessene Organisationsform und Methode finden, zeigen sich die in der Initiative engagierten Menschen politikfähig. Sie greifen über den privaten hinaus ihren Lebenszusammenhang im kommunalen und regionalen Kontext bewußt auf, erhalten oder rekonstruieren ihn; dafür verdienen Bürgerinitiativen die Förderung durch soziale Gemeinwesenarbeit. Während die politische Aktion der Betroffenen etwas „öffentlich macht" und mit ihrem Gewicht etabliert, was sonst von einer Bürokratie oder von einer Machtzentrale unter der Hand bewerkstelligt worden wäre, bricht die Mitwirkung in der Aktionsgruppe, die „Politisierung" der Menschen zugleich ihre Isolation auf, in der sie alltäglich vom gesellschaftlichen, öffentlichen Leben entfernt und ihm entfremdet sind. Politik gerät in die sinnliche Kommunikation der Menschen; sie sind wirklich beteiligt und erfahren beim Mitmachen, was es heißen kann, wenn von Demokratie als politischer Lebensform die Rede ist. Bürgerinitiativen und die sie fördernde soziale Arbeit im Gemeinwesen verändern die politische Kultur.[14] Unerläßlich dafür ist, daß die Aktion tatsächlich auf die politische Ebene *übergeht* und im politischen System fortgesetzt wird. Statt sich im erzeugten Gemeinschaftsleben schon zu erfüllen, wird der Energie der Beteiligten weitere Sublimierung abverlangt; sie müssen sich der öffentlichen Konfrontation, beharrlicher programmatischer Argumentation und disziplinierter Abstimmung stellen. Sie können nicht erwarten, gerade in ihrem Einsatz werde Politik den geschäftsmäßigen Charakter einbüßen, dadurch domestiziert und sich vereinnahmen lassen von der Spontaneität an der Basis und der von ihr vertretenen „guten Sache". Die in der Aktionsgruppe erreichte Vergemeinschaftung ist *ein* Effekt, die Politisierung ist ein *anderer*. Beide verhalten sich in der Bürgeraktion komplementär zueinander. In Übereinstimmung verfolgt sie programmatisch und zweckrational ein öffentliches Projekt. Das Feld bleibt nicht den Politikern überlassen; sie bekommen paraprofessionelle Konkurrenz. Jedenfalls wird erst durch die politische Umweltbeziehung das Anliegen der Bewegung und sein Kontext an Lebensverhältnissen in seiner gesellschaftlichen Natur aufgedeckt und in der Sphäre verhandelt, der es angehört. Insofern muß der Neigung widerstanden werden, diese wie jede andere „Vergesellschaftung" individuellen Lebens leichthin auf dem Altar der „Vergemeinschaftung" zu opfern.[15] Die politische Aktionsgruppe ginge damit in eine bloße Selbsthilfegruppe über, während doch umgekehrt von der letzteren erwartet werden kann, daß sie soziale Veränderungen anstrebt und zu diesem Zweck in ihre Umwelt hinein politisch wirkt (vgl. *Moeller* 1978, S. 331).

Die transitorische Bewegung verläuft in Bürgerinitiativen im Prinzip von persönlicher Betroffenheit hin zur Organisation öffentlicher Aktivität. Anders, wenn Menschen sich von Verhältnissen im Gemeinwesen in ihrer individuellen Lebensführung berührt, beeinträchtigt oder herausgefordert fühlen und für sich selber, einzeln oder in Gruppen, Konsequenzen ziehen. Hier geschieht die Vermittlung von persönlicher und gesellschaftlicher Situation gewissermaßen in der Gegenrichtung. Das gesellschaftspolitische Milieu wird dadurch moduliert, daß sich intern ein Gegenmilieu einrichtet und infektiös ausbreitet. Im Unterschied zu gewöhnlichen Veränderungen im Alltagsleben der Bevölkerung, die z. B. durch neue Konsumangebote bedingt sind, besitzt das hier gemeinte Verhalten einen Mitteilungscharakter und findet früher oder später eine entsprechende Aufmerksamkeit. Einzelne Subjekte inszenieren und geben eine Probe, wie jedermann handeln könnte. Die individuelle Entscheidung für ein alternatives Leben – man gründet eine Landkommune, praktiziert job sharing, organisiert gemeinsame Kinderbetreuung, beteiligt sich an einem kulturellen Projekt usw.[16] – nimmt makropolitische Entscheidungen beispielhaft vorweg, ja vollzieht sie faktisch, wenn sich eine große Zahl von Angehörigen einer Gesellschaft derart umstellt. Ohne zunächst auf der Metaebene des politischen Systems wahrgenommen zu werden, mutiert in lauter Einzelentscheidungen die Infrastruktur des Gemeinwesens., hat sich in kleinen Sprüngen nach und nach – subkulturell und in öffentlicher Reflexion – die Szene gewandelt, erweist sich die normative Kraft auch des mikropolitisch Faktischen. Indes geht mit den Veränderungen an den Graswurzeln regelmäßig ein allmählicher Umschwung im kollektiven Bewußtsein einher, eine kulturell zu nennende Interaktion mit dem impliziten Thema, wie man unter den gegebenen Bedingungen leben kann. Die Subjekte an der Basis konkretisieren den Umschwung nur. Ihre politische Bedeutung liegt darin, daß sie auf ihm bestehen und ihre Lebensweise als Mittel einsetzen, um ihn zu erreichen. Sie nehmen sichtbar und demonstrativ die ökologischen Gegebenheiten wahr; sie richten sich unabhängig vom seitherigen System ihrer Bewältigung subjekthaft auf ihn ein. Ihre Option bezieht sich sowohl auf die materielle Lebensgestaltung wie darauf, daß sie in der von ihnen produzierten Verkehrsform, der Art und Weise ihrer Kommunikation politische Praxis anders begreifen. Sie bestimmen praktisch neu, was Politik beinhalten und was „politisch" heißen soll.

Mikropolitik, verwickelt in soziale Arbeit

Politik muß nicht definitiv beschränkt darauf sein, was Politiker tun. Wer in Angelegenheiten des Gemeinwesens, die zugleich seine eigenen sind, aktiv Position bezieht, z. B. indem er in Übereinstimmung mit anderen Leuten oder erfahrenen gesellschaftlichen Tendenzen die Gestaltung seines Lebens bewußt absetzt von der gewohnten Machart, handelt politisch. Kommt sein Verhalten intermediär zur Sprache, beeinflußt der Akteur den inneren Zustand (der sich somit öffentlich quasi in einer dissipativen Struktur selbst bestimmt) seiner politischen Einheit, sei es der Familie, einer Gruppe oder des größeren Gemeinwesens, dem er angehört. Eine Bewegung heißt innerhalb eines politischen Prozesses *alternativ* in Bezug auf kontextuell vorhandene Strömungen. Die Alternative läßt sich sowohl inhaltlich wie methodisch, in der Weise ihres Vorgehens, bestimmen. – Zur Erläuterung dieser ökotheoretischen Überlegungen scheint es vorteilhaft, die Unterscheidung heranzuziehen, welche die englische Sprache, obzwar auch nicht präzise, zwischen „*policy*", „*politics*" und „*polity*" trifft (s. hierzu *Rohe* 1978, S. 62 ff.). Mit „policy" wäre zunächst das inhaltlich abgegrenzte Vorgehen bezeichnet, dem sich politisch Handelnde unter den gegebenen Umständen widmen. Der Aufgabenstellung nach, für die sie entwickelt werden, gibt es eine Mehrzahl von „Politiken". Programmatisch wird mit ihnen eine Entscheidung unter mehreren Möglichkeiten des Handelns oder Nichthandelns in einem bestimmten Situationszusammenhang getroffen (*Friedrich* 1967, S. 81). Gruppen, aber auch einzelne Menschen entschließen sich zu einer bestimmten Politik (policy), die durch ihr Ziel oder die Aufgabe gekennzeichnet ist (1967, S. 82). Das Geschehen selbst, in das man sich – Politik treibend – der Inhalte wegen einläßt, meint politische Praxis als *politics*. Diese wiederum hat Voraussetzungen, von denen sie generell ermöglicht wird. *Polity* (Politie) ist eine strukturelle Bahnung, der gemeinsame Boden, auf dem man sich bewegt: das Verfaßtsein der politischen Szene, ihre Wirklichkeit in den wesentlichen Charakterzügen.[17]

Während nun in Auseinandersetzungen auf der politischen Bühne die eine „policy" einer anderen gegenüber vertreten wird, berührt der infrastrukturelle Wandel in der Lebensweise offenbar den Handlungsrahmen der Politik. Ihre Konstitution besteht in einer westlichen Demokratie nicht allein in der gesetzlich geregelten Organisation des staatlichen und gesellschaftlichen Lebens; das Verfaßtsein ist vielmehr selber Praxis, geht in sie über und aus ihr hervor. Wenn ich an einer Demonstration teilnehme, erweist sich die Politik als eine Realität, in der u. a. demonstriert und auf Demonstrationen öffentlich reagiert wird. Lebensweltlich wahrgenommen und im politischen Handeln interpretiert, kommt das Verfaßtsein der Gesellschaft mit dem gegenwärtigen Zustand überein, an dem die Bürger aktiv oder passiv beteiligt sind. Sie beeinflussen es als ihre Teilhaber. Die Frauenbewegung[18] der letzten Jahre hat z. B. in der Breite der praktischen Veränderungen im Berufs- und Familienleben von Frauen gesellschaftlich mehr bewirkt als durch die von feministischen Gruppen vertretenen Politiken. Die große Zahl der Mitmenschen mag in Ausübung von Politik auf der Metaebene der gesellschaftlichen resp. staatlichen Angelegenheiten *apathisch* sein und bleiben – und ihre Inaktivität muß man nachgerade als ein konstitutives Merkmal repräsentativer Demokratien ansehen –, ökologisch partizipiert sie an der Politik durch ihre soziale Lebensgestaltung im Alltag.[19]

Es kommt darauf an, sie auf seiner Ebene mit der Systematik der Staatstätigkeit zu verknüpfen bzw. letztere an die Widersprüche und den Konsens im Alltagsleben heranzuführen, so daß es für das Subjekt angebunden an die öffentlichen Angelegenheiten in Politik (politics) übergehen, von ihm – dem aktiven Individuum – gesellschaftlich vermittelt und zugleich als Möglichkeit der Vermittlung begriffen werden kann. Politik muß ihm ein sinnliches Verhältnis werden.[20] Hilfreich dürften dabei Orientierungsmuster sein, die den naheliegenden kommunalen und infrastrukturellen politischen Fragen besonderes Gewicht zumessen, Meinungsäußerungen und Willensbekundungen in der Bevölkerung auch dann politisch gelten lassen, wenn sie nicht systembezogen rational sind, in denen ferner Beteiligtsein hoch eingeschätzt wird und Administration auf „Bürgernähe" verpflichtet erscheint, kurz: eine *politische Kultur*, die Mikropolitik (in der Familie, der Nachbarschaft und im Betrieb) und Makropolitik in einem Kontinuum interpretiert (vgl. *Almond/ Verba* zur „civic culture", 1963). Überzeugungen allein aber bringen die Freiheit nicht, in der die Subjekte sich politisch betätigen und sinnvoll partizipieren können. Die alternative Bewegung propagiert deshalb die *Dezentralisierung* und die Schaffung *kleiner Netze*, in denen Menschen in relativer Autonomie ihre sozialen, ökonomischen und politischen Angelegenheiten selbst zu regulieren in der Lage sind. In lokalen Organisationen läßt sich am ehesten die kooperative *Selbstbeherrschung* üben, die in des Wortes doppelter Bedeutung von politisch aufeinander angewiesenen Interessenvertretern verlangt wird. Politik (politics) setzt persönliches Bewältigungsverhalten (coping behavior) mit anderen Mitteln und im gesellschaftlichen Kontext fort. In Rücksicht auf diesen Zusammenhang, also auf die menschliche Natur einerseits und den ökologischen Rahmen andererseits, auf die den Individuen mögliche Übersicht, ihre beschränkte Kenntnis und die Reichweite demokratischen Zusammenspiels empfiehlt sich für die Mitwirkung von jedermann eine Strategie der Kleinarbeit, – zumal ohnehin heutzutage und künftig keine großen Sprünge mehr zu machen sind und die Kunst des Politischen überall sich in der Beschränkung erweist. Nach Übereinkunft schrittweise vorzugehen, kann als Methode der Wahl sowohl in der Politik, der Sozialarbeit und in der sozialen Therapie gelten – überall, wo das Miteinander von Menschen und ihre Lebensgestaltung „auf dem Spiel" steht.

Bezogen auf sie hat zuerst *Popper* (1977) einer Sozialtechnik das Wort geredet, die er „piecemeal social engineering" nannte. In den fünfziger Jahren entwickelten dann *Lindblom* u. a. (*Dahl/Lindblom* 1953, *Braybrooke/Lindblom* 1963) den Kalkulationsmodus des „*disjointed incrementalism*", am einfachsten zu charakterisieren als Strategie des Durchwurstelns (des „muddling-through"). Angesichts der Komplexität der Verhältnisse bleibt politisches resp. soziales und therapeutisches Handeln stets vorläufig, notwendigerweise einseitig und stückwerkhaft. Man wägt Alternativen ab und entscheidet im Horizont der aktuellen Situation nur soweit unbedingt erforderlich, möglichst ohne damit allzusehr auf künftige Entscheidungen Einfluß zu nehmen.[21] Die Interessen und Bedürfnisse ändern sich; man wartet Entwicklungen lieber ab als ihnen vorzugreifen, es sei denn, erwartete Entwicklungen sind zu unterstützen. Die Vorgehensweise muß nachträglich korrigiert werden können, wenn man mit ihr Erfahrungen gemacht hat. Die Linie, an die man sich hält, liegt nicht fest. Der entscheidende Vorteil dieses Kalküls dürfte sein, daß er sich sozusagen selbst durchkreuzt, in seinem Fortgang offen ist für eine Veränderung durch seine eigenen Zwischenergebnisse und die damit verbundene Aufklärung von Faktoren, deren Eingang in die Rechnung erst im Nachhinein deutlich wird. Nicht nur die Mittel werden den Zielen angepaßt, sondern auch, wie *Naschold* bemerkt, die Ziele den Mitteln. Eine Problemlösung wird so, wie sich ein Mißstand *unterwegs* herausstellt, sequenzhaft vollzogen, und ,,*disjointed* ist die Strategie, weil die Problemlösung des Gesamtsystems nicht von einem einzigen Zentrum, sondern von einer Vielzahl von Entscheidungsträgern relativ unkoordiniert vorgenommen wird" (1971, S. 65).

Die Vielzahl der Anpassungprozesse, in welche die Vorgänge des Aushandelns die Beteiligten verwickeln, fördert ihr Verständnis füreinander und für die Ökonomik der Sachlagen, mit denen sie sich beschäftigen. Wenn politisch auf mehreren, systemisch einander bestimmenden Ebenen gehandelt wird, verträgt sich das inkrementale Geschehen zudem gut mit anderen Entscheidungsmodi. Auch ein revolutionärer Sprung setzt sich schließlich aus einer Menge kleiner Schritte und Veränderungen zusammen, die von der bisherigen Praxis wegführen (*Galper* 1979, S. 111). Inkrementale Entscheidungen fallen auf dem Boden von Prinzipien, über die unabhängig von ihnen Einigkeit besteht oder hergestellt wird. Zwischen inkrementalem Vorgehen und fundamentalen Entscheidungen muß daher nicht gewählt werden; es setzt sie voraus oder antizipiert sie ihrerseits (*Etzioni* 1975, S. 308). In einer Methode, die *Etzioni* ,,Zweiphasensuche" nennt, können *kontextsetzende* (fundamentale) und punktuelle Entscheidungen, welche die Details betreffen, nebeneinander getroffen und dazu verwandt werden, die Unzulänglichkeiten der jeweils anderen Sorte Regelungen auszugleichen. Eine derartige Strategie dürfte besonders dann erfolgreich sein, wenn im Rechts- und im administrativen System das herkömmlich hierarchische System von kontextsetzenden und inkrementalen Entscheidungen in Maßen aufgehoben ist zugunsten eines dialektischen: das Vorgehen im Einzelfall und in der spezifischen Situation erweist sich als fähig, die geltenden Regeln, wenn es nicht eine Ausnahme von ihnen macht, praktisch abzuwandeln, ohne ihnen zu widersprechen.

Das politische Grundproblem, individuelle (und kollektive) Interessen mit den Systembedigungen der Staatstätigkeit in einer praktische Übereinstimmung zu bringen, wird in der beschriebenen Entscheidungstheorie gedanklich dadurch zu lösen versucht, daß beim inkrementalen Aushandeln ,,subjektive Handlungsrationalität" in ,,Systemrationalität" quasi verwickelt wird. Aber so ohne weiteres läßt sich die eine mit der anderen, worauf *Naschold* hinweist (1971, S. 75), nicht identifizieren. Im Gegenteil, der Kalkül geht basisdemokratisch schon deshalb nicht auf, weil er ein rationaler ist und auf die Durchsetzung seiner Rationalität angewiesen ist: Wer am Aushandeln von politischen Entscheidungen beteiligt sein will, wird aufgefordert, sich ,,politisch", d. h. rational im Sinne der Systembedingungen und kalkulierbar, zu verhalten. Beim Thema Bürgerinitiativen war die Rede von diesem Erfordernis. Das ihrer Erörterung folgende Postulat, alternatives Leben als öffentliche Inszenierung sei selbst schon politisch, kann diese Annahme aber nicht machen. Eher zwingen hier ,,wilde" Aktionen dem System ihre subjektiven Gründe auf (die Administration kommt z. B. Hausbesetzern inkremental entgegen). Die Diskrepanz der Verfahren bleibt erhalten. Der zu politisierende Alltag entzieht sich der Rationalität politischer Zweck-Mittel-Entscheidungen. Spricht man ihm bzw. den gesellschaftlichen Bewegungen im Alltag jedoch die politische Qualität ab, wird die politische Kultur zwangsläufig dichotomisiert. Die eine Hälfte wird ebenenspezifisch von den Experten und einflußreichen Gruppen bestritten (zu Zeiten, als Demokratisierung verlangt wurde, nannte man sie das ,,Establishment"); sie entscheiden ,,über die Köpfe der Menschen hinweg", nehmen deren Bedürfnisse nur eingeschränkt wahr und sind nicht selten mit Blindheit geschlagen für Entwicklungen, die sich an der Basis (auch ihrer eigenen) vollziehen. Die andere bleibt Subkultur und muß ihre an die Gesellschaft adressierte und auf das Gemeinwohl bezogene (eben doch politische) Produktion auf einem schwarzen Markt absetzen.[22] Hier die legitime Phantasie, das politische Verlangen, dort eine sich politisch legitimierende Realität, abgekoppelt voneinander (das Selbst wild, soweit es nicht teil hat an der Herrschaft über seine Welt).

Politik zu betreiben, ist nicht nur eine kognitiv-rationale, sondern auch eine emotionale (und in Graden psychomotorische) Aktivität. Nur bei denen, die sie als ihr Geschäft im etablierten Handlungssystem (im Staat wie in der Familie) ausüben, hat sich der Affekt mit der Ratio des Vorgehens arrangiert. Wer aber seine Interessen erstmals und im Widerspruch zur herrschenden Politik (polity) artikuliert, findet *seine* und nicht gerade die der organisierten politischen Szene angemessenen Formen, sich auszudrücken und zu behaupten. Er protestiert, macht aus seiner Empörung keinen Hehl, gibt sich unversöhnlich, verweigert sich, folgt spontanen Einfällen und keiner (erkennbaren) Linie, er stiftet Unfrieden. Die Emotionalität ist hier ,,nicht undiskursiv blind, sondern ein Intensitätsmodus demokratischer Beteiligung" (*Bahr* 1974, S. 27). Seine politische Betätigung entspringt ja dem psychosozialen, manchmal physischen *Konflikt*; er fühlt sich bedrängt, verletzt, unverstanden, benachteiligt, und deshalb macht er kämpferisch Front gegen die Macht der herrschenden Verhältnisse. – Wie aber stellt sich Sozialarbeit zu dieser Behauptung des *Konflikts*, wenn sie doch die Lösung von Konflikten vermittelnd betreibt; wie beurteilt – allgemeiner gesprochen – eine Ökotheorie der menschlichen Gemeinschaft die *Zerreißproben*, die im gesellschaftlichen Leben angestellt werden, um bestimmte Interessen durchzusetzen und mit anderen nicht zu vereinbarende Ziele zu erreichen?

Die soziale Arbeit beschäftigt sich mit dieser Frage vor allem im Rahmen der *Gemeinwesenarbeit* (community organization). Lange Zeit wurde in ihr eine Integrations- und Konfliktlösungsstrategie verfolgt, die auf Versöhnung und Befriedigung aus war. In diesem Sinne ist auch die Definition in dem einflußreichen Buch von *Ross* (1971) aufzufassen, Gemeinwesenarbeit sei ein

Prozeß, „in dessen Verlauf ein Gemeinwesen seine Bedürfnisse und Ziele feststellt, sie ordnet oder in eine Rangfolge bringt, Vertrauen und den Willen entwickelt, etwas dafür zu tun, innere und äußere Quellen mobilisiert, um die Bedürfnisse zu befriedigen, daß es also in dieser Richtung aktiv wird und dadurch die Haltung von Kooperation und Zusammenarbeit und ihr tätiges Praktizieren fördert" (1971, S. 58). Soweit der Prozeß Gemeinschaftsgefühl und Geborgenheit, gegenseitige Unterstützung und den Beteiligten Selbsterfahrung durch soziale Aktion vermittelt, hat es mit ihm seine *therapeutische* Richtigkeit. Es ist aber nicht Aufgabe der sozialen Arbeit, Politik auf Therapie zu reduzieren, sondern umgekehrt, letztere – in der Erkenntnis ihrer Ohnmacht im gesellschaftlichen Leben zu Politik (politics) zu erweitern. In der politischen Sphäre herrschen nun keineswegs wie in einer sie ausklammernden therapeutischen Gemeinschaft Wohlwollen und philanthropische Gesinnung vor: es wird *mit Macht* entschieden und muß entsprechend forciert werden, was sich durchsetzen soll. Wer nicht Einfluß nehmen kann, sei es in der Familie, in einer anderen Bezugsgruppe, am Wohnort oder in der Gesellschaft, und also machtlos umgetrieben wird, erweist sich bald als therapiebedürftig und findet Heilung erst in einer Handlungsfähigkeit (power), die sich nachgerade unter immer wieder schwächenden und behindernden Verhältnissen politisch bewähren muß. Eine andere, konfliktorientierte Gemeinwesenarbeit akzeptiert deshalb eine kämpferische Auseinandersetzung und ermuntert zu „disruptiven" Taktiken (*Alinsky* 1973, *Specht* 1971), mit denen die Betroffenen, wenn sie sich selbst organisiert haben und als Gruppe handeln, politische Macht auszuüben imstande sind. Sie müssen den Konflikt aktiv durchstehen, „denn Ohnmächtige regenerieren nur in und an eben dem gleichen Konflikt, der sie paralysiert" (*Bahr* 1974, S. 22). In der Wahl ihrer Aktions- und Widerstandsformen sind sie dabei durch das ethische Prinzip der Gewaltlosigkeit kaum eingeengt, denn im hochorganisierten Haushalt eines modernen Gemeinwesens sind Gewalttätigkeiten allemal eingrenzbar und in Hinblick auf das Ziel nicht effektiv.[23] Selbstbeherrschung kann verlangt werden, will man sie doch im Oikos des Zusammenlebens erreichen.

Der Bruch und die Ungerechtigkeiten aber, die im Konflikt sichtbar werden, kommen ökologisch, in Hinblick auf das inhaltlich Ganze der menschlichen Lebenssphäre wirklich als Ungerechtigkeit und als Brüche vor. Die auf ihre Überwindung gerichtete Auseinandersetzung anders als über ständige Arbeit an der Veränderung *befrieden* zu wollen, hieße die Leiden in der Gesellschaft verschleiern und hinnehmen. Es besteht kein Grund, daß eine Ökotheorie der Gesellschaft und der sozialen Arbeit in ihr weniger konfliktorientiert ausfällt als etwa eine marxistische Theorie, hält jene auch die Mechanik von Klassenkämpfen bzw. das begriffliche Gestänge dieser Art Gesellschaftswissenschaft für nur noch wenig brauchbar. Es geht weiterhin, nachgerade in der sozialen Arbeit, darum, „alle Verhältnisse umzuwerfen", wie *Marx* es in der „Kritik der Hegelschen Rechtsphilosophie" formulierte, „in denen der Mensch ein erniedrigtes, ein geknechtetes, ein verlassenes, ein verächtliches Wesen ist". Allerdings ist nun der Glaube abhanden gekommen, ein Umwerfen der Verhältnisse könnte den Prozeß abschließen und die Probleme lösen, an denen Menschen leiden. Wie immer die Subjekte der Geschichte ihren Haushalt einrichten, seine innere Differenziertheit sorgt dafür, daß die Triebkräfte, die ihn unterhalten, Konflikte austragen müssen (wenn nicht wegen der Eigentumsverhältnisse, dann anderer Disparitäten wegen). Zu leugnen, daß Interessengegensätze vorhanden oder auszugleichen seien, war der faschistischen Idee der „Volksgemeinschaft" vorbehalten. Es ist überhaupt kein gesellschaftliches und natürliches Ökosystem vorstellbar, welches seine inneren Widersprüche tatsächlich überwunden hätte. Allein schon das Streben nach einem solchen Zustand, der vom Strom des Verlangens gespeiste Mythos von wahrhaft menschlichen Verhältnissen, zieht die Diskursanten in die Strudel des Konflikts.

Wir sind nicht mehr so klug, wie die Kolonisatoren nach innen und außen es waren, die im 19. Jahrhundert anzugeben wußten, was den Menschen nutzt und frommt. Als frei empfindende Subjekte bestimmen sie es, beschränkt genug, vor Ort und in den Wechselfällen des Lebens neu und teilen diese Determination über ihr Beziehungsnetz einander mit, so daß in der gesellschaftlichen Debatte dissipative Strukturen fern vom Gleichgewicht entstehen müssen. Im öffentlichen Haushalt ist es an der Politik (politics), die gewandelten Bestrebungen und Tendenzen in einem Makrobereich aufzufangen. Sie hat mehr mit der *Unfähigkeit* als mit der Fähigkeit zu schaffen, eine gesellschaftliche Aufgabe ein für allemal zu erledigen. Man treibt Politik, weil das Ökosystem des gesellschaftlichen Lebens den in ihm selbst erzeugten inhaltlichen Ansprüchen nicht nachkommt bzw. nicht nachkommen kann. Diese Situation wiederum hindert uns daran, ökotheoretisch in bezug auf die Inhalte einen spezifischen Standpunkt einzunehmen. Eine konfliktorientierte soziale Arbeit gutheißen bedeutet für die Theorie nicht, die in den Konflikten vertretenen inhaltlichen Positionen vertreten zu müssen, zumal sie sich – wie eben betont – unter der Hand, *in actu*, verändern. Die politische Ökologie verengte sich auf eine ökopolitische Praxis zu, beschränkte sich auf das Konzept einer *policy*, und sie würde ihrer Aufgabe nicht gerecht, Begriff einer dem humanen Ökosystem angemessenen *Politik* zu sein, wenn sie über allgemeine, aus ihre Prinzipien abzuleitende Stellungnahmen hinaus sich festlegte. Es ist hier eine der therapeutischen vergleichbare Grundhaltung am Platze, nondirektiv weil klientbezogen sich verhalten zu wollen. Das menschliche Leben soll die Politik in der Gesellschaft bestimmen, nicht umgekehrt.

Soweit er öffentlich ausgehandelt wird, berührt es zwar die Domäne von Politikern, gehorcht aber noch nicht ihrer auf ein Makrosystem bezogenen Rationalität, unter deren Herrschaft es immer nur eine verschwindende Rolle spielen würde. Auch professionelle soziale Arbeit, die fachkompetent interveniert, behandelt und Ratschläge austeilt, also inhaltlich bestimmend im Leben von Menschen auftritt, wird zunehmend als eine kolonisierende Betreuung erkannt. Die Forderung, auf Selbsthilfe zu setzen, auf Dezentralisierung und die Schaffung kleiner Netze, inkrementales Vorgehen und die psychosoziale Ökonomie des Alltagslebens, richtet sich u. a. gegen Technokratie und die „Entmündigung durch Experten" (*Illich*). Was nützt eine großzügig geplante Hilfeorganisation oder eine methodisch saubere Flurbereinigung, wie sie an den Lebensfeldern von Personen, in Familien oder Heimen vorgenommen wird, wenn sie über mikropolitische Zusammenhänge und Probleme hinweggeht. Gleichermaßen abstrakt suchen die Experten der gesellschaftlichen Befreiung das Heil in von ihnen entworfenen politisch-ökonomischen Umwälzungen, während von ihnen geringgeschätzte, aber tatsächlich weitreichende Veränderungen vor sich gehen. Der Experte wird für sie nur noch subsidiär gebraucht, ist erst einmal eine Mündigkeit erreicht bzw. anerkannt, in welcher der politische bzw. therapeutische Prozeß eigenaktiv begonnen und fortgesetzt wird. Gegenüber spezifischen Leistungsansprüchen professioneller Tätigkeit im sozialen Bereich ist Mißtrauen stets angebracht: sie vermehrt allein schon durch ihr Auftreten die Komplexität der Situation, in der sie aktiv wird.

Sozialpolitik von oben und unten

An dieser Stelle sei ein Exkurs erlaubt über das für die organisierte Sozialarbeit so bedeutsame Prinzip der *Subsidiarität*. Von Staats wegen werden nicht selten Maßnahmen ergriffen und Einrichtungen vorgehalten, wo man genug daran täte, die an der Verbesserung ihrer Situation laborierenden einzelnen Menschen oder Gruppen in deren „Politik" nur zu unterstützen oder abzusichern. Sie zur Eigenleistung anzuhalten, ist der Sinn des Subsidiaritätsprinzips.[24] Wenn die Tätigkeit der unmittelbar Betroffenen nicht ausreicht oder wo sie unterbleibt, schließt die soziale Arbeit in institutionalisierter Trägerschaft im Grundsatz ohne normativen Bruch an (mit der allerdings fragwürdigen Unterstellung, es gäbe alle Beteiligten bindende naturrechtliche Normen prosozialen Verhaltens). Der Umgang mit sozialen Problemen beginnt im kommunikativen Nahraum als eine an die Gemeinschaft in ihm gerichtete Forderung. Ihre praktische Solidarität bedeutet ein Reservoir an psychosozialer Selbstversorgung. Mit *Kaufmann* ist daran zu erinnern, daß sich in den Formen kollektiver Selbsthilfe die elementare Solidarität wiederholt, „welche am Ursprung zahlreicher sozialpolitischer Einrichtungen stand, die im Laufe der Zeit ebenfalls unter den Regulierungsanspruch des Staates kamen" (1979, S. 38). Eine „bürgernahe" Sozialpolitik wird deshalb das Verhältnis öffentlicher Versorgung zur Selbstversorgung – wie das von bürokratischer Organisation zu Selbstorganisation – immer wieder zu der letzteren (der familiären Haushaltung, des Engagements von Gruppen und Vereinigungen) Gunsten überdecken müssen. Primär nicht aus quantitativ-ökonomischen, sondern aus qualitativen Gründen. Die dem Ursprung der Notlage nahe oder herkunftsverbundene Hilfeleistung stellt ineins eine analoge Kommunikation dar, die dem Hilfebedürftigen seine Zugehörigkeit bestätigt und versichert, während die Fremdversorgung, zumal dann, wenn sie immer mehr verrechtlicht und bürokratisiert, zentralisiert und professionalisiert wird (vgl. *Kaufmann* 1979, S. 36 ff.), Abhängigkeit und den Verlust an Gemeinschaft beweist und somit die Hilfsbedürftigkeit eher noch verstärkt, sie zumindest andauern läßt. Sozialarbeit sucht dieser schädlichen Nebenwirkung dadurch zu begegnen, daß sie sich zunehmend auf personale, mitmenschliche Hilfen konzentriert. Sie erschließt sich methodisch die Politik und die eigene Rationalität der Mikrosphäre, in der die einzelnen Menschen ihre Lebenswelt haben. „Der Erfolg personenbezogener Dienstleistungen beruht auf elementaren sozialen Interaktionen, welche nach ganz anderen Regeln ablaufen als denjenigen einer rechtlich geregelten Administration. Es stellt sich also das Problem, wie staatliche Sozialpolitik so gestaltet werden kann, daß das staatliche Eingreifen die sozialen Bedingungen seines Erfolges nicht zerstört. Das ist das Kernproblem einer bürgernahen Sozialpolitik" (*Kaufmann* 1979, S. 38). Statt Menschen mit materieller Unterstützung oder institutionalisierten Diensten abzuspeisen, müßte eine solche Politik Wege ebnen, auf denen sich *Solidarität* subsidiär fortsetzen läßt.[25]

Zweifellos hat die Sozialpolitik in einigen europäischen Ländern nach dem letzten Krieg den Boden dafür bereitet. Eine Voraussetzung war, daß sich ihre Perspektive von der schichtenspezifischen Versicherung, Versorgung und Fürsorge zu einer *Gesellschaftspolitik* erweiterte (*Achinger* 1958), die umfassend auf die Lebensformen der Bevölkerung einwirkt. Die *alte* Sozialpolitik, in Gang gebracht durch die „soziale Frage", sprich: die Arbeiterbewegung, umfaßte „die Einrichtungen und Maßnahmen vornehmlich der öffentlichen Hand zugunsten der durch ihre Stellung in der Wirtschaft benachteiligten und gefährdeten Gruppen der Wirtschaftsgesellschaft", welche Maßnahmen und Einrichtungen „im Dienste des Ausgleiches der Interessenunterschiede und -gegensätze zwischen den Gruppen der Wirtschaftsgesellschaft" standen (*Albrecht* 1961, S. 385). Die *neue* Sozialpolitik, wie sie *Albrecht* antithetisch der alten gegenüberstellt, macht es sich, ohne daß die alten Zwecke darüber hinfällig würden, zur Aufgabe, gestaltend das „Wohlbefinden" der einzelnen Angehörigen der Gesellschaft „unter den durch den Prozeß der Industrialisierung geschaffenen Verhältnissen nach Möglichkeit" zu gewährleisten (S. 401). Sie beschäftigte sich füglich mit Gesundheitsfragen ebenso wie mit dem Wohnungsbau und dem Zusammenhalt der Familie (S. 415). Hat sie damit einmal angefangen und quantitativen Lastenausgleich mit der Qualität ihrer präventiven Förderung unter sich gelassen, bringt die Verfeinerung des diagnostischen und steuernden Instrumentariums, Sozialarbeit eingeschlossen, eine nicht nur begriffliche Auflösung der Sozialpolitik (bzw. der zu ihr zählenden Politiken) in eine Vielzahl von Inhalten und Aktivitäten mit sich, die man nur noch auf kommunaler Ebene überschauen kann und die sich allein bei Mitwirkung der Adressaten lenken bzw. zu einem Erfolg bringen lassen. Der Begriff, auch in der Verschwommenheit, in der er nun verwandt wird, bezeichnet ein *Geschehen* in der Gesellschaft, breit genug, um auf mehreren Ebenen betrieben zu werden.

Verstehen wir ökotheoretisch unter Sozialpolitik einen Prozeß, der makrosoziale mit mikrosozialen Regulationen verknüpft, dann wird er dem Subsidiaritätsprinzip in dem Maße gerecht, wie er das mikrosoziale Geschehen belebt und es nicht etwa austrocknet. Die staatliche Sozialpolitik legt in der Gesetzestätigkeit zunächst nur Bedingungen fest[26]; sie hat den Auftrag, finanzielle Umverteilung zu organisieren, das „soziale Netz" zu spannen und fördernd für sein Funktionieren zu sorgen. Die Maßnahmen, die im einzelnen getroffen werden, bleiben Teil des Makrosystems (vgl. *Bronfenbrenner* 1981, S. 25) und seiner Ratio. In deren Horizont hinein entfaltet sich eine Sozialpolitik „von unten" aus der spontanen Gestaltung und freitätigen Regulation der sozialen Situation an der gesellschaftlichen Basis. Hier hat die Fürsorge der Menschen untereinander den Vorrang, ersatzweise die von Verbänden der Wohlfahrtspflege getragene Caritas oder eine kommunale Hilfeorganisation. Bereits in den fünfziger Jahren ist praktisch wie theoretisch deutlich geworden, daß die fürsorgerischen Maßnahmen, wer immer sie ausführt, nur Nebenfunktionen von Sozialpolitik sind; ihr falle – wie bezeichnet – in wachsendem Maße eine konstruktive Rolle zu, nämlich Inbegriff zu sein „aller gemeinschaftlichen Veranstaltungen unter freien, selbstverantwortlichen, wirtschaftlich gesunden und eigenständigen Existenzen" (*Schreiber* 1957, S. 108). Der entdeckten intermediären sozialpolitischen Tätigkeit gegenüber leistet eine übergeordnete Sozialpolitik „als Gesellschaftspolitik" eine formale Hilfestellung; sie wirkt auf die Ordnung des menschlichen Zusammenlebens ein, schafft Möglichkeiten der Partizipation, der Selbstorganisation der Bürger, ihres sozialen Austausches, und sie kümmert sich um die soziale und politische Infrastruktur. Diese mit konkreten Inhalten zu füllen, bleibt den aktiven Personen und Gruppen überlassen. Ihre Tätigkeit müssen sie allerdings öffentlich, in einer gesellschaftlichen Diskussion anknüpfend an die makrosoziale Regulation, verantworten.

Die von Partikularinteressen bestimmte, gelegentlich kulturkämpferische Handhabung des Themas Subsidiarität zielt allerdings nicht auf eine ebenenspezifische soziale Arbeit, vielmehr auf die Konkurrenz öffentlicher und konfessioneller Institutionen auf einer Ebene. Der öffentliche Träger sollte in der Sozial-, Jugend- und Gesundheitshilfe nicht die Erfüllung von Aufgaben an sich ziehen, die der freie Träger mit genügend Kompetenz übernehmen kann. Der strukturell übergeordnete Staatskörper habe sich solange eigener Tätigkeit zu enthalten, wie die freie und (dem Anspruch nach) personennähere Tätigkeit untergeordneter Körperschaften ausreiche. Der institutionelle Konflikt muß uns aber nicht weiter beschäftigen.[27] Gegen eine Interpretation des Subsidiaritätsprinzips, derzufolge staatliche Administration erst (residual) eingreifen dürfe, *nachdem* erwiesen sei, daß ein Glied des Gemeinschaftskörpers zur Selbsthilfe nicht imstande ist, legte von katholischer Seite frühzeitig *Nell-Breuning* dar, dem übergeordneten Gebilde obliege es durchaus, Vorleistungen zu erbringen, nämlich Voraussetzungen für die soziale Leistungsfähigkeit etwa von Familien zu schaffen (1956). Dazu paßt die Herleitung (bei aller Unschärfe der Begriffe) des Einzelwohls aus dem *Gemeinwohl*, wie sie von der katholischen Soziallehre versucht wird: es sei die Teilhabe des ersteren an dem letzeren – nötigenfalls eine subsidiär veranstaltete Teilhabe –, welche individuelles Wohlbefinden erlaubt. In diesem Verständnis baut sich das Gemeinwohl nicht summativ aus dem Individualwohl bzw. dessen wechselseitiger Ergänzung auf, steht es dem letzteren doch, zumindest in idealer Repräsentanz, als Inhalt der kollektiven Kultur auch gegenüber und wird in der gesellschaftlichen Debatte fortwährend ausgehandelt. Analysiert setzt sich sein Bestand indes aus dem Wohl der einzelnen, psychosozial aufeinander angewiesenen Menschen, aus der sozialen und sinnlichen Fülle ihres Lebens zusammen.

Das Gemeinwohl (der sich repräsentierende Prozeß allgemeinen Wohlergehens) kann in seinem intermediären Zustand als das Einzelwohl modulierende Formation gelten. Es enthält die in der gesellschaftlichen Sphäre manifeste Solidarität und „lichtet" sich gewissermaßen in der subjektiven Erfahrung von Gemeinschaft „ab": der Mensch als gesellschaftliches Wesen ist zu soviel Gemeinschaft fähig, wie ihm in seiner Nische an ihn einschließendes Gemeinwohl begegnet. Der vom Subsidiaritätsprinzip geforderte Vorrang bezieht sich also auf die konkrete Gemeinschaft und ihre Förderung.[28] Mit anderen Worten: es soll ein Mehr an Solidarität produziert und für die Bedingungen ihrer Möglichkeit im horizontalen Miteinander der Menschen vertikal absteigend Sorge getragen werden. Die soziale Staatstätigkeit ist – seit den Zeiten des Absolutismus und seiner kameralistischen „Policey" – ordnungspolitisch auf ein Gemeinwohl bezogen. Sie realisiert die von Teilpolitiken gesetzten Bedingungen für das Einzelwohl, nicht aber es selber (tritt der Staat dem Partikularinteresse doch auch einschränkend entgegen). Sie fördert subsidiär die (kleinen) Solidargemeinschaften, in denen das Wohlergehen des Individuums unterhalten wird. Dem Gemeinwohl verpflichtet, vermag jede soziale Administration – eines freien wie eines öffentlichen Trägers der Wohlfahrtspflege – umso besser zu funktionieren, je näher sie der Kommunikation in den Gemeinschaften kommt, in denen die konkrete Hilfsbedürftigkeit erst deutlich und dadurch der Einsatz der sozialen Arbeit legitimiert wird. Die öffentliche Wohlfahrtspflege ist somit zurecht eine *kommunale* Angelegenheit. Auf der kommunalen Steuerungsebene läßt sich politische noch angemessen über die Förderung von Einzel- und Verbandsaktivitäten entscheiden. Als Verweis auf die Basis verstanden und mit dem Trend zur Kommunalisierung, zum „kleinen Netz", wird ein „modernisiertes" Subsidiaritätsprinzip auch in der alternativen Bewegung hochgehalten. Eine „Gesellschaft der ökologischen Vernunft", meinen *Strasser/Traube* (1981, S. 244), werde den Bürgern zur Stärkung ihrer Selbstverantwortung einen möglichst großen Freiraum für soziale Aktivitäten anbieten, möglichst wenig zentralistisch regeln und eine differenzierte Anwendung der Regeln je nach den lokalen und regionalen Bedingungen zulassen, ohne daß bei diesen Empfehlungen der Gedanke der Komplementarität zentralisierter und dezentraler Strukturen aus dem Auge verloren wird (1981, S. 243).

Schematisch betrachtet, hat im Mehrebenensystem der politischen Einflußnahme die professionelle und nichtprofessionelle soziale Arbeit ihren Platz dort, wo Bedürfnisse und Hilfen einander (oder auch ,,auffälliges Verhalten" mit den Erfordernissen der ,,öffentlichen Ordnung") vermittelt werden; die Politik dieser Vermittlung betreiben Sozialarbeiter neben anderen sozialpolitisch aktiven Bürgern und Interessenvertretern auf kommunaler Ebene, während gesamtstaatlich soziale Arbeit sich im System der sozialen Sicherung bzw. seiner Weiterentwicklung, politisch aber auch einmal in seinem Abbau, niederschlägt: auf diesem Niveau sicherlich ein Ergebnis von Klassenauseinandersetzungen und der Machtverteilung in der Gesellschaft. Vice versa wird der Politiksektor der sozialen Angelegenheiten immer schon und in einer besonderen Teilpolitik seit Bismarcks Gesetzgebung herangezogen, um auf die Lebensverhältnisse der Menschen – von ihrer Klassenzugehörigkeit bis auf ihre persönlichen Verhältnisse durchgreifend – Einfluß zu nehmen (die ,,Kaiserliche Botschaft" von 1881 sprach von der beabsichtigten ,,Heilung der sozialen Schäden"). Wenngleich es ihre unaufgeklärte Einheit seit der alten ,,Policey" nicht mehr gibt, läßt sich die soziale Arbeit nicht aus der politischen Verflechtung und die betriebene Politik in den bezeichneten Angelegenheiten nicht aus der Verflechtung in die soziale Arbeit der Gesellschaft lösen. Die eine benutzt (ebenenübergreifend) die andere: die soziale Arbeit zur Systemerhaltung – bzw. die sozial-politischen Maßnahmen als Schritte auf dem Weg zu einer gesellschaftlichen Umgestaltung.

Welchen Part die professionelle Sozialarbeit auf dem zweiten, dem Reformkurs spielen kann, ist in den vergangenen Jahren mit einer bemerkenswerten Akzentverschiebung diskutiert worden. Wie allgemein der Ökonomie vorwiegend eine Ausdehnung im tertiären Sektor (hin zu einer Dienstleistungsgesellschaft) prognostiziert wurde, favorisierte man zunächst eine fachlich (methodisch in Therapie und Beratung) kompetente Sozialpädagogik als selektives Dienstleistungsangebot für jedermann. *Kaufmann* z. B. forderte seinerzeit, daß sie sozialpolitisch ,,von der Vermittlung monetärer Vorteile frei gemacht werden und sich auf die sachgerechte Vermittlung von Sach- und Dienstleistungen konzentrieren" sollte, die individualisierend zu erbringen seien (1973, S. 100 f.). Mit der stärkeren ,,post-materialistischen" Wertschätzung (*Inglehart*) persönlicher Beziehungen und subjekthafter Selbstverwirklichung verschob sich aber die Betonung von der hard-ware der technologischen Perfektionierung sozialer Dienstleistungen bald zur soft-ware menschlicher Kooperation mit Option auf Gemeinschaft (*Badura/Gross*, 1976). Dieser Schwenk führt von der Spezialisierung (in der man nur Therapie *oder* Politik betreiben kann) wieder zu einer internen Integration[29] des Vorgehens und einer generalistischen Anschauung, welche die Qualität der Sozialarbeit mit einer neuen strukturgestaltenden Sozialpolitik deshalb zu verbinden gestattet, weil das erreichte Bewußtsein ohne weiteres dem spontanen Engagement, vielfältiger Aktion und der kreativen Selbsthilfe zutraut, in kleinen Schritten politischen Wandel erreichen zu können.

Programmatisch auf *Systemgestaltung* angelegte Sozialpolitik (*Brück* 1976, S. 32) schließt in Prozessen der Rückkopplung und Reflexion (schon um der sie fixierenden Verrechtlichung wieder zu entkommen) notwendig soziale

Arbeit ein. Eine aktive, qualitative Sozialpolitik, die nach *Widmaier* „Elemente der Debürokratisierung, Verwissenschaftlichung der Politik und Demokratisierung weiterer Lebensbereiche" verbindet (1976, S. 167), benötigt die soziale Arbeit, um an ihre Adressaten und deren Probleme heranzukommen, von denen die Politik gesteuert werden und die sie steuern will. Der Sozialarbeiter muß sich seinerseits dafür kompetent machen, konkrete Lebensverhältnisse und die „Politik" von Familien, Einzelpersonen und Gruppen in Kategorien der Adminstration zu vermitteln und therapeutische Erfordernisse in politische Entscheidungskriterien umzusetzen. Er spielt die Rolle einer „Drehpunktperson"[30], versehen mit dem gesellschaftlichen Mandat, innerhalb von Administration Bedürfnisse seiner Klienten zu erläutern, im gesetzlichen Rahmen ihnen gerecht zu werden, Anwalt sozialer Lebensinteressen zu sein; andererseits aber den Adressaten von Sozialpädagogik gegenüber beratend, behandelnd und intervenierend ein soziales Korrektiv zu bedeuten. Bloße Staatstätigkeit als Verwaltung und Regierung vermag diese doppelte Aufgabe nicht zu leisten, wie zweckdienlich sie sonst auch ausgestattet sein mag: es fehlt ihr die *soziale* Autorität in den Details der Reform.[31] Die läßt sich nicht administrieren. In Mensch-zu-Mensch-Berührung mit den Alltagsproblemen des gesellschaftlichen Lebens haben dagegen die sozialen Dienstleistungen beträchtliche Einflußmöglichkeiten nach beiden Seiten. Sie können, wie *Gross* meint, eine Triebkraft des gesellschaftlichen Fortschritts sein, wenn auch nicht gerade als konsumierbare Dienstleistungen (1980, S. 69), vielmehr über die in ihnen anzutreffende Interaktion, in die sowohl Lebenszusammenhänge als auch Verwaltung gezogen, Politik wie Therapie verwickelt werden.

Ein Sozialpädagoge, der mit seiner fachlichen Kompetenz dazu beitragen möchte, die soziale Reform voranzubringen, wird sich mit den Verfahren und der Logik des politischen Handelns zumal dort vertraut machen, wo es sein Arbeitsfeld direkt tangiert. Und das ist bei der fortschreitenden Vergesellschaftung und Politisierung des Alltagslebens nicht etwa nur punktuell der Fall. Qualitative Sozialpolitik hebt auf konkrete und lokal ausgeprägte Umstände ab. Ihrer Dezentralisierung entspricht füglich eine „stärkere Orientierung der Sozialarbeit an der kommunalpolitischen Steuerungsebene" (*Olk/Otto* 1981, S. 117), wo sie ein Feld komplexer Verflechtung und Regulierung vorfindet. „Die Problemperspektive einer solchen *kommunal orientierten Sozialarbeit* wird von der Fixierung auf den unmittelbaren Einzelfall auf die Berücksichtigung der Gesamtheit des örtlichen Steuerungs- und Produktionszusammenhangs sozialer Dienste und die lokalen Arbeits- und Lebensbedingungen der Zielgruppen erweitert" (1981, S. 118). Was die Sozialarbeit tun kann, determiniert auf der kommunalen Ebene strukturell eine politische Konstellation von Institutionen. Sie handeln jeweils aus, was *Olk/Otto* die örtliche „Sozialarbeitspolitik" nennen. Die Autoren thematisieren sie mit dem Ziel, " – als Gegenstück zur Situationsorientierung der Sozialpolitik auf der kommunalen Ebene – die Strukturorientierung der Sozialarbeit/Sozialpädagogik als Integration übergreifender Gestaltung, Planung und

Realisierung sozialer Leistungen in der Kommune auf den Begriff" zu bringen (ebenda). Zweck dieser „policy" wäre eine Verbesserung der Lebenschancen der Bevölkerung, speziell der Chancen einzelner Adressatengruppen von Sozialarbeit und inbegriffen die Chancen der Beteiligung am demokratischen Prozeß. Es gelte, diese Politik so zu betreiben, daß sie im Rahmen einer „sozialen Kommunalpolitik" Einfluß auch auf die anderen Teilpolitiken gewinnt, etwa auf die Verkehrspolitik, die Kulturpolitik oder die Stadtentwicklungsplanung, die alle für die Lebensbedingungen der Bürger folgenreich sind.

Mischt sich die professionelle Sozialarbeit sachkundig in Politik ein, statt sich von ihr fachlich zu separieren, so ergreift sie die Gelegenheit, Regeln und Verfahren zu beeinflussen, denen sie im unmittelbaren Dienst machtlos unterworfen ist. Zwar muß sie bei dieser Art Mitwirkung zwangsläufig an politischer Unschuld (mitsamt dem Glauben, sie sei ihr auferlegt) verlieren und den reinen Standpunkt der Lehre verlassen, schuld am eigenen Unvermögen seien die Machtverhältnisse und der Klassenstaat, aber sie knüpft damit an eine öffentlich und gesamtstaatlich betriebene soziale Arbeit an und verbindet sich mit dem in ihr bekundeten Interesse an Wohlfahrt, wobei sie als Mitgift von ihrer Basis sinnlicher Erfahrung her etwas Phantasie in soziale Politik und auf den Umwegen der politischen Debatte an die Macht bringt.

Anmerkungen

1 Vgl. zur Theorie der Umweltpolitik *Baumol* (1975), *Jäger/Mühleisen* (1976), *Jänicke* (1978).

2 Aufgelöste Beziehungen zwischen Teil und Ganzem sind Ausgangsbedingung der modernen Staatstätigkeit wie ihrer Theorie. Vgl. *Macpherson* (1967), der vom Verhältnis des neuzeitlichen Individualismus zum Besitzen her die Notwendigkeit einer bürgerlichen Staatstheorie im 17. Jahrhundert erläutert. Er interpretiert die Aufrechterhaltung einer geordneten Tauschbeziehung und den Schutz des Eigentums als zentrales Moment dieser Theorie. Das Individuum begann als „Eigentümer seiner eigenen Person oder seiner eigenen Fähigkeiten, für die es nichts der Gesellschaft schuldet," betrachtet zu werden. „Das Individuum wurde weder als sittliches Ganzes noch als Teil einer größeren gesellschaftlichen Ganzheit aufgefaßt, sondern als Eigentümer seiner selbst" (1967, S. 15). Im Gewande dieser Auffassung erschien bei *Hobbes* die Natur des Menschen *wölfisch – und ein Leviathan* nötig, sie zu beherrschen. In concreto zu regulieren war die bürgerliche Marktgesellschaft reduzierter Individuen (*Willms* 1970, S. 61) mit ihrer Konkurrenz partikularer Interessen und dem Drang nach privatem Erfolg.
S. zum Verständnis von *Hobbes'* Lehre im übrigen *Willms* (1970 u. 1979).

3 Vom „Handwerkermodell", in dem das gesellschaftliche Leben zum Material eines poietischen Subjekts wird, spricht *Willms* (1969, u. 1970, passim). Die professionelle Sozialarbeit, ob im staatlichen Auftrag oder frei tätig, schafft bis heute nach diesem Muster; bei Gefahr ihrer Selbstaufgabe scheint sie an es gebunden.

4 Bereits *Hobbes* richtet den Leviathan systemisch bzw. kybernetisch ein (*Weiß* 1974). Zum Systembegriff in der politischen Wissenschaft s. *Easton* (1965 u. 1067), *Deutsch* (1969), *Bußhoff* (1975), auch *Luhmann*, der allerdings Politik zunächst (1966) funktional in eine dienende Rolle („im Vorfeld der Staatsbürokratie") gegenüber der Verwaltung als dem System zur „Herstellung bindender Entscheidungen" bringt (1966, S. 67). So aufgefaßt, könnte zu ihr die soziale Arbeit, die *diskursiv* vorgeht, nur in ein negatives Verhältnis treten und sie nicht in ihren Prozeß ziehen. Administration gilt uns als eine Ausgestaltung politischer Tätigkeit in zweckentsprechenden spezifischen Strukturen. Im *politischen* System verschränken sich Staat, politische Szene und

gesellschaftliche Umwelt, die Konflikt- und Entscheidungstätigkeit dort und der sie veranlassende oder doch ermöglichende Kontext hier. Wenn *Dahl* definiert, ein politisches System sei ,,ein beständiges Muster menschlicher Beziehungen, das in bedeutsamem Maße Macht, Herrschaft und Autorität in sich schließt" (1973, S. 17), dann legt er ein Verfaßtsein (polity) menschlicher Assoziationen zugrunde, das den politischen Prozeß (politics) organisch als seine Steuerung einbegreift, wobei diese intervenierend, interpretierend und innovativ rückwirkend auch über es befindet (vgl. zur Weite dieses Politikbegriffs *Rohe* 1978, S. 137 ff.).

5 Vgl. die diesbezüglichen Erörterungen bei *Marx* in seiner ,,Kritik der Hegelschen Staatsphilosophie" und in ,,Zur Judenfrage".

6 Er realisiert, wo nicht Sittlichkeit, da doch Vernunft. Begrifflich finden wir in *Hegels* ,,Rechtsphilosophie", die ja auch ,,Naturrecht und Staatswissenschaft im Grundrisse" heißt, den Rahmen politischer Ökologie vor, wie er u. a. für die soziale Arbeit gebraucht wird, um die Widersprüche zu fassen, denen sie in ihrer Praxis ausgesetzt ist.

7 Daß aus ökologischen Gründen jeder Gedanke an ein künftiges Absterben des Staates illusorisch und der Gedanke ein Rest von Anarchismus in der marxistischen Lehre sei, hat *Harich* auszusprechen gewagt (1975, S. 161).

8 Ich folge hier nicht den Darlegungen von *Hennis* (1972) zum Gegensatz von Oikos und Polis: der hausväterlichen Herrschaft korrespondiere im Staatswesen allein die despotische Herrschaft; und der Ökonomik sei die Kategorie des Politischen schon bei *Aristoteles* klar unterschieden (*Hennis* 1972, S. 24 ff.). Es bezeichne traditionell eine Herrschaftsweise von Freien und Gleichen. – Erstens war ihnen in der Polis noch eine natürliche Ordnung vorgegeben, die keine eigens und öffentlich veranstaltete Ökonomik verlangte, und zweitens hat die (ökonomisch) praktizierte Freiheit des Bürgers neuzeitlich eben den tiefen Bruch mit der Tradition verlangt, den *Hennis* bei *Hobbes* konstatiert (1972, S. 28). Der Leviathan als Ökodespot ermöglicht die Freizügigkeit, mit der fortan – *politisch* legitimiert – (öffentlich) autonom gehandelt und (u. a. auch private) Politik getrieben wird. Für *Hennis* deckt sich die Unterscheidung von ,,väterlicher" (despotischer) und politischer Herrschaft mit der Unterscheidung der Begriffe des Öffentlichen und des Privaten (1972, S. 29). Vom ökologischen Standpunkt betrachtet, gilt das politische Handeln als das öffentliche, wobei es der Privatisierung entgegen ein ,,*commonwealth by institution*" (*Hobbes*), den gesellschaftlichen (politisch) legitimierten modernen Staat, entwirft.

9 Vgl. zum Auseinandertreten von Staat und Gesellschaft die Beiträge, insbesondere von *Brunner* und *Riedel*, in *Böckenförde* (1976): Die im alten Haus politische Substanz verliert sich in diesem Prozeß in der sozialen Substanz. Seit dem 18. Jahrhundert gibt es, aufeinander verwiesen, ,,Bürger" und ,,Gesellschaft", welche letztere ,,die Substanz des alten Hausverbandes auflöst, indem sie selber im Großen die Funktion der ,Ökonomia' übernimmt. Und wie vordem das Haus die soziale Zelle der alten bürgerlichen Gesellschaft war, so bildet nunmehr die gewandelte Gestalt der bürgerlichen Gesellschaft die soziale Grundlage des modernen Staates" (*Riedel* 1976, S. 90).

10 *Rogers* (1978) spricht von der ,,Politik zwischenmenschlicher Beziehungen" zu therapeutischen Zwecken, wobei er Politik bestimmt als ,,Prozeß des Erwerbs, Gebrauchs, der Aufteilung oder des Verzichts auf Macht, Herrschaft und Entscheidungsbefugnis. Sie ist der Prozeß höchst komplexer Interaktionen und Wechselwirkungen dieser Elemente, die in der Beziehungen zwischen einem Individuum und einer Gruppe oder zwischen Gruppen existieren" (1978, S. 15). *Rogers* macht darauf aufmerksam, daß ,,die Verwendung des Wortes ,Politik' (*politics*) in Kontexten wie ,die Politik der Familie', die ,Politik der Therapie', ,die Politik der Sexualität', ,die Politik der Erfahrung' neu ist. ,,Ich habe in keinem Wörterbuch eine Definition gefunden, die auch nur im entferntesten der Art und Weise nahekommt, in der das Wort gegenwärtig verwendet wird" (1978, S. 14). Der neue Sprachgebrauch, meine ich, drückt nur das gewandelte Verhältnis von Individuen zu ihren sozialen Angelegenheiten aus und einen öffentlichen bzw. öffentlich produzierten Narzißmus.

11 Vgl. *Friedrich* (1967, S. 70. – Die institutionelle Organisation diszipliniert die freie gesellschaftliche Tätigkeit und erzwingt ihre politische Verantwortung. Der Staat als – rechte und schlechte – Erscheinungsform eines Ökosystems steckt dem politischen Handeln den Rahmen ab (auch wenn er es diesen Rahmen zu ändern imstande ist). In den Institutionen sind gesellschaftliche Bedingungen realisiert, die sich individuellem Verlangen regulierend in den Weg stellen.

Die politische Dynamik mag man mutatis mutandis mit der psychischen Dynamik von Realitäts- und Lustprinzip vergleichen; jene enthält wie sie eine ständige Vermittlungstätigkeit. Vgl. hierzu *Szczesny*, der in „Die Disziplinierung der Demokratie" darauf Wert legt, Gesellschaft und Staat auseinanderzudividieren und nicht erwa „demokratisch" zu vereinigen: „Wenn der Staat nicht nur ... Vollzugsorgan der jeweiligen gesellschaftlichen Kräftekonstellation ist, sondern die Aufträge durchführen soll, die ihm die Verfassung gibt, muß er zur Gesellschaft die gleiche Distanz haben und halten können wie beim Aufbau des individuellen Daseins die personale Ich-Instanz zum pluralistischen Selbst" (1975, S. 124). Die soziale Arbeit in der Gesellschaft findet sich im konkreten Einzelfall wie bei politischer Aktion im Gemeinwesen in ebendemgleichen Rahmen ihrer Gestaltungsmöglichkeiten wieder.

12 Vgl. *Mayer-Tasch*, der in der „Verschlechterung der soziökologischen Situation" und in „politökologischen" Gründen den Hintergrund der Bürgerinitiativbewegung erkennt (1976, S. 23 ff.). Siehe zum Thema auch *Guggenberger* (1980). Er schlägt folgende „Arbeitsdefinition" vor: „Bürgerinitiativen sind spontane, zeitlich in der Regel begrenzte, organisatorisch lockere Zusammenschlüsse von Bürgern, die sich außerhalb der traditionellen Institutionen und Beteiligungsformen der repräsentativen Parteiendemokratie zumeist aus konkretem Anlaß als unmittelbar Betroffene zu Wort melden und sich, sei es im Wege der Selbsthilfe, sei es im Wege der öffentlichen Meinungswerbung und der Ausübung politischen Drucks, um Abhilfe im Sinne ihres Anliegens bemühen" (1980, S. 18f.).

13 Ökopolitisch verkörpern die Minderheiten und ihre Interessen, alle zusammengenommen, den Bestand der Gesamtheit; Mehrheiten reduzieren ihn, wenn sie überwältigend werden, auf einen unkenntlichen Rest.

14 Vgl. zu neuen Formen der Gemeinwesenarbeit *Bahr* (*Gronemeyer/Bahr* 1977). Emphatisch resümiert er: „Meine These lautet: Das elementare Bedürfnis nach Zugehörigkeit, nach aktiver Partizipation an öffentlichen Entscheidungsprozessen, das Bedürfnis nach Sinnstruktur und großem Zusammenhang – im deutschen Faschismus bis zum letzten ausgebeutet –, eben dies politische Elementarbedürfnis nach einer Wärme, die die Kälte gewaltförmiger Alltagsverhältnisse überwindet, verschafft sich in den Bürgerinitiativen für eine unzerstörte Lebenswelt zum ersten Mal in der neuen deutschen Geschichte nicht mehr politisch-romantisch, sondern demokratisch-rational Audruck. *Wärme* wäre, so verstanden, dann eine *Zentralkategorie einer neuen politischen Kultur*" (1977, S. 38). Unnötig, auf die therapeutischen Implikationen dieser Art politischer Beteiligung hinzuweisen, soweit sie in der gewonnenen Öffentlichkeit ihren sinnlichen Zusammenhang zu bewahren vermag, also tatsächlich *erfahren* wird. Fortwährend der Kühle der Systemverhältnisse ausgesetzt, läßt die Beteiligung häufig rasch nach. Öffentlichkeit zieht die Bürgerinitiativen in ihre negative Dialektik: hat man die gewünschte Öffentlichkeit erreicht, wird man von ihrem Vorverfaßtsein aufgesogen. Zur Kategorie „Öffentlichkeit" (und „Gegenöffentlichkeit") vgl. *Negt/Kluge* (1972).

15 wie *Badura* und *Gross* es tun, die mit einer Strategie der Vergemeinschaftung eine (ja durchaus wünschenswerte) „Renaturierung" sozialer Verhältnisse erreichen wollen. Ihre *Gemeinschaftsoption* geht von der prinzipiellen Annahme aus, „daß solidarisches, ungeplantes, spontanes, auf gegenseitigem Verständnis und gegenseitiger Zuneigung beruhendes Handeln (sozialpolitisch also Beratung, Pflege, Hilfe und Behandlung) höherwertiger ist als interessebedingtes, abgesprochenes, rationales und bezahltes. Die Gesellschaftsoption andererseits legt den positiven Wertakzent auf die zweckrationale, monetarisierte, wissenschaftlich-technische Bewältigung unserer Lebensprobleme" (1976, S. 129). Gewiß ist eine „Vergesellschaftung" nachteilig, die auf Kosten der Funktionsfähigkeit kleiner Gemeinschaften von öffentlichen Einrichtungen erledigen läßt, was freitätig geleistet werden kann (wenn nicht verkappt Privatisierung verlangt wird). Die einfache Gegenüberstellung unterschlägt aber die reale Dialektik, in der beides gebraucht und eine politisch bewußte, rationale Gemeinschaftstätigkeit einbezogen wird.

16 Die Grenze zum apolitischen Rückzug und zum Privatisieren ist fließend.

17 Die drei Bezeichnungen benennen Dimensionen des Handlungsraums Politik; sie gehören realiter zusammen, – etwa wie *Rohe* es mit dem Wortspiel ausdrückt, „daß Politik die Verwirklichung von Politik – *policy* – mit Hilfe von Politik – *politics* – auf der Grundlage von Politik – *polity* – ist" (1978, S. 68).

18 In der Frauenbewegung wie in anderen „Bewegungen" kommt eine soziale Arbeit in der

Gesellschaft vor, die seit dem 19. Jahrhundert unter der Bezeichnung „*soziale Bewegung*" verhandelt wird. Ich vermeide diesen Ausdruck für gewöhnlich, weil mit ihm von Anfang an *die Natur* – als wiederkehrende Unruhe im Volk oder mit der Tatkraft, durch die sich ein vermeintliches Gesetz der Geschichte kundtut, – an einer Stelle ins Spiel gebracht wird, wo (politische resp. soziale) Arbeit – an erst einmal träger Natur – zu leisten ist. S. zur Kritik der Kategorie „soziale Bewegung" *Rammstedt* (1978).

19 Dabei sehe ich ab von den – möglicherweise bedrohlichen – Außenbeziehungen des Ökosystems einer Demokratie. Apathie in Fragen der Friedenssicherung könnte tödlich sein; hier wiederum ersetzt der Einsatz für sie auf keine Weise die Arbeit für sicherungswerte Verhältnisse, die Therapie im Innern.

20 Vgl. *Horn*, der Politikmachen als eine Form unter anderen (auf einer Skala bis hin zur Apathie) begreift, „in welcher menschliche Sinnlichkeit gesellschaftlich zu ihren eigenen Produktionen ins Verhältnis tritt: Unbehagen wird erzeugt, geäußert, diskutiert, oranisiert und führt womöglich zur Veränderung von Verhältnissen" (1978, S. 82). S. auch *Hentig* (1973): dem Menschen sei es wesentlich, Politik zu treiben, „wie er arbeiten, essen, schlafen, sich erholen muß", vorausgesetzt, er macht die Erfahrung von Selbstbestimmung (1973, S. 202).

21 „Incrementalism is a method of social action that takes existing reality as one alternative and compares the probable gains and losses of closely related alternatives by making relatively small adjustments in existing reality, or making larger adjustments about whose consequences approximately as much is known as about the consequences of existing reality, or both" (*Dahl/Lindblom* 1953, S. 82).

22 Vgl. *Horns* Diagnose: „Man könnte sagen, daß sich ein breiter *politischer Schwarzmarkt* entwickelt hat, weil die formal vorhandenen Willensbildungskanäle nicht angemessen funktionieren. Jedenfalls ist die wachsende Politisierung der Bürger gegen eine *zentralsteuernde* Verwaltung *ihrer* Probleme ... ohne Rekurs auf diese systematische Abschirmung von ‚Politik' gegenüber historisch neuen Problemkonstellationen nicht verständlich" (1981, S. 31).

23 Vgl. *Bahr* (1974, S. 30 ff.).

24 Das Subsidiaritätsprinzip lautet, formuliert als sozialphilosophischer Grundsatz in der päpstlichen Enzyklika „Quadragesimo anno", (zit. nach Görres-Gesellschaft, Staatslexikon 1962, S. 826): „wie dasjenige, was der Einzelmensch aus eigener Initiative und mit seinen eigenen Kräften leisten kann, ihm nicht entzogen und der Gesellschaftstätigkeit zugewiesen werden darf, so verstößt es gegen die Gerechtigkeit, das, was die kleineren und untergeordneten Gemeinwesen leisten und zum guten Ende führen können, für die weitere und übergeordnete Gemeinschaft in Anspruch zu nehmen; zugleich ist es überaus nachteilig und verwirrt die ganze Gesellschaftsordnung. Jedwede Gesellschaftstätigkeit ist ja ihrem Wesen und Begriff nach subsidiär; sie soll die Glieder des Sozialkörpers unterstützen, darf sie aber niemals zerschlagen oder aufsaugen". Bekanntlich hat dieses Prinzip viele Interpretationen erfahren. Es läßt sich im Streit um Zuständigkeit ebensogut verwenden, Ansprüche gegen den Staat zu begründen, wie dazu, staatliche Ansprüche abzuwehren.

25 Zur Relation von Solidarität und Subsidiarität vgl. *Nell-Breuning* (1957). „Das Subsidiaritätsprinzip erläutert, auf welche Weise die bereits im Solidaritätsprinzip angesprochene Pflicht des Ganzen, sich um das Wohl seiner Glieder anzunehmen, *am besten* erfüllt wird: die beste Gemeinschaftshilfe ist die Hilfe zur Selbsthilfe" (*Nell-Breuning* 1980, S. 49), – womit die Frage des Verhältnisses von Gemeinschaft und Selbst aufgeworfen wäre.

26 *Burghardt* beispielsweise definiert: „Im allgemeinen versteht man unter Sozialpolitik ... gesetzlich grundgelegte Maßnahmen, welche im Sinn von sozialen Wertvorstellungen (Werturteilen) auf die Sicherung und Korrektur der Lebens- und Arbeitsbedingungen gesellschaftlicher Großgruppen als Zielgruppen gerichtet sind" (1979, S. 1). Dabei denkt der Autor vor allem an den „Verteilungsprozeß des Einkommens, dessen Ablauf durch Maßnahmen der Sozialpolitik berichtigt wird" (1979, S. 4). Sozialpolitik gilt hier als eine monetär wirkende Ordnungspolitik, wohl zu unterscheiden „von der Sozialreform, die heute oft auch als Gesellschaftspolitik bezeichnet wird", denn die Sozialpolitik bemühe sich *nicht*, „die Gesellschaft in ihrer elementaren Konstitution zu ändern und etwa (vermutete) tiefere Ursachen der sozialen Schäden (z. B. eine bestimmte Eigentumsordnung) zu beseitigen" (1979, S. 14 f.). – Unsere Ausführungen zur Subsidiarität bezwecken dagegen, soziale Politik als Möglichkeit zu erfahren, subsidiär eine Reform

des gesellschaftlichen Lebens zu betreiben, dessen Konstitution schon dabei ist, sich zu ändern. Der gewerkschaftliche Kampf um Mitbestimmung, die Bürgerinitiativbewegung, die alternativen Projekte, die Selbsthilfe in Randgruppen usw. bedürfen einer politischen Förderung.

27 S. das Urteil des Bundesverfassungsgerichts vom 18. 7. 1967 (BGBl. 1, 896) und seine Kommentierung.

28 *Hengstenberg* (1953) sieht das Subsidiaritätsprinzip letztlich auf dem naturrechtlichen Vorrang der Gemeinschaft vor der Gesellschaft gegründet. ,,Rangmaßstab" ist für ihn einzig der ,,absolute Gehalt an Gemeinschaftlichkeit" (1953, S. 30).

29 im Wandel von der selektiven zur integrierten Sozialpolitik beschrieben bei *Pfaff/Voigtländer* (1978). *Pfaff* definiert hier: ,,Unter ‚Integration' kann der geplante und gesteuerte Prozeß der rationalen Abstimmung von Zielen und Instrumenten von zwei oder mehreren Programmen eines Politikbereiches (= interne Integration) oder von zwei oder mehreren Politikbereichen (= externe Integration) verstanden werden. Integration beruht insbesondere auf einer gewollten und kontrollierten Beachtung der Verflechtung, d. h. der Auswirkungen eines Bereiches auf den anderen und der Rückwirkungen des zweiten auf den ersten Bereich" (1978, S. 147).

30 *Schwendter* hat ihre Rolle in der Subkultur beschrieben: ,,Drehpunktpersonen, so benannt nach dem ‚pivot-player', dem Drehpunktspieler der Spieltheorie, sind jene Personen, die sowohl mit dem Establishment (bzw. der kompakten Majorität) als auch mit einer Subkultur in Interaktion stehen. Wichtig dabei ist, daß es sich nicht um reine Sozialisationsagenten des Establishments handelt, sondern daß sie die Instabilität zwischen Establishment und Subkultur in ihrer Person austragen" (1978, S. 62). Vgl. auch *Goffman* (1970, S. 30 ff.).

31 Die Staatstätigkeit scheitert regelmäßig mit ihren Ordnungsvorstellungen an der Materie individuellen Lebens. Wenn schon eine Großklinik zwangsläufig dysfunktional wird, dann erst recht das Übersystem Staat, wenn ihm therapeutische Aufgaben anvertraut werden. (Sachgerechte) Verwaltung läßt sich nicht in (lebensgerechte) Therapie transformieren. Hält der moderne Leviathan ,,in Gestalt des therapeutischen Staates", wie ihn *Schelsky* und nicht allein Konservative gezeichnet haben, in ,,der einen Hand Geldscheine, in der anderen das Schweißtuch" (*Gross* 1980, S. 63), dann hat er, um im Bilde zu bleiben, keine Hand frei, den narzißtischen Wünschen aller regierend – in seiner Art öffentlicher Selbstbegrenzung – Einhalt zu gebieten. Anders in der ,,politischen Produktionsform" der *Kommune* (*Grauhan* 1978), wo der aktive Bürger, der sich an der politischen Verwaltung allgemeiner Angelegenheiten beteiligt, zugleich über seine eigenen einschränkend befindet und sich dabei an Erfahrungen und Maßstäbe aus der persönlichen Lebenswelt hält. Wenn die kommunale Struktur öffentliche Dienstleistungen produziert, entscheiden im Prinzip Dienstleistende als Konsumenten und Konsumenten als Dienstleistende, wieviel ihnen die Sache jeweils wert ist (*Grauhan* 1975, S. 95), wo Grenzen gezogen und Möglichkeiten eröffnet werden sollen – für Laienspieler und Wohnungssuchende, Gewerbetreibende und Alleinerziehende, Bahnbenutzer und Berater.

Ökologische Aufgaben der Sozialarbeit

Den Begriff soziale Arbeit habe ich bisher in drei verschiedenen Bedeutungen verwandt: Einmal war das Geschehen gemeint, in dem die Gesellschaft intermediär ihren eigenen Zustand, soweit er das Leben der ihr angehörenden Menschen bezeichnet, in öffentlicher Reflexion bedenkt und im konkreten Detail zu ändern sucht. Des weiteren war die Staatstätigkeit angesprochen, die auf verschiedenen Ebenen der Administration die in der Gesellschaft vereinbarte bzw. mit Macht durchgesetzte Sozialpolitik praktiziert. Verwaltung bedient sich dazu der auch ohne sie vorhandenen, von Einzelpersonen, Vereinen oder von freitätigen Gruppen unternommenen sozialen Arbeit (dritter Art), sei diese nun aus gesellschaftlicher oder aus moralischer Verantwortung, philanthropisch oder karitativ begonnen. Form und Inhalt der dreifach geprägten sozialen Arbeit ergeben sich innerhalb des gesellschaftlichen Prozesses sowohl aus dem Verlauf der sozietären Bewegung wie aus den Grundlagen und Strukturen der staatlichen Versorgungsorganisation und aus den Intentionen von Personen (die wieder der öffentlichen Diskussion und der betriebenen Politik ausgesetzt sind und auf sie Einfluß nehmen). Wir finden einen von Interessen unterhaltenen, sich aber auch selbst steuernden und sich auslegenden (legitimierenden) Prozeß als gesellschaftliche Praxis vor. Deshalb kann nicht einfach gesagt und festgelegt werden, was soziale Arbeit sei, – mag eine Aussage und Festlegung auch ihrerseits zu dem Vorgang beitragen, in dem jene sich selber qualifiziert, sich theoretisch und praktisch hervorbringt und ihre Institutionen verändert. Im Rekurs beansprucht ihre Entwicklung u. a. Geschehnisse für sich, die weder unter ihrem Namen noch mit dem Bewußtsein von sozialer Arbeit von jeher schon vonstatten gingen.

Der Einsatz der Professionellen

Abschnittsweise war im vorstehenden Text bereits die Rede von Funktionen sozialer Arbeit: in der Ökonomie der Industriegesellschaft, zur Absicherung der allgemeinen Reproduktion, um individuelle Triebkräfte zu sozialisieren, sozialräumliche Ungleichheiten auszugleichen, Gesundheit zu erhalten, Selbsthilfeaktivitäten zu unterstützen und um eine verlorene Gemeinschaft wieder einzurichten. Es seien nun in Rücksicht auf ihren ökologischen Zusammenhang einige Aufgaben beschrieben und interpretiert, die der professionelle Sozialarbeiter und Sozialpädagoge zu erfüllen hat, und Merkmale, die seinem beruflichen Handeln eigen sind. Dabei beschränken wir uns auf Ansichten, welche aus ökotheoretischer Sicht naheliegen. Der dreifache Begriff der Tätigkeit, in der soziale Arbeit vorkommt, verankert das berufliche Tun in einem Ökosystem von Verhältnissen und Bedingungen, an deren *Details im Leben* der Sozialpädagoge ansetzen soll – gewissermaßen als

Bediensteter im Haushalt menschlicher Gemeinschaft, sei dessen Zustand nun öffentlich oder persönlich und aus sittlichen Gründen wahrgenommen. Der Sozialarbeiter hat den Auftrag, Verwicklungen und Störungen im System des Zusammenlebens zu beheben sowie Ressourcen aufzuspüren und mobil zu machen, die gegen schädigende Einflüsse und zum Ausgleich allfälliger Belastungen wirksam sind. Er kümmert sich um die soziale Subsistenz von Menschen im Netzwerk ihrer Beziehungen und ihrer Bedeutung wegen auch um die Netzwerke selbst, die den Lebensmöglichkeiten in der Gesellschaft im ganzen unterlegt sind.

Betrachten wir den Oikos des Sozialkörpers[1] und darin einzelne Menschen und Gruppen, so läßt sich mit Blick auf soziale Arbeit sagen, sie setzt sichernd, ordnend, vor- und fürsorgend an deren Lebensbedingungen an, welche Erfolg oder Mißerfolg seiner Veranstaltung – soweit er in irgendjemandes Hand liegt – grosso modo erkennen lassen. Insonderheit das staatliche System muß seinen Nutzen an ihnen erweisen. Die Kameralisten nannten es deshalb Zweck und Aufgabe der „Policey", „die Wohlfahrt einzelner Personen und Familien mit dem gemeinschaftlichen Besten des Staatskörpers in die glücklichste Verbindung und den genauesten Zusammenhang zu setzen" (*Pfeiffer* 1979, S. 12 f.).[2] Nun hat die soziale Arbeit (im ersten Sinne) unabhängig von dem Interesse, das obrigkeitlich am Erfolg sozialpolitischer Maßnahmen besteht, ihre Schwierigkeiten in der Bestimmung dessen, was das Beste sei und wie man es erlangen könnte. Die Entzweiung darüber trennt die Frondeure, die es gesamtgesellschaftlich erkämpfen wollen, von den Arbeitern des Negativen, die sich im Detail der Notlagen, an seinen Leerstellen mit ihm beschäftigen – überall dort, wo gutes Leben, wie es jeder erstrebt, ausbleibt. Der Helfer hat über individuelle Erwartungen hinaus keine positive Vorstellung von der Wohlfahrt im ganzen. Ihm fehlt die Zuversicht, das große Ziel entweder durch Sozialpolitik oder es durch seine und seiner Kollegen Arbeit, überhaupt durch Arbeit erreichen zu können. Es hat sich für ihn aufgelöst, ist Gegenstand der Psychologie und der Soziologie geworden, welche sich anheischig machen, die Bedürfnisse zu interpretieren, die den Mustern wendbarer Not, den Symptomen, zugrunde liegen. Die Frage, woran der Sozialkörper in toto krankt, stellt sich auf einer anderen Ebene und von der Warte aus, die seine Struktur erkennen läßt.

Es soll hier nicht die Auseinandersetzung gesucht werden mit einer Gesellschaftswissenschaft, welche die Antworten – und denengemäß richtig zu fragen – weiß. Der intermediäre Prozeß, in dem sich (die gesellschaftliche) soziale Arbeit diskursiv und praktisch vollzieht, hält die Antworten offen und vermag keine abschließend zu geben. Marxistisch orientierte Theorie erkennt in der Kapitalakkumulation das Prinzip, aus dem sich die Funktion von Sozialarbeit herleite: sie diene der Reproduktion der Ware Arbeitskraft, sei es durch Zurichtung von Menschen für den Produktionsprozeß (Sozialisationsfunktion), sei es durch fürsorgerische Absicherung der Reproduktionsfähigkeit oder in der Versorgung Reproduktionsunfähiger (*Barabas* et al. 1975, S. 379 ff..). Gleichermaßen würden Sozialarbeiter gebraucht, um einzelne Menschen und Gruppen, die den kapitalistischen Verwertungsprozeß stören (könnten), zu überwachen und zu kontrollieren (Kustodialfunktion, vgl. *Plake* 1977), wozu man sie für einige Zeit oder suf Dauer aus dem Verkehr ziehe, sie in diversen Einrichtungen von der Kinderbewahranstalt bis zur Psychiatrie absondere und dort der Obhut u. a. von Sozialarbeitern und Sozialpädagogen überlasse. Die Interpretationen treffen zu: sie haben zweifelsohne die gleiche Logik für sich wie die Feststellung, die Gesellschaft sei krank. Die Ableitung der Zustände aus dem Funktionieren bzw. aus dem Versagen des Systems bietet keinen anderen praktischen Ausweg als die Abschaffung des Systems.

In der Tat schien es ein ideologisches Zeitalter lang so, als ob die große Lösung nur eine völlige Umwälzung der Verhältnisse, nur eine Revolution³ die allgemeine Wohlfahrt, *le bonheur du peuple*, bringen könnte. Am ,,real existierenden Sozialismus" läßt sich heute studieren, wie wenige glücklich die ,,Verbindung" und der ,,genaueste Zusammenhang" von Teil und Ganzem schließlich etabliert wird: Man verzichtet generell auf Sozialarbeit, weil wie zu Zeiten des Kameralismus der Staat polizeilich und die (geschlossene) Gesellschaft politisch sich auf das Wohlergehen der Menschen zu verstehen haben. Ein Sonnenstaat lebt durch seine – denkbar gute – Wohlfahrtspolizei. Bei allen fürsorgerischen Aktivitäten, deren er sich befleißigt, eine soziale Arbeit als freies diskursives Handeln läßt er nicht zu. Sie nämlich definiert ihre Aufgabe und ihr Erfordernis selber – politisch adressiert an das (kapitalistisch-liberale» Gemeinwesen, welches sie – und sei es nun als Alibi – gestattet. Sozialarbeit (in der ersten Bedeutung begriffen) existiert in einem Freiraum, sie hat ihren Platz in einer Öffentlichkeit, welche wesentlich aus ,,Gegenöffentlichkeiten" besteht. Unter ihnen ist Raum vorhanden für kleine Entwürfe, lokale Projekte, Bürgerbewegungen, und hier wird Legitimation geboten für das Bündel von zunächst privaten und dann verberuflichten Tätigkeiten, die unter dem Titel Sozialarbeit/Sozialpädagogik fachlich, theoretisch wie praktisch entwickelt werden und sich profilieren können. Sie beziehen sich auf die vielfältigen, im gesellschaftlichen Leben allerdings an den Rand gedrängten, Situationen, in denen allgemeine strukturelle mit persönlichen Problemlagen und Nöten sichtlich zusammenhängen und öffentliche Aufmerksamkeit fordern: chronische oder neu auftretende Schwierigkeiten im Haushalt von Familien, in der Erziehung der Kinder, mit der Wohnung, im seelischen Befinden und sozialen Umgang, in der Jugend und im Alter. Der angestellte Helfer soll sie irgendwie bewältigen; ihn angestellt zu haben, beruhigt zumindest das soziale Gewissen.

Während nun über die ,,Heilung der sozialen Schäden" viel geredet und geschrieben wird, soziale Aktionen in den demokratischen Prozessen der Gesellschaft eine große Rolle spielen und nicht unter Mangel an Zuspruch und Beteiligung leiden – Politiker, Verbände, Ärzte, die Kirchen, Journalisten und Schriftsteller engagieren sich für sie in der Öffentlichkeit –, ist das Alltagsgeschäft des Sozialarbeiters weit weniger angesehen. Man beansprucht ihn in den unterschiedlichsten Problemsituationen, und seine Kompetenz wächst mit der Beanspruchung. Das Bild jedoch, das man sich von der beruflichen Tätigkeit „soziale Arbeit" (im dritten Sinne) macht, bleibt verschwommen und in ihm die Bedeutung verhohlen, die allgemein dem Komplex des „Sozialen", der Arbeit an den Lebensbedingungen im Gemeinwesen beigemessen wird. Es nimmt deshalb nicht wunder, daß die berufliche Sozialarbeit aus der „Lückenbüßerfunktion" *(Achinger)* heraus und ihrer fachlichen Leistung entsprechend anerkannt sein möchte. In der arbeitsteiligen Industriegesellschaft muß sie zu diesem Zweck ihre Dienste eigenständig in Konkurrenz zu längst etablierten Berufen wie denen des Arztes oder Anwalts entwickeln sowie ihre spezifische Zuständigkeit und Kompetenz darzustellen suchen. Der Prozeß der Professionalisierung[4] sozialer Arbeit in den ersten Jahrzehnten unseres Jahrhunderts (in Deutschland wiederaufgenommen in den fünfziger und sechziger Jahren) konzentrierte sich daher auf die Abgrenzung einer eigenen Methodik vor allem in der Einzelhilfe (casework). Die Sozialarbeiter übernahmen Technologie und fachliches Vokabular aus der Soziologie und der Medizin, von Psychoanalytikern und Psychologen und suchten sich auf irgendeinem Gebiet als Therapeuten zu beweisen.

Diese Entwicklung, die andauert, geht auf Kosten der im Alltag von Sozialarbeit geforderten *generalistischen* Kompetenz (die durchaus nicht einfach die Summe von einzelnen Fähigkeiten ist). Auch wenn der Sozialpädagoge vornehmlich in der Einzelhilfe tätig ist, in den individuellen Verhältnissen kommt eine komplexe Vermittlung von biosozialer Natur und gesellschaftlicher Praxis in Situationen vor, die physische, emotionale und kognitive Aspekte haben und in denen Lebensgeschichte mit allen ihren Bezügen sich fortsetzt. Sozialarbeiter werden multidisziplinär ausgebildet, brauchen ökonomische, politische, biologische, soziologische, psychologische, juristische und andere Kenntnisse, nicht um jeweils ein Stück weit als Psychologe oder Rechtsanwalt tätig zu werden; der Sachverstand des Sozialpädagogen nutzt das erworbene Wissen vielmehr in der *Komplexität* der Situation, die im Vorgang der sozialen Arbeit erhalten bleibt. Prinzipiell beschränkt sich die Kommmunikation mit den Klienten nicht auf einen fachlich reduzierten Dienst. Mit dem Versuch, es anderen Berufen im Dienstleistungssystem gleichzutun, entzieht sich der Sozialarbeiter der intermediären Aufgabenstellung sozialer Arbeit in der Gesellschaft – und durchkreuzt in eben diesem Versuch seine Professionalisierung. Die Fokussierung des beruflichen Handelns auf fachliche Einzelhilfe lenkt davon ab, daß jede sozialpädagogische Aktion als Bestandteil der sozialen Arbeit in der Gesellschaft anfängt und endet und von daher ihre Legitimation empfängt. In dem Bemühen, den Beruf wissenschaftlich zu fundieren, drängt sich diese Erkenntnis auf; sie verweist von den Mikrozusammenhängen auf die Makrozusammenhänge. Die Profession wird in das Dilemma gestürzt, die Substituierbarkeit von Fürsorge durch Sozialpolitik zugleich (im praktischen Ansatz) leugnen und (wissenschaftlich) behaupten zu müssen: die Professionalisierung – auf dem Markt der Dienstleistungen – mißlingt *(Peters* 1973, S. 99 ff.)

Sozialarbeit sei als Berufsstand und als Disziplin unvollständig, konstatieren

Gilbert/Specht (1980, S. 287); sie habe sich „der Erbringung von Diensten und Leistungen verschrieben, nicht aber dem Gedanken des sozialen Wohlergehens". Es gelte in dieser Lage, den Dualismus von beidem in der Praxis zu „beleben", also direkte Hilfeleistungen mit Wohlfahrtsbestrebungen (Veränderung als auch Bewahrung der Institution der sozialen Wohlfahrt) zu vermitteln. Was *Gilbert/Specht* (1974) im Anschluß an andere kurz als "social welfare" bezeichnen, entspricht unserem Begriff von sozialer Arbeit im ökologischen Bezugsrahmen. Inhaltlich finden die Wohlfahrtsbestrebungen ihren Ausdruck u. a. in der sozialen Politik (policy), die in der Gesellschaft nicht allein von Staats wegen, sondern von vielen interessierten Einzelnen oder Gruppen verfolgt wird. Seit Jahren machen sich nun Sozialarbeiter ihrerseits eine politische Zielsetzung zueigen; indem sie aber politisch tätig werden wollen, stehen sich wieder „Intentionalität und Funktion der Professionalisierung von Sozialarbeit einander im Weg" (*Peters* 1973, S. 110). Der Beruf, charakterisiert duch Alltagsaufgaben, wird – paradox formuliert – dem Sozialarbeiter hinderlich. Seine Wortführer in der theoretischen Diskussion vernachlässigen nun im zweiten Anlauf die – zweifelsohne mit interventionistischen Praktiken und mit Kontrolle verbundene – Einzelhilfe zugunsten der politischen Bewegung[5]: „Viele kamen zu dem Schluß, daß die Einzelhilfe im Grunde gar keinem Zweck diene, und diejenigen, die hilfebedürftigen Klienten mit ihren Leistungen zu Hilfe kamen, begannen allmählich, die sozialen Probleme als ein Politikum zu betrachten. ... Die Aufmerksamkeit und die Verwendung der Mittel richteten sich nun auf Protestaktivitäten, auf das Gammlertum, auf soziale Aktionen und auf Manifestationen des sozialen Umbruchs wie etwa den Drogenmißbrauch, die sexuelle Befreiung und die neuen Formen der Kommunikation" (*Gilbert/Specht* 1980, S. 292 f.). Manch einer verwechselte die Äußerung von Problemen mit deren Lösung, konnte folglich zu einem sozialen „Wohlbefinden" kaum etwas beitragen und verlor sich in der politischen Kampagne nicht weniger als zuvor in dem aufreibenden Alltag der Fürsorge und den Weiterungen eines Einzelfalls.

Nun aus beiderlei Ungenügen zu schlußfolgern, es gebe zweierlei Kompetenz und im beruflichen Handeln (wie in der Ausbildung zu ihm) sei *zweigleisig* zu verfahren, man brauche einesteils Fachleute für Wohlfahrtsfragen und andernteils kompetente Praktiker des „direkten Dienstes", wie *Gilbert/ Specht* nahelegen, ist zumindest mißverständlich: der in seiner dialektischen Widersprüchlichkeit fruchtbare innere Zusammenhang von Sozialarbeit darf nicht in zwei Positionen, auf die hin sie sich zugegebenermaßen polarisieren läßt, zerrissen werden. Das individuumzentrierte muß dem gesellschaftszentrierten Vorgehen nicht gegenüberstehen und schließt es nicht aus. Hier wie dort wird der generalistisch orientierte Sozialarbeiter von persönlichen Problemen zu gemeindebezogenem Handeln, aus ethischer Diskussion zu situationsgemäßen Beratung, von der Lebenspraxis seiner Klienten zur regionalen Bedarfsplanung übergehen. *Politisch* muß auch bei Erörterung des Familienlebens einer Person und *therapeutisch* bei einer Stadtreparatur und in Fragen der Arbeitslosigkeit gedacht und gehandelt werden. Der eine Durchblick erweitert und vertieft (per Hintergrunderfüllung) den anderen – ohne ihn zu durchkreuzen. Der Generalist, von dem wir sprechen, ist einer, der soziale Arbeit ohne Verkürzung ebenenübergreifend versteht und der ebenenspezifisch zu handeln vermag.[6] Systemtheoretisch betrachtet, richtet er sich darauf ein, den komplexen Zusammenhang der Situation einer Person mit den gesellschaftlichen Verhältnissen im ganzen im Auge zu haben und sich doch aktuell auf die Behandlung eines Ausschnittes oder Einzelthemas, auf eine gezielte Hilfe oder eine begrenzte Aktion im Gemeinwesen zu beschränken. Er kennt und berücksichtigt seine exzentrische Position im sozialpolitischen System, von der aus er in der vorhandenen Struktur, wenngleich beschränkt, durchaus wirksam handeln kann. Er rechnet mit den Kräfteverhältnissen in ihr und seinen Zugangmöglichkeiten. Er entwirft eine eigene auf die jeweilige Situation ausgerichtete Sicht des Systems und kalkuliert seine bzw. die Chancen seiner Klienten möglichst realistisch in einem mal weiteren, mal engeren Blickwinkel.

Ob der Sozialpädagoge in politischen oder in therapeutischen Beziehungen agiert, bleibt sich im allgemeinen Bezugsrahmen seiner *Technologie* gleich. Der Oikos, in dem er sich bewegt, läßt sich systemisch-abstrakt beschreiben. Ein systembezogenes Modell der Praxis von Sozialarbeit haben (nach anderen, z. B. *van Beugen* 1972, vgl. auch *Hearn* 1969) *Pincus/Minahan* entwickelt (1973). Sie gehen davon aus, daß den Menschen zur Bewältigung ihrer Lebensaufgaben Ressourcen – im System der Familie, der Nachbarschaft, formaler Organisationen, denen man angehört, oder in gesellschaftlichen Systemen wie Schulen und Krankenhäusern – zur Verfügung stehen. In der komplexen modernen Gesellschaft erschließen sich diese Ressourcensysteme dem Bedürftigen nicht ohne weiteres, nur unzureichend, oder sie schaffen als ganze bzw. in ihrer internen Situation selber Probleme. Dem Sozialarbeiter falle nun die Aufgabe zu, durch Erkennen und Nutzbarmachen von Zusammenhängen (*Pincus/Minahan* 1980, S. 145) Menschen in ihrer Fähigkeit zur Problemlösung und Lebensbewältigung zu unterstützen, Verbindungen zu Ressourcensystemen bzw. den Zugang zu ihren Leistungen herzustellen oder die menschlichen Beziehungen innerhalb einzelner Systeme zu verbessern, und er wirke an der Entwicklung und Modifizierung sozialpolitischer Maßnahmen mit, die zu den Ressourcen beitragen. Der Sozialarbeiter selbst gehöre zu ihnen, werde als Ressource eingesetzt und dürfe insoweit als Agent der sozialen Kontrolle angesehen werden (1980, S. 96 ff.).

Pincus/Minahan definieren: „Sozialarbeit befaßt sich mit der Interaktion zwischen Menschen und ihrem sozialen Umfeld, das einen Einfluß auf die Fähigkeit der Menschen ausübt, ihre Lebensaufgaben zu vollziehen, Leiden und Unbehagen zu mildern und ihre Hoffnungen und Wertvorstellungen zu verwirklichen. Zweck der Sozialarbeit ist daher 1. die Mehrung der menschlichen Möglichkeiten, Probleme zu lösen und das Leben zu meistern, 2. die Zusammenführung von Menschen mit Systemen, die ihnen Ressourcen, Dienstleistungen und Möglichkeiten verschaffen, 3. die Förderung des wirksamen und humanen Vorgehens dieser Systeme und 4. die Mithilfe bei Entwicklung und Verbesserung der Sozialpolitik" (1980, S. 105). Bezogen auf die Adressaten all der Bemühungen steht also ihr interaktionelles System im Mittelpunkt (ökologisch als Nische zu begreifen): menschliche Probleme werden nicht als Attribute von Personen, sondern als Attribute der sozialen Situationen, in denen sie sich befinden, angesehen. Der Praktiker richtet sein Handeln – möglichst in einem Arbeitsbündnis und danach in einem Aktionssystem mit den Klienten und anderen beteiligten Personen – auf einzelne, miteinander verknüpfte Aspekte der Situationen: „1. auf die Lebensaufgaben der Menschen und auf die Ressourcen und Bedingungen, die ihnen die Bewältigung dieser Aufgaben erleichtern können; 2. auf die Interaktion zwischen den Menschen und ihren Ressourcensystemen sowie auf die Interaktionen innerhalb und zwischen diesen Systemen; 3. auf den Zusammenhang zwischen den privaten Sorgen und Nöten der Menschen und gewissen öffentlichen Sachverhalten" (1980, S. 108). Um mit diesen Aspekten, wie erforderlich, vielseitig umgehen zu können, gestattet sich der Sozialpädagoge, so *Pincus/Minahan*, selektiv aus unterschiedlichen Wissenschaftsbereichen theoretische Orientierungen heranzuziehen.

Sie lassen sich im Medium seiner (beruflichen) Beziehungen als deren psychologische, juristische etc. Reflexion einsetzen. Sie erlauben dem professionellen Helfer, das Spiel zu verfolgen, das zwischen miteinander verstrickten Menschen z. B. in einer Familie mit dem Ergebnis abläuft, das des einen Verhalten deviant wird und die anderen Mitwirkenden „normal" bleiben können, ein Spiel, welches, den Übeln des Systems zugehörig, als Teil der „Soziopathie" (*Hochmann* 1973) in der Gesellschaft angesehen werden darf, welche konkret in der vorgefundenen Situation die therapeutischen Bemühungen veranlaßt. Die Beiträge aus den einzelnen Disziplinen erleichtern es dem Sozialpädagogen auch, sich in dem Haushalt zurechtzufinden, in dem seine Klienten sich bewegen, bzw. seine Rolle als „Haushaltsberater" zu erfüllen. Gemeinsam mit ihnen geht er psychosoziale, gesundheitliche, berufliche, finanzielle u. a. Fragen durch, macht ihnen unter Umständen seinerseits die Rechnung auf über Soll und Haben und konfrontiert den Saldo mit ihrer Einschätzung der Lage. (System-)Kenntnisse allein reichen jedoch zu einem solchen Vorgehen nicht aus.

Die Diskussion von Ressourcen und Hilfesystemen in der sozialen Arbeit könnte den Eindruck hervorrufen, sie zu erschließen, sei einzig ein methodisches und technisches Problem. Es komme vornehmlich darauf an, fehlerhafte Strategien in der Lebensführung auszubessern bzw. den Menschen die rechten Techniken für sie zu vermitteln. In der Tat beschäftigt sich ein nicht geringer Teil der neueren Fachliteratur mit sozialtechnologischen Rezepturen, zusammengefaßt in wertungsfreien Theorien über ihren Objektbereich (z. B. von *Rössner* 1973 u. 1977). Aber das System, das in der Praxis tatsächlich behandelt wird, tritt dem Sozialarbeiter in den Menschen subjekthaft entgegen (es muß als substantielles System begriffen werden, wenn Systemkonzeptionen denn auf menschliches und soziales Leben anwendbar sein sollen). Was einer tut oder läßt, ist mit Bedeutung bzw. (psychoanalytisch gesprochen) libidinös besetzt. Zwar merken die Sozialtechnologen meist ausdrücklich an, daß der Wertaspekt im Handeln nicht außer Acht gelassen werden dürfe, er fungiert jedoch in ihrer Darstellung gewöhnlich als zusätzlicher Faktor, durch den das ,,Klientsystem" und auch das ,,Dienstleistungssystem", dem der Helfer angehört, gesteuert werden.[7] Nach der ,,Working Definition of Social Work Practice", die 1958 im amerikanischen Berufsverband entwickelt wurde, läßt sich die berufliche Praxis durch eine bestimmte ,,Konstellation aus Wert, Ziel, Sanktionierung, Wissen und Methode" kennzeichnen.[8] In dem durch diese Faktoren charakterisierten Rahmen bemüht sich, nimmt man an, der technologisch versierte Sozialarbeiter um die Chancen von Menschen, hält sich in seinem Vorgehen auch weitgehend daran, welche sie bevorzugen oder zu akzeptieren bereit sind, überläßt ihnen also die Wertentscheidung – freilich unter der Prämisse, sie besäßen bezogen auf ihr eigenes Leben und seine Situation die Möglichkeit der Wahl, des unabhängigen Kalküls und des Diskurses in Wertfragen. Diese Annahme, die zum ökonomischen Modell vom freien Handel und Wandel im sozialen Verkehr zu zählen, erlaubt sei, wird der Ökologie der persönlichen Lebensverfassung bzw. der Notwendigkeit, in ihr und mit ihr hauszuhalten, nicht gerecht.

Individualisierung: die Kontingenz der Gemeinschaft

Bereits im Eingangskapitel kam zur Sprache, daß *Werte*, kategorial abgehoben, erst mit der Unterscheidung von Tausch- und Gebrauchswert in der kapitalistischen Wirtschaft interessant werden: Die Pluralität von Werten zeichnet auf dem Markt fragmentarisch Optionen auf Waren aus. In der Ökologie des eigenen Lebens hingegen stellen sie Ligaturen dar, in denen Sein und Sollen ungeschieden deklariert sind.[9] Sie können hier nicht einfach, Wert gegen Wert, in Partikeln wahlweise getauscht werden.[10] Das Netzwerk der Beziehungen, in dem einer seine Nische hat und Ressourcen erreichen und gebrauchen kann, ist selber keineswegs wertneutral oder nach dem Basis-Überbau-Schema in seiner Struktur unabhängig von dem Sinn, den die Beziehungen herstellen und mit dem sie Wertentscheidungen vorwegnehmen. Sie sind substantielle: man hat *seine Gründe* resp. man hat seine Gründe in ihnen gefunden, sein Leben eingerichtet, ,,so gut es geht". Will sagen: da es Sinn konstelliert, gibt das Netzwerk eine Wertbasis vor. Die persönlich bedeutsamen Beziehungen stellen zugleich *Bindungen* dar, und diese Tatsache kehrt nebenbei das Verhältnis von Lebenszusammenhang und Ressourcen um. Der Oikos eines Subjekts – und auch der politische Oikos im großen – bestimmt über die sozialen Ressourcen, die dem Individuum bzw. der Bevölkerung jeweils zugänglich sind. Die Mittel der Sozialarbeit samt den guten Absichten des Sozialarbeiters werden von dem Gehäuse, in dem Menschen leben, mit Effekten vereinnahmt, die in die Hilfestrategie nur insoweit passen werden, als sie der Lebensweise und Situation der Klienten genügend korrespondiert.

Es läge an dieser Stelle nahe, die soziale Arbeit *ethisch* zu reflektieren, weil sie offenbar unter dem Anspruch aufgenommen wird, dem Charakter gewöhnlichen Lebens zu dienen (diese Formulierung in Anlehnung an die alte Wortbedeutung von Ethos). Er umfaßt den Sinn, der in ihm erhältlich ist, und er stellt das wie eine Wohnung (ethos) einzurichtende Gut dar. Die Entsprechung von Oikos und Ethos ist aber der unmittelbaren Anschauung nicht zugänglich (sie gehört als reflektierte Entsprechung in eine Metatheorie), weshalb wir bei der Beschreibung von Aufgaben und Verfahren bleiben, die dem ethischen Anspruch zwar unterliegen, ihre Form und ihren Inhalt aber aus faßlicheren Verhältnissen beziehen. Sozialarbeiter sind „lifespace worker" (*Redl*), die sich in die Lebenswelt ihrer Klienten einfinden müssen, um ihnen in ihrer Nische wirksam helfen zu können.[11] Zwar gibt es in einer Kultur genug Gemeinsamkeiten und verbindendes Wissen um menschliche Probleme und um Lösungsmöglichkeiten; man hat sich jedoch stets aufs neue mit dem individuellen Gebundensein zu befassen, welches das Dasein eines Menschen auf spezifische Weise beschwert und perspektivisch bestimmt. Der Sozialarbeiter wird z. B. nachzuvollziehen suchen, welche Beziehungskonstellation, so wie sie sich ereignet, einen Alkoholiker zum Trinken bringt, welche substantielle Bedeutung für sein Handeln, in Relation zu seinem Selbstwerterleben ihr innewohnt. In diesem konstellierenden Kontext muß jede mögliche Hilfe gesehen werden. Dem Alkoholkranken ohne Rücksicht auf seinen inneren und äußeren Haushalt die Ressource einer Entziehungskur zugänglich zu machen, hat wenig Sinn. Sie wird sich als nutzlos erweisen, wenn keine Änderung im Kontext seines Familienlebens, seiner beruflichen Situation und auch in seinem Freizeitverhalten eintritt. Welcher Wandel im vorliegenden Fall von Gewicht ist, lehrt der Blick auf die (und vielleicht erst eine Psychoanalyse der) bindenden Verhältnisse, die den Klienten in seiner Lebensführung bestimmen.

Ein Ethnologe wird das Benehmen von Menschen und ihre Vorhaben selbstverständlich für kulturell fundiert und definiert ansehen. Derartig einschließend ist des näheren die Abhängigkeit aufzufassen, in der die sozialen und sinnlichen Bezüge seiner Nische die Intentionen eines Menschen halten, ihm Handlungsmöglichkeiten eröffnen und damit zugleich andere verbauen. Sozialarbeit beabsichtigt nun, die Subsistenz ihrer Adressaten in der Gesellschaft zu verbessern. Greifbares Muster der zu leistenden Beiträge ist die materielle Unterstützung, Versorgung mit Lebensmitteln. Erklärlich, daß die Sozialarbeit, analog zur Funktion dieser Hilfe, ihr Augenmerk in erster Linie auf *Zusätze* zur psychosozialen Subsistenz und auf diese selbst nur insoweit richtet, als man an die individuelle Subsistenzweise anknüpfen kann oder sie als nachteilig empfindet. Nicht der Boden, in dem das Verhalten eines Subjekts wurzelt, sondern der Bedingungsraum, in dem es sich ausprägt, beschäftigt den Sozialpädagogen in der Regel.[12] Hier finden seine Dienstleistungen nützliche Verwendung, hier erfüllen sie ihren sozialen Zweck. Ihn hält eine Betrachtungsweise für rational, die allerdings einer vordergründigen Ökonomie huldigt und der die (ethnomethodische) Durchführung des Lebens, des individuellen wie des gesellschaftlichen, entgeht.

Die soziale Arbeit hat über die Optionen, die strukturellen Wahlmöglichkeiten, welche die Gesellschaft wirtschaftlich und kulturell bereithält, den Ligaturen im Ereignisfeld individuellen Lebens lange Zeit zuwenig Aufmerksamkeit gezollt oder sie nur negativ, als hinderlich für eine freie Entfaltung betrachtet. Indes entscheiden über die Lebenschancen, die von der Einzelperson wahrgenommen und für sie wirklich werden, in erster Linie die hemmenden und fördernden Ligaturen. Sie gestalten die Subsistenz des individuellen Systems, sind im Gegensatz zu den gebotenen Optionen seiner *inneren* Versorgung zuzurechnen und biologisch – solche Systeme wurden als relativ geschlossene und autopoietische (*Maturana*), die sich selbst organisieren, bereits beschrieben – unerläßlich für seine Autonomie. Meine psychosozialen Bezüge enscheiden über meine Wahlen und über den Nutzen, den ich aus äußeren Angeboten zu ziehen in der Lage und bereit bin. Im Überblick läßt sich Gleiches von Gruppen und Schichten der Bevölkerung sagen. *Badura* hat im Zusammenhang einer gesundheitspolitischen Konzeption die ,,sozialepidemiologische Bedeutung sozialer Bindung und Unterstützung" hervorgehoben (1981). In der ,,Ressourcenforschung" komme den Ligaturen der Rang unabhängiger Variabler zu, die für die Erklärung sozialen Handelns und sozialer Probleme besonders wichtig seien. *Badura* vertritt die Auffassung, ,,daß Ligaturen, je nach Situation, dem einzelnen entweder Optionen eröffnen oder verschließen, daß sie entweder Belastungen bedeuten oder als soziale Ressourcen zur Erhaltung oder Steigerung individueller Lebenschancen auch in Situationen akuter oder chronischer Belastung beitragen" (1981, S. 15). Im Vergleich von Mensch zu Mensch und auf der Ebene, auf der epidemiologische Studien belegen, welchen Einfluß die Qualität des sozialen Netzwerks auf Gesundheit und auf Krankheit bzw. die Strategie nimmt, mit der sie bewältigt wird, vermag man wohl deutlich zu machen, welche Art Fundamente des Handelns unter welchen Umständen vorteilhaft oder nachteilig sind: Hinweis für eine aktive Sozialpolitik, wo anzusetzen wäre. Das Problem für den Sozialarbeiter in der Praxis ist aber ein anderes. Er findet eine individuell bestimmte Konstellation vor und muß hier und jetzt mit den Ligaturen eines persönlichen Lebens rechnen. Ihrem Charakter als grundlegenden Bindungen gemäß, kann zunächst weder der Klient noch der Sozialarbeiter für oder gegen sie optieren; sie sind vielmehr anzuerkennen (als Bindungen wertzuschätzen). Sie definieren a priori, was zu bewältigen ist und im Horizont des Individuums, anknüpfend an seine Bezüge, als Chance wahrgenommen werden kann.

Das Individuum mit seiner Biographie, mit allem, was ihm wichtig ist an ihm selber und in seiner mit ihm verflochtenen Umgebung, stellt schließlich diejenige maßgebliche Ligatur oder Verankerung dar, welche zu verraten von ihm, dem Subjekt, niemand erwarten wird. Damit berühren wir einen entscheidenden Punkt: Humanökologie, die sich bemüht, nach der Bedeutung der Umwelt den Komplex der Zusammenhänge des Mensch-Umwelt -Systems zu erkennen, muß im Begriff und bezogen auf die Praxis der sozialen Arbeit auch den Schritt tun, das kontingent sinnhafte Leben des einzelnen

Menschen in seinem Kontext *bestandsgerecht* einzuschätzen. – Technisch gibt es vielerlei Möglichkeiten, die Lebens- und Erfahrungsweise von Menschen zu manipulieren, sie ihr Milieu und ihre Beziehungen wechseln zu lassen, sie mit Medikamenten, psychotherapeutisch oder ideologisch zu beeinflussen, sie materiell zu korrumpieren usw., und es wäre illusorisch, sich eine soziale Arbeit auch nur zu denken, die ohne solche Techniken auskäme. Der professionelle Sozialpädagoge wird primär gebraucht, um eine Situation oder um Verhalten *zu ändern*, aber er orientiert sich, wenn die Modifikation weder beliebig noch endlos sein soll und wenn überhaupt mit etwas hauszuhalten ist, an der menschlichen Substanz, die er vorfindet. Sie erfüllt den Oikos, der die Arbeit verlangt und lohnt. Die Substanz besteht einzelheitlich in dem Korpus an Sinn, den authentisch jeder lebende Mensch, einer Monade gleich, darstellt. Im Unterschied zu anderer Menschenbehandlung (übrigens auch zur Erziehung, zumindest zu jeder Art Schulpädagogik) sucht die persönliche Hilfe in der sozialen Arbeit dem Individuum in seinem ihm eigentümlichen Sosein gerecht zu werden, wenigstens falls dem Helfer Gelegenheit geboten wird, sich in dessen Angelegenheiten zu vertiefen, – was allerdings eine unerläßliche Bedingung seines Erfolges ist. Die konkreten Menschen, so wie sie gerade leben, sind der sozialen Arbeit aufgegeben, – gesehen mit Blick auf die *Gemeinschaft*, ihre „Menschheit", welche sie in einmaliger, kontingenter Weise verkörpern.

Nach einer Seite hin variiert das Gesagte bloß den alten Grundsatz, die Sozialarbeit müsse dort anfangen, „wo der Klient steht". Wir haben unsere Aufmerksamkeit auf die Ligaturen aber mit der Absicht gelenkt, uns der Grundlagen für die Verbesserung individueller Lebenschancen zu versichern. Mit den Ligaturen werden die in ihnen implizierten Werte beachtet, Einschätzungen, die verhindern oder erlauben, daß Wahlmöglichkeiten, die der Außenstehende sieht, wahrgenommen und Chancen realisiert werden. Ligaturen erst stiften deren Bedeutung. Indem der Wertcharakter der Bezüge explizit gemacht wird, geraten sie in ein kalkulierbares Verhältnis zueinander. – Behandelte der Sozialarbeiter seine Klienten nicht als Subjekte, die selber für sich und ihr Leben zu entscheiden haben, könnte er wohl auf die Wertdiskussion verzichten und den eigenen Normen bzw. denen „der Gesellschaft" folgen (in welchen natürlich die gleiche Problematik des Gebundenseins versteckt ist). Die Anerkennung der Ligaturen gestattet nun aber einen freien Diskurs. Für Werte, an die einer sich hält, und gegen die Einschätzungen eines anderen läßt sich intersubjektiv optieren, weil der Wert als isolierter tauschfähig und relativ zum jeweiligen Kontext gehandelt wird. Über die Frage, welchen Sinn sie in einem gemeinschaftlichen (allgemeinmenschlichen) und in einem individuellen Lebenszusammenhang haben, werden die realen menschlichen Bezüge diskutabel: warum einer (bisher) so und nicht anders lebt und welches Gewicht die Alternativen beanspruchen dürfen. Ob ein Jugendlicher weiter die Schule besuchen, eine Frau des Kindes wegen ihre Berufstätigkeit aufgeben oder ob ein alter Mensch in seiner Familie bleiben oder in ein Heim ziehen soll, ist abzuwägen, und es gibt Argumente pro und contra. Um sie einem Ratsuchenden gegenüber zu begründen, mag der Sozialarbeiter sein Wissen verwenden. Die Entscheidung über die Fortsetzung einer persönlichen (oder familiären) Lebensgeschichte muß sich mit ihr und den Umständen vereinbaren lassen; sie wird eine Entscheidung der praktischen Vernunft sein und immer ein Werturteil einschließen. Die Ligaturen sind den Werten als der sie erfüllende materiale Sinnzusammenhang nichtrational vorgegeben; in der rationalen Wertdiskussion greifen wir auf ihn zurück, entdecken in ihm soziale Ressourcen und Belastungen; die Umstände erscheinen in neuem Licht, man gewinnt Einsichten. Somit wird in einem Verfahren der Rekonstruktion die Veränderung vorbereitet, um deretwillen der Sozialarbeiter hinzugezogen wurde, und zugleich bestandsgerecht gehandelt.

Die Gründe für eine bestimmte Lebenspraxis gelten zu lassen, bedeutet nicht, sie vor Begründungen für eine neue Praxis zu bewahren; wir sehen vielmehr: die seitherige wird in der wertenden Auseinandersetzung zugänglich für eine neue Praxis. Keine Rede also davon, den Klienten in einer ihn deprimierenden oder für den Außenstehenden beklagenswerten Existenz zu lassen. Ein ökologisches Konzept, das auf Bewahrung aus ist, legt dem Sozialarbeiter nicht nahe, abgesehen von der Bewältigung äußerer Not und fallweise drückender Probleme den Menschen so hinzunehmen, wie er sich gerade befindet und verhält. Seine Rückbindung an sein Selbstverständnis und seine Geschichte zu beachten, erlaubt sehr wohl, wertend zu unterscheiden zwischen gelernten Lebensweisen, die zur Disposition stehen, und wesentlichen Komponenten der Identität, die bei einer neuen Disposition berücksichtigt werden wollen (wobei diese neue, einmal vollzogen, die Identität durchaus nicht unberührt läßt). Die Übereinstimmung mit sich selbst, auch die von Wunsch und Realität, ist prozessualer Natur: man stellt sie immer wieder her. Der Mensch ist ein *Projekt* (*Garaudy* 1977, S. 117), jedoch nicht eines der Sozialarbeit oder sonst einer Agentur der Gesellschaft, sondern ein Projekt, in dem das Individuum unternimmt, sich subjekthaft einzurichten, in dem es vorankommt oder scheitert – und noch im Scheitern eine Identität bewahrt. – Im Einzelfall wird sich diskursiv ergeben, ob etwa jemand nichtseßhaft ist, weil er „aus seiner Bahn" geraten, oder ob die Nichtseßhaftigkeit längst zu seiner Lebenskultur geworden ist und nun ihrerseits die Person motiviert. Die Feststellung, welche Einschätzung der Situation gerechter wird, hängt auch von dem lebensgeschichtlichen Moment ab, zu dem sie getroffen wird. Der Sozialarbeiter setzt sich, um seinen fruchtlosen Einsatz zu vermeiden, besser nicht unabhängig von solchen gemeinsam mit seinen Klienten erlangten Erkenntnissen ein. – Daß die Nichtseßhaftigkeit gesellschaftliche Ursachen hat und in ihrer Verbreitung kaum durch Einzelhilfe beseitigt werden kann, steht auf einem anderen Blatt und legt Schlüsse auf einer anderen Ebene der Betrachtung und des sozialpolitischen Handelns nahe.

Bestandsgerecht sein, diese Forderung bezieht noch weitere Gesichtspunkte ein. Im Tätigkeitsfeld des Sozialpädagogen bleibt der Erfolg, oder was gewöhnlich darunter verstanden wird, häufig aus. Wer Fortschritte sucht, tritt auf der Stelle. An der körperlichen oder geistigen Behinderung eines Menschen beispielsweise läßt sich wenig ändern. Das Ziel einer Hilfe wird nicht darin bestehen können, die Schädigung und das mit ihr verbundene Leid zum Verschwinden zu bringen. Der Behinderte ist an seinen Zustand gebunden, er muß mit ihm leben. Mutatis mutandis gilt das auch für kranke und alte Menschen, ja für jedermann, insofern er seine körperliche Verfassung, seine soziale Herkunft, seine Eltern oder die Zeit, in der er nun einmal lebt, nicht wählen kann, sondern sich mit allen diesen und anderen Zufälligkeiten des Daseins abzufinden hat. Kontingent ist, was zwar auch anders möglich, nun aber eingetreten ist und feststeht. Jedes Individuum nimmt eine exzentrische Position in der Welt ein, und die professionelle Sozialarbeit, durchaus mißverstanden, wenn sie gerufen wird, um zur Chancengleichheit und zu einer normgerechten Lebensführung der Bürger beizutragen, nähert sich der *Gerechtigkeit* faktisch und erfüllt die ihr übertragenen Aufgaben auf dem Weg über die Anerkennung der kontingenten Position ihrer Klienten. Aus humanökologischer Sicht trägt eine Person gerade dadurch, daß sie den Raum möglichen Menschseins auf ihre besondere Weise erfüllt, zu ihm bei, in ihrem bloßen Sosein, im guten und im schlechten, mit ihrer Tätigkeit, unterschiedlich begabt, mit gewissen Vorzügen versehen und mit Eigenarten oder Behinderungen. In der exzentrischen Verfassung des Individuums prägt sich die Natur *des* Menschen einmalig aus. Es spiegelt wie eine Monade in seiner Lebenswelt die *ganze,* oder – in der zwingenden Logik eines *Devereux*: ,,Jeder Mensch ist ein vollständiges Exemplar *des* Menschen, und wenn man ihn auf allen Ebenen erforscht, ist sein gesamtes Verhalten ein vollständiges Repertoire allen menschlichen Verhaltens" (1978, S. 171).[13] Ein körperliches oder geistiges Handicap nimmt der Person, wie etwa die Anthroposophen betonen, nicht die Möglichkeit vollen Menschseins. Der Erfolg von Sozialarbeit besteht oft allein in dessen Pflege, wie derangiert es auch erscheinen mag.[14]

Persönliches Schicksal realisiert ganz konkret, indem die Wünsche von Menschen ihr anheimfallen, die gesellschaftliche Situation. Reduzieren wir sie weder thematisch, kategorial noch methodisch, behält die dem Helfer begegnende Lebenswelt seiner Klienten ihre ökologische Komplexität, der man nur assoziativ beikommen kann mit der eigenen Phantasie und Erfahrung der Realität. Man *ist betroffen* von der im gemeinschaftlichen Oikos vorkommenden Not und Bedürftigkeit. Der Sozialarbeiter nimmt ein tätiges Interesse am Leben in diesem (vorgestellten und tatsächlichen) Oikos, weil er der Raum ist, in dem er Wunsch und Realität ein wenig näher bringen will. Dazu hilft eine Art Wahrnehmung der letzteren, mit der sonst menschliche Wirklichkeit nur belletristisch abgebildet wird – in den Romanen Zolas und Dostojewskis und auf der Bühne von Gerhard Hauptmann oder im bürgerlichen Trauerspiel eines Ibsen. An Deutlichkeit und Genauigkeit übertrifft ein Roman nicht nur die Studien des Alltags, zu welchen sich die empirische Sozialforschung fähig zeigt, er ist in seiner subjektiven dichterischen Beobachtung auch wahrer, weil er das Einzigartige einer jeden Lebensgeschichte so wiedergibt, daß der Leser an ihr feststellen und nachfühlen kann, „so ist" bzw. „so war das Leben". Analog mag der Sozialarbeiter an die Lebensgeschichten, die ihm begegenen, verständig anschließen, wenn er eine Lernerfahrung macht, von der *Rogers* meint, sie sei höchst lohnend, weil sie ihm „das Gefühl der engen Verwandtschaft mit anderen Menschen" gegeben habe: *„Das Persönlichste ist das Allgemeinste."* Es sei wahrscheinlich gerade das Element, „das in seiner Mitteilung andere am tiefsten ansprechen wird" (1976, S. 41 f.). Wie sollte es gelingen, im gesellschaftlichen Ansatz der sozialen Arbeit die Forderung nach Individualisierung[15] zu erkennen, gäbe es nicht im Umgang und rechtfertigte sich nicht alltäglich die Erfahrung, daß das gesellschaftliche Humansystem in der Lebensweise seiner Angehörigen besteht und in menschlichen Bemühungen an ihr sich erweist?

Die vorstehenden Überlegungen zur Wert- oder besser zur (impliziten) Sinnfrage in der sozialen Arbeit fokussieren diese auf den Zusammenhang gelebten Daseins. Wer in der Praxis auf ihn blickt und es im Auge behält, zieht zusätzliche Vorteile aus den technischen Verfahren, Zustände der Person, Probleme und Situationen auseinanderzuhalten und je für sich zu untersuchen und zu klassifizieren in ihrem doch tatsächlich individuellen, untrennbaren Verhältnis zum Akteur. Die als Lebenstätigkeit wahrgenommene Einheit gestattet, die Momente von allen Seiten zu beleuchten, in denen sie im Detail (recht und schlecht) subsistiert.[16] Das Interesse an der Existenz der Individualität, an dem Menschen, mit dem er es gerade zu tun hat, bewegt den Sozialpädagogen, zu den Bedingungen der Subsistenz, nachdem er sie – und was ihr fehlt – fallweise analysiert und diagnostiziert hat, in förderlicher Weise beizutragen. Soweit seine Betreuung sozial geboten und ihm praktisch möglich ist, unterstützt der Sozialarbeiter das Subjekt in dessen *Bewältigungsverhalten* gegenüber Lebensaufgaben und Umweltanforderungen: beide entstammen dem Ökosystem einer sich im Raum ihrer Tätigkeit entfaltenden menschlichen (gesellschaftlichen) Natur und müssen von der einzelnen Person im Handlungsraum gemeistert werden. So realisiert sie die Nische, welche ihr das Ökosystem einräumt.

Es bedarf an dieser Stelle keiner Wiederholung, was über die autopoietische Leistung eines derartigen Systems bereits ausgeführt wurde, um zu bemerken, daß soziale Arbeit natürlich daran mitwirkt, jeweils zu bestimmen, was zum Inhalt der Lebensaufgaben gehört und was zu bewältigende Anforderungen sind, daß also der professionelle Sozialpädagoge vom Oikos her legitimiert ist (über die Legalität seines speziellen Auftrags hinaus), sich „einzumischen". Sozialarbeit konzentriere sich, findet *Haines,* „teilweise auf die Unterstützung und Stärkung von Bewältigungsverhalten, teilweise auf die Befähigung der Klienten, die Aufgaben des Lebens zu verstehen und zu bewältigen und zum anderen Teil auf die Verringerung oder Veränderung der Umweltanforderungen" (1979, S. 87). Der autochthone Charakter der Zielsetzungen rechtfertigt auch ein Eingreifen, sofern es rücksichtsvoll (mit Rücksicht auf den Bestand des betroffenen Subjekts) geschieht.

Es braucht hier nicht im einzelnen durchgespielt werden, wie Sozialarbeit in den traditionellen Formen ,,zwischenmenschlicher Intervention" vonstatten geht: der Helfer ,,versorgt", ,,befähigt", ,,beeinflußt" seine Klienten und ,,bewirkt" etwas bei ihnen bzw. in ihrer Lebenssituation.[18] Die personzentrierten Vorgehensweisen werden ergänzt und häufig ersetzt durch ,,*Umweltinterventionen*" (*Haines*), durch die dem Klienten mittelbar zu helfen ist: der Sozialarbeiter spricht z. B. mit Menschen in dessen Umgebung, bewegt Angehörige zu einer Veränderung ihres Verhaltens oder nimmt sonstwie Einfluß auf das soziale System, in dem der Klient Schwierigkeiten hat bzw. von dem er Unterstützung braucht. Der Helfer mobilisiert des weiteren kommunale Ressourcen, die der bedürftigen Person und anderen zugute kommen. Diese Art ,,Interventionen" gehen unvermittelt über in (sozial)politische Aktionen von Sozialarbeitern in ihrer Gemeinde und darüber hinaus, die sie im Bündnis mit anderen politischen Kräften unternehmen. Der Fokus professionellen Handelns verschiebt sich: Die soziale Aktion im Gemeinwesen mag ihren Ausgang von einem konkreten Einzelfall nehmen; sie richtet sich jedoch auf Veränderungen im Meso- und Makrosystem der gesellschaftlichen Verhältnisse ein. Der Sozialpädagoge konzentriert sich vielleicht gemeinsam mit seinen Kollegen auf Öffentlichkeitsarbeit zugunsten einer benachteiligten Gruppe, auf Probleme der Stadtsanierung, auf die Verbesserung von Lebensbedingungen im Siedlungsraum oder auf Aktionen zugunsten oder gegen eine bestimmte Politik. Diese Tätigkeiten verdrängen konzeptionell die Aufmerksamkeit nicht, die dem individuellen Leben gewidmet wird, und sie müssen das auch praktisch nicht tun. Im Gegenteil: was Sozialarbeit von anderen gesellschaftlichen Aktionen unterscheidet, ist ihr vermittelnder, intermediärer Charakter, auf jeder Ebene die konkreten Belange von Menschen unter Berücksichtigung übergreifender Ordnungen zu vertreten.

Beteiligt der Helfer sich an den weiterreichenden Aktivitäten, die auf die Gesellschaft und ihre Zustände bezogen zum umfassenden Begriff sozialer Arbeit in ihr gehören mögen, die zentripetale Ausrichtung der beruflichen Praxis auf konkrete Lebensbedingungen dauert auch dann fort. Im Alltag beanspruchen den Sozialpädagogen die Problemlagen einzelner Menschen; er sucht ihnen auf direktem oder indirektem Wege abzuhelfen. Ihre Komplexität ist sein Kreuz. Er wird ihr prinzipiell nur unzureichend gerecht; wenn er Erfolge erzielt, so sind sie intermediär im Prozeß des sozialen Lebens, zu dessen Unterhalt er beiträgt. Er nimmt sich (anders als etwa ein Verhaltenstherapeut) sinnvollerweise vor, auf Lebenstätigkeit in *molarer* Größenordnung einzuwirken und organisiert sein methodisches Handeln auf dieser Ebene.[19] Dementsprechend werden gewöhnlich seine Aufgaben beschrieben. Der Sozialpädagoge ist beispielsweise in einem Jugendhaus tätig und gestaltet mit den Besuchern deren Freizeit (einen Musikabend, eine Diskussion); er berät eine Familie in zwischenmenschlichen Konflikten, beteiligt sich an der psychosozialen Arbeitsgemeinschaft zugunsten einer kommunalen Versorgung psychisch Kranker; er betreut Kinder in einem Hort (leitet sie bei den Hausaufgaben an, spielt mit ihnen) oder lebt mit ihnen in einem

Heim zusammen (möglichst mit dem Curriculum des Familienlebens); er begleitet die Resozialisation von Haftentlassenen oder unterstützt im Umkreis einer Sozialstation alte und behinderte Menschen (macht Krankenbesuche, erledigt Besorgungen). Insgesamt kommt seine Tätigkeit, verbunden mit dem Handeln anderer, dem verstreuten Potential zugute, aus dem heraus Menschen ihr Leben bewältigen. Der prätentiös klingende Ausdruck „Potential" zeigt an, daß sie einer jeweils vorhandenen Gesamtheit durchaus zufällig etwas entnehmen. Die Betonung liegt auf den Handlungs- und Lebens*möglichkeiten*, den Chancen. Häufig ist die Formulierung angebracht: Sozialarbeiter wirken dem Verlust an humanem Potential, wo er einzutreten droht, aktuell vorkommt oder bereits geschehen ist, entgegen. Wie weit ausholend und auf welchen Umwegen praktische Sozialarbeit diesen Effekt erzielt, er läßt sich an den Lebenslagen auf der Ebene individuellen Daseins ablesen.

Melioration und Haushalten

Unter dem ökologisch-ökonomischen Gesichtspunkt der Haushaltung betrachtet, finden wir professionelle Sozialarbeit an gefährdeter Stelle appliziert, um das *„Humanvermögen"* zu erhalten resp. wiederherzustellen, mit welchem Titel *Krüsselberg* das Handlungspotential im Rahmen einer sozialen Umwelt belegt, eine Bestandsgröße, die sich für ihn aus dem „Arbeits-" und dem „Vitalvermögen" der Menschen zusammensetzt (1977, S. 238 ff.). Ausdrücklich in Weiterführung von *Achingers* Konzeption (1958) der Sozial- als Gesellschaftspolitik möchte der Ökonom *Krüsselberg* mit dem Oberbegriff Humanvermögen die zentrale Rolle der individuellen Handlungspotentiale physischer, psychischer, sozialer und kultureller Art als des Bestandes an menschlichen Ressourcen für sozialpolitische Zielsetzungen betonen. Die genannten Potentiale „gründen sich auf (körperliche, geistige und seelische) Gesundheit, auf Werthaltungen, Fertigkeiten und Wissensfonds" (1979, S. 166). Der Autor schlägt vor, als Objektbereich von Sozialpolitik „die *gestaltende Einflußnahme* von mit Handlungsmacht und Legitimation ausgestatteten Akteuren *auf a) die Bildung und b) die Erhaltung von Humanvermögen"* zu betrachten (1977, S. 240). Während die Sozialpolitik alter Prägung sich vornehmlich der Reproduktion des *Arbeitsvermögens* gewidmet habe, investiere die „neue" Sozialpolitik merh in sein Pendant, das *Vitalvermögen*. Damit[20] „wird jenes individuelle Handlungspotential bezeichnet, das durch Grundleistungen für die Einzelexistenz begründet wird: Vitalvermögen ist insbesondere jener Teil des persönlichen Handlungspotentials, der Verhaltenssicherheit durch den Aufbau von Werthaltungen, von Handlungsorientierungen und durch Gesundheit konstituiert" (1979, S. 166). – Sich mikropolitisch einrichtende soziale Arbeit ist per se (in der Form der Selbsthilfe, des freitätigen Engagements und der staatlich organisierten bzw. subventionierten Institutionen) ein gewichtiger Faktor in diesem Vermögen. Das

Handlungspotential erweist sich als reproduktiv: überindividuell bildet und erhält es sich selber. Der gemeinte dissipative Bestand „lebt" im Prozeß seiner Aktivierung.

Es dürfte sich bei dem Konzept „Humanvermögen" um einen ausbaufähigen Ansatz handeln, zumal *Krüsselberg* dessen interdisziplinäre Verwendung vorschlägt. Zunächst begünstigt die vermögenstheoretische Perspektive nach Meinung *Krüsselbergs* „die Vermittlung zwischen Mikro- und Makroperspektiven" (1977, S. 252). Während nun makroperspektivisch die politischen Einflußnahmen erfolgen und die investiven Entscheidungen getroffen werden, widmet sich die Sozialarbeit dem Vermögen im Detail dort, wo sich die „Frage nach der Bildung und Zerstörung individuellen Handlungsvermögens im Sozialisationsprozeß oder in einem Prozeß der Desozialisation" stellt (ebenda). Der Praktiker meldet die im Verlauf seiner Arbeit ausgemachten „strukturellen Negativitäten" (*Rüstow*) der kommunalen und staatlichen Politik zur Behebung an und unterstützt in der Gemeinwesenarbeit Bestrebungen, sie vor Ort zu beseitigen. Er trachtet selbst, individuelles und zwischenmenschliches Vermögen zu verbessern, indem er sozialpädagogisch in der außerschulischen Erziehung von Kindern und Jugendlichen an dessen Aufbau mitwirkt, in der Beratungssituation die Nutzung von Handlungspotentialen bespricht oder die Zerstörung von Vitalvermögen (bei Drogenmißbrauch, reaktiver Depression oder Suizidgefahr) durch Krisenintervention abzuwenden sucht. Ist er Gesundheitsarbeiter, stärkt er in einer Form von Prävention das physische Handlungspotential von Menschen, als Kulturarbeiter regt er kreatives Tun an, durch dessen Existenz es vermehrt und verbreitet wird. Gewiß erlaubt die Rede von „Vermögen" nur eine aggregierte Auffassung der Akte, die es im einzelnen, molekular realisieren, beläßt ihnen aber auch den Zusammenhang, in welchem sie in der Lebenswelt ihren Wert und Sinn haben und im Falle des Ausbleibens einen Verlust bedeuten.

Die molare Auffassung menschlichen Tuns sowie der Verhältnisse, unter denen es sich vollzieht, die Annahme also, das Humanvermögen bestehe aus Einzelpotentialen, die eine bestimmte Qualität besitzen, legt in der Sozialarbeit komplexe Verfahren anhe, die sich von den hergebrachten Interventionstechniken bereits durch die weichere Art der Metonymie unterscheiden: Verfahren des *Arrangements,* der *Interpretation* und der *Animation.* Das erstgenannte kommt zum Beispiel bei der Herstellung eines therapeutischen Milieus zur Anwendung. Man versucht, ökologisch wirksame Faktoren in eine günstige Konstellation zu bringen. Jede Einrichtung, mit der zur äußeren Versorgung oder zur inneren Stabilisierung eine Struktur gebildet resp. neu geordnet wird, bedarf des Arrangements. Sozialarbeiter arrangieren einen Heimaufenthalt, eine Kur, ein Gruppentreffen, eine Aussprache, ein Rollenspiel von Kindern usw. Mit *Interpretation* sei allgemein die (kulturelle) Leistung der sozialen Arbeit angesprochen, durch die eine Transformation von Vorstellungen, Orientierungen und sonstigen handlungsleitenden Kontexten erreicht wird. Die Interpretation verändert das Feld der Wahrnehmung und über die Kognition die Lebensführung. *Animation* schließlich soll die Anregung zu Lebenstätigkeiten, zur sozial-emotionalen Produktivität auf den verschiedensten Gebieten bezeichnen. Typischerweise geschieht die Animation in einem Vermittlungsprozeß, der die Begegnung mit Personen, Materialien und Situationen mit sich bringt, die als *Medien* die eigene Lebenstätigkeit erweitern und intensivieren.

Die drei genannten Vorgehensweisen finden wir häufig miteinander kombiniert vor. Jede nimmt, wie unschwer zu erkennen, in einer anderen Dimension Einfluß auf das Verhalten, wobei das Arrangieren zunächst physisch, dann aber auch sozial-emotionale und kognitive Auswirkungen hat. Viele psychosoziale Probleme rühren daher, daß eine für die Person gegebene Umwelt nachteilig für sie ist: die Familie wohnt in einer zu engen Wohnung, für das Kind fehlt ein Platz im Tagheim, die berufliche Situation befriedigt nicht, es mangelt an Kontakten in der Nachbarschaft. Die Tätigkeit von Mitarbeitern der allgemeinen Sozialdienste besteht zu einem erheblichen Teil darin, hier etwas zu arrangieren, Erleichterungen (facilities) ausfindig zu machen oder zu schaffen. Die Sozialarbeiter werden auch versuchen, zum nämlichen Zweck auf die kommunale Ausgabenpolitik, den Wohnungsbau und die städtebauliche Planung, auf die Humanisierung der Arbeitswelt und die Gestaltung von Freizeiträumen Einfluß zu nehmen. Der Sozialarbeiter arrangiert, soweit er kann, Verhaltensumfelder, Kontexte, mit denen sich dann die Menschen, die in ihnen leben und sie nutzen, ihrerseits „arrangieren" müssen. Er und der über Investitionen entscheidende Sozialpolitiker benötigen Kenntnisse über das Leben in relevanten Bereichen und ihren *behavior settings (Barker)*, etwa eines Kinderheims, eines Altentreffs oder eines Kommunikationszentrums für Jugendliche, einer heilpädagogischen Gruppe, um sie passend zu nutzen. Im größeren Rahmen ist das Ziel die optimale Kommune; im Alltag ist man schon froh, einen Lebensbereich sanieren oder ihn nach und nach transformieren zu können.[21]

Da die Wahrnehmung einer Situation darüber entscheidet, in welcher Weise sie zum Befinden einer Person beiträgt, vermag der Sozialarbeiter nicht selten auf dem Wege der *Interpretation* ähnliche Änderungen zu erreichen, wie sie durch kontextuelle Umstellungen zustande kommen. Sozialpädagogen bringen nicht nur Kindern und Jugendlichen, die sie betreuen, Wissen nahe und geben ihnen Erklärungen und Erläuterungen, sie legen auch Erwachsenen eigenes und fremdes Verhalten und dessen Sinnzusammenhänge aus. Subjektive Auffassungen werden mit objektiven Gegebenheiten vermittelt und vice versa. Der Versuch allein, jemanden mit einem Sachverhalt vertraut zu machen, in der Kodierungsarbeit für ihn seine Sprache zu sprechen, hält schon Kommunikation aufrecht. Im Grenzfall genügt die bloße Mitteilung (um Vertrauen zu erwecken); die Interpretation muß nicht gelingen. Vermittlung von Bedeutungsgehalten besitzt eine Bandbreite von schlichter Übersetzungshilfe im Umgang mit Behörden bis zur Erschließung einer Weltanschauung an einem und der psychoanalytischen Deutung am anderen Ende. Dabei sollte beachtet werden, daß Sozialarbeiter ihr Geschäft nicht einzig per sprachlicher Kommunikation besorgen, vielmehr ihre ganze Person beiläufig einsetzen: so wie sie auftreten, bestimmte Haltungen einnehmen und ein Vorbild sind. Der Interpret muß, wenn er – zugespitzt auf eine Aussage – den Zustand der Lebenswelt spiegelt, überzeugen.

Die soziale Arbeit enthält etwas *Animation* auch dort, wo diese nicht eigens unternommen wird. Man könnte bei der heutigen Verbreitung des Wortgebrauchs meinen, als selbständige Berufstätigkeit gehöre Animation der Touristikbranche an; es gab sie jedoch als Begriff zuerst in der Jugend- und Freizeitarbeit sowie in deren soziokulturellem Umfeld, und viel älter ist die Sache. Fern aller Professionalisierung muß von jeher ein Wirt sehen, daß er seine Gäste zu allerlei Geselligkeit, mehr Essen und Trinken eingeschlossen, animiert. Der Wirt in seinem Oikos ist wie der Animateur, dessen sich ein Reiseveranstalter bedient, ein Mittler, der für Kommunikation sorgt und für sinnreiche Beschäftigungen, und er fördert katalytisch die Mitteilsamkeit und wechselseitige Anregung derer, die sich bei ihm einfinden. – Den Begriff Animation hat die deutsche Sozialpädagogik in den siebziger Jahren aus Frankreich übernommen, wo man des längeren Verfahren der „animation socio-culturelle" und der „animation socio-educative" kannte. *Opaschowski* (1979) verweist auf den Ursprung der Animation als freizeit-kultureller Breitenarbeit im Gedankengut der Aufklärung. *Rousseau* habe dem Theater seiner Zeit seinen Volkscharakter wiedergeben wollen (1979, S. 53). Feste, Spiele, Zeremonien, kreatives Tun unter Beteiligung von jedermann bzw. die Anregung dazu sind der Gegenstandsbereich von Animation im engeren Sinne. Die Verbindung von Freizeit und Bildung nahm speziell der Europarat zum Anlaß, zur Verbreitung der Animationsidee beizutragen.[22] Eine alternative Theaterarbeit für und mit Kindern (Animazione) wurde Ende der sechziger Jahre in Italien entwickelt (vgl. *Opaschowski* 1979, S. 66 ff.).

Der Animateur arbeitet in der Regel mit Gruppen. Hat er sie zur Kommunikation und zu einem kreativen Tun angeregt, kann er darauf bauen, daß die einmal erzeugte Stimmung und das Klima in der Gruppe ein selbständiges Weitermachen „beseelt". Die Animation stellt einen sinnlichen Körper her, dem sich der Teilnehmer zugehörig fühlt. Hier sei nun die Methodik und Didaktik der Animation nicht im einzelnen beschrieben (hierzu *Opaschowski* 1979, S. 87 ff.). Hervorzuheben ist, daß eine ernsthafte Animation nicht in erster Linie die Leute beschäftigen und ihnen Erlebnisse verschaffen soll (wozu das Touristikunternehmen sie indes gut gebrauchen kann). Der Sozialarbeiter als Animateur[23] möchte eine bessere Bewältigung von Lebenssituationen und sozialen Problemen dadurch erreichen, daß er seine Klienten zur Ausübung (und somit zur Entfaltung) von Fähigkeiten stimuliert – sensibel für Sachverhalte zu sein, Kontakte zu pflegen, sich in Gruppen zu engagieren, sich vielfältig auszudrücken, gegenwärtig existentiell anwesend, etwas spontaner und flexibler und solidarischer im Verhalten zueinander zu sein. Tiefenpsychologisch gesprochen, geschieht bei erreichter Animation ein intensiver libidinöser Verkehr (Zufuhr und Abfuhr) zwischen Selbst und Umwelt. Menschen werden in das Medium einer ihnen kommunen Lebenssphäre gezogen, die das Potential dafür, zuvörderst die Personen als aktiv sich beteiligende, enthält. Das *System* ihrer Beziehungen *belebt* sich – im Gegenzug zu einer im Alltag fortschreitenden Sinnentleerung – in der medial angeregten Tätigkeit; es gerät neu in Erfahrung; je nach Thema offenbart sich die psychische Szene der Gruppe, die biotische Szene der umgebenden Natur, die politische Szene öffentlicher Angelegenheiten – sinnvermittelnd, weil Lebens- und Handlungsmöglichkeiten erkennbar werden.

Erst jenseits des Beitrages, den Animation zu einer besseren *privaten* Unterhaltung leistet, wird die Methode per se zur sozialen Arbeit: Aus einer Gesprächsrunde entwickelt sich eine Initiative, Einzelerfahrungen bilden ein künftig handlungsleitendes Bewußtsein aus, die Praxis des Miteinanderumgehens in einer Nachbarschaft ändert sich, aus Geselligkeit wird Jugendarbeit. Finden sich Menschen, die an Sanierungsfragen in ihrem Stadtteil oder etwa an einem alternativen Lebensstil interessiert sind, zusammen und animieren sich gegeseitig, ihre Absichten zu veröffentlichen, machen sie ihr Anliegen zu einem gesellschaftlichen Faktum, das Sozialarbeiter unterstützen und aufgreifen und an andere Menschen, die regional betroffen oder in ähnlicher Situation sind, herantragen können, sofern es nicht ohnehin schon Thema von Diskussionen, also gesellschaftlich „in Arbeit" ist. In diesem größeren Rahmen unterhält der Sozialpädagoge zirkuläre Vorgänge der Bewußtseinsbildung und Bewußtseinsveränderung, durch die strukturelle Probleme und Verschiebungen lebensweltlich akut werden. Die dann stattfindende soziale Arbeit, und zwar gleichgültig, inwieweit Professionelle an ihr teilhaben, *ist* gewissermaßen die erstrebte Animation.

Das Selbstverständnis von Sozialarbeit verschöbe sich erheblich, stimmten ihre Vertreter dieser Beschreibung zu. Die berufliche Tätigkeit erschiene als ein im Beschäftigungssystem besonders eingerichtetes Moment von Prozessen der sozialen Arbeit, die auch ohne es ablaufen, von ihm allerdings steuernde Impulse empfangen. Die angestellten Helfer, ihre Klienten oder diejenigen, die sich in Selbsthilfegruppen und Bürgerinitiativen organisieren, gehören dem gleichen gesellschaftlichen Gefüge an und sind in ihm hintergrundsverbunden, verstehen sich immer schon vorgeregelt aufeinander. Ihre Aktivität impliziert bereits Interpretationen, ein Animiertsein, und ihr liegt ein kontingentes Arrangement zugrunde. Diese Konstellation beschränkt und erweitert die berufliche Aufgabe. Was die Sozialarbeiter von anderen an ihrer Tätigkeit interessierten gesellschaftlichen Gruppierungen, den paraprofessionellen Helfern und den „Laien" unterscheidet, dürfte ihre zugleich person- und gesellschaftsbezogene Deutungs- und Handlungskompetenz sein, diskret und kontinuierlich kooperierend kleinteilige Sachverhalte und Verhalten in Situationen mit den Zusammenhängen des Ganzen zu vermitteln, wozu sie sowohl die Beweggründe in den Nischen individueller Lebensführung als auch die Strukturen kennen müssen, in denen sie sich abspielt. Der Sozialpädagoge nutzt (in Ausbildung und Praxis zu gewinnende) ökologische Transparenz; sie erlaubt ihm, verschiedene Ansichten zu einer Situation und diverse Handlungen zu ihrer Bewältigung zu verknüpfen. Dem Durchblick dienen politökonomische, triebökonomische, sozialökologische, gesundheitliche, pädagogische und andere Erkundungen gleichermaßen. In ihrem vieldimensionalen Horizont haben lebensgeschichtliche Ereignisse, Probleme sozialer Gruppen, administrative Regelungen, wirtschaftliche Entwicklungen einen systemischen Ort, ihre Ebene und ein komplexes Verhältnis zu einander. Den Sozialarbeiter beschleicht vor soviel Verflechtung ein Gefühl der Hilflosigkeit. Dagegen kommt nur die Subjekthaftigkeit auf, die ihm einen kontingenten Standpunkt und Beschränkung im Handeln erlaubt.

Der Sozialpädagoge befindet sich in Blick auf die gesellschaftlichen Rahmenbedingungen, auch auf die zeitgenössische Lebenskultur, mit *in* dem Haushalt, in dem auch seine Klienten leben. Er hat in der Regel nicht *für sie*, sondern *mit* ihnen zu handeln. Seine einzelheitliche persönliche Hilfe, von Interventionen im Notfall abgesehen, ändert die Situation kaum durchgreifend; sein Vorgehen braucht demnach auch nicht unter Berücksichtigung aller Momente optimiert zu werden. Lineare Verbesserungen, die man bei Beschäftigung mit einer Komponente im Leben von Menschen erreicht, sind eher von vorübergehendem Wert. Da „Behausung" vor „Verbesserung" geht, wie *Polanyi* sagte, überforderte der Sozialarbeiter sich unnötig, konzentrierte er sich auf bestimmte (sozial oder therapeutisch vielleicht wünschenswerte) Modifikationen. Es sei an die Methodik des Inkrementalismus erinnert. Die Menschen, mit denen der Sozialsrbeiter zu tun bekommt, „wissen" für gewöhnlich, was ihnen in ihrer Situation gut tut, – sie brauchen Anregung und Unterstützung, es zu artikulieren und es auf günstigen Wegen zu verfolgen. Darüber läßt sich eine (intersubjektive) Verständigung herbeiführen, welche erleichtert wird von den herbeizitierten Gemeinsamkeiten im Kontext des Lebens des Sozialarbeiters und seines Klienten. Im sie verbindenden Alltag (wie man lebt in dieser Zeit und unter den Umständen) erschließt sich beider Alltag, der gelingen soll (*Thiersch* 1978a). Die Transaktion von Sozialarbeiter und Klient ist eingebettet in einem über sie hinausreichenden Raum und Transaktionsprozeß, den sie – vielleicht nur an einer Stelle – aufnehmen und für sich bewegen.[24] Es muß also gemeinsam ausgehandelt werden, was wichtig ist und wie es angestrebt werden soll. Diese Orientierung reduziert die Vielfalt der objektiven Zusammenhänge wieder auf einen Strang, an den man sich halten kann.[25]

Beansprucht der Professionelle die soziale Arbeit nicht für sich und die ihm gestellten Aufgaben allein, erkennt er eher in alternativen Gruppen und unkonventionell soziale Beziehungen pflegenden Einzelnen seine Verbündete. Sie haben z.B. Wohngemeinschaften vor ihrer Einführung als Hilfeform ausprobiert, begonnen, mit Behinderten, mit Drogenabhängigen und Alkoholikern zusammenzuleben, haben neue Möglichkeiten der Heim- und Familienpflege versucht. Einige sind kommunalpolitisch aktiv, andere demonstrieren einen Lebensstil, der jedenfalls die animierende Wirkung in der Gesellschaft hat, daß über den eigenen Lebensstil nachgedacht wird. Für den Kontext von Sozialarbeit wichtig sind verbreitet auftretende Veränderungen im Arbeits- und Freizeitverhalten junger Menschen: es divergiert immer mehr, und sie orientieren sich in ihrer Alltagspraxis zunehmend an den

„postacquisitiven" Werten, welche sie in der alternativen Szene propagiert finden. Mit der Entwicklung und Streuung von veränderten Identitätsmaßstäben und Normalitätsvorstellungen wird es immer schwerer, zwischen problematischen und unproblematischen Verhaltensweisen und Lebensumständen zu unterscheiden (*Japp/Olk* 1981). Die genannten Gruppen tragen somit dazu bei, daß ein *Funktionswandel* der Sozialarbeit eintritt (bzw. ein Wandel des Bildes, das man sich von ihr und das sie sich selbst macht). *Japp* u. *Olk* meinen, deren herkömmliche Funktion, welche die Autoren mit anderen in der Eingliederungsorientierung sehen – „(Wieder-)Herstellung von tauschbezogenen Identitätsstrukturen zum Zwecke der Eingliederung in den Arbeitsmarkt" (1981, S. 144) –, verliere an Bedeutung. Ein neues Schlüsselkonzept von Sozialarbeit erscheine: sie müsse nun „zu einer *Konventionalisierung*" alternativer Lebensmuster sowie von arbeitsmarktexternen Lebens- und Produktionsformen" beitragen. Erkennbar bilde sich allmählich eine neue „lebensstilorientierte Identität" anstelle der „traditionell-tauschbezogenen Identität" aus. Da zugleich die hergebrachte Lebensweise in Beruf und Familie problematischer und unsicherer werde, müßte sich Sozialarbeit „ins Unermeßliche" ausweiten, „würde sie nicht versuchen, neue Möglichkeiten zur selbständigen Lebensführung und informellen Selbsthilfe zu erschließen und zu nutzen" (1971, S. 162).

Sozialarbeiter vollziehen auf der Mikroebene ihres Einsatzes, wenn sie nicht der Routinisierung des Helfens erliegen und nur noch zur Rechfertigung des formellen Apparats dienen wollen, die sozialen Bewegungen mit, denen sie sich teils angehörig, teils verpflichtet fühlen. Die Subjekte in der Bewegung und die gesellschaftliche Diskussion, die mit ihrem Auftreten verbunden ist, bestimmen, was Melioration, die auf den Wegen des Arrangements, der Interpretation und der Animation in zugleich komplexen und brüchigen Lagen angestrebt wird, konkret heißt und zum Inhalt hat: Im Prozeß des Aushandelns versichert man sich der zu treffenden Entscheidung. Wenn die Sozialarbeit effektiv bleiben will, muß sie den lebensweltlichen Dispositionen über reale Verbesserungen folgen. Ohnehin läßt sich die persönliche Hilfe, nachdem sie sozialpolitisch neben der geregelten (verrechtlichten) materiellen Hilfe einmal zugestanden worden ist, nicht wie letztere in einer Dienststelle fertig bereitstellen und von dort bei Bedarf abrufen bzw. liefern. Erst vor Ort, im Gewebe von Lebensgeschichten, situationsabhängig kann mit Aussicht individuell geholfen werden, wozu der Sozialarbeiter eine längere und breite kontinuierliche Kommunikation braucht. Es funktioniert nicht, auf gewisse Informationen hin diskontinuierlich Ratschläge an Hilfesuchende zu „adressieren". *Persönliche* Hilfe resultiert in eine kooperative Eigenleistung. Der Sozialarbeiter sucht lieber die Familie zuhause auf, als daß er sie zu sich in seine Sprechstunde kommen läßt; er betreibt Straßensozialarbeit; er organisiert Gruppentreffen, auf denen die Beteiligten untereinander und mit ihm Erfahrungen austauschen. Es bleibt offen, wie man fortfahren wird. Das Praxis-Kontinuum (*Lowy* 1973) reicht von der Mikrosphäre der Beziehungsarbeit zwischen zwei Menschen bis in die Makrosphäre der politischen Aktion, von den gesellschaftlichen Leiden, die sich im normalen Elend manifestieren und seinetwegen Besserung verlangen, in das Verlangen nach Besserung aus ,,Leiden an der Gesellschaft" (*Dreitzel* 1968). Wir sehen Sozialpädagogik in diesem Kontinuum übergehen in generelle soziale Arbeit und umgekehrt.

Der methodischen Auflockerung korrespondiert der makropolitische Perspektivenwechsel. Längst gelingt es nicht mehr, das Feld der beruflichen Sozialarbeit vorzüglich *an den Rändern* des Gemeinwesens zu lokalisieren. Potentiell jeder Bürger kommt in die Lage, sie zu beanspruchen. Alkoholismus, Schulschwierigkeiten der Kinder, Pflegebedürftigkeit im Alter, Jugenddelinquenz, Behinderungen, psychosoziale Überforderung sind ubiquitär. Vielleicht läßt sich *ein* Problembereich in der Gesellschaft durch soziale Maßnahmen eingrenzen, dafür nimmt dann ein anderer größere Ausmaße an. Folgen von Arbeitslosigkeit treten neben den Formen von ,,Wohlstandsverwahrlosung" auf. Einmal eingerichtet, finden die allgemeinen Sozialdienste stets genug zu tun. In ihrem einflußreichen Werk über Industriegesellschaft und soziale Arbeit in den USA sahen vor Jahren *Wilensky* und *Lebeaux* (1958) zwei sozialpolitische Konzeptionen für die Wohlfahrtseinrichtungen vorherrschen, die *residuale* und die *institutionale* Auffassung. Entweder glaubt man die Dienste dafür geschaffen, daß sie als Lückenbüßer einspringen, wenn als naturwüchsig betrachtete soziale und wirtschaftliche Institutionen wie die Familie oder der Markt ihre Funktion nicht erfüllen, oder die Dienste gelten als normale Ausstattung der Industriegesellschaft.[26] Die Wohlfahrtspolitik in den USA verstand sich bis in die Zeit der Weltwirtschaftskrise von 1929 in einer residualen Funktion. Erst danach habe die Einsicht an Boden gewonnen, daß jedermann in soziale oder psychische Not geraten könne und in einer demokratischen Gesellschaft, die sich von den Werten der Sicherheit, Gleichheit und Humanität leiten lasse, Unterstützung beanspruchen dürfe. "Social welfare becomes accepted as a proper, legitimate function of modern industrial society in helping individuals achieve self-fulfillment. The complexity of modern life is recognized. The inability of the individual to provide fully for himself, or to meet all his needs in family and work settings, is considered a 'normal' condition; and the helping agencies achieve 'regular' institutional status" (*Wilensky/Lebeaux* 1958, S. 140). In der Praxis versuche man beide Konzepte zu kombinieren. Bekanntlich ändern sich die Sozialpolitik und die Staatstätigkeit in deren Sektor mit der wirtschaftlichen Konjunktur (*Piven/Cloward* 1977); bei Ebbe in der Staatskasse gewinnt die residuale Auffassung an Boden.

Die ökonomische Abhängigkeit betrifft den Einsatz an Mitteln, die Schaffung von Einrichtungen und von Planstellen bei den Trägern, – also die soziale Arbeit in der zweiten Bedeutung. Die Wohlfahrtsgesellschaft hat in der Phase ihres Aufschwungs mit dem institutionalen Status des ,,sozialen Netzes" einen hohen Bedarf an entsprechenden Dienstleistungen anerkannt und begonnen, diverse Beratungsstellen, andere ambulante Hilfen und auch neue stationäre Zentren zu schaffen und mit Fachpersonal auszustatten. Im

Programm der Politiker und Planer machte die soziale Arbeit den schier unausweichlichen Trend zur Dienstleistungsgesellschaft mit. Während nun der Begriff „soziale Dienste" vormals Formen einer erweiterten Hausarbeit bezeichnete und sich, Frauendienstbarkeit im Reproduktionsbereich bemäntelnd, in dem Sinne vestehen und gebrauchen ließ, daß mit ihnen in irgendeiner subsistenzsichernden Weise der „Gemeinschaft" gedient werde, verkauft sich Sozialarbeit, die sich auf dem *Markt der Dienstleistungen* spezialisiert und dadurch an Professionalität zu gewinnen hofft, als ein konsumierbares Angebot, welches prinzipiell durch ein anderes zu ersetzen wäre. Suche ich Rat oder verspreche ich mir etwas von einer Therapie, wähle ich zwischen einer Psychologenpraxis, einem Arzt, einem frei praktizierenden Sozialarbeiter bzw. zwischen den Unternehmen, die ihre psychosozialen Dienstleistungen in Zeitungsanzeigen einem zahlungsfähigen Publikum anempfehlen. Den Angeboten der Sozialarbeit haftet allerdings der Schönheitsfehler an, daß sie gewöhnlich zum Nulltarif zu haben sind. Ihr Tauschwert ist vergleichsweise gering.

Die Dienstleistungsideologie verleitet berufliche Sozialarbeit, sich nach den Gesetzmäßigkeiten der Ökonomie auszulegen, deren nachteilige Konsequenzen ihr Gegenstand sind. Das Beratungs- und Behandlungsangebot auf dem freien Markt befriedigt immaterielle Bedürfnisse und unterhält sie auch. Die Dienstleistungswirtschaft setzt die Güterwirtschaft im tertiären Sektor fort. Der Konsum von Verrichtungen verdrängt durchaus nicht, wie *Gershuny* (1981) zu zeigen weiß, den Verbrauch an materiellen Gütern; er unterstützt eher die gewohnte Lebensweise, als daß er sie qualitativ veränderte. Der Trend gehe zu einer "self service economy", nicht zu der von *Bell* (1974) erwarteten nichtökonomischen „*kommunalen*" Denk- und Lebensweise. *Gershuny* sieht einen Wirtschaftsprozeß in Entwicklung, in dem industriell und vom Dienstleistungssektor bereitgestellte Güter und Verrichtungen von den Konsumenten dazu benutzt werden, um Bedarfsgüter des Endverbrauchs im eigenen Haushalt direkt herzustellen (*Gershuny* 1981, S. 167). Die Privatisierung, d. h. Entfremdung der Menschen voneinander, nimmt in diesem Szenarium notwendig zu, nicht ab.[27] Sozialarbeit, als Dienstleistung interpretiert, bedeutet eine Investition in Einzelhaushalten; sie fördert deren Isolation, statt sie abzubauen. *Gershunys* ökonomische Überlegungen lassen ihn am Ende eine Strategie empfehlen, die uns unter dem Titel „duales Wirtschaften" bereits beschäftigt hat: eine „Umorganisation der gesellschaftlichen Produktionsgrundlage des Endverbrauchs", welche die Haushalte in Kooperativen verbindet. Als Alternative zur Erwerbstätigkeit in den formalen Wirtschaftssektoren biete sich der Komplex der informellen Aktivitäten an, der die produktiven Tätigkeiten der Hausarbeit, der Bildung und Erholung etc. umfasse und von *sozialen* Wertvorstellungen geleitet werde (*Gershuny* 1981, S. 174 ff.).

Setzen sie ihr Expertenwissen unbesehen ein, tragen die professionellen Dienste mit ihm dazu bei, Menschen zu kolonisieren; auf subtile Weise wird Herrschaft über sie ausgeübt. Von *Illich* (1979) bis *Schelsky* (1975) ist das kritisch festgestellt worden. Zumindest erledigen, d. h. vernichten spezialisierte Sozialdienste viele mögliche Eigeninitiativen. Ein Dienstleistungsunternehmen beschränkt sich überdies auf eine *sachliche* Beziehung zu seiner Kundschaft. Der Sozialpädagoge genügte weder der Individualisierung noch der Gemeinschafts-Beziehung, welche beide ihn persönlich in die Angelegenheiten seiner Klienten verwickeln, in seiner Tätigkeit, führte er sie *geschäftsmäßig* aus. Anders, wenn er sich im Raum von Beziehungen für Zusammenarbeit bereithält. Ihre (der Zusammenarbeit und der Beziehungen) soziale Ökonomie unter nachteiligen Verhältnissen zu realisieren, so ließe sich die weitgefächerte Aufgabenstellung charakterisieren, für die heute sozialpädagogisches Engagement gebraucht wird. Aus ökologischer Sicht duales Wirtschaften zu empfehlen, stimmt mit der ökologischen Einschätzung des Verhältnisses von beruflicher Sozialpädagogik und unabhängig von ihr verbreiteter sozialer Arbeit in der Vorstellung überein, daß die dort empfohlene Eigenarbeit und erweiterte Subsistenz mit den hier zu fördernden Selbsthilfeinitiativen und alternativen Projekten (von Einzelnen, Gruppen und im Gemeinwesen) ein *Weichbild* formen, autopoietisch von den Beteiligten unterhalten, aber doch genährt von der es umschließenden institutionellen Wirtschaft (der Großtechnologie) einerseits und sozialer Administration bzw. sozialpolitischer Diskussion andererseits. Alternatives Wirtschaften und alternative soziale Arbeit gehorchen in ihrem Weichbild beide dem Prinzip, das *Galtung* (1979) "Self-Reliance" genannt hat; zu ihr gehören Authentizität (independence) und Gemeinschaft (interdependence) gleichermaßen.

Das tertium comparationis von Ökotheorie und sozialer Arbeit könnte Konvivialität – Lebensgerechtigkeit – heißen. Bei rücksichtsvollem Vorgehen erscheint die Sozialpädagogik als haushaltendes Tun: einzelheitlich besorgt sie ein erträgliches Zusammenleben, kümmert sich um die Befriedigung von Grundbedürfnissen, verlangt eine gerechtere Verteilung der Güter, Kultur im Umgang, Schutz der Gesundheit, lindert nach Möglichkeit soziale Leiden, organisiert gemeinschaftliche Aktivität. Da der Oikos nicht vorhanden ist außer wieder in dem *haushaltenden Beschäftigtsein* und der an es geknüpften Imagination, also keine Orientierung bietet, muß es auch die Auseinandersetzung um die Frage einschließen, wie und zu welchen Zwecken im Detail die Arbeit geleistet werden soll. Politische Ökonomie, anthropologische Forschungen und Überlegungen, historische Betrachtungen, Soziologie und Psychologie tragen gleich der ökologischen Umsicht insgesamt zu den Antworten bei, über welche schließlich die tägliche Praxis entscheidet, die gelingt und die scheitert.

Amerkungen

1 eine alte Metapher aufnehmend, die seit der neuzeitlichen Auflösung eben des "body politic" (hierzu *Hale* 1974) stets gebraucht wurde, wenn der Versuch seiner Rekonstruktion von innen her einer Stütze in der Anschauung bedurfte.
2 Vgl. die Erörterung der „Wohlfahrtspolizei" bei *Pankoke* (1970). Während zur *politia* des altständischen Gemeinwesens selbstverständlich gehörte, Für- und Vorsorge von Haus/Herr-

schaft und Gemeinde/Genossenschaft aus vorzunehmen, verlangte nun die Emanzipation von derlei Bindungen komplementär polizei- bzw. sozialstaatliche Veranstaltungen (1970, S. 183 ff.).

3 Oder auch die Restauration des alten politischen (am Ende christlichen) Körpers – eine zwar nicht „wissenschaftliche", aber im Denken von Sozialpädagogen seit der Romantik geläufige Orientierung.

4 Mit *Utermann* sei damit der Vorgang gekennzeichnet, „in dem Berufsgruppen sich an Merkmale derjenigen Berufe annähern, die im amerikanischen und englischen Sprachgebrauch 'professions' genannt werden. Diese haben sich zum Teil schon in der Vergangenheit durch ein besonders hohes Maß an Ausbildungshöhe, Ansehen und Einfluß ausgezeichnet. Sie gelten jedenfalls in der Gegenwart – in bezug auf Fachautorität, Praktizierung systematisierten Wissens, Eigenständigkeit und Vertrauenswürdigkeit der Dienstleistung, Bindung an Berufsethik und Berufsgemeinschaft, gesellschaftliche Anerkennung, Stärke der Berufsorganisation und Einkommenserwartung – als besonders qualifiziert" (*Otto/Utermann* 1973, S. 14). Vgl. die Erörterung der Professionalisierungsprobleme bei *Otto/Utermann* (1973) im einzelnen.

5 Oder sie suchen, allerdings meist erfolglos, jene für die Bewegung einzuspannen (wie weiland in der sogen. „Randgruppenstrategie") – also die von ihnen gedeutete Rolle der Sozialarbeit, die sie in der administrativ geregelten Reproduktion der Arbeitskraft und zur Absicherung des Kapitalverwertungsprozesses ausübe, umzufunktionieren.

6 Ähnlich *Vickery*, wenn sie ihre Überlegungen zu einem einheitlichen Modell der Praxis von Sozialarbeit wie folgt zusammenfaßt: Die Sozialarbeiter werden künftig „ihre Einschätzung der Probleme und ihre Planung der Interventionen von einer ‚generalistischen' Ebene aus betreiben müssen; sie werden die Bemühungen einer Vielzahl von Mitarbeitern einschließlich berufsfremder Kräfte koordinieren müssen; sie werden über Zeitpunkt und Art des Einsatzes von Spezialisten befinden müssen; sie werden in die eigene und in ‚fremde' Organisationen intervenieren müssen, sie werden die Sammlung und Streuung der jeweils für eine wirksame Praxis angezeigten Informationen organisieren müssen, sie werden mit vielen Menschen, auch mit Vertretern anderer Berufe, zusammenarbeiten, und sie werden an der Festlegung der jeweiligen Vorgehensweisen mitwirken" (1980, S. 324).

7 Werte zählen hier, vereinfacht ausgedrückt, als *Maßstab* und nicht als *Gut*, wobei die Maßstäbe des Sozialarbeiters (der Gesellschaft) mit den Maßstäben der Hilfesuchenden rechten. Vgl. zur Stellung der Werte im technischen Ablauf die Definition bei *van Beugen* (1972, S. 44), unter „agogischer Aktion" solle verstanden werden „die planmäßige Vorbereitung, Durchführung und Auswertung von auf sozial-technischen Strategien beruhenden Interventionen, die durch ein unabhängiges Dienstleistungssystem ... eingesetzt werden, das dazu eine berufliche funktionale Beziehung der Zusammenarbeit mit einem Klientsystem eingeht, mit der Absicht, Veränderungen herbeizuführen, die das Verbessern der psycho-sozialen Struktur und/oder der Funktionsfähigkeit des Klientsystems beinhalten, wobei die Arbeitsziele innerhalb der Wertvorstellungen diese Klientsystems festgelegt werden, sofern diese nicht in einem Konflikt zu den Wertvorstellungen der Gesellschaft, der beide Systeme angehören, stehen."

8 zit. nach *Bartlett* 1976, S. 231

9 Die Begriffe Option und Ligatur in der erwähnten Unterscheidung bei *Dahrendorf* (1979), hier aber auf die kontingente individuelle Situation angewandt. – In einer Partnerschaft beispielsweise sind der Wille, sie zu erhalten, und die Erfahrung, daß sie vorhanden ist, interdependent. Verheiratet zu sein, impliziert eine Anzahl von Zielsetzungen der Person bzw. schließt andere aus. Sie mag über der „Wert" der Institution Ehe heutzutage die eine oder die andere Meinung äußern, in ihrer eigenen Lebensführung ist sie durch die Partnerschaft praktisch festgelegt: sie hat einen bestimmten Gebrauchswert. Der Platz einer gesellschaftlichen Option wird von einer privaten Ligatur eingenommen.

10 Vgl. die Überlegungen bei *Müller* (1979), die Wertproblematik auf dem Wege einer „ökologischen" Zusammensicht bis zur Frage nach den Bedingungen sinnvollen Lebens zurückzuverfolgen. Man habe authentischen Sinn(zusammenhang) in einzelne Werte atomisiert, um mit ihm, derartig präpariert, analytisch verfahren zu können (1979, S. 263 ff.). In eine wertende Beziehung auch zu sozialen Gegebenheiten eintreten zu können, gehört aber andererseits zu derjenigen Emanzipation, welche die soziale Arbeit an ihnen erst erlaubt. Was in ihr an Sinn rekonstruierbar wird, ist durchaus nicht (allein) der Sinn im status quo ante.

11 Es gilt als Vorteil, wenn der Helfer dem Bedürftigen herkunftsverbunden ist, z. B. selber eine „Drogenkarriere" hinter sich hat, wenn er sich für die Drogenarbeit entscheidet. Aber auch der herkunftsverbundene Sozialarbeiter gehört einer weiteren Lebenswelt an, der er Orientierung entnimmt bei seinem Versuch, den Bedürftigen aus seiner Situation herauszuhelfen.

12 Gerechterweise ist anzumerken, daß kirchliche Sozialarbeit ihrer Intention nach durchaus der Subsistenz selbst („was der Mensch braucht") sich widmet; insofern sind die folgenden Ausführungen auf sie nicht gemünzt. In der Seelsorge unterstellte und konfessionell interpretierte Bezüge erfassen indes nicht alle diejenigen, die der sozialen Arbeit in ganz unterschiedlicher Bindung begegnen.

13 Daß diese Aussage ihre Bestätigung bei *Gelegenheit* der vollständigen Erforschung erfährt und also des Forschers als Menschen und einer Transaktion bedarf, rechtfertigt die Behauptung: jede exzentrische Individualität ist eine Gelegenheit, bei der sich die „Menschheit" exemplarisch zu erkennen gibt. Sie bietet sich innerhalb des Humansystems, und es kommt ihrer Wahrnehmung entgegen, daß der einzelne Mensch auch genetisch einmalig ist (*Medawar* 1969).

14 Der Feststellung, das sei ein realer Erfolg, korrespondiert die Achtung vor der Person, welche Achtung wie die humanökologische Feststellung dem moralischen Handeln und der ethischen Reflexion bereits vorausgesetzt ist. Vgl. des näheren *Plant* (1974, S. 17 ff.), *Butrym* (1976, S. 40 ff.).

15 „Individualisieren heißt, die einzigartigen Eigenschaften eines jeden Klienten zu erkennen und zu verstehen und die Grundsätze, mittels deren man dem Klienten zu besserer Lebensbewältigung verhelfen kann, anzuwenden. Individualisieren stützt sich auf das Recht des Menschen, als dieser ganz bestimmte, einmalige einzelne mit seinen Besonderheiten und nicht als ‚Fall' behandelt zu werden" (*Biestek* 1972, S. 33).

16 Zwischen Individualisieren und den Weisen des Verallgemeinerns besteht eine produktive dialektische Beziehung. Vgl. *Butrym* (1976, S. 50): "Paradoxically, just as individualisation constitutes an essential counterforce and safeguard to the dangers of classification of human problems and situations, so classification promotes individualisation by providing it with means to greater subtlety and sophistication."

17 Vgl. *Bartlett* (1976, S. 113). Sie verwendet für dieses Bewältigungsverhalten die alte Formel vom "social functioning", einen Terminus, der sich der anderen Konnotationen wegen schwer ins Deutsche übersetzen läßt. Mit Blick auf die referentiellen Eigenschaften individuellen Lebens halte ich ihn aber für einen sehr brauchbaren Ausdruck.

18 Vgl. die nähere Darstellung der Strategien des Vorgehens bei *Haines* (1979, S. 94 ff.).

19 *Bronfenbrenner* definiert: „Eine molare Tätigkeit oder Aktivität ist ein über eine gewisse Zeit fortgesetztes Verhalten, das sein eigenes Beharrungsvermögen besitzt und von den am Lebensbereich Beteiligten als bedeutungs- oder absichtsvoll wahrgenommen wird" (1981, S. 60).

20 begrifflich abgeleitet von *Rüstows* (1957) Konzept der „Vitalsituation". Seine Verwendung kommt dem ökotheoretischen Bestreben entgegen, die Subsistenz biotisch zu begründen.

21 Vgl. *Moos/Brownstein* ("case studies in optimal communities"). – Zur Bedeutung von Lebensbereichen und ihrer Veränderung für die menschliche Entwicklung s. die ökologischen Studien Bronfenbrenners (1981).

22 S. dazu *Opaschowski* (1979, S. 54). Im „Umfeld von Freizeit, Kultur und Bildung entwickelte der Europarat sein pädagogisch-politisches Konzept der ‹animation socio-culturelle› – orientiert an der Förderung von Kommunikation und Kreativität, Gruppen- und Gemeinwesenarbeit. Das Bezugsfeld Freizeit lieferte die motivationale, das Bezugsfeld Kultur die mediale und das Bezugsfeld Bildung die intentionale Begründung für eine sozio-kulturell inspirierte Animation".

23 Den hauptberuflichen Animateur gab es zuerst in Frankreich. Das Centre d'Etudes de Recherches et de Documentation de l'Institut National d'Education Populaire, Marly-leRoi, definiert (zit. nach *Opaschowski* 1979, S. 170): „Der Animateur ist ein hauptberuflich tätiger Erzieher, der sich mit sozio-edukativen, sportlichen, kulturellen Aktivitäten befaßt, und er ist ein Sozialarbeiter. Seine Aufgabe ist es, Tätigkeiten hervorzurufen und zu entwickeln, die einen erzieherischen Zweck verfolgen und einen kulturellen Inhalt haben. Diese Aktivitäten wenden sich grundsätzlich an die Gesamtbevölkerung und bezwecken eine allgemeine und ständige Weiterbildung."

24 Ähnliche Gedanken finden sich bei *Germain/Gitterman* (1980), deren ökologischer Ansatz in der Praxis der Sozialarbeit mir erst bei Abschluß des Manuskriptes bekannt wurde. Sie empfehlen diesen Ansatz, weil er die menschlichen Bedürfnisse und Probleme aus der Transaktion zwischen Menschen und ihrer Umgebung herzuleiten gestatte. "For social work, ecology appears to be a more useful metaphor than the older, medical-disease metaphor that arose out of the linear world view, because social work has always been committed both to helping people and to promoting more humane environments. This commitment has been difficult to implement because the medical-disease metaphor tends to locate people's problems and needs within the person, obscuring social processes in which the person is embedded ... The ecological perspective provides an adaptive, evolutionary view of human beings in constant interchange with all elements of their environment" (1980, S. 5).

25 *Thiersch* (1978 b, S. 11) weist auf die in der Dialektik der Alltäglichkeit zu beachtende *Pseudokonkretheit (Kosik)*hin, welche dem Unmittelbaren anhaftet. Die Chance authentischer Lebensmöglichkeiten kann jedoch auch nur in dem Haushalt gewahrt werden, in dem die Menschen selber bestimmen bzw. aushandeln, was denn ihr gelingender Alltag sei. Der Sozialpädagoge trägt vor allem Einsichten in die strukturellen Zusammenhänge bei, unter denen Alltag scheitert oder gelingen könnte, - allerdings wiederum bereits sortierte und bewertete, der Abstimmung mit seinen Klienten bedürftige Einsichten (womit der Zirkel geschlossen wäre, in dem die Transaktion vor sich geht).

26 "The first (die residuale Auffassung, W.) holds that social welfare institutions should come into play only when the normal structures of supply, the family and the market, break down. The second, in contrast, sees the welfare services as normal, 'first line' functions of modern industrial society. These are the concepts around which drives for more or less welfare service tend to focus. Not surprisingly, they derive from the ethos of the society in which they are found. They represent a compromise between the values of economic individualism and free enterprise on the one hand, and security, equality, and humanitarianism on the other" (*Wilensky* u. *Lebeaux* 1958, S. 138).

27 ,,Die Haushaltswirtschaft ist die Schaltstelle der Produktion und der Konsumtion in der Selbstbedienungswirtschaft. Die gegenwärtigen Entwicklungstendenzen zeigen, daß in dem Moment, wo der Selbstbedienungshaushalt in höherem Maße autark wird, er gleichzeitig auch weniger soziabel wird und sich mehr auf sich selbst orientiert" (*Gershuny* 1981, S. 172).

Literatur

Achinger, Hans: Sozialpolitik als Gesellschaftspolitik. Von der Arbeiterfrage zum Wohlfahrtsstaat. Hamburg 1958
Ackoff, Russel L., Fred E. Emery: Zielbewußte Systeme. Anwendung der Systemforschung auf gesellschaftliche Vorgänge. Frankfurt u. New York 1975
Albrecht, Gerhard: Gesellschaftspolitik. Sozialpolitik – Volkswohlfahrtspolitik. In: Schmollers Jahrbuch für Gesetzgebung, Verwaltung und Volkswirtschaft. 81. Jg. Berlin 1961
Alihan, M. A.: Social Ecology. A Critical Analysis. New York 1938
Alinsky, Saul D.: Leidenschaft für den Nächsten. Strategien und Methoden der Gemeinwesenarbeit. Gelnhausen u. Berlin 1973
Almond, Gabriel A., Sidney Verba: The Civic Culture. Political Attitudes and Democracy in Five Nations. Princeton, N. J. 1963
Almond, Richard: The Healing Community. Dynamics of the Therapeutic Milieu. New York 1974
Altenkirch, Wolfgang: Ökologie (Studienbücher Biologie). Frankfurt am Main 1977
Altman, Irwin: The Environment and Social Behavior. Monterey, Cal. 1975
Amery, Carl: Natur als Politik. Die ökologische Chance des Menschen. Reinbek 1976
Andreski, Stanislav: Die Hexenmeister der Sozialwissenschaften. Mißbrauch, Mode und Manipulation einer Wissenschaft. München 1974
Apel, Karl-Otto: Transformation der Philosophie, Band 2: Das Apriori der Kommunikationsgemeinschaft. Frankfurt am Main 1976
Arbeitsgruppe Bielefelder Soziologen: Alltagswissen, Interaktion und gesellschaftliche Wirklichkeit. 1. Symbolischer Interaktionismus und Ethnomethodologie. Reinbek bei Hamburg 1973
Ariès, Philippe: Geschichte der Kindheit. München, Wien 1975
Atteslander, Peter, Bernd Hamm (Hrsg.): Materialien zur Siedlungssoziologie. Berlin 1974
Atteslander, Peter (Hrsg.): Soziologie und Raumplanung. Einführung in ausgewählte Aspekte. Berlin, New York 1976
Audy, J. Ralph, Frederick L. Dunn: Health and Disease. In: *Sargent II, Frederick* (Ed.): Human Ecology. Amsterdam, New York 1974 (a)
Audy, J. Ralph, Frederick L. Dunn: Community Health. In: *Sargent II, Frederick* (ed.): Human Ecology. Amsterdam, New York 1974 (b)
Autorenkollektiv: Grundlinien des ökonomischen Denkens in Deutschland. Von den Anfängen bis zur Mitte des 19. Jahrhunderts. Berlin (DDR) 1977

Badura, Bernhard, Peter Gross: Sozialpolitische Perspektiven. Eine Einführung in Grundlagen und Probleme sozialer Dienstleistungen. München 1976
Badura, Bernhard (Hrsg.): Soziale Unterstützung und chronische Krankheit. Zum Stand sozialepidemiologischer Forschung. Frankfurt am Main 1981
Bäumer, Gertrud: Die historischen und sozialen Voraussetzungen der Sozialpädagogik und die Entwicklung ihrer Theorie. In: *Nohl, Herman, Ludwig Pallat* (Hrsg.): Handbuch der Pädagogik, Band V. Langensalza 1929
Bahr, Hans-Eckehard, Reimer Gronemeyer: Konfliktorientierte Gemeinwesenarbeit. Niederlagen und Modelle. Darmstadt u. Neuwied 1974
Balbus, Isaac D.: Das Interessen-Konzept in pluralistischer und Marxscher Analyse. Ein kritischer Vergleich. In: *Massing, Peter, Peter Reichel* (Hrsg.): Interesse und Gesellschaft. München 1977
Balint, Michael: Frühe Entwicklungsstadien des Ichs. Primäre Objektliebe (1937). In: *Balint, Michael:* Die Urformen der Liebe und die Technik der Psychoanalyse. Stuttgart 1966
Barabas, Friedrich, Thomas Blanke, Christoph Sachße, Ulrich Stascheit: Jahrbuch der Sozialarbeit 1976. Projekte, Konflikte, Recht. Reinbek bei Hamburg 1975
Barker, Roger G.: Ecological Psychology. Concepts and Methods for Studying the Environment of Human Behavior. Stanford, Cal. 1968

Barnett, H. G.: Innovation: The Basis of Cultural Change. New York 1953
Bartl, Manfred: Versuch einer Gegenstandsbestimmung ökologischer Psychologie. In: *Walter, Heinz, Rolf Oerter* (Hrsg.): Ökologie und Entwicklung. Donauwörth 1979
Barlett, Harriett M.: Grundlagen beruflicher Sozialarbeit. Integrative Elemente einer Handlungstheorie für Sozialarbeiter/Sozialpädagogen. Freiburg im Breisgau 1976
Bartling, Hartwig, Franz Luzius: Grundzüge der Volkswirtschaftslehre. Einführung in die Wirtschaftstheorie und Wirtschaftspolitik. München 1977
Basaglia/Foucault/Castel/Wulff/Chomsky/Laing/Goffman u. a.: Befriedungsverbrechen. Über die Dienstbarkeit der Intellektuellen. Hrsg. v. Franco Basaglia u. Franca Basaglia-Ongaro. Frankfurt am Main 1980
Bateson, Gregory: Steps to an Ecology of Mind. New York 1972 (deutsch: Frankfurt am Main 1981)
Baumol, William J., Wallace E. Oates: The Theory of Environmental Policy. Externalities, Public Outlays, and the Quality of Life. Englewood Cliffs, N. J. 1975
Bay, Christian: Human needs, wants, and politics: Abraham Maslow, meet Karl Marx. Social Praxis. Vol. 7, 3/4/1980
Bell, Daniel: The coming of Postindustrial Society. London 1974 (deutsch: Frankfurt am Main 1975)
Benedict, Ruth: Patterns of Culture (1934). New York 1949
Bennett, John W.: The Ecological Transition: Cultural Anthropology and Human Adaptation. New York 1976
Benseler, Frank, Peter M. Hejl, Wolfram K. Köck (eds.): Autopoiesis, Communication and Society. The Theory of Autopoietic Systems in the Social Sciences. Frankfurt u. New York 1980
Berger, Johannes: Intersubjektive Sinnkonstitution and Sozialstruktur. Zur Kritik handlungstheoretischer Ansätze der Soziologie. Zeitschrift für Soziologie, Jg. 7, 4/1978
Berger, Peter, Brigitte Berger, Hansfried Kellner: Das Unbehagen in der Modernität. Frankfurt u. New York 1975
Bergmann, Joachim, Gerhard Brandt, Klaus Körber, Ernst Theodor Mohl, Claus Offe: Herrschaft, Klassenverhältnis und Schichtung. In: *Adorno, Theodor W.* (Hrsg.): Spätkapitalismus oder Industriegesellschaft ? Verhandlungen des 16. Deutschen Soziologentages. Stuttgart 1969
Bergmann, Werner: Lebenswelt, Lebenswelt des Alltags oder Alltagswelt ? Kölner Zeitschrift für Soziologie und Sozialpsychologie. 33. Jg., 1/1981
Bertalanffy, Ludwig von: General System Theory. Revised Edition. New York 1969
Bertaux, Daniel, Isabelle Bertaux-Wiame: Autobiographische Erinnerungen und kollektives Gedächtnis. In: *Niethammer, Lutz* (unter Mitarbeit von *Werner Trapp*): Lebenserfahrung und kollektives Gedächtnis. Die Praxis der „Oral History". Frankfurt am Main 1980
Bertram, Hans: Sozialökologische Konzepte in der Sozialisationsforschung und Mehrebenenmodelle. In: *Walter, Heinz, Rolf Oerter* (Hrsg.): Ökologie und Entwicklung. Donauwörth 1979
Bettelheim, Bruno: Der Weg aus dem Labyrinth. Leben lernen als Therapie. Stuttgart 1975
Beugen, Marinus van: Agogische Intervention. Planung und Strategie. Freiburg im Breisgau 1972
Bierhoff, Hans Werner: Hilfreiches Verhalten. Soziale Einflüsse und pädagogische Implikationen. Darmstadt 1980
Biestek, Felix: Wesen und Grundsätze der helfenden Beziehung in der sozialen Einzelhilfe.. Aufl. Freiburg im Breisgau 1972
Bilz, Rudolf: Paläoanthropologie. Der neue Mensch in der Sicht einer Verhaltensforschung. Erster Band. Frankfurt am Main 1971
Binswanger, Hans Christoph, Werner Geissberger, Theo Ginsburg (Hrsg.): Wege aus der Wohlstandsfalle. Der NAWU-Report: Strategien gegen Arbeitslosigkeit und Umweltkrise. Frankfurt am Main 1979
Bittner, Günther (Hrsg.): Selbstwerden des Kindes. Ein neues tiefenpsychologisches Konzept. Fellbach 1981
Blättig, Karl, Edmont Ermertz(Hrsg.): Lebensqualität. Ein Gespräch zwischen den Wissenschaften. Vorträge. Basel u. Stuttgart 1976

Blohmke, Maria, Heinrich Schipperges, Gustav Wagner (Hrsg.): Medizinische Ökologie. Aspekte und Perspektiven. Heidelberg 1979
Böckenförde, Ernst-Wolfgang (Hrsg.): Staat und Gesellschaft. Darmstadt 1976
Boesch, Ernst E.: Kultur und Biotop. In: *Graumann, Carl F.* (Hrsg.): Ökologische Perspektiven in der Psychologie. Bern, Stuttgart 1978
Boesch, Ernst E.: Kultur und Handlung. Einführung in die Kulturpsychologie. Bern, Stuttgart, Wien 1980
Bohnen, Alfred: Die utilitaristische Ethik als Grundlage der modernen Wohlfahrtsökonomik. Göttingen 1964
Bollnow, Otto Friedrich: Die pädagogische Atmosphäre. Untersuchungen über die gefühlsmäßigen zwischenmenschlichen Voraussetzungen der Erziehung. 4. Auflage Heidelberg 1970
Bookchin, Murray: Kommunismus und Selbstbestimmung – Spontaneität und Organisation. Berlin 1974
Bookchin, Murray: Die Formen der Freiheit. Aufsätze über Ökologie und Anarchismus. Asslar-Werdorf 1977
Bopp, Jörg: Antipsychiatrie. Theorien, Therapien, Politik. Frankfurt am Main 1980
Boulding, Kenneth E.: Ökonomie als eine Moralwissenschaft. In: *Vogt, Winfried* (Hrsg.): Seminar: Politische Ökonomie. Zur Kritik der herrschenden Nationalökonomie. Frankfurt am Main 1973
Bourgett, Jörg, Norbert Preusser, Rainer Völkel: Jugendhilfe und kommunale Sozialplanung. Eine sozialökologische Studie. In Teilen vorgelegt als Jugendbericht der Stadt Wiesbaden. Weinheim u. Basel 1977
Bourgett, Jörg, Norbert Preusser, Rainer Völkel: Kommunale Sozialkplitik, Sozialökologie und Verwaltungshandeln in der Jugend- und Sozialhilfe. Neue Praxis, Sonderheft 5, 1980
Braybrooke, D., Ch. Lindblom: A Strategie of Decision. New York 1963
Bronfenbrenner, Urie: Ökologische Sozialisationsforschung. Stuttgart 1976
Bronfenbrenner, Urie: The Social Role of the Child in Ecological Perspective. Zeitschrift für Soziologie, Jg. 7, 1/1978(a)
Bronfenbrenner, Urie: Ansätze zu einer experimentellen Ökologie menschlicher Entwicklung. In: *Oerter, Rolf* (Hrsg.): Entwicklung als lebenslanger Prozeß. Hamburg 1978(b)
Bronfenbrenner, Urie: Die Ökologie der menschlichen Entwicklung. Naütrliche und geplante Experimente. Stuttgart 1981
Brück, Gerhard W.: Allgemeine Sozialpolitik. Grundlagen – Zusammenhänge – Leistungen. Köln 1976
Brückner, Jutta: Staatswissenschaften, Kameralismus und Naturrecht. Ein Beitrag zur Geschichte der Politischen Wissenschaft im Deutschland des späten 17. und frühen 18. Jahrhunderts. München 1977
Bruhn, John G.: Human Ecology: A Unifying Science ? Human Ecology, Vol. 2, No. 2, 1974
Brunner, Otto: Adeliges Landleben und europäischer Geist. Leben und Werk Wolf Helmhards von Hohberg 1612–1688. Salzburg 1949
Brunner, Otto: Das „ganze Haus" und die alteuropäische „Ökonomik". In: *Brunner, Ott:* Neue Wege der Sozialgeschichte. Vorträge und Aufsätze. Göttingen 1956
Burghardt, Anton: Kompendium der Sozialpolitik. Allgemeine Sozialpolitik, Lohnpolitik, Arbeitsmarktpolitik, Politik der Sozialversicherung. Berlin 1979
Burton, Arthur: Begegnung, Existenz und Psychotherapie. In: *Horn, Klaus* (Hrsg.): Gruppendynamik und der „subjektive Faktor". Frankfurt am Main 1972
Bußhoff, Heinrich: Systemtheorie als Theorie der Politik. Eine Studie über politische Theorie als Grundlagendisziplin der Politischen Wissenschaft. Pullach bei München 1975
Butrym, Zofia T.: The Nature of Social Work. London and Basingstoke 1976

Caesar, Beatrice: Der Beitrag der Ökologischen Psychologie Barkers zur Erforschung von sozialisatorischen Umwelten: Eine methodologisch orientierte Betrachtung. In: *Walter, Heinz, Rolf Oerter* (Hrsg.): Ökologie und Entwicklung. Donauwörth 1979
Camus, Albert: Der Mythos von Sisyphos. Ein Versuch über das Absurde. Reinbek bei Hamburg 1959

Cassel, John C.: Social Sciences in Epidemiology: Psychosocial Processes and „Stress" – Theoretical Formulation. In: *Struening, F. L., M. Guttenberg* (eds.): Handbook of Evaluation Research. Beverley Hills 1975
Cassirer, Ernst: Was ist der Mensch ? Versuch einer Philosophie der menschlichen Kultur. Stuttgart 1960
Castel, Robert: Die psychiatrische Ordnung. Das goldene Zeitalter des Irrenwesens. Frankfurt am Main 1979
Catalano, Ralph: Health, Behavior, and the Community. An Ecological Perspective. New York 1979
Cobb, Edith: The Ecology of Imagination in Childhood. In: *Shepard, Paul, Daniel McKinley* eds.): The Subversive Science. Boston 1969
Cole, L. C.: The Ecosphere. Scientific American, 198 (4), 1958
Cumming, John, Elaine Cumming: Ich und Milieu. Theorie und Praxis der Milieutherapie. Göttingen 1979

Dahl, Robert A., Charles E. Lindblom: Politics, Economics, and Welfare. New York 1953
Dahl, Robert A.: Die politische Analyse. München 1973
Dahrendorf, Ralf: Lebenschancen. Anläufe zur sozialen und politischen Theorie. Frankfurt am Main 1979
Deleuze, Gilles, Felix Guattari: Anti-Ödipus. Kapitalismus und Schizophrenie I. Zweite Auflage Frankfurt am Main 1979
Deppe, Hans-Ulrich, Michael Regus (Hrsg.): Seminar: Medizin, Gesellschaft, Geschichte. Frankfurt am Main 1975
Deutsch, Karl W.: Politische Kybernetik. Modelle und Perspektiven. Freiburg 1969
Devereux, Georges: Angst und Methode in den Verhaltenswissenschaften. München 1967
Devereux, Georges: Normal und anormal. Aufsätze zur allgemeinen Ethnopsychiatrie. Frankfurt am Main 1974
Devereux, Georges: Ethnopsychoanalyse. Die komplementaristische Methode in den Wissenschaften vom Menschen. Frankfurt am Main 1978
Diamond, Stanley: Kritik der Zivilisation. Anthropologie und die Wiederentdeckung des Primitiven. Frankfurt u. New York 1976
Diemer, Alwin: Die große Umorientierung. In: *Klages, Helmut, Peter Kmieciak* (Hrsg.): Wertwandel und gesellschaftlicher Wandel. Frankfurt u. New York 1979
Dittrich, Erhard: Die deutschen und österreichischen Kameralisten. Darmstadt 1974
Dörner, Klaus: Bürger und Irre. Wissenschaftssoziologische Untersuchungen über die Entstehung der Psychiatrie in der bürgerlichen Gesellschaft Englands, Frankreichs und Deutschlands. Berlin 1969
Dopfer, Kurt (ed.): Economics in the Future. London and Basingstoke 1976
Douglas, Mary: Symbolic Orders in the Use of Domestic Space. In: *Ucko, Peter J., Ruth Tringham, G. W. Dimbleby:* Man, Settlement and Urbanism. Cambridge, Mass. 1972
Dreitzel, Hans Peter: Die gesellschaftlichen Leiden und das Leiden an der Gesellschaft. Vorstudien zu einer Pathologie des Rollenverhaltens. Stuttgart 1968
Dubos, René: Man Adapting. New Haven 1965
Dubos, René: Hippocrates in Modern Dress. In: *Sobel, David S.* (ed.): Ways of Health. New York and London 1979
Dumont, Louis: From Mandeville to Marx. The Genesis and Triumph of Economic Ideology. Chicago and London 1977
Duncan, Otis Dudley, Leo F. Schnore: Cultural, Behavioral, and Ecological Perspectives in the Study of Social Organization. The American Journal of Sociology, Vol. LXV, No. 2, 1959
Duncan, Otis Dudley: Social Organization and the Ecosystem. *Faris, Robert E. L.* (ed.): Handbook of Modern Sociology. Chicago 1964
Duncan, Otis Dudley: Artikel „Humanökologie (Human Ecology)". In: *Bernsdorf, W.* (Hrsg.): Wörterbuch der Soziologie. 2. Aufl., Stuttgart 1969
Dupuy, Jean-Pierre, Jean Robert: Die zerstörerische Logik ökonomischer Vernunft. In: Technologie und Politik 12, Reinbek bei Hamburg 1978

Durham, William H.: The Adaptive Significance of Cultural Behavior. Human Ecology, Vol. 4, No. 2, 1976
Durkheim, Emile: Morphologie sociale. Année sociologique, 2. Jg. 1897/1898
Durkheim, Emile: Die Regeln der soziologischen Methode. Hrsg. u. eingel. v. René König.
Durkheim, Emile: Über die Teilung der sozialen Arbeit. Franfurt am Main 1977
Durkheim, Emile: Die elementaren Formen des religiösen Lebens. Frankfurt am Main 1981
Easton, David: A Framework for Political Analysis. New York 1965
Easton, David: A Systems Analysis of Political Life. Second Printing. New York 1967
Ebeling, Hans (Hrsg.): Subjektivität und Selbsterhaltung. Beiträge zur Diagnose der Moderne. Frankfurt am Main 1976
Eckensberger, Lutz H.: Die Grenzen des ökologischen Ansatzes in der Psychologie. In: *Graumann, Carl F.* Hrsg.): Ökologische Perspektiven in der Psychologie. Bern, Stuttgart 1978
Ehrlich, Paul R., Anne H. Ehrlich, H. Holdren: Humanökologie. Der Mensch im Zentrum einer neuen Wissenschaft. Berlin, Heidelberg, New York 1975
Eisenbart, Constanze (Hrsg.): Humanökologie und Frieden (Forschungen und Berichte der Evangelischen Studiengemeinschaft, Band 34). Stuttgart 1979
Elgin, Duane S.: Einfachheit als Lebensprinzip. In: Die tägliche Revolution. Reihe fischer alternativ, Magazin Brennpunkte 11. Frankfurt am Main 1978
Eliade, Mircea: Kosmos und Geschichte. Der Mythos der ewigen Wiederkehr. Reinbek bei Hamburg 1966
Elias, Norbert: Zur Grundlegung einer Theorie sozialer Prozesse. Zeitschrift für Soziologie, Jg. 6, 2/1977
Elias, Norbert: Über den Prozeß der Zivilisation. Soziogenetische und psychogenetische Untersuchungen. Erster Band: Wandlungen des Verhaltens in den weltlichen Oberschichten des Abendlandes. Frankfurt am Main 1978
Elias, Norbert: Über den Prozeß der Zivilisation. Soziogenetische und psychogenetische Untersuchungen. Zweiter Band: Wandlungen der Gesellschaft. Entwurf zu einer Theorie der Zivilisation. Frankfurt am Main 1979
Elton, Charles S.: Animal Ecology. London 1927
Emery, F. E. (ed.): Systems Thinking. Selected Readings. Harmondsworth 1969
Emery, F. E., E. L. Trist: Towards a Social Ecology. Contextual Appreciation of the Future in the Present. London, New York 1972
Engelmeyer, Otto: Einführung in die Wertpsychologie. Darmstadt 1977
Engels, Friedrich: Umrisse zu einer Kritik der Nationalökonomie (1844). In: Marx, Karl, Friedrich Engels: Werke, Band 1. Berlin (DDR)
Erikson, Erik H.: Identität und Lebenszyklus. Drei Aufsätze. Frankfurt am Main 1966
Etzioni, Amitai: Die aktive Gesellschaft. Eine Theorie gesellschaftlicher und politischer Prozesse. Opladen 1975
Ferber, Christian von: Sozialpolitik in der Wohlstandsgesellschaft. Hamburg 1967
Ferber, Christian von: Interesse und Gesellschaft. In: *Massing, Peter, Peter Reichel* (Hrsg.): Interesse und Gesellschaft. München 1977
Flandrin, Jean-Louis: Familien. Soziologie – Ökonomie – Sexualität. Frankfurt/Main, Berlin, Wien 1978
Foucault, Michel: Überwachen und Strafen. Die Geburt des Gefängnisses. Frankfurt am Main 1976 (a) *Foucault, Michel:* Die Geburt der Klinik. Eine Archäologie des ärztlichen Blicks. Frankfurt/Main, Berlin, Wien 1976 (b)
Foucault, Michel: Die Ordnung der Dinge. Eine Archäologie der Humanwissenschaften. 2. Aufl. Frankfurt am Main 1978
Frank, Johann Peter: System einer vollständigen medizinischen Polizey. 1. Band, Mannheim 1779
Frank, Johann Peter: A System of Complete Medical Police. Selections. Edited with an Introduction by *Erna Lesky*. Baltimore, Maryland 1976
Freud, Sigmund: Eine Schwierigkeit der Psychoanalyse. Gesammelte Werke. Bd. XII. 4. Aufl., Frankfurt am Main 1972

Freud, Sigmund: Totem und Tabu. Einige Übereinstimmungen im Seelenleben der Wilden und der Neurotiker. Studienausgabe Band IX. Frankfurt am Main 1974 (a)
Freud, Sigmund: Das Unbehagen in der Kultur. Studienausgabe Band IX. Frankfurt am Main 1974 (b)
Freud, Sigmund: Das Ich und das Es. Studienausgabe Band III. Frankfurt am Main 1975 (a)
Freud, Sigmund: Jenseits des Lustprinzips. Studienausgabe Band III. Frankfurt am Main 1975 (b)
Freud, Sigmund: Schriften zur Behandlungstechnik. Studienausgabe, Ergänzungsband. Frankfurt am Main 1975 (c)
Freud, Sigmund: Die endliche und die unendliche Analyse. Studienausgabe, Ergänzungsband. Frankfurt am Main 1978
Freye, Hans Albrecht: Kompendium der Humanökologie. Jena 1978
Friedländer, Walter A., Hans Pfaffenberger (Hrsg.): Grundbegriffe und Methoden der Sozialarbeit. 2., durchges. Aufl. Neuwied u. Berlin 1974
Friedrich, Carl Joachim: Prolegomena der Politik. Politische Erfahrung und ihre Theorie. Berlin 1967
Friedrichs, Jürgen: Stadtanalyse. Soziale und räumliche Organisation der Gesellschaft. Reinbek bei Hamburg 1977
Fromm, Erich: Haben oder Sein. Die seelischen Grundlagen einer neuen Gesellschaft. Stuttgart 1976
Fromm, Erich: Anatomie der menschlichen Destruktivität. Reinbek bei Hamburg 1977
Fuchs, H.-J.: Artikel „Interesse". In: *Ritter, Joachim, Karlfried Gründer* (Hrsg.): Historisches Wörterbuch der Philosophie, Band 4. Basel 1976

Galper, Jeffry H.: Soziale Dienste und politische Systeme. Freiburg im Breisgau 1979
Galtung, Johan: Self-Reliance. In: *Huber, Joseph:* Anders arbeiten – anders wirtschaften. Frankfurt am Main 1979
Garaudy, Roger: Das Projekt Hoffnung. Wien 1977
Garfinkel, Harold: Studies in Ethnomethodology. Englewoods Cliffs, N. J. 1967
Garfinkel, Harold: Das Alltagswissen über soziale und innerhalb sozialer Strukturen. In: Arbeitsgruppe Bielefelder Soziologen: Alltagswissen, Interaktion und gesellschaftliche Wirklichkeit 1. Reinbek bei Hamburg 1973
Gehrmann, Hans Joachim: Bedürfnisorientierungen und Freizeitverhalten von Jugendlichen. Eine sozialökologische Studie in der Stadt Koblenz. Weinheim u. Basel 1979
Geissberger, Werner: Kleine Netze (II). In: Die tägliche Revolution. Reihe fischer alternativ, Magazin Brennpunkte 11. Frankfurt am Main 1978
Geist, Valerius: Life Strategies, Human Evolution, Environmental Design. Towards a Biological Theory of Health. New York, Heidelberg, Berlin 1978
Georgescu-Roegen, Nicholas: The Entropy Law and the Economic Process. Cambridge, Mass. 1971
Gerhardt, Volker: „Interesse" – Terminus technicus des neuzeitlichen Denkens. Exemplarische Überlegungen zur Begriffsgeschichte in Frankreich. In: *Massing, Peter, Peter Reichel* (Hrsg.): Interesse und Gesellschaft. München 1977
Germain, Carel B., Alex Gittermann: The Life Model of Social Work Practice. New York 1980 (deutsch: bei Enke, Stuttgart 1982)
Gershuny, Jonathan: Die Ökonomie der nachindustriellen Gesellschaft. Produktion und Verbrauch von Dienstleistungen. Frankfurt u. New York 1981
Gilbert, Neill, Harry Specht: Dimensions of Social Welfare Policy. Englewood Cliffs, N. J. 1974
Gilbert, Neil, Harry Specht: Der unvollkommene Beruf. In: *Specht, Harry, Anne Vickery* (Hrsg.): Methodenintegration in der Sozialarbeit. Freiburg im Breisgau 1980
Glaser, Hermann, Karl Heinz Stahl: Die Wiedergewinnung des Ästhetischen. Perspektiven und Modelle einer neuen Soziokultur. München 1974
Glaser, Hermann: Kulturpolitik und Kulturökologie. Frankfurter Hefte1/1978
Glaser, Hermann: Animation und ästethische Erziehung. Neue Aufgaben der Kulturpädagogik. Animation 2/1980

Godelier, Maurice: Rationalität und Irrationalität in der Ökonomie. Frankfurt am Main 1972
Görres-Gesellschaft (Hrsg.): Staatslexikon. Recht, Wirtschaft, Gesellschaft. Sechste Auflage. Siebter Band. Freiburg 1962
Goffman, Erving: Stigma. Über Techniken der Bewältigung beschädigter Identität. Frankfurt am Main 1970
Goffman, Erving: Asyle. Über die soziale Situation psychiatrischer Patienten und anderer Insassen. Frankfurt am Main 1974
Goldenwasser, Alexander: The Principle of Limited Possibilities in the Development of Culture. Journal of American Folklore. 26, 1913
Goldschmidt, Walter: Die biologische Konstante. In: *König, René, Axel Schmalfuß* (Hrsg.): Kulturanthropologie. Düsseldorf u. Wien 1972
Goldsmith, Edward: Entindustrialisierung – unsere Überlebenschance. In: Die tägliche Revolution. Reihe fischer alternativ, Magazin Brennpunkte 11. Frankfurt am Main 1978
Goodfellow, D. W.: Grundzüge der ökonomischen Soziologie. Das Wirtschaftsleben der primitiven Völker, dargestellt an den Bantu von Süd- und Ostafrika. Zürich u. Stuttgart 1954
Gorz, André: Abschied vom Proletariat. Jenseits des Sozialismus. Frankfurt am Main 1980
Grauhan, Rolf-Richard: Grenzen des Fortschritts ? Widersprüche der gesellschaftlichen Rationalisierung. München 1975
Grauhan, Rolf-Richard: Kommune als Strukturtyp politischer Produktion. In: *Grauhan, Rolf-Richard, Rudolf Hickel:* Krise des Steuerstaats ? Opladen 1978
Graumann, Carl F. (Hrsg.):: Ökologische Perspektiven in der Psychologie. Bern, Stuttgart 1978
Greverus, Ina-Maria: Auf der Suche nach Heimat. München 1979
Gronemeyer, Reimer, Hans-Eckehard Bahr (Hrsg.): Nachbarschaft im Neubaublock. Empirische Untersuchungen zur Gemeinwesenarbeit, theoretische Studien zur Wohnsituation. Weinheim u. Basel 1977
Gross, Peter: Reißt das soziale Netz ? Wachstumsgrenzen der Sozialpolitik und mögliche Alternativen. In: Magazin Brennpunkte 19, Wachstum kostet immer mehr. Frankfurt am Main 1980
Gruhl, Herbert: Ein Planet wird geplündert. Frankfurt am Main 1975
Günther, Klaus: Oekologische und funktionelle Anmerkungen zur Frage des Nahrungserwerbes bei Tiefseefischen mit einem Exkurs über die ökologischen Zonen und Nischen. In: Moderne Biologie. Festschrift zum 60. Geburtstag von *Hans Nachtsheim.* Berlin 1950
Günther, Klaus: Phylogenetik, Teleologie und Freiheit. In: Moderne Biologie. Festschrift zum 60. Geburtstag von *Hans Nachtsheim.* Berlin 1950
Guggenberger, Bernd: Bürgerinitiativen in der Parteiendemokratie. Von der Ökologiebewegung zur Umweltpartei. Stuttgart 1980
Guntern, Gottlieb: Die kopernikanische Revolution in der Psychotherapie: der Wandel vom psychoanalytischen zum systemischen Paradigma. Familiendynamik 1/1980
Guss, Kurt (Hrsg.): Gestalttheorie und Erziehung. Darmstadt 1975
Guss, Kurt (Hrsg.): Gestalttheorie und Sozialarbeit. Darmstadt 1979

Habermas, Jürgen: Theorie der Gesellschaft oder Sozialtechnologie ? Eine Auseinandersetzung mit *Niklas Luhmann.* In: *Habermas, Jürgen, Niklas Luhmann:* Theorie der Gesellschaft oder Sozialtechnologie – Was leistet die Systemforschung ? Frankfurt am Main 1971
Habermas, Jürgen: Legitimationsprobleme im Spätkapitalismus. Frankfurt am Main 1973
Habermas, Jürgen: Talcott Parsons – Probleme der Theoriekonstruktion. In: *Matthes, Joachim* (Hrsg.): Lebenswelt und soziale Probleme. Verhandlungen des 20. Deutschen Soziologentages zu Bremen 1980. Frankfurt u. New York 1981
Haeckel, Ernst: Generelle Morphologie der Organismen. Band 2: Allgemeine Entwicklungsgeschichte der Organismen. Berlin 1866
Häußermann, Hartmut, Thomas Krämer-Badoni: Stadtsoziologie mit der Meßlatte ? Ein Beitrag zur Auseinandersetzung mit der Sozialökologie. Soziale Welt 2/ 1980
Haines, John: Interventionsprozesse in der sozialen Arbeit. Die Doppelstrategie gegenüber Betroffenen und ihrem gesellschaftlichen Umfeld. Freiburg im Breisgau 1979
Halbwachs, Maurice: Morphologie sociale. Paris 1938
Halbwachs, Maurice: Das Gedächtnis und seine sozialen Bedingungen. Berlin u. Neuwied 1966

Halbwachs, Maurice: Das kollektive Gedächtnis. Stuttgart 1967
Hale, David George: The Body Politic. A Political Metaphor in Renaissance English Literature. The Hague, Paris 1974
Hall, Calvin S., Gardner Lindzey: Theorien der Persönlichkeit. Band 1. München 1978
Hamm, Bernd: Sozialökologie und Raumplanung. In: *Atteslander, Peter* (Hrsg.): Soziologie und Raumplanung. Berlin, New York 1976
Hamm, Bernd: Die Organisation der städtischen Umwelt. Ein Beitrag zur sozialökologischen Theorie der Stadt. Frauenfeld u. Stuttgart 1977
Hamm, Bernd (Hrsg.): Lebensraum Stadt. Beiträge zur Sozialökologie deutscher Städte. Frankfurt u. New York 1979
Hankiss. Elemér: Quality of Life Models (Hungarian experience). In: Unesco (Reports and papers in the social sciences No. 38): Indicators of Environmental Quality and Quality of Life. Paris 1978
Hardesty, Donald L.: The Niche Concept: Suggestions for its Use in Human Ecology. Human Ecology, Vol. 3, No. 2, 1975
Harding le Riche, W., Jean Milner: Epidemiology as Medical Ecology. Edinburgh 1971
Harich, Wolfgang: Kommunismus ohne Wachstum ? Babeuf und der ‚Club of Rome'. Sechs Interviews mit *Freimut Duve* und Briefe an ihn. Reinbek bei Hamburg 1975
Harris, Marvin: The Rise of Anthropological Theory. A History of Theories of Culture. London 1969
Hartmann, Heinz: Bemerkungen zur psychoanalytischen Theorie des Ichs (1950). In: *Hartmann, Heinz:* Ich-Psychologie. Stuttgart 1972
Hawley, Amos H.: Human Ecology – A Theory of Community Structure. New York 1950
Hawley, Amos H.: Human Ecology. In: International Encyclopedia of the Social Sciences. Ed. by *David L. Sills.* Volume 4, 1968
Haydu, George G.: Experience Forms. Their Cultural and Individual Place and Function. The Hague, Paris, New York 1979
Hearn, Gordon (ed.): The General Systems Approach: Contributions Toward an Holistic Conception of Social Work. New York 1969
Heckmann, Wolfgang (Hrsg.): Vielleicht kommt es auf uns selber an. Therapeutische Wohngemeinschaften für Drogenabhängige. Frankfurt am Main 1980
Hefti, Daniel W.: Wachstum und Wohlfahrt. Das Wohlfahrtsoptimum in hochentwickelten Volkswirtschaften unter dem Aspekt eines sich abflachenden Wirtschaftswachstums. Bern, Frankfurt/M. 1975
Heidegger, Martin: Was heißt Denken ? In: *Heidegger, Martin:* Vorträge und Aufsätze. Zweite Auflage Pfullingen 1959
Heilbroner, Robert L.: The Making of Economic Society. Fourth Edition. Englewood Cliffs, N. J. 1972
Hellpach, Willy: Psychologie der Umwelt. In: *Abderhalden, E.*(Hrsg.): Handbuch der biologischen Arbeitsmethoden. Band 1. Berlin, Wien 1924
Helmstädter, Ernst: Wirtschaftstheorie. Band 1: Einführung – Dispositionsgleichgewicht – Marktgleichgewicht. München 1974
Hengstenberg, H. E.: Philosophische Begründung des Subsidiaritätsprinzips. In: *Utz, A. F.* (Hrsg.): Das Subsidiaritätsprinzip. Heidelberg 1953
Hennis, Wilhelm: Demokratisierung. Zur Problematik eines Begriffs. 2. Aufl., Opladen 1972
Henseler, Heinz: Die Theorie des Narzißmus. In: Die Psychologie des 20. Jahrhunderts, Band II. Zürich 1976
Hentig, Hartmut von: Die Wiederherstellung der Politik. Cuernavaca revisited. Stuttgart, München 1973
Hentschel, Rüdiger: Exekution der Moderne. Zu E. Jüngers ,,Der Arbeiter" und *G. Deleuze/F. Guattaris* ,,Anti-Ödipus". In: *Kurnitzky, H.* (Hrsg.): Notizbuch 1, Psychoanalyse und Theorie der Gesellschaft. Berlin 1979
Herlyn, Ulfert (Hrsg.): Stadt- und Sozialstruktur. Arbeiten zur sozialen Segregation, Ghettobildung und Stadtplanung. München 1974

Hirsch, Fred: Die sozialen Grenzen des Wachstums. Eine ökonomische Analyse der Wachstumskrise. Reinbek bei Hamburg 1980
Hochmann, Jacques: Thesen zu einer Gemeindepsychiatrie. Frankfurt am Main 1973
Höfener, Heiner: Versuch über die Arbeit. Critische Anmerkungen zu einer vernachlässigten Kategorie der Ökomomie. In: *Hereth, Michael* (Hrsg.): Grundprobleme der Politischen Ökonomie. München 1977
Hollingshead, A. B.: A Re-examination of Ecological Theory. Sociology and Social Research, XXXI, January–February 1947 (Reprinted in: *Theodorson, George A.:* Studies in Human Ecology. Evanston, New York 1961)
Hollstein, Walter, Marianne Meinhold (Hrsg.): Sozialarbeit unter kapitalistischen Produktionsbedingungen. Frankfurt am Main 1973
Hollstein, Walter: Die Gegengesellschaft. Alternative Lebensformen. Bonn 1979.
Horkheimer, Max, Theodor W. Adorno: Dialektik der Aufklärung. Philosophische Fragmente. Amsterdam 1947
Horn, Klaus (Hrsg.): Gruppendynamik und der „subjektive Faktor". Repressive Entsublimierung oder politisierende Praxis. Frankfurt am Main 1972 (a)
Horn, Klaus: Psychoanalyse – Anpassungslehre oder kritische Theorie des Subjekts? In: *Gente, Hans-Peter* (Hrsg.): Marxismus, Psychoanalyse, Sexpol. Band 2. Frankfurt 1972 (b)
Horn, Klaus: Über gesellschaftliche Kräfte, mit denen Sozialarbeiter umzugehen lernen müssen. Zur Bedeutung von Subjektivität im Spätkapitalismus. In: *Gaertner, Adrian, Christoph Sachße* (Hrsg.): Politische Produktivität der Sozialarbeit. Frankfurt u. New York 1978
Horn, Klaus: Nach welchen Regeln leben wir eigentlich? Vorgänge, Zeitschrift für Gesellschaftspolitik. Nr. 50, April 1981
Huber, Joseph (Hrsg.): Anders arbeiten – anders wirtschaften. Dual-Wirtschaft: Nicht jede Arbeit muß ein Job sein. Frankfurt am Main 1979
Hufeland, Christoph Wilhelm: Makrobiotik oder die Kunst, das menschliche Leben zu verlängern (1796). München München 1978
Human Ecology: An Interdisciplinary Journal, Vol. 1, No. 1, 1972. Plenum Publishing Corporation, New York
Humboldt, Wilhelm von: Ideen zu einem Versuch, die Grenzen der Wirksamkeit des Staats zu bestimmen. Stuttgart 1967
Hummell, Hans J.: Probleme der Mehrebenenanalyse. Stuttgart 1972

Illich, Ivan: Die Entschulung der Gesellschaft. Entwurf eines demokratischen Bildungssystems. Reinbek bei Hamburg 1973
Illich, Ivan: Die Enteignung der Gesundheit. „Medical Nemesis". Reinbek bei Hamburg 1975
Illich, Ivan: Fortschrittsmythen. Reinbek bei Hamburg 1978
Illich, Ivan: Das Recht auf schöpferische Arbeitslosigkeit. In: *Huber, Joseph* (Hrsg.): Anders arbeiten – anders wirtschaften. Frankfurt am Main 1979 (a)
Illich, Ivan, u. a.: Entmündigung durch Experten. Zur Kritik der Dienstleistungsberufe. Reinbek bei Hamburg 1979 (b)
Illich, Ivan: Schattenarbeit oder vernakuläre Tätigkeiten. Zur Kolonisierung des informellen Sektors. In: Technologie und Politik 15. Reinbek bei Hamburg 1980
Inglehart, Ronald: The Silent Revolution. Changing Values and Political Styles among Western Publics. Princeton, N. J. 1977
Insel, P. M., R. H. Moos (eds.): Health and the Social Environment. Lexington 1974
Ittelson, W. H., H. M. Proshansky, L. G. Rivlin, G. H. Winkel: Einführung in die Umweltpsychologie. Stuttgart 1977

Jacobson, Edith: Das Selbst und die Welt der Objekte. Frankfurt am Main 1978
Jäger, Wolfgang, Hans-Otto Mühleisen (Hrsg.): Umweltschutz als politischer Prozeß. München 1976
Jänicke, Martin (Hrsg.): Umweltpolitik. Beiträge zur Politologie des Umweltschutzes. Opladen 1978
Jantsch, Erich, Conrad H. Waddington (eds.): Evolution and Consciousness. Human Systems in Transition. Reading, Mass. 1976

Jantsch, Erich: Die Selbstorganisation des Universums. Vom Urknall zum menschlichen Geist. München, Wien 1979
Japp, Klaus Peter, Thomas Olk: Identitätswandel und soziale Dienste. Thesen zur Reorganisation behördlicher Sozialarbeit. Soziale Welt 32. Jg. 2/1981
Jetter, Dieter: Geschichte des Hospitals. Band 1–3. Wiesbaden 1966–1972
Jöhr, Walter Adolf: Lebensqualität und Werturteilsstreit. Zürich 1974
Jonas, Hans: Das Prinzip Verantwortung. Versuch einer Ethik für die technologische Zivilisation. Frankfurt am Main 1979
Jones, J. Owen, Paul Rogers (eds): Human Ecology and the Development of Settlements. New York and London 1976
Jones, Maxwell: Prinzipien der therapeutischen Gemeinschaft. Soziales Lernen und Sozialpsychiatrie. Bern, Stuttgart, Wien 1976 (a)
Jones, Maxwell: Maturation of the Therapeutic Community. An Organic Approach to Health and Mental Health. New York 1976 (b)
Junge, Friedrich: Der Dorfteich als Lebensgemeinschaft, nebst einer Abhandlung über Ziel und Verfahren des naturgeschichtlichen Unterrichts. Kiel 1885
Justi, Johann Heinrich Gottlob von: Die Grundfeste zu der Macht und Glückseeligkeit der Staaten; oder ausführliche Vorstellung der gesamten Policey-Wissenschaft. Erster Band, welcher die vollkommene Cultur des Bodens, der Bevölkerung, den Anbau, Wachsthum und Zierde der Städte; desgleichen die Manufacturen, Fabriken und Commercien, und den Zusammenhang des ganzen Nahrungsstandes abhandelt. Königsberg u. Leipzig 1760 (Neudruck Aalen 1965)
Justi, Johann Heinrich Gottlob von: Die Grundfeste zu der Macht und Glückseeligkeit der Staaten; oder ausführliche Vorstellung der gesamten Policey-Wissenschaft. Zweyter Band, welcher die häusliche Regierung, die bürgerlichen Tugenden, die innerliche Sicherheit, die Anstalten wider Feuergefahr, die Ueppigkeit, die Versorgung der Armen, und mithin vornämlich die Stadt-Policey so wohl, als die practische Erkenntniß der Policey-Wissenschaft abhandelt. Königsberg u. Leipzig 1761 (Neudruck Aalen 1965)

Kaminski, Gerhard (Hrsg.): Umweltpsychologie. Perspektiven, Probleme, Praxis. Stuttgart 1976
Kapp, Karl William: Sozialkosten. In: Handwörterbuch der Sozialwissenschaften, Band 9. Stuttgart, Tübingen, Göttingen 1956
Kapp, K. William: Towards a Science of Man in Society. A Positive Approach to the Integration of Social Knowledge. The Hague 1961
Kapp, K. William: Soziale Kosten der Marktwirtscahft. Das klassische Werk der Umweltökonomie. Hrsg. v. d. K. William und Lore L. Kapp–Stiftung für die Integration und die Humanisierung der Sozialwissenschaften. Frankfurt am Main 1979
Katschnig, Heinz (Hrsg.): Sozialer Streß und psychische Erkrankung. Lebensverändernde Ereignisse als Ursache seelischer Störungen ? München, Wien, Baltimore 1980
Kaufmann, Franz-Xaver: Sicherheit als soziologisches und sozialpolitisches Problem. Stuttgart 1970
Kaufmann, Franz-Xaver: Zum Verhältnis von Sozialarbeit und Sozialpolitik. In: *Otto, Hans-Uwe, Siegfried Schneider* (Hrsg.): Gesellschaftliche Perspektiven der Sozialarbeit. Erster Halbband. Neuwied u. Berlin 1973
Kaufmann, Franz-Xaver (Hrsg.): Bürgernahe Sozialpolitik. Planung, Organisation und Vermittlung sozialer Leistungen auf lokaler Ebene. Frankfurt u. New York 1979
Keim, Dieter: Was leistet die sozialokologische Stadtforschung ? In: *Hamm, Bernd* (Hrsg.): Lebensraum Stadt. Frankfurt u. New York 1979
Kluckhohn, Clyde et al.: Values and Value-Orientations in the Theory of Action. In: *Parsons, Talcott, Edward A. Shils* (eds.): Toward a General Theory of Action. New York 1951
Knötig, Helmut (Hrsg.): Internationale Tagung für Humanökologie, Wien 1975. Tagungsbände 1. und 2. St. Saphorin (Schweiz) 1976
Koch, Hannsjoachim W.: Der Sozialdarwinismus. Seine Genese und sein Einfluß auf das imperialistische Denken. München 1973
Köhler, Ernst: Arme und Irre. Die liberale Fürsorgepolitik des Bürgertums. Berlin 1977

König, René: Emile Durkheim zur Diskussion. Jenseits von Dogmatismus und Skepsis. München, Wien 1978
Koestler, Arthur, J. R. Smythes (Hrsg.): Das neue Menschenbild. Die Revolutionierung der Wissenschaften vom Leben. Ein Symposion. Wien, München, Zürich 1970
Koestler, Arthur: Jenseits von Atomismus und Holismus. Der Begriff des Holons. In: *Koestler, Arthur, J. R. Smythes* (Hrsg.): Das neue Menschenbild. Wien, München, Zürich 1970
Kohut, Heinz: Narzißmus. Eine Theorie der psychoanalytischen Behandlung narzißtischer Persönlichkeitsstörungen. Frankfurt am Main 1973
Kolakowski, Leszek: Die Gegenwärtigkeit des Mythus. München 1973
Kolakowski, Leszek: In den Sackgassen der Kulturanthropologie. Merkur 12/1980
Konopka, Gisela: Heime. Lückenbüßer oder Lebens-Chance. Soziale Gruppenarbeit in offenen und geschlossenen Einrichtungen. Wiesbaden 1971
Krabbe, Wolfgang R.: Gesellschaftsveränderung durch Lebensreform. Strukturmerkmale einer sozialreformerischen Bewegung im Deutschland der Industrialisierungsperiode. Göttingen 1974
Kramer, Fritz, Christian Sigrist (Hrsg.): Gesellschaften ohne Staat. Band 1: Gleichheit und Gegenseitigkeit. Frankfurt am Main 1978
Kramer, Fritz: Über Zeit, Genealogie und solidarische Beziehung. In: *Kramer, Fritz, Christian Sigrist* (Hrsg.): Gesellschaften ohne Staat, Band 2: Genealogie und Solidarität. Frankfurt am Main 1978
Kraushaar, Wolfgang: Thesen zum Verhältnis von Alternativ- und Fluchtbewegung. In: Autonomie oder Getto ? Kontroversen über die Alternativbewegung. Frankfurt 1978
Kreeb, Karl Heinz: Ökologie und menschliche Umwelt. Geschichte – Bedeutung – Zukunftsaspekte. Stuttgart, New York 1979
Kriedke, Peter, Hans Medick, Jürgen Schlumbohm: Industrialisierung vor der Industrialisierung. Gewerbliche Warenproduktion auf dem Land in der Formationsperiode des Kapitalismus. Göttingen 1977
Kroeber, Alfred L., Clyde Kluckhohn: Culture. A Critical Review of Concepts and Definitions. Cambridge, Mass. 1952
Kropotkin, Peter: Gegenseitige Hilfe in der Tier- und Menschenwelt. Leipzig 1920
Krovoza, Alfred: Produktion und Sozialisation. Köln, Frankfurt 1976
Krüger, Helmut: Therapeutische Gemeinschaft als sozialpsychiatrisches Prinzip. Stuttgart 1979
Krüsselberg, Hans-Günter: Die vermögenstheoretische Dimension in der Theorie der Sozialpolitik. Ein Kooperationsfeld für Soziologie und Ökonomie. In: *von Ferber, Christian, Franz-Xaver Kaufmann* (Hrsg.): Soziologie und Sozialpolitik. Sonderheft 19 der Kölner Zeitschrift für Soziologie und Sozialpsychologie. Opladen 1977
Krüsselberg, Hans-Günter: Vitalvermögenspolitik und die Einheit des Sozialbudgets. Die ökonomische Perspektive der Sozialpolitik für das Kind. In: *Lüscher, Kurt* (Hrsg.): Sozialpolitik für das Kind. Stuttgart 1979
Kruse, Lenelis: Ökologische Fragestellungen in der Sozialpsychologie. In: *Graumann, Carl F.* (Hrsg.): Ökologische Perspektiven in der Psychologie. Bern, Stuttgart 1978
Kuczynski, Jürgen: Geschichte des Alltags des deutschen Volkes. Studien 1. 1600–1650. Berlin (DDR) 1980
Küppers, Günter, Peter Lundgren, Peter Weingart: Umweltforschung – die gesteuerte Wissenschaft ? Eine empirische Studie zum Verhältnis von Wissenschaftsentwicklung und Wissenschaftspolitik. Frankfurt am Main 1978
Kuhn, Thomas S.: Die Struktur wissenschaftlicher Revolutionen. Zweite, rev. u. erg. Aufl. Frankfurt am Main 1978
Kull, Ulrich: Evolution des Menschen. Biologische, soziale und kulturelle Evolution. Stuttgart 1979

Laing, Ronald D.: Phänomenologie der Erfahrung. Frankfurt am Main 1969
Laing, Ronald D.: Die Politik der Familie. Köln 1974
Laslett, Peter (ed.): Household and Family in Past Time. Comparative Studies in the Size and the Sturcture of the Domestic Group over the Last three Centuries . . . London 1972

Lautmann, Rüdiger: Wert und Norm. Begriffsanalysen für die Soziologie. Köln und Opladen 1969

Lazarus, Richard S.: Cognitive and Coping Processes in Emotion. In: *Monat, Alan, Richard S. Lazarus* (eds.): Stress and Coping. New York 1977

Leach, Edmund: Kultur und Kommunikation. Zur Logik symbolischer Zusammenhänge. Frankfurt am Main 1978

Lefèbvre, Henri: Kritik des Alltagslebens. Band II: Grundrisse einer Soziologie der Alltäglichkeit. München 1975

Leipert, Christian: Soziale Indikatoren. Ein Überblick über den Stand der Diskussion. Konjunkturpolitik, 19. Jg., 1973

Leipert, Christian: Unzulänglichkeiten des Sozialprodukts in seiner Eigenschaft als Wohlstandsmaß. Tübingen 1975

Leiss, William: Die Grenzen der Bedürfnisbefriedigung. In: Technologie und Politik 12. Reinbek bei Hamburg 1978

León, José Balbino: Contribution to the Study of Systemic Approach for the Planning of the Eco-Development of Small Communities. In: *Knötig, Helmut* (Hrsg.): Internationale Tagung für Humanökologie. St. Saphorin 1976

Lesky, Erna (Hrsg.): Sozialmedizin. Entwicklung und Selbstverständnis. Darmstadt 1977

Levi, Lennard (ed.): Emotions. Their Parameters and Measurement. New York 1975

Lévi-Strauss, Claude: Mythologica I. Das Rohe und das Gekochte. Frankfurt am Main 1971 (a)

Lévi-Strauss, Claude: Strukturale Anthropologie. Frankfurt am Main 1971 (b)

Lévi-Strauss, Claude: Rasse und Geschichte. Frankfurt am Main 1972

Lévi-Strauss, Claude: Das wilde Denken. Frankfurt am Main 1973

Lévi-Strauss, Claude: Mythos und Bedeutung. Fünf Radiovorträge. Frankfurt am Main 1980

Lewin, Kurt: Feldtheorie in den Sozialwissenschaften. Ausgewählte theoretische Schriften. Bern, Stuttgart 1963

Lewin, Kurt: Grundzüge der topologischen Psychologie. Bern, Stuttgart 1969

Lickint, Klaus: Die menschlichen Lebensbedingungen. Natürliche Umweltfaktoren als Grenz- und Optimalbedingung für Abhängigkeit, Anpassung und Autonomie des menschlichen Organismus. Lövenich 1974

Limbos, Edouard: Der Animateur. Seine Aufgaben und seine Position in der Gruppe. deutsche jugend 11/1977

Linton, Ralph: Gesellschaft, Kultur und Individuum. Interdisziplinäre sozialwissenschaftliche Grundbegriffe. Frankfurt am Main 1974

Linton, Ralph: Mensch, Kultur, Gesellschaft. Stuttgart 1979

Lewin, K., R. Lippitt, R. White: Patterns of Aggressive Behavior in Experimentally Created ‚Social Climates'. Journal of Social Psychology, Vol. 10, 1939

Lippe, Rudolf zur: Naturbeherrschung am Menschen I. Körpererfahrung als Entfaltung von Sinnen und Beziehungen in der Ära des italienischen Kaufmannskapitals. Frankfurt am Main 1974 (a)

Lippe, Rudolf zur: Naturbeherrschung am Menschen II. Geometrisierung des Menschen und Repräsentation des Privaten im französischen Absolutismus. Frankfurt am Main 1974 (b)

Lippe, Rudolf zur: Am eigenen Leibe. Zur Ökonomie des Lebens. 2. Auflage Frankfurt am Main 1979

Litt, Theodor: Das Bildungsideal der deutschen Klassik und die moderne Arbeitswelt. 5. Aufl. Bonn 1958

Lorenz, Konrad: Die Rückseite des Spiegels. Versuch einer Naturgeschichte des Menschlichen Erkennens. München 1977

Lowy, Louis: Die Funktion der Sozialarbeit im Wandel der Gesellschaft: ein Praxis-Kontinuum. Solothurn 1973

Lüscher, Kurt (Hrsg.): Sozialpolitik für das Kind. Stuttgart 1979

Lütke, Friedrich: Deutsche Sozial- und Wirtschaftsgeschichte. Ein Überblick. Nachdr. d. 3. Aufl., Berlin, Heidelberg, New York 1979

Luhmann, Niklas: Theorie der Verwaltungswissenschaft. Bestandsaufnahme und Entwurf. Köln 1966

Luhmann, Niklas: Formen des Helfens im Wandel gesellschaftlicher Bedingungen. In: *Otto, Hans-Uwe, Siegfried Schneider* (Hrsg.): Gesellschaftliche Perspektiven der Sozialarbeit. Erster Halbband. Neuwied u. Berlin 1973

MacLean, Paul D.: Der paranoide Zug am Menschen. In: *Koestler, Arthur, J. R. Smythes* (Hrsg.): Das neue Menschenbild. Wien, München, Zürich 1970
Macpherson, C. B.: Die politische Theorie des Besitzindividualismus. Von Hobbes bis Locke. Frankfurt am Main 1967
McKenzie, R. D.: Konzepte der Sozialökologie (1926). In: *Atteslander, Peter, Bernd Hamm* (Hrsg.): Materialien zur Siedlungssoziologie. Berlin 1974
McNaughton, S. J., Larry, L. Wolf: General Ecology. Second Edition. New York 1979
Malinowski, Bronislaw: Argonauten des westlichen Pazifik. Ein Bericht über Unternehmungen und Abenteuer der Eingeborenen in den Inselwelten von Melanesisch-Neuguinea. Frankfurt am Main 1979
Marcuse, Herbert: Über den affirmativen Charakter der Kultur. In: *Marcuse, Herbert:* Kultur und Gesellschaft 1. Frankfurt am Main 1965
Marcuse, Herbert: Triebstruktur und Gesellschaft. Frankfurt am Main 1971
Margalef, Ramon: Perspectives in Ecological Theory. Chicago 1968
Marx, Karl: Die Frühschriften. Hrsg. v. *Siegfried Landshut.* Stuttgart 1953
Marx, Karl: Kritik des Gothaer Programms. Berlin (DDR) 1955
Marx, Karl: Der 18. Brumaire des Louis Bonaparte. Frankfurt am Main 1965
Marx, Karl: Grundrisse der Kritik der politischen Ökonomie (Rohentwurf) 1857–1858. Berlin (DDR) 1974 (a)
Marx, Karl: Zur Kritik der politischen Ökonomie. 9. Aufl., Berlin (DDR) 1974 (b)
Marx, Karl: Einleitung zur Kritik der politischen Ökonomie. In: *Marx, Karl:* Zur Kritik der politischen Ökonomie. Berlin (DDR) 1974 (c)
Marx, Karl: Das Kapital. Erster Band. In: *Karl Marx, Friedrich Engels:* Werke. Band 23. Berlin (DDR) 1979
Marx, Karl: Theorien über Mehrwert. In: *Karl Marx, Friedrich Engels:* Werke. Band 26, 1. Berlin (DDR) 1977
Maslow, Abraham H.: Psychologie des Seins. Ein Entwurf. München 1973
Maslow, Abraham H.: Motivation und Persönlichkeit. 2., erw. Aufl. Olten 1978
Massing, Peter, Peter Reichel (Hrsg.): Interesse und Gesellschaft. Definitionen – Kontroversen – Perspektiven. München 1977
Maturana, Humberto R., Francisco J. Varela: Autopoiesis and Cognition. The Realization of the Living. Boston 1980
Maturana, Humberto R.: Man and Society. In: *Benseler* et al. (eds.): Autopoiesis, Communication, and Society. Frankfurt u. New York 1980
Mauss, Marcel: Die Gabe. Form und Funktion des Austauschs in archaischen Gesellschaften. Frankfurt am Main 1968
Mauss, Marcel: Soziologie und Anthropologie. Band 1: Theorie der Magie. Soziale Morphologie. Mit einer Einl. v. Claude Lévi-Strauss. München 1974
Mayer-Tasch, Peter Cornelius: Die Bürgerinitiativbewegung. Der aktive Bürger als rechts- und politikwissenschaftliches Problem. Reinbek bei Hamburg 1976
Mayer-Tasch, Peter Cornelius: Ökologie und Grundgesetz. Irrwege, Auswege. Frankfurt am Main 1980
Mead, George Herbert: Geist, Identität und Gesellschaft aus der Sicht des Sozialbehaviorismus. Mit einer Einl. hrsg. v. *Charles W. Morris.* Frankfurt am Main 1978
Medawar, P. B.: Die Einmaligkeit des Individuums. Frankfurt am Main 1969
Mehan, Hugh, Houston Wood: Fünf Merkmale der Realität. In: *Weingarten, Elmar,* u. a.: Ethnomethodologie. Frankfurt am Main 1976
Mehrabian, Albert: Räume des Alltags oder wie die Umwelt unser Verhalten bestimmt. Frankfurt u. New York 1978
Meillassoux, Clsude: „Die wilden Früchte der Frau". Über häusliche Produktion und kapitalistische Wirtschaft 2. Aufl., Frankfurt am Main 1978

Menard, Michel, Joachim Bischoff (Hrsg.): Ökologie und Ökonomie. Hamburg 1980
Mesarovic, M. D., D. Macko, V. Takahara: Theory of Hierarchical, Multilevel, Systems. New York and London 1970
Michalski, Wolfgang: Grundlegung eines operationalen Konzepts der Social Costs. Tübingen 1965
Michel-Alder, Elisabeth, Wolf Linder: Erfahren – Handeln – Mitbestimmen. In: Die tägliche Revolution. Reihe fischer alternativ. Magazin Brennpunkte 11. Frankfurt am Main 1978
Miller, Alice: Das Drama des begabten Kindes und die Suche nach dem wahren Selbst. Frankfurt am Main 1979
Mlinar, Zravko, Henry Teune (eds.): The Social Ecology of Change. From Equilibrium to Development. London, Beverly Hills 1978
Moeller, Michael Lukas: Selbsthilfegruppen. Selbstbehandlung und Selbsterkenntnis in eigenverantwortlichen Kleingruppen. Reinbek bei Hamburg 1978
Moeller, Michael Lukas: Anders helfen. Selbsthilfegruppen und Fachleute arbeiten zusammen. Stuttgart 1981
Mollenhauer, Klaus: Die Ursprünge der Sozialpädagogik in der industriellen Gesellschaft. Eine Untersuchung zur Struktur sozialpädagogischen Denkens und Handelns. Weinheim 1959
Mollenhauer, Klaus: Erziehung und Emanzipation. Polemische Skizzen. 3. Aufl. München 1970
Mollenhauer, Klaus: Einführung in die Sozialpädagogik. Probleme und Begriffe der Jugendhilfe. 6. Aufl. Weinheim u. Basel 1976
Molt, Werner: Raum- und Sozialverhalten. In: *Atteslander, Peter* (Hrsg.): Soziologie und Raumplanung. Berlin, New York 1976
Monat, Alan, Richard S. Lazarus (eds.): Stress und Coping. An Anthology. New York 1977
Moos, Rudolf H., Paul M. Insel (eds.): Issues in Social Ecology. Human Milieus. Palo Alto, Cal. 1974
Moos, Rudolf H.: The Human Context. Environmental Determinants of Behavior. New York 1976
Moos, Rudolf, Robert Brownstein: Environment and Utopia. A Synthesis. New York 1977
Moos, Rudolf H.: Messung und Wirkung sozialer Settings. In: *Walter, Heinz, Rolf Oerter* (Hrsg.): Ökologie und Entwicklung. Donauwörth 1979
Moroni, Antonio, Paolo Menozzi: Human Ecology. In: *Knötig, Helmut* (Hrsg.): Internationale Tagung für Humanökologie. St. Saphorin 1976
Müller, A. M. Klaus: Systemanalyse. Ökologie, Friede. In: *Eisenbart, Constanze* (Hrsg.): Humanökologie und Frieden. Stuttgart 1979
Müller, Burkhard, Max Pagè: Existentielle Animation. Gedanken zu einer Neuorientierung der Begegnung in Gruppen. deutsche jugend 7/1979
Müller, Johann Baptist: Bedürfnis und Gesellschaft. Bedürfnis als Grundkategorie im Liberalismus, Konservativismus und Sozialismus. Stuttgart 1971
Müller, Johann Baptist: Art. ,,Bedürfnis". In: Geschichtliche Grundbegriffe. Historisches Lexikon zur politisch-sozialen Sprache in Deutschland. Band 1. Stuttgart 1973
Müller, Johann Baptist: Bedürfnis – begriffsgeschichtlich. In: *Moser, Simon,* u. a. (Hrsg.): Die ‚wahren' Bedürfnisse oder: wissen wir, was wir brauchen ? Basel 1978
Mukerjee, Radhakamal: Man and his Habitation: A Study in Social Ecology. London 1940
Mumford, Lewis: Die Verwandlungen des Menschen. Berlin 1960
Mussen, Paul, Nancy Eisenberg-Berg: Helfen, Schenken, Anteilnehmen. Untersuchungen zur Entwicklung des prosozialen Verhaltens. Stuttgart 1979

Naschold, Frieder: Systemsteuerung (*Narr, Naschold:* Einführung in die moderne politische Theorie, Band II). 2. Aufl., Stuttgart 1971
Negt, Oskar, Alexander Kluge: Öffentlichkeit und Erfahrung. Zur Organisationsanalyse von bürgerlicher und proletarischer Öffentlichkeit. Frankfurt am Main 1972
Negt, Oskar, Alexander Kluge: Geschichte und Eigensinn. Frankfurt am Main 1981
Nell-Breuning, Oswald von: Bedürftigkeitsprüfung oder Bedürfnis ? Sozialer Fortschritt 1/1956
Nell-Breuning, Oswald von: Solidarität und Subsidiarität im Raume von Sozialpolitik und Sozialreform. In: *Boettcher, Erik* (Hrsg.: Sozialpolitik und Sozialreform. Tübingen 1957

Nell-Breuning, Oswald von: Gerechtigkeit und Freiheit. Grundzüge katholischer Soziallehre. Wien 1980
Nelles, Wilfried, Reinhard Oppermann (Hrsg.): Partizipation und Politik. Beiträge zur Theorie und Praxis politischer Partizipation. Göttingen 1980
Neuendorff, Hartmut: Der Begriff des Interesses. Eine Studie zu den Gesellschaftstheorien von Hobbes, Smith und Marx. Frankfurt am Main 1973
Newman, Philipp R.: Social Settings and Their Significance for Adolescent Development. Adolescence, Vol. XI, No. 43, Fall 1976
Nicolis, Grégoire, Ilya Prigogine: Self-Organization in Nonequilibrium Systems: From Dissipative Structures to Order through Fluctuations. New York 1977

Odum, Eugene Pleasants, Josef Reichholf: Ökologie. Grundbegriffe, Verknüpfungen, Perspektiven. Brücke zwischen den Natur- und Sozialwissenschaften. Neuausgabe. München, Wien, Zürich 1980
Oerter, Rolf: Ein ökologisches Modell kognitiver Sozialisation. In: *Walter, Heinz, Rolf Oerter* (Hrsg.): Ökologie und Entwicklung. Donauwörth 1979
Olk, Thomas, Hans-Uwe Otto: Wertewandel und Sozialarbeit – Entwicklungsperspektiven kommunaler Sozialarbeitspolitik. Neue Praxis 2/1981
Olson, Mancus: Die Logik kollektiven Handelns. Tübingen 1968
Opaschowski, Horst W.: Einführung in die freizeit-kulturelle Breitenarbeit. Methoden und Modelle der Animation. Bad Heilbrunn/Obb. 1979
Otto, Hans-Uwe, Kurt Utermann: Sozialarbeit als Beruf. Auf dem Weg zur Professionalisierung? 2. Auflage München 1973

Pankoke, Eckard: Sociale Bewegung – Sociale Frage – Sociale Politik. Grundfragen der deutschen „Socialwissenschaft" im 19. Jahrhundert. Stuttgart 1970
Park, Robert E.: The Urgan Community as a Spatial Pattern and a Moral Order. Publications of the American Sociological Association, Vol. 20, 1925 (deutsch in: *Atteslander, Peter, Bernd Hamm:* Materialien zur Siedlungssoziologie, Berlin 1974)
Park, Robert E., Ernest W. Burgess, Roderick D. McKenzie: The City. Published 1925, Fourth Impression Chicago 1967
Park, Robert E.: Human Ecology. The American Journal of Sociology, XVII, July 1936 (Reprinted in: *Theodorson, George A.:* Studies in Human Ecology. Evanston, New York 1961)
Parsons, Talcott: Zur Theorie sozialer Systeme. Opladen 1976
Paul, Helmut A.: Zur Ökologie der Behinderten. In: *Knötig, Helmut* (Hrsg.): Internationale Tagung für Humanökologie. St. Saphorin 1976
Peters, Helge: Die mißlungene Professionalisierung der Sozialarbeit. In: *Otto, Hans-Uwe, Kurt Utermann:* Sozialarbeit als Beruf. München 1973
Petzold, Hilarion, Gernot Vormann: Therapeutische Wohngemeinschaften. Erfahrungen, Modelle. Supervision. München 1980
Pfaff, Martin, Hubert Voigtländer: Soziale Sicherheit zwischen Anspruch und Wirklichkeit. In: *Pfaff, Martin, Hubert Voigtländer* (Hrsg.): Sozialpolitik im Wandel. Von der selektiven zur integrierten Sozialpolitik. Köln 1978
Pfaff, Martin: Grundlagen einer integrierten Sozialpolitik. In: *Pfaff, Martin, Hubert Voigtländer* (Hrsg.): Sozialpolitik im Wandel. Köln 1978
Pfeiffer, Johann Friedrich von: Polizeiwissenschaft. Natürliche aus dem Endzweck der Gesellschaft entstehende Allgemeine Policeiwissenschaft. Erster Theil (1779). Neudruck Aalen 1970
Piaget, Jean: Das Erwachen der Intelligenz beim Kinde. Gesammelte Werke (Studienausgabe) Band 1. Stuttgart 1975
Pianca, Eric R.: Evolutionary Ecology. Second Edition. New York, Hagerstown, San Francisco, London 1978
Picht, Georg: Ist Humanökologie möglich? In: *Eisenbart, Constanze* (Hrsg.): Humanökologie und Frieden. Stuttgart 1979

Pincus, Allen, Anne Minahan: Social Work Practice: Modell and Method, Itasca, I11. 1973
Pincus, Allen, Anne Minahan: Ein Praxismodell der Sozialarbeit. In: *Specht Harry, Anne Vikkery* (Hrsg.): Methodenintegration in der Sozialarbeit. Freiburg im Breisgau 1980
Pirella, Agostino (Hrsg.): Sozialisation von Ausgeschlossenen. Praxis einer neuen Psychiatrie. Reinbek bei Hamburg 1975
Piven, Francis F., Richard A. Cloward: Regulierung derArmut. Die Politik der öffentlichen Wohlfahrt. Frankfurt am Main 1977
Plake, Klaus: Sozialer Identitätsanspruch und die Legitimation der Betreuung. Zur Kustodialfunktion der Sozialisationsorganisationen. Zeitschrift für Soziologie, Jg. 6, 3/1977
Plant, Raymond: Zwischen Anpassung und Systemveränderung. Zur ethischen Grundlegung der Sozialarbeit, am Beispiel der Sozialen Einzelhilfe. Freiburg im Breisgau 1974
*Ploeger, Andreas:*Die therapeutische Gemeinschaft in der Psychotherapie und Sozialpsychiatrie. Theorie und Praxis. Stuttgart 1972
Polanyi, Karl: The Great Transformation. Politische und ökonomische Ursprünge von Gesellschaften und Wirtschaftssystemen. Wien 1977
Polanyi, Karl: Ökonomie und Gesellschaft. Frankfurt am Main 1979
Popper, Karl R.: Objective Knowledge: an Evolutionary Approach. Oxford 1972
Popper, Karl R.: Die offene Gesellschaft und ihre Feinde I. Der Zauber Platons. 5. Aufl., München 1977
Popper, Karl R., John C. Eccles: The Self and Its Brain. Berlin, Heidelberg, London, New York 1977
Prokop, Ulrike: Weiblicher Lebenszusammenhang. Von der Beschränktheit der Strategien und der Unangemessenheit der Wünsche. Frankfurt am Main 1976
Pye, Lucian W., Sidney Verba (eds.): Political Culture and Political Development. Princeton, N. J. 1965

Qualität des Lebens. Beiträge zur Vierten internationalen Arbeitstagung der Industriegesellschaft Metall für die Bundesrepublik Deutschland 11. bis 14. April 1972 in Oberhausen. Band 1. Frankfurt am Main 1973

Ramazzini, Bernardino: Abhandlung von den Krankheiten der Künstler und Handwerker (1770). Auszugsw. abgedr. in: *Deppe, Hans Ulrich, Michael Regus* (Hrsg.): Seminar: Medizin. Frankfurt am Main 1975
Rammstedt, Otthein: Soziale Bewegung. Frankfurt am Main 1978
Redl. Fritz: Erziehung schwieriger Kinder. Beiträge zu einer psychotherapeutisch orientierten Pädagogik. München 1971
Richter, Horst Eberhard: Der Gotteskomplex. Die Geburt und die Krise des Glaubens an die Allmacht des Menschen. Reinbek bei Hamburg 1979
Ricoeur, Paul: Die Interpretation. Ein Versuch über Freud. Frankfurt am Main 1974
Riedel, Manfred: Der Begriff der ,,bürgerlichen Gesellschaft" und das Problem seines geschichtlichen Ursprungs (1962). In: *Böckenförde, Ernst-Wolfgang* (Hrsg.): Staat und Gesellschaft. Darmstadt 1976
Riehl, Wilhelm Heinrich: Die Naturgeschichte des Volkes als Grundlage einer deutschen Social-Politik. 4 Bände. Stuttgart-Tübingen 1854–1869
Riehl, Wilhelm Heinrich: Die Naturgeschichte des deutschen Volkes. Zusammengefaßt und hrsg. v. *Gunther Ipsen.* Stuttgart 1939
Riesman, David, Reuel Denney, Nathan Glazer: Die einsame Masse. Eine Untersuchung der Wandlungen des amerikanischen Charakters. Reinbek bei Hamburg 1958
Robertson, James: Zusammenbruch oder Durchbruch. Politik und Wirtschaft der nach-industriellen Revolution. In: *Huber, Joseph* (Hrsg.): Anders arbeiten – anders wirtschaften. Frankfurt am Main 1979
Robinson, William S.: Ecological Correlations and the Behavior of Individuals. American Sociological Review. 15. Jg., June 1950. Reprinted in: *Theodorson, George A.:* Studies in Human Ecology. Evanston, New York 1961
Rössner, Lutz: Theorie der Sozialarbeit. Ein Entwurf. München, Basel 1973

Rössner, Lutz: Erziehungs- und Sozialarbeitswissenschaft. Eine einführende Systemskizze. München 1977
Rogers, Carl R.: Entwicklung der Persönlichkeit. Psychotherapie aus der Sicht eines Therapeuten. Stuttgart 1976
Rogers, Carl R.: Die Kraft des Guten. Ein Appell zur Selbstverwirklichung. München 1978
Rohe, Karl: Politik. Begriffe und Wirklichkeiten. Eine Einführung in das politische Denken. Stuttgart 1978
Rosen, George: Kameralismus und der Begriff der medizinischen Polizei. In: *Lesky, Erna* (Hrsg.): Sozialmedizin. Darmstadt 1977 (a)
Rosen, George: Was ist Sozialmedizin ? Analyse der Entstehung einer Idee. In: *Lesky, Erna* (Hrsg.): Sozialmedizin. Darmstadt 1977 (b)
Ross, Murray G.: Gemeinwesenarbeit – Theorie, Prinzipien, Praxis. 2. Auflage Freiburg 1971
Roth, Gerhard, Helmut Schwegler (eds.): Self-organizing Systems. An Interdisciplinary Approach. Frankfurt u. New York 1981
Rousseau, Jean Jacques: Abhandlung über den Ursprung und die Grundlagen der Ungleichheit unter den Menschen (1755). In: *Rousseau, Jean Jacques:* Schriften. Band 1. München, Wien 1978
Rubinstein, Sergej L.: Sein und Bewußtsein. Die Stellung des Psychischen im allgemeinen Zusammenhang der Erscheinungen in der materiellen Welt. 8., durchges. Aufl. Berlin (DDR) 1977
Rüstow, Alexander: Ortsbestimmung der Gegenwart. Herrschaft oder Freiheit ? Erlenbach u. Zürich 1957
Runciman, W. E.: Relative Deprivation and Social Justice. A Study of Attitudes to Social Inequality in Twentieth-Century England. Berkely a. Los Angeles 1966
Russ-Eft, Darlene: Identifying Components Comprising Neighborhood Quality of Life. Social Indicators Research 6/1979
Rusterholz, Hans: Kleine Netze (I). In: Die tägliche Revolution. Reihe fischer alternativ, Magazin Brennpunkte 11. Frankfurt am Main 1978
Ruyle, Eugene E.: Genetic and Cultural Pools: Some Suggestions for a Unified Theory of Biocultural Evolution. Human Ecology, Vol. 1, No. 3, 1973

Sahlins, Marshall: Ökonomie der Fülle. Die Subsistenzwirtschaft der Jäger und Sammler. (Stone Age Economics, Kap. 1) In: Technologie und Politik 12. Reinbek bei Hamburg 1978
Samuelson, Paul A.: Volkswirtschaftslehre. Band I. Eine Einführung. 6., vollst. neubearb. Aufl., Köln 1975
Sargent II, Frederick (ed.): Human Ecology. Amsterdam New York 1974
Schaefer, Gerhard: Inklusives Denken – Leitlinien für den Unterricht. In: *Trommer, G., K. Wenk* (Hrsg.): Leben in Ökosystemen. Braunschweig 1978
Schaefer, Hans, Maria Blohmke: Sozialmedizin und Universität. In: *Lesky, Erna* (Hrsg.): Sozialmedizin. Darmstadt 1977
Schaefer, Hans: Plädoyer für eine neue Medizin. München, Zürich 1979
Schäfer, Wolf: Normative Finalisierung. Eine Perspektive. In: Starnberger Studien I. Die gesellschaftliche Orientierung des wissenschaftlichen Fortschritts. Frankfurt am Main 1978
Scheler, Max: Wesen und Formen der Sympathie. In: *Scheler, Max:* Gesammelte Werke. Band 7. Bern u. München 1973
Schelsky, Helmut: Die Arbeit tun die anderen. Klassenkampf und Priesterherrschaft der Intellektuellen. Opladen 1975
Scherhorn, Gerhard: Bedürfnis und Bedarf. Sozialökonomische Grundbegriffe im Lichte der neueren Anthropologie. Berlin 1959
Scherpner, Hans: Theorie der Fürsorge. 2., durchges. Aufl., Göttingen 1974
Scherrer, H. U.: Strukturfragen zur Lebensqualität und Bewertung zivilisatorischer Aktivitäten. In: Lebensqualität. Jahrbuch der Neuen Helvetischen Gesellschaft. 46 Jg., Bern 1975
Scheuch, Erwin K.: Ökologischer Fehlschluß. In: *Bernsdorf, W.* (Hrsg.): Wörterbuch der Soziologie. 2. Aufl., Stuttgart 1969
Schipperges, Heinrich: Medizin und Umwelt. Analysen, Modelle, Strategien. Heidelberg 1978

Schlicht, Ekkehard: Einführung in die Verteilungstheorie. Mit Beiträgen von *Karl Polanyi* u. a. Reinbek bei Hamburg 1976
Schorochowa, F. W.: Sozialistische Lebensweise und die Psychologie des Menschen. In: *Kossakowski, Adolf* (Hrsg.): Psychologie im Sozialismus. Berlin (DDR) 1980
Schreiber, Wilfried: Existenzsicherheit in der industriellen Gesellschaft. In: *Boettcher, Erik* (Hrsg.): Sozialpolitik und Sozialreform. Tübingen 1957
Schröter, Carl: Die Vegetation des Bodensees. Band 1, 2. Lindau 1896, 1902
Schütz, Alfred, Thomas Luckmann: Strukturen der Lebenswelt. Band 1. Frankfrut am Main 1979
Schumacher, E. F.: Die Rückkehr zum menschlichen Maß. Alternativen für Wirtschaft und Technik. Reinbek bei Hamburg 1977
Schumpeter, Joseph A.: Kapitalismus, Sozialismus und Demokratie. Zweite, erweiterte Auflage. München 1950
Schwendter, Rolf: Theorie der Subkultur. Neuausgabe mit einem Nachwort, sieben Jahre später. Frankfurt am Main 1978
Schwenke, Wolfgang: Auflösung des Begriffs „Autökologie". Naturwissenschaftliche Rundschau 11/1979
Schwerdtfeger, Fritz: Ökologie der Tiere. Band 2: Demökologie. Struktur und Dynamik tierischer Populationen. Hamburg u. Berlin 1968
Scitivsky, Tibor: The Joyless Economy. An Inquiry into Human Satisfaction and Consumer Dissatisfaction. New York, London, Toronto 1976
Service, Elmar R.: Ursprünge des Staates und der Zivilisation. Der Prozeß der kulturellen Evolution. Frankfurt am Main 1977
Shepard, Paul, Daniel McKinley (eds.): The Subversive Science. Essays Toward an Ecology of Man. Boston 1969
Sigrist, Christian: Regulierte Anarchie. Untersuchungen zum Fehlen und zur Entstehung politischer Herrschaft in segmentären Gesellschaften Afrikas. Olten und Freiburg im Breisgau 1967
Simmel, Georg: Soziologie. Untersuchungen über die Formen der Vergesellschaftung. 5. Aufl., Berlin 1968
Simon, Herbert J.: The Architecture of Complexity. Proc. Am. Philos. Soc., Vol. 106, 6/1962
Simonis, Heide, Udo E. Simonis: Lebensqualität. Zielgewinnung und Zielbestimmung. Kieler Schrifttumskunden zu Wirtschaft und Gesellschaft Band 21. Kiel 1976
Simonis, Udo E. (Hrsg.): Ökonomie und Ökologie. Auswege aus einem Konflikt. Karlsruhe 1980
Smalley, Ruth E.: Praxisorientierte Theorie der Sozialarbeit. Weinheim, Basel 1974
Smith, Adam: Der Wohlstand der Nationen. Eine Untersuchung seiner Natur und seiner Ursachen. Aus dem Engl. übertr. u. mit einer Würdigung v. *Horst Claus Rectenwald*. München 1974
Smith, Robert Leo: Ecology and Field Biology. Second Edition. New York 1974
Sobel, David S. (ed.): Ways of Health. Holistic Approaches to Ancient and Comteporary Medicine. New York and London 1979
Sombart, Werner: Der moderne Kapitalismus. Historisch-systematische Darstellung des gesamteuropäischen Wirtschaftslebens von seinen Anfängen bis zur Gegenwart. 2. neugearb. Aufl. München u. Leipzig 1916
Sonnenfels, Joseph von: Grundsätze der Policey, Handlung und Finanzwissenschaft, zum Gebrauch seiner akademischen Vorlesungen eingerichtet von Moshammer. München 1787
Specht, Harry, Anne Vickery (Hrsg.): Methodenintegration in der Sozialarbeit. Zur Entwicklung eines einheitlichen Praxismodells. Freiburg im Breisgau 1980
Specht, Harry: Disruptive Techniken in der Gemeinwesenarbeit. In: *Müller, C. Wolfgang, Peter Nimmermann* (Hrsg.): Stadtplanung und Gemeinwesenarbeit. München 1971
Spencer, Herbert: The Principles of Sociology. Vol. I–III. Third Edition. London, Edinburgh 1893
Spiro, Melford E.: Religious Systems as Culturally Constituted Defense Mechanisms. In: *Monat, Alan, Richard S. Lazarus* (eds.): Stress and Coping. New York 1977

Spitz, René A.: Eine genetische Feldtheorie der Ichbildung. Frankfurt am Main 1972
Sprout, Harold, Margaret Sprout: Ökologie. Mensch-Umwelt. München 1971
Steiger, Alois: Sozialprodukt oder Wohlfahrt ? Kritik am Sozialproduktkonzept. Die sozialen Kosten der Umweltzerstörung. Diessenhofen 1979
Steinbacher, Franz: Kultur. Begriff – Theorie – Funktion. Stuttgart 1976
Stemshorn, Axel: Der Behinderte im Bezugsschema zur Habitatgestaltung. In: *Knötig, Helmut* (Hrsg.): Internationale Tagung für Humanökologie. St. Saphorin 1976
Stemshorn, Axel: Der Behinderte, sein Wohn-, Arbeits- und Regenerationshabitat. In: *Knötig, Helmut* (Hrsg.): Internationale Tagung für Humanökologie. St. Saphorin 1976
Steward, Julian H.: Cultural Ecology. In: *D. L. Sills* (ed.): Intern. Encyclopaedia of the Social Sciences, Vol. 4, 1968
Steward, Julian H.: Theory of Culture Change, the Methodology of Multilinear Evolution. Urbana, Chicago, London 1972
Stierlin, Helm: Das Tun des Einen ist das Tun des Anderen. Frankfurt/M. 1976
Strasser, Johano, Klaus Traube: Die Zukunft des Fortschritts. Der Sozialismus und die Krise des Industrialismus. Bonn 1981
Stugren, Bogdan: Grundlagen der Allgemeinen Ökologie. 3., erw. Aufl., Jena 1978
Szczesny, Gerhard: Die Disziplinierung der Demokratie oder Die vierte Stufe der Freiheit. Reinbek bei Hamburg 1975

Taëni, Rainer: Das Angst-Tabu und die Befreiung. Ich–Selbst – Abwehr oder Liebe, Gesellschaft – Kerker oder Heimat. Reinbek bei Hamburg 1981
Tawney, Richard H.: The Acquisitive Society. New York 1920
Tembrock, Günter: Grundriß der Verhaltenswissenschaften. Eine Einführung in die allgemeine Biologie des Verhaltens. Jena 1980
Theodorson, George A. (ed.): Studies in Human Ecology. Evanston, New York 1961
Theodorson, G. A., A. G. Theodorson: A Modern Dictionary of Sociology. London 1970
Thienemann, August Friedrich: Leben und Umwelt. Vom Gesamthaushalt der Natur. Hamburg 1956
Thiersch, Hans: Alltagshandeln und Sozialpädagogik. Neue Praxis 1/1978 (a)
Thiersch, Hans: Zum Verhältnis von Sozialarbeit und Therapie. Neue Praxis, Sonderheft Sozialarbeit und Therapie 1978 (b)
Thomae, H., T. Endo (eds.): The Adolescent and His Environment. Contributions to an Ecology of Teen-Age Behavior. Basel 1974
Thompson, Edward P.: Plebejische Kultur und moralische Ökonomie. Aufsätze zur englischen Sozialgeschichte des 18. und 19. Jahrhunderts. Frankfurt, Berlin, Wien 1980
Thurn, Hans Peter: Der Mensch im Alltag. Grundrisse einer Anthropologie des Alltagslebens. Stuttgart 1980
Thurnwald, Richard: Grundfragen menschlicher Gesellung. Ausgewählte Schriften. Berlin 1957
Todt, Eberhard: Das Interesse. Empirische Untersuchungen zu einem Motivationskonzept. Bern, Stuttgart, Wien 1978
Tönnies, Ferdinand: Gemeinschaft und Gesellschaft. Darmstadt 1979
Toffler, Alvin: Die Zukunftschance. Von der Industriegesellschaft zu einer humaneren Zivilisation. München 1980
Touraine, Alain, Hans Peter Dreitzel, Serge Moscovici, Richard Sennett, Rudi Supek, Norman Birnbaum: Jenseits der Krise. Wider das politische Defizit der Ökologie. Frankfurt am Main 1976
Trieschman, Albert E., James K. Whittaker, Larry K. Brendtrop: Erziehung im therapeutischen Milieu. Ein Modell. Freiburg im Breisgau 1975
Trudewind, Clemens, Brigitte Husarek: Mutter-Kind-Interaktion bei der Hausaufgabenanfertigung und die Leistungsmotiventwicklung im Grundschulalter. Analyse einer ökologischen Schlüsselsituation. In: *Walter, Heinz, Rolf Oerter* (Hrsg.): Ökologie und Entwicklung. Donauwörth 1979
Tylor, Edward B.: Die Anfänge der Cultur. Untersuchungen über die Entwicklung der Mythologie, Philosophie, Religion, Kunst und Sitte. Leipzig 1873

Uexküll, Jakob von: Streifzüge durch die Umwelten von Tieren und Menschen. Frankfurt 1970
Uexküll, Thure von: Grundfragen der psychosomatischen Medizin. Reinbek bei Hamburg 1963
Uexküll, Thure von (Hrsg.): Lehrbuch der Psychosomatischen Medizin. München, Wien, Baltimore 1979
Uhlig, C. Andreas: Ökologische Krise und ökonomischer Prozeß. Diessenhofen 1978
Unesco (Reports and papers in the social sciences No. 38): Indicators of Environmental Quality and Quality of Life. Psris 1978
Utz, A. F. (Hrsg.): Das Subsidiaritätsprinzip. Heidelberg 1953
Vahsen, Friedhelm: Einführung in die Sozialpädagogik. Bildungspolitische und theoretische Ansätze. Stuttgart 1975
Vann, Anthony, Paul Rogers (eds.): Human Ecology and World Development. Proceedings of a Symposium organised jointly by the Commonwealth Human Ecology Council and the Huddersfield Polytechnic, held in Huddersfield, Yorkshire, England in April 1973. London, New York 1974
Varela, Francisco J.: Principles of Biological Autonomy. New York 1979
Varela, Francisco J.:Autonomy and Autopoiesis. In: Roth, Gerhard, Helmut Schwegler (eds.): Self-organizing Systems. Frankfurt, New York 1981
Vickers, Geoffrey: Value Systems and Social Process. London 1968
Vickers, Geoffrey: Der Preis der Institutionen. Konflikt, Krise und sozialer Wandel. Frankfurt, New York 1974
Vickery, Anne: Die Anwendung einheitlicher Modelle in der Ausbildung. In: *Specht, Harry, Anne Vickery* (Hrsg.): Methodenintegrstion in der Sozialarbeit. Freiburg im Breisgau 1980
Virchow, Rudolf: Gesammelte Abhandlungen aus dem Gebiete der öffentlichen Medizin und der Seuchenlehre in zwei Bänden. Erster Band, Berlin 1879

Wagner, Ferdinand: Das Bild der frühen Ökonomik. Salzburg, München 1969
Wagner-Fischer, Anne-Marie: Überlegungen zur aktiven Integration Körperbehinderter in einem geschlossenen Wohnbereich. In: *Knötig, Helmut* (Hrsg.): Internationale Tagung für Humanökologie. St. Saphorin 1976
Walter, Heinz (Hrsg.): Sozialisationsforschung. Band III Sozialökologie – neue Wege in der Sozialisationsforschung. Stuttgart – Bad Cannstatt 1975
Walter, Heinz, Rolf Oerter (Hrsg.): Ökologie und Entwicklung. Mensch-Umwelt-Modelle in entwicklungspsychologischer Sicht. Donauwörth 1979
Waltz, Edwin Millard: Soziale Faktoren bei der Entstehung und Bewältigung von Krankheit – ein Überblick über die empirische Literatur. In: *Badura, Bernhard* (Hrsg.): Soziale Unterstützung und chronische Krankheit. Frankfurt am Main 1981
Ward, Benjamin: Sind die Wirtschaftswissenschaften am Ende ? Aporien und Antworten. Stuttgart, Zürich 1976
Watzlawick, Paul, John H. Weakland, Richard Fisch: Lösungen. Zur Theorie und Praxis menschlichen Wandels. Bern, Stuttgart, Wien 1974
Weber, Max: Die protestantische Ethik und der Geist des Kapitalismus. Gesammelte Aufsätze zur Religionssoziologie, Band I. (. Aufl., Tübingen 1972
Weber, Max: Wirtschaft und Gesellschaft. Grundriss der verstehenden Soziologie. 5., revid. Aufl., besorgt v. J. Winkelmann. Studienausgabe. Tübingen 1976
Weingarten, Elmar, Fritz Sack, Jim Schenkein (Hrsg.): Ethnomethodologie. Beiträge zu einer Soziologie des Alltagshandelns. Frankfurt am Main 1976
Weiss, Paul A.: Tierisches Verhalten als „Systemreaktion". Die Orientierung der Ruhestellungen von Schmetterlingen (Vanessa) gegen Licht und Schwerkraft. Biologia Gen. 1/1925
Weiss, Paul A.: Das lebende System: ein Beispiel für den Schichten-Determinismus. In: *Koestler, Arthur, J. R. Smythes* (Hrsg.): Das neue Menschenbild. Wien, München Zürich 1970
Weiß, Ulrich: System und Maschine. Zur Kohärenz des Hobbesschen Denkens. Unveröff. Phil. Diss. München 1974
Weizsäcker, Viktor von: Soziale Krankheit und soziale Gesundung. Göttingen 1955
Weizsäcker, Viktor von: Der Gestaltkreis. Theorie der Einheit von Wahrnehmen und Bewegen. Frankfurt am Main 1973

Weizsäcker, Carl Friedrich von: Der Garten des Menschlichen. Beiträge zu einer geschichtlichen Anthropologie. München, Wien 1977
Weizsäcker, Christine von, Ernst von Weizsäcker: Für ein Recht auf Eigenarbeit. In: Technologie und Politik 10. Reinbek bei Hamburg 1978
Wendt, Siegfried: Bemerkungen über das Verhältnis von Wirtschafts- und Sozialpolitik. In: *Külp, Bernhard, Wilfried Schreiber* (Hrsg.): Soziale Sicherheit. Köln, Berlin 1971
Wendt, Wolf Rainer: Der Beitrag der Systemtheorie zur Strategie und Planung der sozialen Arbeit. Blätter der Wohlfahrtspflege 3/1973
Wendt, Wolf Rainer: Kindererholung. Ein sozialpädagogisches Curriculum. Stuttgart 1975
Wendt, Wolf Rainer: Gesundheitserziehung in der Kindererholung. Archiv für angewandte Sozialpädagogik 1/1977 (a)
Wendt, Wolf Rainer: Früherziehung in sozialökologischer Betrachtung. Recht der Jugend und des Bildungswesens 4/1977 (b)
Wendt, Wolf Rainer: Sozialarbeit in ökologischer Gemeinschaft – Überlegungen zur Handlungsorientierung des Sozialpädagogen. Soziale Arbeit 4/1979 (a)
Wendt, Wolf Rainer: Laienberatung in der Tagespflege. Tagesmütter, Informationen der Arbeitsgemeinschaft Tagesmütter 4/1979 (b)
Wendt, Wolf Rainer: Metamorphosen psychiatrischer Vernunft. Zur Tradition von Therapie und Kontrolle im Irrenwesen. Blätter der Wohlfahrtspflege 2/1981 (a)
Wendt, Wolf Rainer: Gemeinschaft als Beziehung – zu den lebensweltlichen Gründen heilpädagogischer Zuwendung. In: Beziehungen in der heilpädagogischen Arbeit. Bericht der 13. Fachtagung des Berufsverbandes der Heilpädagogen 1980. Berlin 1981 (b)
Werner, Rudolf: Soziale Indikatoren und politische Planung. Einführung in Anwendungen der Makrosoziologie. Reinbek bei Hamburg 1975
White, Leslie A.: Der Begriff Kultur. In: *Schmitz, Carl August* (Hrsg.): Kultur. Frankfurt am Main 1963
White, Leslie A.: The Concept of Cultural Systems. A Key to Understanding Tribes and Nations. New York, London 1975
Widmaier, Hans Peter: Sozialpolitik im Wohlfahrtsstaat. Zur Theorie politischer Güter. Reinbek bei Hamburg 1976
Wilensky, Harold L., Charles N. Lebeaux: Industrial Society and Social Welfare. The Impact of Industrialization on the Supply and Organization of Social Welfare Services in the United States. New York 1958
Willems, E. P.: Behavioral Ecology. In: *Stokols, D.* (ed.): Perspectives on Environment and Behavior. Theory, Research, Applications. New York 1977
Williams, Raymond: Gesellschaftstheorie als Begriffsgeschichte. Studien zur historischen Semantik von „Kultur". München 1972
Williams, Roger J.: Biology of Human Variation: Human Individuality. In: *Sargent II, Frederick* (ed.): Human Ecology. Amsterdam, New York 1974
Willms, Bernard: Revolution und Protest oder Glanz und Elend des bürgerlichen Subjekts. Stuttgart 1969
Willms, Bernard: Die Antwort des Leviathan. Thomas Hobbes' politische Theorie. Neuwied u. Berlin 1970
Willms, Bernard: Der Weg des Leviathan. Die Hobbes-Forschung von 1968–1978. Beiheft 3 zu „Der Staat". Berlin 1979
Winnicott, D. W.: Vom Spiel zur Kreativität. Stuttgart 1973
World Health Organization: Health Hazards of the Human Environment. Geneva 1972
World Health Organization: Statement, presented by P. Macueh. In: *Knötig, Helmut* (Hrsg.): Internationale Tagung für Humanökologie. St. Saphorin 1976
Wulff, Erich (Hrsg.): Ethnopsychiatrie. Seelische Krankheit – ein Spiegel der Kultur ? Wiesbaden 1978

Yablonsky, Lewis: Synanon. Selbsthilfe der Süchtigen und Kriminellen. Stuttgart 1975

Zapf, Wolfgang: Lebensbedingungen in der Bundesrepublik. Sozialer Wandel und Wohlfahrtsentwicklung. Frankfurt am Main 1977

Zapf, Wolfgang: Lebensbedingungen und wahrgenommene Lebensqualität. In: *Matthes, Joachim* (Hrsg.): Sozialer Wandel in Westeuropa. Verhandlungen des 19. Deutschen Soziologentages Berlin 1979. Frankfurt, New York 1979

Zellentin, Gerda, mit *Günther Nonnenmacher:* Abschied vom Leviathan. Ökologische Aufklärung über politische Alternativen. Hamburg 1979

Namenregister

A
Abderhalden, E. 246
Achinger, H. 201, 214, 226, 239
Ackoff, R. L. 83, 239
Adorno, Th. W. 53, 240, 247
Albrecht, G. 201, 239
Alihan, M. A. 99, 239
Alinsky, S. D. 198, 239
Almond, G. A. 136, 239
Almond, R. 184, 195, 239
Altenkirch, W. 80, 90, 239
Altman, I. 239
Amery, C. 54, 55, 56, 88, 239
Andreski, S. 239
Apel, K.-O. 131, 239
Ariès, P. 15, 239
Aristoteles 13, 14, 42, 85, 207
Atteslander, P. 99, 239, 246, 252, 253
Audy, J. 153, 154, 239

B
Badura, B. 163, 204, 208, 220, 239, 258
Bäumer, G. 239
Bahr, H.-E. 197, 198, 208, 209, 239, 245
Bakunin, M. A. 189
Balbus, I. D. 239
Balint, M. 70, 239
Barabas, F. 9, 212, 239
Barker, R. G. 145, 147, 161, 173, 228, 239
Barnett, H. G. 240
Bartl, M. 161, 240
Bartlett, H. M. 236, 237, 240
Bartling, H. 240
Basaglia, F. 169, 170, 240
Bastian, A. 61
Bateson, G. 84, 240
Baumol, W. J. 206, 240
Bay, C. 121, 240
Bell, D. 234, 240
Becher, J. J. 42
Benedict, R. 139, 240
Benseler, F. 86, 240, 251
Berger, B. 240
Berger, J. 81, 240
Berger, P. 57, 175, 240
Bergmann, J. 100, 240
Bergmann, W. 8, 240
Bernsdorf, W. 242, 255
Bertalanffy, L. v. 86, 240
Bertaux, D. 64, 240
Bertaux-Wiame, I. 240
Bertram, H. 240

Bettelheim, B. 166, 167, 169, 171, 172, 240
Beugen, M. v. 216, 236, 240
Bierhoff, H. W. 240
Biestek, F. 237, 240
Bilz, R. 61, 240
Binswanger, H. Ch. 35, 46, 240
Birnbaum, N. 257
Bischoff, J. 252
Bismarck, O. v. 204
Bittner, G. 69, 240
Blättig, K. 240
Blanke, Th. 239
Blohmke, M. 241
Böckenförde, E.-W. 207, 241, 254
Bodmer-Lenzin, W. 113
Boesch, E. E. 241
Boettcher, E. 252, 256
Bohnen, A. 241
Bollnow, O. F. 161, 241
Bookchin, M. 76, 77, 189, 241
Bopp, J. 183, 184, 241
Boulding, K. E. 30, 46, 241
Bourdieu, P. 9
Bourgett, J. 99, 241
Bowlby, J. 105
Brandt, G. 240
Braybrooke, D. 195, 241
Brendtrop, L. K. 257
Bronfenbrenner, U. 146 ff., 161, 162, 202, 237, 241
Brownstein, R. 237, 252
Brück, G. W. 204, 241
Brückner, J. 19, 42, 43, 241
Bruhn, J. G. 99, 241
Brunner, O. 15, 16, 207, 241
Burgess, E. W. 92, 253
Burghardt, A. 185, 209, 241
Burton, A. 241
Bußhoff, H. 206, 241
Butrym, Z. T. 237, 241

C
Caesar, B. 145, 241
Camus, A. 64, 241
Cassel, J. C. 160, 242
Cassirer, E. 133, 138, 242
Castel, R. 183, 240, 242
Catalano, R. 242
Chomsky, N. 240
Cicero, M. T. 127
Cloward, R. A. 179, 233, 254

Cobb, E. 242
Cole, L. C. 82, 242
Cooper, D. 75
Cumming, E. 167, 168, 242
Cumming, J. 167, 168, 242

D
Dahl, R. A. 195, 207, 209, 242
Dahrendorf, R. 12, 112, 113, 116, 119, 120, 122, 123, 236, 242
Darwin, Ch. 78, 90
Deleuze, G. 48, 55, 60, 67, 75, 77, 242
Denney, R. 254
Deppe, H.-U. 162, 242, 254
Deutsch, K. W. 206, 242
Devereux, G. 6, 8, 107, 108, 135, 139, 141, 223, 242
Diamond, S. 58, 59, 76, 242
Diemer, A. 242
Dittrich, E. 19, 242
Dörner, K. 15, 183, 242
Dopfer, K. 242
Douglas, M. 242
Dreitzel, H. P. 233, 242, 257
Dubos, R. 158, 242
Dumont, L. 15, 242
Duncan, O. D. 95, 98, 242
Dunn, F. L. 153, 154, 239
Dupuy, J.-P. 242
Durham, W. H. 243
Durkheim, E. 17, 53, 83, 91, 103, 123, 129, 130, 138, 139, 243
Duve, F. 246

E
Easton, D. 206, 243
Ebeling, H. 69, 243
Eccles, J. C. 84, 254
Eckensberger, L. H. 243
Ehrlich, A. H. 243
Ehrlich, P. R. 88, 243
Eisenbart, C. 243, 252, 253
Eisenberg-Berg, N. 185, 252
Elgin, D. S. 243
Eliade, M. 65, 134, 243
Elias, N. 15, 130, 131, 243
Elton, Ch. S. 79, 243
Emery, F. E. 83, 117, 118, 154, 239, 243
Endo, T. 160, 257
Engelmeyer, O. 243
Engels, F. 41, 243, 251
Erikson, E. H. 57, 145, 243
Ermertz, E. 240
Etzioni, A. 87, 97, 110, 111, 133, 196, 243
Evans-Pritchard, E. E. 53

F
Faris, R. E. L. 242
Ferber, Ch. v. 23, 46, 243, 249
Fisch, R. 258
Flandrin, J.-L. 10, 243
Foucault, M. 73, 165, 183, 240, 243
Foulkes, S. H. 166
Frank, J. P. 20, 150, 243
Frankl, V. E. 135
Freud, S. 48, 49, 50, 51, 61, 68, 70, 71, 73 ff., 243, 244
Freye, H. A. 88, 102, 151, 244
Friedländer, W. A. 244
Friedrich, C. J. 194, 207, 244
Friedrichs, J. 99, 244
Fromm, E. 25, 44, 244
Fuchs, H.-J. 43, 244

G
Gaertner, A. 247
Galbraith, J. K. 112, 114
Galen, G. 150
Galper, J. H. 196, 244
Galtung, J. 235, 244
Garaudy, R. 222, 244
Garfinkel, H. 134, 141, 244
Gehlen, A. 28
Gehrmann, H. J. 99, 244
Geissberger, W. 240, 244
Geist, V. 244
Gente, H.-P. 247
Georgescu-Roegen, N. 34, 45, 244
Gerhardt, V. 43, 244
Germain, C. B. 238, 244
Gershuny, J. 234, 238, 244
Gilbert, N. 215, 244
Ginsburg, T. 240
Gitterman, A. 238, 244
Glaser, H. 136, 137, 244
Glazer, N. 254
Godelier, M. 245
Goffman, E. 167, 210, 240, 245
Goldenwasser, A. 245
Goldschmidt, W. 110, 245
Goldsmith, E. 245
Goldstein, K. 142
Goodfellow, D. W. 12, 44, 245
Gorz, A. 189, 245
Grauhan, R.-R. 210, 245
Graumann, C. F. 143, 146, 241, 243, 245, 249
Greverus, I.-M. 245
Gronemeyer, R. 208, 239, 245
Gross, P. 204, 205, 208, 210, 239, 245
Gründer, K. 244
Gruhl, H. 245

Guattari, F. 48, 55, 60, 67, 75, 77, 242
Günther, K. 80, 81, 245
Guggenberger, B. 208, 245
Guntern, G. 83, 245
Guss, K. 160, 245
Guttenberg, M. 242

H
Habermas, J. 4, 8, 42, 45, 135, 140, 245
Haeckel, E. 49, 78, 79, 101, 245
Häußermann, H. 99, 245
Hahn, K. 38
Haines, J. 224, 225, 237, 245
Halbwachs, M. 64, 91, 245, 246
Hale, D. G. 235, 246
Hall, C. S. 142, 246
Hall, S. 49
Hamm, B. 95, 99, 103, 239, 246, 248, 253
Hankiss, E. 16, 246
Hardesty, D. L. 80, 246
Harding le Riche, W. 158, 246
Harich, W. 207, 246
Harris, M. 126, 246
Hartmann, H. 69, 70, 246
Hawley, A. H. 246
Haydu, G. G. 133, 246
Hearn, G. 216, 246
Heckmann, W. 184, 246
Hefti, D. W. 35, 46, 246
Hegel, G. W. F. 10, 24, 25, 39, 43, 188, 189, 207
Heidegger, M. 29, 43, 246
Heilbroner, R. L. 14, 246
Hejl, P. M. 240
Hellpach, W. 143, 246
Helmstädter, E. 246
Hengstenberg, H. E. 210, 246
Hennis, W. 207, 246
Henseler, H. 71, 77, 246
Hentig, H. v. 209, 246
Hentschel, R. 77, 246
Hereth, M. 247
Herlyn, U. 99, 246
Herman, F. B. W. v. 44
Hickel, R. 245
Hippokrates 150
Hirsch, F. 247
Hobbes, Th. 188, 206, 207
Hochmann, J. 217, 247
Höfener, H. 247
Hohberg, W. H. v. 16
Hollingshead, A. B. 125, 247
Hollstein, W. 179, 247
Horkheimer, M. 53, 247
Horn, K. 47, 209, 241, 247

Huber, J. 37, 112, 244, 247, 254
Hufeland, Ch. W. 150, 157, 247
Humboldt, W. v. 247
Hummell, H. J. 247
Husarek, B. 145, 161, 257

I
Illich, I. 33, 36, 37, 74, 106, 112, 155, 162, 200, 234, 247
Inglehart, R. 121, 204, 247
Insel, P. M. 101, 247, 252
Ittelson, W. H. 143, 247

J
Jacobson, E. 77, 247
Jäger, W. 206, 247
Jänicke, M. 206, 247
Jantsch, E. 6, 85, 102, 103, 247, 248
Japp, K. P. 232, 248
Jetter, D. 183, 248
Jöhr, W. A. 121, 248
Jonas, H. 248
Jones, J. O. 248
Jones, M. 166, 169, 173, 183, 248
Jünger, E. 77, 246
Jung, C. G. 49, 60, 70
Junge, F. 79, 248
Justi, J. H. G. v. 19, 42, 248

K
Kafka, F. 55
Kaminski, G. 143, 146, 248
Kant, I. 23, 54
Kapp, K. W. 32, 45, 248
Katschnig, H. 248
Kaufmann, F.-X. 28, 44, 200, 201, 204, 248, 249
Keim, D. 248
Kellner, H. 240
Kennedy, J. F. 121
Klages, H. 242
Kluckhohn, C. 28, 29, 45, 127, 248, 249
Kluge, A. 69, 77, 208, 252
Kmieciak, P. 242
Knötig, H. 87, 102, 248, 252, 253, 257, 258, 259
Koch, H. W. 248
Köck, W. K. 240
Köhler, E. 248
König, R. 15, 245, 249
Körber, K. 240
Koestler, A. 101, 249, 251, 258
Kohut, H. 77, 249
Kolakowski, L. 65, 134, 249

Konopka, G. 249
Kosik, K. 238
Kossakowski, A. 256
Krabbe, W. R. 35, 249
Krämer-Badoni, Th. 99. 245
Kramer, F. 54, 75, 249
Kraushaar, W. 77, 249
Kreeb, K. H. 249
Kriedke, P. 121, 249
Kroeber, A. L. 127, 249
Kropotkin, P. 78, 249
Krovoza, A. 15, 22, 42, 249
Krüger, H. 183, 249
Krüsselberg, H.-G. 46, 226, 227, 249
Kruse, L. 143, 249
Kuczynski, J. 249
Külp, B. 259
Küppers, G. 101, 162, 249
Kuhn, T. 83, 249
Kull, U. 139, 140, 249
Kurnitzky, H. 246

L
Lacan, J. 48, 60
Laing, R. D. 75, 178, 191, 240, 249
Landshut, S. 251
Laslett, P. 10, 249
Lautmann, R. 44f., 250
Lavergne-Peguilhen, M. v. 91
Lazarus, R. S. 156, 159, 250, 252, 256
Leach, E. 250
Lebeaux, Ch. N. 9, 233, 238, 259
Le Corbusier, 95
Lefèbvre, H. 13, 14, 96, 97, 109, 250
Leipert, Ch. 114, 250
Leiss, W. 122, 250
Leòn, J. B. 140, 153, 250
Leontjew, A. N. 144
Lersch, Ph. 77
Lesky, E. 243, 250, 255
Levi, L. 250
Lévi-Strauss, C. 60, 75, 76, 81, 129, 250
Lewin, K. 142, 143, 146, 160, 161, 250
Lickint, K. 250
Limbos, E. 250
Lindblom, Ch. 195, 209, 241, 242
Linder, W. 141
Lindner, W. 252
Lindzey, G. 142, 246
Linton, R. 127, 138, 139, 141, 250
Lippe, R. z. 250
Lippitt, K. R. 250
List, F. 46
Litt, Th. 250
Lorenz, K. 139, 250

Lowy, L. 17, 232, 250
Luckmann, Th. 183, 256
Lüscher, K. 249, 250
Lütke, F. 250
Luhmann, N. 44, 180, 185, 206, 245, 250, 251
Lundgren, P. 249
Luther, M. 55
Luzius, F. 240

M
Macko, D. 252
MacLean, P. D. 251
Macpherson, C. B. 188, 206, 251
McKenzie, R. D. 92, 251, 253
McKinley, D. 242, 256
McNaughton, S. J. 251
Main, T. F. 166
Makarenko, A. S. 168, 173
Malinowski, B. 14, 37, 251
Mandeville, B. de 23
Marcuse, H. 68, 70, 74, 76, 77, 132, 251
Margalef, R. 82, 251
Marx, K. 11, 20, 21, 23, 24, 26, 29, 42, 55, 62, 66, 89, 93, 95, 102, 106, 121, 130f., 140, 188, 198, 207, 251
Maslow, A. 110, 121, 124, 175, 251
Massing, P. 239, 243, 244, 251
Matthes, J. 245, 260
Maturana, H. R. 5, 86, 102, 220, 251
Mauss, M. 14, 15, 23, 37, 91, 251
Mayer-Tasch, P. C. 141, 191, 208, 251
Mead, G. H. 251
Medawar, P. B. 237, 251
Medick, H. 249
Mehan, H. 140, 251
Mehrabian, A. 251
Meillassoux, C. 11, 56, 251
Meinhold, M. 179, 247
Menard, M. 252
Menninger, W. C. 166
Menozzi, P. 88, 252
Mesarović, M. D. 84, 85, 252
Michalski, W. 45, 252
Michel-Alder, E. 141, 252
Mill, J. St. 112
Miller, A. 70, 252
Milner, J. 158, 246
Minahan, A. 216, 217, 254
Mitscherlich, A. 89
Mlinar, Z. 99, 252
Moeller, M. L. 171, 192, 252
Mohl, E. T. 240
Mollenhauer, K. 9, 10, 179, 252
Molt, W. 252
Monat, A. 159, 250, 252, 256

Moos, R. H. 3, 101, 143, 146, 161, 237, 247, 252
Moroni, A. 88, 252
Moscovici, S. 257
Moser, S. 252
Mühleisen, H.-O. 206, 247
Müller, A. M. K. 6, 252
Müller, B. 252
Müller, C. W. 256
Müller, J. B. 24, 43, 252
Mukerjee, R. 252
Mumford, L. 108, 252
Mussen, P. 185, 252

N
Narr, W.-D. 252
Nachtsheim, H. 245
Naschold, F. 196, 252
Negt, O. 69, 77, 208, 252
Nell-Breuning, O. v. 202, 209, 252, 253
Nelles, W. 253
Neuendorff, H. 43, 253
Neumann, S. 162
Newman, Ph. R. 145, 253
Nicolis, G. 85, 253
Niethammer, L. 240
Nietzsche, F. 63, 76, 77
Nimmermann, P. 256
Nohl, H. 239
Nonnenmacher, G. 260

O
Oates, W. E. 240
Odum, E. P. 80, 253
Oerter, R. 146, 161, 240, 241, 252, 253, 257, 258
Offe, K. 240
Olk, Th. 205, 232, 248, 253
Olson, M. 253
Opaschowski, H. W. 229, 237, 253
Oppermann, R. 253
Ostwald, W. 45
Otto, H.-U. 205, 236, 248, 251, 253

P
Pagè, M. 252
Pallat, L. 239
Pankoke, E. 235, 253
Panzhauser, E. 102
Paracelsus, 150
Park, R. E. 92, 93, 103, 125, 253
Parsons, T. 8, 86, 109, 127, 140, 248, 253
Paul, H. A. 100, 253

Pestalozzi, J. H. 165
Peters, H. 214, 215, 253
Pettenkofer, M. v. 150
Petzold, H. 184, 253
Pfaff, M. 210, 253
Pfaffenberger, H. 244
Pfeiffer, J. F. v. 212, 253
Piaget, J. 144, 152, 253
Pianca, E. R. 101, 103, 253
Picht, G. 90, 101, 253
Pigou, A. C. 32, 33, 114, 121
Pincus, A. 216, 217, 254
Pirella, A. 169, 170, 254
Piven, F. F. 179, 233, 254
Plake, K. 213, 254
Plant, R. 237, 254
Ploeger, A. 173, 174, 254
Polanyi, K. 14, 17, 22, 30, 41, 43, 94, 254, 256
Popper, K. R. 77, 84, 195, 254
Preusser, N. 241
Prigogine, I. 85, 253
Prokop, U. 45, 254
Proshansky, H. M. 247
Proudhon, P.-J. 189
Pye, L. W. 136, 254

Q
Quesnay, F. 20, 21, 41

R
Ramazzini, B. 254
Rammstedt, O. 209, 254
Rectenwald, H. C. 256
Redl, F. 166, 168, 169, 219, 254
Regus, M. 162, 242, 254
Reich, E. 150
Reichel, P. 239, 243, 244, 251
Reichholf, J. 253
Richter, H. E. 63, 254
Ricœur, P. 60, 75, 254
Riedel, M. 207, 254
Riehl, W. H. 10, 254
Riesman, D. 76, 254
Ritter, J. 244
Rivlin, L. G. 247
Robert, J. 242
Robertson, J. 36, 254
Robinson, W. S. 254
Rodbertus 13
Rössner, L. 217, 254, 255
Rogers, C. R. 110, 191, 207, 255
Rogers, P. 258
Rohe, K. 194, 207, 208, 255
Rosen, G. 19, 150, 162, 255

Ross, M. G. 197, 255
Roth, G. 255, 258
Rousseau, J. J. 22, 25, 52, 53, 162, 229, 255
Rubinstein, S. L. 144, 161, 255
Rüstow, A. 227, 237, 255
Runciman, W. E. 255
Russ-Eft, D. 121, 255
Rusterholz, H. 255
Ruyle, E. E. 140, 255

S
Sachße, Ch. 239, 247
Sack, F. 258
Sahlins, M. 11, 25, 53, 255
Samuelson, P. A. 255
Sargent II, F. 89, 239, 255, 259
Schaefer, G. 6, 255
Schaefer, H. 157, 162, 255
Schäfer, W. 79, 255
Scheidt, J. v. 154
Scheler, M. 29, 176, 255
Schelsky, H. 210, 234, 255
Schenkein, J. 258
Scherhorn, G. 25, 36, 44, 75, 255
Scherpner, H. 185, 255
Scherrer, H. U. 113, 255
Scheuch, E. K. 97, 255
Schiller, F. 132
Schipperges, H. 150, 241, 255
Schlicht, E. 256
Schlumbohm, J. 249
Schmalfuß, A. 245
Schmitz, C. A. 259
Schneider, S. 248, 251
Schnore, L. F. 98, 242
Schorochowa, F. W. 8, 256
Schreiber, W. 202, 256, 259
Schröder, W. v. 42
Schröter, C. 79, 256
Schütz, A. 183, 256
Schumacher, E. F. 256
Schumpeter, J. A. 256
Schwegler, H. 255, 258
Schwendter, R. 210, 256
Schwerdtfeger, F. 79, 256
Scitivsky, T. 256
Seckendorff, V. L. v. 20
Selye, H. 156
Sennett, R. 257
Service, E. R. 53, 54, 256
Shepard, P. 138, 242, 256
Shils, E. A. 248
Sigrist, Ch. 54, 75, 249, 256
Sills, D. L. 246, 257
Simmel, G. 180 ff., 256

Simon, H. J. 101, 256
Simonis, H. 256
Simonis, U. E. 256
Smalley, R. E. 256
Smith, A. 21, 23, 43, 55, 256
Smith, R. L. 78, 256
Smythes, J. R. 249, 251, 258
Sobel, D. S. 155, 242, 256
Sombart, W. 33, 256
Sonnenfels, J. v. 42, 256
Specht, H. 198, 215, 244, 254, 256, 258
Spencer, H. 256
Spinoza, B. 181
Spiro, M. E. 256
Spitz, R. A. 77, 105, 257
Sprout, H. 257
Stahl, K. H. 136, 244
Stascheit, U. 239
Steiger, A. 31, 32, 257
Steinbacher, F. 257
Stemshorn, A. 101, 257
Steward, J. H. 92, 125, 126, 138, 257
Stierlin, H. 257
Stokols, D. 259
Strasser, J. 203, 257
Struening, F. L. 242
Stugren, B. 82, 257
Sullivan, H. S. 166
Supek, R. 257
Szczesny, G. 208, 257

T
Taeni, R. 70, 257
Takahara, V. 252
Tawney, R. H. 21, 257
Tembrock, G. 175, 257
Tenne, H. 252
Theodorson, G. A. 95, 103, 125, 247, 253, 254, 257
Thienemann, A. F. 79, 257
Thiersch, H. 231, 238, 257
Thomae, H. T. 160, 161, 257
Thomas, W. I. 148
Thompson, E. P. 17, 257
Thurn, H. P. 66, 67, 76, 257
Thurnwald, R. 36, 257
Todt, E. 43, 257
Tönnies, F. 10, 21, 257
Toffler, A. 110, 257
Touraine, A. 257
Trapp, W. 240
Traube, K. 203, 257
Trieschman, A. E. 257
Trist, E. L. 117, 118, 154, 243
Trommer, G. 255

Trudewind, C. 145, 161, 257
Tuke, S. 165, 183
Tylor, E. B. 127, 257

U
Ucko, P. J. 242
Uexküll, J. v. 152, 162, 258
Uexküll, Th. v. 48, 74, 152, 162, 258
Uhlig, C. A. 258
Utermann, K. 236, 253
Utz, A. F. 246, 258

V
Vahsen, F. 258
Vann, A. 258
Varela, F. J. 5, 86, 251, 258
Verba, S. 136, 195, 239, 254
Vickers, G. 17, 18, 258
Vickery, A. 236, 244, 254, 256, 258
Virchow, R. 149, 150, 162, 163, 258
Völkel, R. 241
Vogler, P. 155
Vogt, W. 241
Voigtländer, H. 210, 253
Vormann, G. 184, 253

W
Waddington, C. H. 247
Wagner, F. 13, 42, 258
Wagner, G. 241
Wagner-Fischer, A.-M. 258
Walter, H. 146, 240, 241, 252, 253, 257, 258
Waltz, E. M. 160, 258
Ward, B. 258
Watzlawick, P. 258

Weakland, J. H. 258
Weber, M. 10, 12, 13, 41, 258
Weingart, P. 249
Weingarten, E. 134, 251, 258
Weiss, P. A. 82, 102, 258
Weiß, U. 206, 258
Weizsäcker, C. F. v. 7, 259
Weizsäcker, Ch. v. 36, 259
Weizsäcker, E. v. 36, 259
Weizsäcker, V. v. 152, 258
Wells, H. G. 93
Wendt, S. 259
Wendt, W. R. 146, 162, 185, 259
Wenk, K. 255
Werner, R. 115, 259
Wesiak, W. 152, 162
White, L. 128, 139, 259
White, R. 250
Whittaker, J. K. 257
Widmaier, H. P. 205, 259
Wilensky, H. L. 9, 233, 238, 259
Willems, E. P. 145, 259
Williams, R. 132, 259
Williams, R. J. 259
Willms, B. 206, 259
Winkel, G. H. 247
Winnicott, D. W. 184, 185, 259
Wittgenstein, L. 134
Wood, H. 140, 251
Wulff, E. 240, 259

Y
Yablonsky, L. 174, 259

Z
Zapf, W. 115, 116, 117, 121, 260
Zellentin, G. 6, 45, 186, 260

Sachregister

A
Alltag 16, 66 ff., 76, 118, 136, 141, 194, 200, 231, 238
Anarchismus 52, 53, 67, 77, 189
Animation 227 ff., 237
Anthropologie 3, 58, 61
Arbeit 1, 11, 21, 26, 36, 55 f., 66, 69, 73 f.
Archetypen 60, 65, 67, 70, 133
Arme, Armut 9, 22, 24, 39, 43, 178 ff.
Arrangement 166 f., 171, 227 f., 230
authentisch 67, 69, 74, 134, 189, 221, 235, 238
Autökologie 79, 82, 101, 104, 151
Autopoiesis 86, 220, 235

B
Bedürfnis 22, 24 ff., 43 f., 109 ff., 124, 128, 195
Begehren 48, 50, 54, 67
behavior setting 145, 147 f., 228
behavioral ecology 145
Beziehungsarbeit 33, 232
Bioökologie 78, 79, 81, 84, 101
Bioökonomie 34
Biosphäre 82, 186
Biotop 79, 82, 113
Biozönose 79, 82
Bürgerinitiativen 191 f., 197, 208, 210, 230

C
Chicagoer Schule 92 f.
Coping 159, 160, 195

D
Demokratisierung 187, 191 f., 205
Denkweise, ökologische 3, 6, 83
Dezentralisierung 195, 199, 203, 205
Dienstleistung 18, 38, 39, 154, 201, 204, 214, 234 f.
Disparität 100
dissipative Strukturen 85, 138, 193, 199
Drehpunktperson 205, 210
Dualwirtschaft s. Ökonomie, duale
Durchführung (ethnomethodologisch) 5, 67, 83, 134, 137, 145, 191, 219

E
ecobase 140
Eigenarbeit 36 f., 235
Epidemiologie 3, 151, 154, 158, 160, 163
Es 51, 67 f., 73, 77
Ethnologie 4, 6, 14, 25, 61
Ethnomethodologie 134, 140
Ethnopsychiatrie 8, 135
Ethos 219

F
faschistisch 67, 72, 77, 199
Fehlschluß, ökologischer 97, 170
Figuration 130 f., 174
Fortschritt 7, 31, 35, 62 f., 74, 118

G
Gedächtnis, kollektives 64
Gemeinschaft 1, 7, 10 ff., 27, 57, 60, 71 f., 77, 92, 94, 110, 130 f., 146, 154, 164, 166 ff., 171 ff., 177 ff., 185, 198, 203, 221, 235
Gemeinwesenarbeit 187, 188, 197 f., 208, 227
Gemeinwohl 18, 114, 197, 202 f.
generalistisch 204, 214 ff., 236
Gesellschaft 129 ff., 135, 140, 147, 157, 188 f., 190, 198 f., 207
Gesundheit 3, 115, 121, 135, 149 f., 152 ff., 157, 159, 162, 220, 226
Grundbedürfnisse 105, 109 ff., 118, 121, 125, 175, 187

H
Habitat 79 f., 92, 101, 126, 161
Haus, ganzes 10 ff., 16, 21, 52, 207
Haushalt 13, 15, 18, 31, 36, 78 f., 104, 109, 186, 187, 199, 217, 226, 235
–, psychosozialer 5, 48, 51, 58, 74, 95
Hausväterliteratur 16 f., 19, 150
Hauswirtschaft s. Haus
Heterarchie 84, 101
Hierarchie 84, 101, 110
homo oeconomicus 32, 107
Humanökologie 3, 5 f., 78, 87 ff., 92 ff., 102, 108, 123, 125 f., 138, 151, 220
Humanvermögen 226 f.
Hygiene 150 f.

I
Ich 51, 62, 67 f., 71 f., 73, 75, 77, 167 f.
Individualisieren 218 ff., 237
Industrialismus 5, 9, 21 f., 35, 56
Infrastruktur 48, 100, 193, 202
Inkrementalismus 195 ff., 209, 231
interdisziplinär 3, 8
Interesse 22 ff., 43, 45, 197
Interpretation 227 ff.

J
Jäger und Sammler 11, 50, 53, 55f., 59, 75, 104
Jugendbewegung 35, 56f., 137, 141, 148

K
Kameralismus 13, 18ff., 42, 51, 190, 212f.
Klima, soziales 143, 146, 161
Kollektivbewußtsein 129ff., 138, 139
Kommunalisierung 203ff.
Kommunikationsgemeinschaft 131
Konsum, Konsumtion 4, 8, 11, 25, 81, 111, 112, 234
Kontextabhängigkeit 4, 6, 110
Kontingenz 218, 220ff.
Kontraproduktivität 9, 51, 75
Konvivialität 36, 235
Kultur 51, 55f., 68, 89, 119, 124ff., 129ff., 138f., 147, 153
–, politische 136, 192, 195, 197, 208
–, therapeutische 173f.
Kulturökologie 3, 49, 123ff., 135, 136f.

L
Lebenschancen 12, 119, 120, 122, 186, 206, 220
Lebensqualität 4, 44, 104, 112ff., 118ff., 129
Lebensstandard 112
Lebenstätigkeit 4, 6, 8, 27, 30, 32, 47, 56, 66, 86, 107f., 125, 144, 152, 161, 174, 189, 224, 228
Lebenswelt 4, 7, 8, 27, 62, 70f., 88, 101, 123, 134, 141, 144f., 164, 219, 223, 229
Leidenschaften 50, 57
Leviathan 187, 206f., 210
Liebestätigkeit 2, 178
Ligaturen 119f., 138, 218, 220ff., 236
Lustprinzip 49, 57, 61, 68f., 74f.

M
Makrobiotik 150, 157
Marktwirtschaft 14, 18, 21, 31, 40
Mehrebenensystem 84, 96f., 102, 147, 187, 203
Melioration 112, 226, 232
Mensch-Umwelt-Beziehung 3f., 95, 99, 104, 125f., 142ff., 151f., 156
metabolisch 4, 34, 82, 86
Morphologie, soziale 78, 91, 92, 95
Mythos 60, 63ff., 75f., 129, 130, 133f., 199
–, der Wiederkehr des Gleichen 63ff., 76

N
Narzißmus 70ff., 77, 110, 176
Nexus 178

Nische, ökologische 79ff., 86, 92, 96, 100, 101, 106, 118, 132, 136, 137, 140, 152, 203, 217, 219, 224

O
Ökologie
–, medizinische 149, 151, 158
–, politische 88, 186ff., 199
–, psychologische 143, 145ff., 160f.
Ökonomie 9, 13, 15, 33, 41, 93, 95, 156, 200
–, duale 34, 37, 190, 234
–, innere 5, 72, 94
–, libidinöse 48f.
–, moralische 17, 21, 40f.
Ökonomik 5, 16ff., 26, 29, 33, 42, 84, 190, 207
Ökosphäre 82
Ökosystem 5, 79, 82, 88ff., 187, 209, 211, 224
Oikos 4, 7, 10ff., 69, 79, 101, 123, 153, 160, 171, 186, 188, 198, 207, 212, 218f., 221, 223
Optionen 119f., 138, 218, 220, 236

P
Partizipation 111, 136, 202
Phantasie 48, 55, 68f., 70, 74f., 123, 134, 190, 197, 206
Physiokraten 20f.
Policey 19ff., 190, 204, 212, 235
–, medizinische 149, 150, 203
Politik 13, 19, 72, 138, 149, 169, 186ff., 190ff., 199, 204ff.
Prävention 154f., 227

R
Realitätsprinzip 49, 51, 57, 68, 74f., 173
Ressourcen 17, 40, 48, 72, 93, 109, 159f., 163, 216f., 222, 225f.
Rhizom 60f.

S
Schattenarbeit 33, 37
Segregation 99
Selbst 59, 67, 69f., 75, 106, 176
– -beherrschung 47, 195, 198
– -verwirklichung 110, 119, 132, 183
Selbsthilfe 36, 117, 154, 171, 192, 199, 200, 204, 210, 226, 230
Sicherheit 44, 110
Siedlungssoziologie 99
Sisyphos 63, 64
Sozialarbeit, professionelle 1f., 5, 7, 8, 12, 15, 38, 39, 64, 124, 142, 149, 163, 177, 179, 183, 185, 199ff., 205ff., 211ff.
soziale Arbeit 1ff., 9, 22, 27, 30f., 38, 47, 64, 69, 107, 121, 129, 155, 177ff., 186, 211

soziale Frage 10, 179
Sozialindikatoren 115 f., 120, 121
Sozialisation 15, 42, 47, 49
Sozialkosten 32, 45
Sozialökologie 96, 99 ff., 145, 183
Sozialpädagogik s. Sozialarbeit
Sozialpolitik 7, 17, 19, 39, 46, 98, 99, 100, 187, 200 ff., 209 f., 226, 233
Sozialtechnologie 84, 216 f.
soziokulturell 20, 114, 126, 135 ff., 141, 229
Soziotop 79, 100
Staatstätigkeit 18 f., 53 f., 188 ff., 202 f., 205, 206
Stress 156, 159
Strukturalismus 60
Subsidiarität 200 ff., 209 f.
Subsistenz 25, 26, 33, 34, 37, 94, 104 ff., 112 f., 118 f., 123, 138, 175, 219, 224, 235, 237
– wirtschaft 11 f., 104 f., 121
Synökologie 79, 101
System, Systemtheorie 4, 8, 82 ff., 128, 139, 147, 156, 183, 206, 216, 230

T
Tätigkeit s. Lebenstätigkeit
therapeutisches Milieu 161, 164 ff., 173 ff., 180, 182, 184, 227
Transaktion 30, 80, 83, 174, 177, 231

U
Übertragung 177
Umweltforschung 78, 82, 87, 162
Umweltpolitik 186, 206
Umweltpsychologie 143, 160

V
Validität, ökologische 148
Verkehrsform 72
Verteilung 17 f.

W
Werte 22, 27 ff., 44 f., 121, 129, 134, 139, 218, 221, 232, 236
Wiederkehr des Gleichen s. Mythos
Wirtschaft 13 f., 17, 25, 30, 41
Wohlfahrt 19, 20, 33, 113 ff., 117 ff., 121, 180, 185, 206, 212 f.
Wohlfahrtsökonomik 17, 32, 114
Wohlfahrtspflege 2, 202 f., 233
Wunsch 48, 53, 55 f., 58, 60, 67 f., 70, 74 f., 109

Z
Zentripetalität 7, 41, 71
zirkulär 86, 138
zyklische Zeit 63 ff.

Bei Fragen zur Produktsicherheit wenden Sie sich bitte an:
If you have any questions regarding product safety,
please contact:

Walter de Gruyter GmbH
Genthiner Straße 13
10785 Berlin
productsafety@degruyterbrill.com